Müller/Röck

Konjunktur- und Stabilisierungspolitik
Theoretische Grundlagen und
wirtschaftspolitische Konzepte

Konjunktur- und Stabilisierungspolitik

Theoretische Grundlagen und
wirtschaftspolitische Konzepte

Prof. Dr. Richard Müller
Prof. Dr. Werner Röck

Verlag W. Kohlhammer
Stuttgart Berlin Köln Mainz

CIP-Kurztitelaufnahme der Deutschen Bibliothek

Müller, Richard
Konjunktur- und Stabilisierungspolitik
theoret. Grundlagen u. wirtschaftspolit. Konzepte
Richard Müller ; Werner Röck
1. Aufl.
Stuttgart, Berlin, Köln, Mainz: Kohlhammer 1976
ISBN 3-17-002775-1

NE: Röck, Werner

Alle Rechte vorbehalten
© 1976 Verlag W. Kohlhammer GmbH
Stuttgart Berlin Köln Mainz
Verlagsort: Stuttgart
Gesamtherstellung: W. Kohlhammer GmbH
Grafischer Großbetrieb Stuttgart
Printed in Germany

Inhaltsverzeichnis   Seite

Vorwort 9
Tabellenverzeichnis 10
Abbildungsverzeichnis 11
Abkürzungsverzeichnis 12

1. Einführung 13
   1.1 Gegenstand der Konjunkturpolitik 13
   1.2 Träger der Konjunkturpolitik 14
   1.3 Aufbau des Buches 15

2. Der Zielkatalog der allgemeinen Wirtschaftspolitik 16
   2.1 Das Ziel »Stabilität des Preisniveaus« 17
   2.2 Das Ziel »hoher Beschäftigungsstand« 20
   2.3 Das Ziel »außenwirtschaftliches Gleichgewicht« 23
   2.4 Das Ziel »angemessenes und stetiges Wachstum« 25
   2.5 Das Ziel »gerechte Einkommens- und Vermögensverteilung« 27

3. Theorie der konjunkturellen Schwankungen 30
   3.1 Wesen und Merkmale von Konjunkturschwankungen 31
   3.2 Determinanten des Konjunkturverlaufs 33
      3.2.1 Der private Konsum 34
          3.2.1.1 Determinanten des privaten Konsums 34
          3.2.1.2 Erklärung der zeitlichen Entwicklung des privaten Konsums 35
      3.2.2 Die privaten Investitionen 37
          3.2.2.1 Begriffe 37
          3.2.2.2 Determinanten privater Investitionen 37
          3.2.2.3 Das Akzelerationsprinzip 39
      3.2.3 Die Staatsausgaben 41
          3.2.3.1 Begriffe 41
          3.2.3.2 Determinanten der Staatsausgaben 42
      3.2.4 Exporte und Importe 42
          3.2.4.1 Vorbemerkungen 42
          3.2.4.2 Determinanten des Exports und Imports 43
   3.3 Die multiplikativen Wirkungen von Nachfrageänderungen 45
      3.3.1 Darstellung des Multiplikatorprinzips 45
      3.3.2 Berechnung des Nachfragemultiplikators 48
      3.3.3 Berechnung der Steuer- und Transferausgaben-Multiplikatoren 50
      3.3.4 Das Haavelmo-Theorem 52
   3.4 Umfassende Erklärung der Konjunkturschwankungen 53
      3.4.1 Der Konjunkturaufschwung 54
      3.4.2 Der obere Wendepunkt 55
      3.4.3 Der Konjunkturabschwung 56
      3.4.4 Der untere Wendepunkt 56
      3.4.5 Der Einfluß exogener Impulse auf die Konjunktur 57

Seite

4. Inflationstheorien 58
4.1 Der Begriff »Inflation« 58
4.2 Inflationsursachen 59
   4.2.1 Nachfrageinduzierte Inflationstypen 61
      4.2.1.1 Nichtmonetär induzierte Nachfrageinflation 61
      4.2.1.2 Monetär induzierte Nachfrageinflation 62
   4.2.2 Angebotsinduzierte Inflationstypen 64
      4.2.2.1 Die Kosteninflation 64
      4.2.2.2 Die Gewinninflation 65
      4.2.2.3 Die Nachfrageverschiebeinflation 67
   4.2.3 Die importierte Inflation 68
   4.2.4 Die Verteilungskampf-Inflation 69
4.3 Die Stagflation 70
4.4 Zusammenfassung 72

5. Konjunkturpolitik 72
5.1 Aufgabe der Konjunkturpolitik 72
5.2 Konjunkturpolitik der Bundesbank 74
   5.2.1 Wesen und Aufgaben der Bundesbank 74
   5.2.2 Geldpolitische Funktion der Geschäftsbanken 75
   5.2.3 Ziel und Konzeption der Geldpolitik 77
   5.2.4 Geldpolitische Instrumente der Bundesbank 78
      5.2.4.1 Mindestreservepolitik 78
      5.2.4.2 Refinanzierungspolitik 80
      5.2.4.3 Offenmarktpolitik 82
      5.2.4.4 Swappolitik 85
      5.2.4.5 Einlagenpolitik 86
   5.2.5 Wirksamkeit geldpolitischer Maßnahmen 86
      5.2.5.1 Steuerbarkeit der Kreditschöpfungsfähigkeit und der Zinshöhe 86
      5.2.5.2 Steuerbarkeit der gesamtwirtschaftlichen Nachfrage 88
   5.2.6 Probleme der Geldpolitik 92
      5.2.6.1 Probleme des Timing und der Dosierung 92
      5.2.6.2 Negative Nebeneffekte der Geldpolitik 94
   5.2.7 Geldpolitische Reformvorschläge 94
      5.2.7.1 Vorschläge zur Erweiterung des geldpolitischen Instrumentariums 94
      5.2.7.2 Konzept der Monetaristen 96
5.3 Staatliche Konjunkturpolitik 97
   5.3.1 Das Konzept der antizyklischen Finanzpolitik 98
   5.3.2 Möglichkeiten einer antizyklischen Haushaltspolitik ... 101
      5.3.2.1 Darstellung der Vorschriften des Stabilitätsgesetzes 101
      5.3.2.2 Probleme und Hemmnisse einer antizyklischen Haushaltspolitik 103
      5.3.2.3 Schwierigkeiten einer antizyklischen Haushaltspolitik der Gemeinden 107
   5.3.3 Möglichkeiten zur Beeinflussung der privaten Konsumnachfrage 109

	Seite
5.3.4 Möglichkeiten zur Beeinflussung der privaten Investitionsnachfrage	112
5.3.5 Möglichkeiten zur Beeinflussung der Exportnachfrage	115
5.4 Eine knappe Darstellung des Konjunkturzyklus 1972–1975 und der konjunkturpolitischen Maßnahmen in der Bundesrepublik	118
5.5 Probleme der Globalsteuerung	124
5.5.1 Kritik an der Globalsteuerung	124
5.5.2 Technische Probleme einer effizienten Konjunkturpolitik	125
5.5.2.1 Probleme der Diagnose und Prognose	125
5.5.2.2 Zeitliche Probleme der Konjunkturpolitik	131
5.5.2.3 Das Problem der Dimensionierung der konjunkturpolitischen Maßnahmen	133
5.5.3 Gesellschaftliche und politische Probleme der Konjunkturpolitik	135
5.5.3.1 Mangelnde Koordination der Entscheidungsträger	135
5.5.3.2 Vermachtung der Gütermärkte	136
5.5.3.3 Tarifautonomie	137
5.5.3.4 Steigende Anforderungen an staatliche Leistungen und Transfers	138
5.5.4 Probleme der Zielkonflikte	139
5.5.4.1 Zielkonflikt Preisniveaustabilität – Vollbeschäftigung	139
5.5.4.2 Zielkonflikt Wachstum – Preisniveaustabilität	143
5.5.4.3 Zielkonflikt zwischen binnenwirtschaftlicher Stabilität und außenwirtschaftlichem Gleichgewicht	146
5.5.4.4 Zielkonflikt zwischen binnenwirtschaftlicher Stabilität und »gerechter« Einkommensverteilung	149
6. Maßnahmen zur Verbesserung und Flankierung der Konjunkturpolitik	**152**
6.1 Maßnahmen zur außenwirtschaftlichen Absicherung	152
6.2 Regionale und sektorale Konjunkturpolitik	156
6.3 Preisstabilisierung durch Wettbewerbspolitik	158
6.3.1 Preisbildung bei konzentriertem Angebot	158
6.3.2 Wettbewerbsrechtliche Eingriffsmöglichkeiten	159
6.3.2.1 Konzentrationspolitik	159
6.3.2.2 Verbot wettbewerbsbeschränkender Verhaltensweisen	160
6.3.3 Wirkung der Wettbewerbspolitik auf die Inflationsrate	161
6.4 Konjunkturpolitische Regelmechanismen	163
6.4.1 Das Konzept der eingebauten Flexibilität	163
6.4.1.1 Flexibilität der Steuern	164
6.4.1.2 Flexibilität der Ausgaben	165
6.4.1.3 Kritik und Probleme	166
6.4.2 Das Konzept der Formelflexibilität	168
6.5 Einkommenspolitik	169
6.5.1 Begriff	169
6.5.2 Lohnpolitik	170
6.5.2.1 Das Konzept der produktivitätsorientierten Lohnpolitik	170

	Seite
6.5.2.2 Das Konzept der kostenniveauneutralen Lohnpolitik	175
6.5.3 Nichtlohneinkommens-Politik	175
6.5.4 Konzertierte Aktion	176
6.5.5 Zusammenfassung und Schlußbetrachtung	177
6.6 Beschäftigungspolitische Maßnahmen	178
6.7 Indexklauseln zur Inflationsbekämpfung	180
6.7.1 Begriff und Ziel der Indexklauseln	180
6.7.2 Argumente für und wider Indexklauseln	181
6.8 Lohn- und Preisstopp als Mittel der Inflationsbekämpfung	184
6.8.1 Ziel und Darstellung eines Lohn- und Preisstopps	184
6.8.2 Zur Vereinbarkeit von Lohn- und Preisstopp mit der Sozialen Marktwirtschaft	185
6.8.3 Gesellschaftliche und ökonomische Probleme eines Lohn- und Preisstopps	186
6.8.4 Erfahrungen und Lehren aus Lohn- und Preiskontrollen	189
6.9 Investitionslenkung als Mittel der Konjunktursteuerung	189
Gesetzesauszüge	193
Sachregister	216

Vorwort

Mit dem vorliegenden Buch »Konjunktur- und Stabilisierungspolitik« wird zum einen das Ziel angestrebt, die Ursachen für die konjunkturellen Schwankungen und die damit verbundenen Abweichungen von den wirtschaftspolitischen Zielen – Preisniveaustabilität, Vollbeschäftigung, Wachstum und außenwirtschaftliches Gleichgewicht – darzustellen. Zum anderen werden die wirtschaftspolitischen Steuerungsmöglichkeiten eingehend dargestellt und kritisch erörtert. Besondere Berücksichtigung finden dabei die praktischen konjunkturpolitischen Erfahrungen in der Bundesrepublik Deutschland.
Nach einer Darstellung der allgemeinen wirtschaftspolitischen Grundziele folgt eine Erörterung der grundlegenden konjunkturtheoretischen Zusammenhänge, die ergänzt werden durch die Darlegung möglicher Inflationsursachen. Dabei wird auf die Erörterung abstrakter theoretischer Konjunkturmodelle verzichtet.
Den Schwerpunkt des Buches bildet die Diskussion der konjunkturpolitischen Instrumente der Bundesbank und der öffentlichen Haushalte, sowie der Hemmnisse und Probleme, die einer effizienten Konjunkturpolitik entgegenstehen.
Abgerundet wird die Analyse durch die Darstellung weiterer wirtschaftspolitischer Maßnahmen, die zur Überwindung der Schwächen der Konjunkturpolitik beitragen können.
Durch das geschilderte Vorgehen, bei dem bewußt auf schwierige mathematische Darstellung verzichtet und versucht wird, die Zusammenhänge möglichst verständlich darzulegen, wird beabsichtigt, einen möglichst großen Interessentenkreis für die Probleme der Konjunkturpolitik anzusprechen.

Kehl, im Juli 1976   Die Verfasser

Tabellenverzeichnis

Tabelle 1: Die Entwicklung verschiedener Preisindices für die BRD
Tabelle 2: Daten des Arbeitsmarktes (in Tausend)
Tabelle 3: Entwicklung des Außenbeitrags (in Mio. DM)
Tabelle 4: Entwicklung des nominalen und realen Bruttosozialprodukts (in Mrd. DM)
Tabelle 5: Die Entwicklung verschiedener Lohnquoten für die BRD
Tabelle 6: Verwendung des Bruttosozialprodukts zu Marktpreisen in der BRD 1950 bis 1974 (in Mrd. DM und in Prozentanteilen)
Tabelle 7: Entwicklung der Sparquote in der BRD von 1950 bis 1975
Tabelle 8: Periodenschema des Multiplikatorprozesses
Tabelle 9: Stagflation in der Bundesrepublik Deutschland
Tabelle 10: Streuung der Mindestreservesätze
Tabelle 11: Wirkungsgrad geldpolitischer Maßnahmen im Zeitablauf
Tabelle 12: Ausgabearten der öffentlichen Haushalte 1972 (in Mrd. DM und in v. H.)
Tabelle 13: Übersicht über konjunkturpolitisch wichtige Maßnahmen der Gebietskörperschaften
Tabelle 14: Übersicht über die wichtigsten geld- und kreditpolitischen Maßnahmen der Deutschen Bundesbank
Tabelle 15: Übersicht über die wichtigsten währungspolitischen Ereignisse
Tabelle 16: Gegenüberstellung der Prognosen des Sachverständigenrates und der Jahresprojektionen der Bundesregierung mit der tatsächlichen Entwicklung
Tabelle 17: Der »Phillips«-Konflikt für die BRD 1958–1975
Tabelle 18: Wachstum und Geldentwertung (durchschnittliche jährliche Veränderung von 1955 bis 1970 in v. H.)
Tabelle 19: Vergleich der Wachstumsraten und der Inflationsraten in der Bundesrepublik Deutschland
Tabelle 20: Verbraucherpreise in verschiedenen Volkswirtschaften (Veränderungen gegenüber dem entsprechenden Vorjahreszeitraum in v. H.)

Abbildungsverzeichnis

Abbildung 1: Entwicklung der bereinigten Bruttolohnquote seit 1950
Abbildung 2: Schema der Konjunkturschwankungen
Abbildung 3: Jährliche Wachstumsraten des realen Bruttosozialprodukts in der BRD 1951 bis 1975
Abbildung 4: Außenhandel und Industrieproduktion
Abbildung 5: Systematik möglicher Inflationsursachen
Abbildung 6: Darstellung der Nachfrageinflation
Abbildung 7: Darstellung der Kosteninflation
Abbildung 8: Darstellung der Vollkostenkalkulation
Abbildung 9: Darstellung der Gewinnzielkalkulation
Abbildung 10: Gliederung des time-lag
Abbildung 11: Konjunkturelle Schwankungen des Anteils der Ausgaben für Sachinvestitionen an den gesamten Ausgaben der Gebietskörperschaften
Abbildung 12: Die wichtigsten konjunkturbeeinflussenden Maßnahmen im Konjunkturzyklus 1972/75
Abbildung 13: Mengenindikator, Kosten- und Preisindikator
Abbildung 14: Der Konflikt zwischen Preisniveaustabilität und Vollbeschäftigung in der BRD 1958–1975
Abbildung 15: Veränderungsraten der bereinigten Nettolohnquote und des realen Bruttosozialprodukts
Abbildung 16: Angestrebte Wachstumsrate und Konjunkturschwankungen
Abbildung 17: Darstellung eines Preisstopps

Abkürzungsverzeichnis

AWG	Außenwirtschaftsgesetz vom 28. April 1961
BBankG	Bundesbankgesetz (Gesetz über die Deutsche Bundesbank. Vom 26. Juli 1957)
EStG	Einkommensteuergesetz
GG	Grundgesetz für die Bundesrepublik Deutschland. Vom 23. Mai 1949
GWB	Gesetz gegen Wettbewerbsbeschränkungen. I. d. F. vom 4. April 1974
StWG	Gesetz zur Förderung der Stabilität und des Wachstums der Wirtschaft. Vom 8. Juni 1967
SVR	Sachverständigenrat zur Begutachtung der gesamtwirtschaftlichen Entwicklung

1. Einführung

1.1 Gegenstand der Konjunkturpolitik

Die Bundesrepublik Deutschland hat in der Zeit nach dem Zweiten Weltkrieg eine kräftige wirtschaftliche Aufwärtsentwicklung erlebt. Dies äußerte sich in einem starken Wachstum des Sozialprodukts und seiner Komponenten – des privaten Konsums, der Investitionen, des Staatsverbrauchs und der Exporte – und in einem Anstieg der Beschäftigtenzahl, aber auch der Preise. Das wirtschaftliche Wachstum vollzog sich aber nicht stetig, sondern in Schwankungen mehrjähriger Dauer, in denen sich das Wirtschaftswachstum zuweilen beschleunigte und dann verlangsamte, zum Stillstand kam oder sogar negativ wurde. Eine derartige Wirtschaftsentwicklung ist in allen westlichen Industriestaaten zu beobachten.

Die Schwankungen des Wachstums führen zu einer ungleichmäßigen Auslastung der Produktionsfaktoren und sind in der Phase hoher Wachstumsraten mit vergleichsweise hohen Inflationsraten und in der Phase relativ geringer Wachstumsraten mit Arbeitslosigkeit verbunden. Deshalb sind diese Schwankungen unerwünscht und es sind Maßnahmen zu ihrer Vermeidung oder Milderung geboten. Sämtliche Maßnahmen, die getroffen werden, um die Schwankungen des wirtschaftlichen Wachstums auszuschalten oder zu verringern, fallen unter den Begriff **Konjunkturpolitik**. Die Ausschaltung oder Abschwächung der beschriebenen Schwankungen wird durch Steuerung der gesamtwirtschaftlichen Nachfrage nach Gütern und Dienstleistungen zu erreichen versucht.

In diesem Zusammenhang werden auch häufig die Begriffe **Stabilisierungspolitik** und **Beschäftigungspolitik** gebraucht. Unter Stabilisierungspolitik fallen diejenigen Maßnahmen, die ergriffen werden, um einzelne volkswirtschaftliche Größen, insbesondere Beschäftigungsgrad, Preissteigerungsrate, auf ein bestimmtes Niveau zu lenken und dort zu verfestigen; stabilisierungspolitische Maßnahmen umfassen sowohl konjunkturpolitische, also auf die gesamtwirtschaftliche Nachfrage einwirkende Maßnahmen, als auch weitergehende Eingriffe wie beispielsweise den Lohn- und Preisstopp. Unter Beschäftigungspolitik sind alle Maßnahmen zu verstehen, die der Beseitigung der Arbeitslosigkeit dienen. Die Beschäftigungspolitik ist einerseits enger, andererseits aber auch umfassender als die Konjunkturpolitik. Die Konjunkturpolitik verfolgt nämlich nicht nur das Ziel der Vollbeschäftigung, sondern auch andere Ziele (z. B. der Preisniveaustabilität); die Beschäftigungspolitik versucht aber nicht nur die durch Schwankungen der wirtschaftlichen Entwicklung verursachte Arbeitslosigkeit zu bekämpfen, sondern auch die strukturelle Arbeitslosigkeit, die z. B. durch wirtschaftliche Unterentwicklung in einzelnen Regionen oder durch das Schrumpfen einzelner Branchen verursacht wird.

Vom Begriff der Konjunkturpolitik ist der Begriff der **Wachstumspolitik** zu trennen. Während konjunkturpolitische Maßnahmen auf die Beseitigung oder Abschwächung der Schwankungen der wirtschaftlichen Entwicklung abzielen, umfaßt die Wachstumspolitik sämtliche Maßnahmen, mit denen ein bestimmtes, als langfristig optimal angesehenes wirtschaftliches Wachstum erreicht werden soll.

Entsprechend der unterschiedlichen Zielsetzungen beider Politiken liegen auch die Schwerpunkte der Maßnahmen unterschiedlich, nämlich bei der Konjunkturpolitik auf der Beeinflussung der gesamtwirtschaftlichen **Nachfrage** nach Gütern und Dienstleistungen und damit der Auslastung der Produktionsmöglichkeiten, und bei der Wachstumspolitik auf der Beeinflussung des langfristig möglichen **Angebots** von Gütern und Dienstleistungen. (In Ausnahmefällen ergeben sich allerdings Überschneidungen von konjunktur- und wachstumspolitischen Maßnahmen; z. B. beeinflussen Maßnahmen zur Erhöhung der Nachfrage auch das langfristig realisierbare Angebot, wenn die Nachfragesteigerung zu einer Zunahme der Investitionen führt.)

Wie alle Wirtschaftspolitiken dient auch die Konjunkturpolitik letztlich übergeordneten Wertvorstellungen. Dazu zählen sowohl wirtschaftliche Werte wie Wohlstand und wirtschaftliche Sicherheit, als auch Werte, deren Charakter nicht oder nicht allein wirtschaftlich ist, wie Freiheit, Frieden und Gerechtigkeit. Damit wird deutlich, daß die Konjunkturpolitik nicht nur ein Teilbereich der umfassenden Wirtschaftspolitik, sondern auch Teil der Gesamtpolitik ist, die sämtliche, also auch nicht-ökonomische Ziele anstrebt. Dieses Buch beschränkt sich auf die unmittelbaren ökonomischen Ziele der Konjunkturpolitik, und es mag der Hinweis genügen, daß diese Ziele nur Vorziele zur Erreichung darüberstehender Werte sind.

1.2 Träger der Konjunkturpolitik

Das konjunkturpolitische Geschehen wird von verschiedenen Instanzen und Gruppen beeinflußt, die man als **Träger** der Konjunkturpolitik bezeichnen kann. Es sind **offizielle** (staatliche) und **private Träger** der Konjunkturpolitik zu unterscheiden. Zu den staatlichen Trägern zählen die Parlamente (Bundestag, Landtage, Stadt- und Gemeinderäte), die Regierungen des Bundes und der Länder, die lokalen Verwaltungen (Kreis- und Gemeindeverwaltungen) und einzelne Sondereinrichtungen wie Sozialversicherung, Lastenausgleichsfonds, ERP-Sondervermögen; auch die Notenbank gehört zu den offiziellen Trägern der Konjunkturpolitik. Die wichtigsten privaten Träger der Konjunkturpolitik sind die Gewerkschaften und Unternehmerverbände; andere Verbände (z. B. Verbraucherverbände, Bund der Steuerzahler, usw.) sind in konjunkturpolitischer Hinsicht von geringerer Bedeutung.

Die große Zahl der konjunkturpolitischen Träger ist durch das Gesellschaftssystem der Bundesrepublik Deutschland zu erklären. Die BRD ist föderalistisch nach Bund – Ländern – Gemeinden gegliedert, und den einzelnen Gebietskörperschaften sind jeweils eigene, konjunkturpolitisch relevante Entscheidungsbefugnisse übertragen. Zudem hat das Gesellschaftssystem pluralistischen Charakter; eine große Zahl von Gruppen wirkt am politischen Geschehen mit, indem sie Einfluß auf die öffentliche Meinung und auf die Entscheidungder Legislative und Exekutive ausüben.

Formal gesehen sind die Parlamente die obersten Träger der Konjunkturpolitik; denn sie schaffen den gesetzlichen Rahmen, die gesetzlichen Voraussetzungen für die Entscheidungen aller anderen Träger. Die faktische konjunkturpolitische Macht ist aber immer mehr auf die Regierungen und Verwaltungen übergegangen. Das ist dadurch zu erklären, daß die Parlamente Gesetze verabschiedet haben, die anderen wirtschaftspolitischen Trägern Entscheidungsbefugnisse verliehen haben. Beispielsweise wurden der Bundesregierung durch das sog. Stabilitätsgesetz und der Notenbank durch das sog. Bundesbankgesetz weitgehende konjunkturpolitische Vollmachten übertragen. Darüber hinaus beschränkte sich die Tätigkeit der Parlamente immer stärker auf die formelle Funktion der Gesetzgebung und in Kontrollfunktionen, weil sie auf Grund der stets komplizierter und umfangreicher werdenden Aufgaben nicht mehr in der Lage sind, die Sachprobleme selbst zu bearbeiten und zu beurteilen; Regierungen und Verwaltungen planen die konjunkturpolitischen Maßnahmen und machen ggf. Vorschläge zur Verabschiedung von Gesetzen, wodurch sie die Möglichkeit haben, eigene Zielvorstellungen zur Geltung zu bringen.

Für das konjunkturpolitische Geschehen ist das Verhalten der Tarifpartner (Gewerkschaften und Unternehmerverbände) von hervorragender Bedeutung. Der Gesetzgeber hat ihnen das Recht verliehen, Lohnsätze und sonstige Arbeitsbedingungen auszuhandeln (»Tarifautonomie«, vgl. Art. 9 Abs. 3 GG). Dadurch üben die Tarifpartner weitgehenden Einfluß auf den Wirtschaftsablauf aus.

Die Vielfalt konjunkturpolitischer Träger kann eine effiziente Konjunkturpolitik erschweren, aber auch erleichtern. Eine wirksame Konjunkturpolitik erfordert eine **Koordination** der Ziele und Maßnahmen. Die Koordination erweist sich meist als sehr schwierig, weil die Interessen der verschiedenen Träger der Konjunkturpolitik häufig zumindest teilweise gegenläufig sind. Kann das Koordinationsproblem allerdings bewältigt werden, sind die Voraussetzungen für eine wirksame Konjunkturpolitik relativ erfolgversprechend, weil die konjunkturpolitischen Maßnahmen dann von allen Gruppen getragen und unterstützt werden. Auch diese Probleme müssen bei der Erörterung der Konjunkturpolitik behandelt werden.

1.3 Aufbau des Buches

Wie jede Politik so besteht auch die Konjunkturpolitik aus drei Stufen: Fixierung des Zielkomplexes, Diagnose der Situation, Auswahl der politischen Strategie. Dementsprechend wird in diesem Buch vorgegangen: Zunächst werden die wirtschaftspolitischen Ziele formuliert und konkretisiert. Da eine wirksame Konjunkturpolitik nur betrieben werden kann, wenn die Ursachen unerwünschter Konjunkturlagen bekannt sind, muß jede konjunkturelle Situation zuvor diagnostiziert werden. Mit anderen Worten, es müssen die konjunkturellen Verhältnisse untersucht werden. Dies ist die Aufgabe der Konjunkturtheorie. Konjunkturtheoretische Zusammenhänge werden in diesem Buch aber nur so weit erörtert, wie sie zum Verständnis der Konjunkturpolitik notwendig sind. Es wird auf die Darstellung weitergehender und verfeinerter Konjunkturtheorien verzichtet und auf theoretische Lehrbücher verwiesen. Das Schwergewicht dieses Buches liegt auf der Diskussion konjunkturpolitischer Strategien und auf der Untersuchung der Frage, warum die Konjunkturpolitik bisher nicht den wünschenswerten Erfolg zeigte und welche Möglichkeiten zur Verbesserung der Konjunkturpolitik bestehen. Dabei soll durch besondere Berücksichtigung der praktischen Erfahrungen erreicht werden, zu einer empirischen, integrierten Sach- und Faktenanalyse der Konjunkturpolitik zu gelangen.

2. Der Zielkatalog der allgemeinen Wirtschaftspolitik

Die allgemeinen wirtschaftspolitischen Ziele in der Bundesrepublik Deutschland finden sich im »Gesetz über die Bildung eines Sachverständigenrates zur Begutachtung der gesamtwirtschaftlichen Entwicklung«[1] aus dem Jahre 1963 und im »Gesetz zur Förderung der Stabilität und des Wachstums der Wirtschaft«[2] (Stabilitätsgesetz) aus dem Jahre 1967. Fast gleichlautend werden in beiden Gesetzen die wirtschaftspolitischen Akteure Bund und Länder dazu verpflichtet, »bei ihren wirtschafts- und finanzpolitischen Maßnahmen die Erfordernisse des gesamtwirtschaftlichen Gleichgewichtes zu beachten. Die Maßnahmen sind so zu treffen, daß sie im Rahmen der marktwirtschaftlichen Ordnung gleichzeitig zur Stabilität des Preisniveaus, zu einem hohen Beschäftigungsstand und außenwirtschaftlichem Gleichgewicht bei stetigem und angemessenem Wirtschaftswachstum beitragen« (§ 1 StWG).

Diese vier Ziele des Stabilitätsgesetzes werden oft als das »magische Viereck« bezeichnet, da bei ihrer Verwirklichung oft Konflikte zwischen den einzelnen Zielen auftauchen können, die die wirtschaftspolitischen Akteure dazu zwingen, Kompromisse einzugehen oder Prioritäten zu setzen, obwohl laut Gesetz eine gleichzeitige Verfolgung aller Ziele vorgeschrieben ist.

Das »magische Viereck« weitet sich zu einem »magischen Fünfeck«, wenn zusätzlich das Verteilungsziel berücksichtigt wird. Obwohl schon im Gesetz über die Bildung eines Sachverständigenrates in § 2 gefordert wird, daß in dem von ihm jährlich vorzulegenden Gutachten »auch die Bildung und die Verteilung von Einkommen und Vermögen einbezogen werden« soll, hat das Verteilungsziel – wohl aus politischen, aber auch aus Gründen der Konkretisierung dieses Zieles – keinen Eingang in das Stabilitätsgesetz gefunden.

Die Schwierigkeit für die praktische Wirtschaftspolitik bei der Verfolgung dieser gesetzlich fixierten Ziele liegt nun darin, daß diese Ziele nicht operational definiert sind, d. h. es fehlen konkrete Maßstäbe, an denen der Zielerfüllungsgrad gemessen werden kann. Es soll deshalb im folgenden dargestellt werden, wie die Wissenschaft und die zuständigen wirtschaftspolitischen Akteure die genannten volkswirtschaftlichen Ziele konkretisieren.

Für die Bundesrepublik Deutschland wurden die vier Ziele des Stabilitätsgesetzes erstmalig 1967 vom Bundesminister für Wirtschaft in einer Projektion der allgemeinen Wirtschaftsentwicklung bis zum Jahre 1971 quantifiziert und im Jahreswirtschaftsbericht 1967 veröffentlicht.[3] Im Jahreswirtschaftsbericht 1971 wurden vom Bundeswirtschaftsministerium diese Ziele modifiziert, um sie den geänderten wirtschaftlichen Bedingungen anzupassen. Dadurch wird also schon deutlich, daß es in der Wirtschaftspolitik keine auf Dauer gültigen Zielkonkretisierungen gibt, sondern diese sich je nach wirtschaftlichen, politischen und gesellschaftlichen Gegebenheiten wandeln. Beispiele hierfür lassen sich genug anführen. Es sei etwa auf den Bundestagswahlkampf 1972 verwiesen, in dem die verschiedenen politischen Parteien ein und dieselbe Preissteigerungsrate einerseits als trabende Inflation andererseits als wirtschaftlich zu vertretende Preissteigerungen bezeichneten. Im übrigen werden z. B. in der BRD die wirt-

---

1 Gesetz über die Bildung eines Sachverständigenrates zur Begutachtung der gesamtwirtschaftlichen Entwicklung, Bundesgesetzblatt I, 14. 8. 1963.
2 Gesetz zur Förderung der Stabilität und des Wachstums der Wirtschaft, Bundesgesetzblatt I S. 582, 13. Juni 1967.
3 Vgl. SVR Jahresgutachten 1967, Ziffer 247.

schaftspolitischen Ziele viel anspruchsvoller definiert als in anderen Industrienationen.
In der Flexibilität der von den Wirtschaftspolitikern quantifizierten Zielen liegt nun aber eine erhebliche Gefahr. So ist es denkbar, daß Zielvorgaben, die aufgrund verfehlter Wirtschaftspolitik nicht erreicht werden konnten, einfach in ihrem Niveau verändert werden, um so Zielvorgabe und reale Entwicklung zur Deckung zu bringen.
Es kann aber auch erforderlich sein, die Zielkonkretisierung zu ändern, wenn sich etwa die weltwirtschaftlichen Rahmenbedingungen grundsätzlich gewandelt haben und dadurch die gesetzten Ziele nicht mehr verwirklicht werden können.
Im folgenden sollen nun die fünf wirtschaftspolitischen Ziele und ihre offizielle Quantifizierung erläutert werden.

2.1 Das Ziel »Stabilität des Preisniveaus«

Das Ziel der Preisniveaustabilität zielt nicht auf die Stabilität der Preise aller Güter ab, sondern nur auf die Konstanz des durchschnittlichen Niveaus, d. h. im Durchschnitt sollen alle Preise konstant bleiben. Denn in einer marktwirtschaftlichen Ordnung sollen die einzelnen Preise ja sehr wohl flexibel nach unten und oben sein, um ihre Funktionen erfüllen zu können. Nur sollten sich bei absoluter Preisniveaustabilität Veränderungen nach beiden Seiten ausgleichen. Wird nun aber in der Wirtschaftspolitik eine absolute Preisniveaustabilität angestrebt?
Die American Economic Association definiert als Preisniveaustabilität die Abwesenheit irgendwelcher ausgeprägter Trends oder scharfer kurzfristiger Bewegungen im allgemeinen Preisniveau.[4]
Das Preisniveau wird gemessen durch sogenannte Indexziffern, die es ermöglichen, zeitliche oder auch örtliche Vergleiche des Preisniveaus anzustellen. Dabei werden Preise von einzelnen Waren und Leistungen oder von Waren- und Leistungsgruppen (Warenkorb) in einem bestimmten Zeitraum, dem Basisjahr, gleich 100 gesetzt und die Preise in den folgenden Berichtszeiten auf diesen Basiswert bezogen.
Da es in der Bundesrepublik ca. 25 Preisindices – z. B. für die Lebenshaltung, das Bruttosozialprodukt, die Autohaltung, Wohngebäude, die Erzeugerpreise für landwirtschaftliche Produkte, die Importe etc. – gibt, muß einer oder mehrere dieser Indices ausgewählt werden, anhand deren man die Bewegung des allgemeinen Preisniveaus beschreibt.
In der BRD werden vornehmlich die folgenden vier Preisindices verwendet:
– der Preisindex für die Lebenshaltung aller privaten Haushalte, der sich auf die Verbraucherverhältnisse der in Deutschland lebenden Haushalte im Gesamtdurchschnitt bezieht und als allgemeiner Indikator für die Entwicklung der Verbraucherpreise anzusehen ist,
– der Preisindex für die Lebenshaltung von 4-Personen-Haushalten von Arbeitnehmern mit mittlerem Einkommen,
– der Großhandelspreisindex,
– der Preisindex des Bruttosozialprodukts.

---

4 Zitiert nach einem vervielfältigten Vorlesungsmanuskript zur Vorlesung von **Schneider, H. K.**, Vorlesung: Konjunktur- und Wachstumstheorie, Münster 1969, bearbeitet von W. Rödding.

Während die Preisindices für die Lebenshaltung aller privaten Haushalte und der 4-Personen-Haushalte nur gering voneinander abweichen, sind größere Differenzen zu den beiden anderen Indices festzustellen. Der Preisindex des Bruttosozialproduktes ist generell höher als die anderen Indices, da er die Kosten für die Staatsleistungen enthält, die in entscheidendem Maße durch die Personalkosten bestimmt sind und diese sich erfahrungsgemäß fast ständig stärker erhöhen als die Preise.[5] So betrug im Zeitraum von 1966 bis 1971 der Preisanstieg für den Staat rund 30 % gegenüber etwa 20 % für die Privaten.[6] Dagegen liegen die Steigerungsraten der Großhandelspreise grundsätzlich unter denen der Lebenshaltungspreise.[7]

Ein besonderes Problem bei der Berechnung der Preisindices für die Lebenshaltung liegt in der sich dauernd verändernden Verbrauchsstruktur, da sowohl neue Produkte als auch qualitative Verbesserungen alter Produkte berücksichtigt werden müssen. Es ist also erforderlich, die Zusammensetzung des Warenkorbs zu ändern, um ihn an das veränderte Verbraucherverhalten anzupassen. Die Jahre, in denen eine Änderung des Warenkorbs vorgenommen wird, werden für die zukünftigen Indexberechnungen als neues Basisjahr zugrundegelegt, der Index also auf 100 % gesetzt. In der BRD wurde der Warenkorb jeweils in den Jahren 1950, 1958, 1962 und 1970 geändert. Für die zukünftigen Indexberechnungen wird somit das Basisjahr 1970 verwendet werden.

Die sich wandelnde Verbrauchsstruktur ist auch ein Grund dafür, daß eine absolute Preisniveaustabilität nicht als Ziel angestrebt wird. Zu fragen ist deshalb, bis zu wieviel Prozent Preissteigerungen noch als Preisniveaustabilität akzeptiert werden. Die Deutsche Bundesbank ist in einem Gutachten aus dem Jahr 1965 der Ansicht, daß es im allgemeinen »noch nicht als Geldwertminderung zu werten« sei, »wenn der Preisindex für die Lebenshaltung der mittleren Verbrauchergruppe um vielleicht 1 Prozent pro Jahr steigt« und daß es »nur mit Einschränkungen als Indiz für Geldwertverschlechterung gelten« kann, »wenn der Index sich zwischen 1 und 2 Prozent im Jahr erhöht.«[8]

Das Bundeswirtschaftsministerium sprach im Jahre 1967 von Preisniveaustabilität, »wenn der Preisindex für das Bruttosozialprodukt um nicht mehr als ein Prozent im Jahre steigt.«[9] Dies bedeutet praktisch ein stabiles Verbraucherpreisniveau. 1971 wurde das Ziel dann weniger streng gefaßt, da nun mittelfristig »eine durchschnittliche Zuwachsrate des Preisniveaus der Inlandsnachfrage von 2,5 % bis 2 % bei etwas geringerem Anstieg des Preisniveaus des privaten Verbrauchs (2,3 % bis 1,8 % . . .)« angestrebt wird.[10]

Inwieweit diese Zielvorstellungen erreicht werden konnten, zeigt Tabelle 1. In ihr sind verschiedene Preisindices einander gegenübergestellt. Man erkennt, daß bei gleichem Basisjahr die Preise des Bruttosozialproduktes erheblich stärker gestiegen sind als die der Lebenshaltung, was darauf zurückzuführen ist, daß im

---

5 Vgl. hierzu **Irmler, H.**, Wann spricht man von Inflation? in: Enteignung durch Inflation? hrsg. v. J. Schlemmer, München 1972, S. 29 f.
6 Vgl. SVR Jahresgutachten 1971, Ziffer 191.
7 Vgl. **Scherf, H.**, Warum ist der Anstieg des Preisindex für die Lebenshaltung so »gering«? Volkswirtschaftliche Korrespondenz der Adolf-Weber-Stiftung, Nr. 7, 13. Jg. (1974).
8 Vgl. **Irmler, H.**, a.a.O., S. 36.
9 Vgl. SVR Jahresgutachten 1967, Ziffer 258.
10 Vgl. Jahreswirtschaftsbericht 1971 der Bundesregierung, BT-Drucksache VI/1760, Ziffer 138.

Tabelle 1: Entwicklung verschiedener Preisindices für die BRD

Jahresdurch-schnitt	Alle privaten Haushalte			Mittlere Arbeitnehmerhaushalte		Bruttosozialprodukt	
	Index		Veränderung gegenüber Vorjahr	Index	Veränderung gegenüber Vorjahr	Index	Veränderung gegenüber Vorjahr
	1962 = 100	1970 = 100	1962 = 100 1970 = 100	1962 = 100		1962 = 100	
1950				78,8	−6,2	68,3	+10,8
51				84,9	+7,7	75,7	+ 4,8
52				86,7	+2,1	79,3	− 0,4
53				85,1	−1,8	79,0	
54				85,3	+0,2	79,0	0,0
55				86,7	+1,6	80,7	+ 2,2
56				88,9	+2,5	83,1	+ 3,0
57				90,7	+2,0	85,7	+ 3,1
58				92,7	+2,2	88,6	+ 3,4
59				93,6	+1,0	89,8	+ 1,4
1960				94,9	+1,4	92,0	+ 2,4
61				97,1	+2,3	96,1	+ 4,5
62	100,0			100,0	+3,0	100,0	+ 4,1
63	102,9		+2,9	103,0	+3,0	103,1	+ 3,1
64	105,4	81,6	+2,4	105,4	+2,3	105,9	+ 2,7
65	108,7	84,0	+3,1 +2,9	109,0	+3,4	109,7	+ 3,6
66	112,7	85,9	+3,7 +2,3	112,8	+3,5	113,7	+ 3,6
67	114,6	88,7	+1,7 +3,3	114,4	+1,4	115,0	+ 1,1
68	116,4	91,9	+1,6 +3,6	116,1	+1,5	116,8	+ 1,6
69	119,5	93,4	+2,7 +1,6	119,3	+2,8	120,9	+ 3,5
1970	124,0	94,9	+3,8 +1,6	123,7	+3,7	129,5	+ 7,1
71	130,4	96,7	+5,2 +1,9	130,4	+5,4	139,7	+ 7,7
72		100,0	+3,4			148,0	+ 5,9
73		105,3	+5,3			156,5	+ 5,7
74		111,1	+5,5			167,1	+ 6,8
75		118,8	+6,9			181,0	+ 8,3
		127,1	+7,0				
		134,7	+6,0				

Quellen: Monatsberichte der Deutschen Bundesbank 1975; SVR Jahresgutachten 1975; Irmler, H., a. a. O., S. 31.

Preisindex für das Bruttosozialprodukt die Preise der Staatsausgaben enthalten sind, die sich überdurchschnittlich erhöhten.
Der Preisindex für die Lebenshaltung aller privaten Haushalte wurde 1970 auf einen neuen Warenkorb umgestellt. Daraus ergeben sich leicht abweichende und meist niedrigere Inflationsraten als bei einer Betrachtung der Preisentwicklung auf der Basis 1960 = 100. Trotzdem wurden die Zielvorgaben nur annähernd in den Jahren 1967/68 erreicht. Seitdem stiegen die Inflationsraten stark an. Über die möglichen Ursachen wird noch unter Punkt 4 zu reden sein. Ein Rückgang des Preisniveaus war lediglich im Jahre 1953 zu verzeichnen.

2.2 Das Ziel »hoher Beschäftigungsstand«

Die American Economic Association definiert das Ziel Vollbeschäftigung: »Vollbeschäftigung bedeutet, daß für eine Beschäftigung geeignete Personen, die Beschäftigung zu den herrschenden Lohnsätzen suchen, diese ohne längeres Warten finden können. Es bedeutet ganztägige Beschäftigung für Menschen, die ganztägig beschäftigt sein wollen.«[11]
In der Bundesrepublik wird das Ziel der Vollbeschäftigung an der **Arbeitslosenquote** gemessen, die den Anteil der Zahl der Arbeitslosen an der Zahl der abhängigen Erwerbspersonen angibt. Dabei sind **Arbeitslose** die bei den Arbeitsämtern registrierten abhängigen Erwerbspersonen. Abhängige Erwerbspersonen sind beschäftigte Beamte, Angestellte und Arbeiter sowie die Arbeitslosen. Ein hoher Beschäftigungsstand und somit Vollbeschäftigung wird derzeit bei einer jahresdurchschnittlichen Arbeitslosenquote von 0,7 % bis 1,2 % als erreicht angesehen. Die angestrebte Arbeitslosenquote hält sich also in dem Rahmen, der auch bei der Projektion von 1967 mit 0,8 % Arbeitslosenquote vorgegeben worden war.[12]
Im Hinblick auf das konjunkturpolitische Bemühen, Vollbeschäftigung zu erreichen, beinhalten beide Definitionen einige Probleme. Bemerkenswerterweise wird hinsichtlich des Vollbeschäftigungszieles nur der Faktor Arbeit und nicht auch der Faktor Kapital berücksichtigt, obwohl es möglich ist, daß trotz der Vollbeschäftigung des Faktors Arbeit die Produktionskapazitäten unterausgelastet sind. Weiterhin ist die Zahl der Arbeitslosen nur zu einem Teil auf die konjunkturelle Entwicklung, d. h. auf die im Verhältnis zu den realen Produktionsmöglichkeiten zu geringe Gesamtnachfrage zurückzuführen. Neben dieser **konjunkturell** bedingten Arbeitslosigkeit unterscheidet man die **saisonale**, die **strukturelle**, die **friktionelle** und die **latente** Arbeitslosigkeit.
Saisonale Unterbeschäftigung entsteht durch jahreszeitlich regelmäßige Schwankungen der ökonomischen Aktivitäten, z. B. in der Bauindustrie, der Landwirtschaft, dem Tourismus. Die **strukturelle** Arbeitslosigkeit beruht auf Veränderungen in der Struktur einer Volkswirtschaft, an die sich der Faktor Arbeit nur mit einer gewissen zeitlichen Verzögerung anpassen kann. Die Strukturverschiebungen können durch Nachfrageverschiebungen, Änderung der Angebotsstruktur, technischen Fortschritt, aber auch durch politische Gebietsveränderungen (Zonenrandgebiete), unerwünschte Nebenwirkungen wirtschaftspolitischer Maßnahmen und durch unternehmerische Fehlentscheidungen, die die künftige

---

11 Zitiert nach **Schneider, H. K.**, a.a.O.
12 Vgl. Jahreswirtschaftsbericht 1971, a.a.O., Ziffer 138.

Marktentwicklung falsch prognostizierten (Baukrise 1974/75), verursacht worden sein.[13]

Friktionelle Arbeitslosigkeit entsteht durch kurzfristige Verzögerungen beim Arbeitsplatzwechsel, der durch Anpassungsvorgänge an veränderte Wirtschaftsdaten notwendig wurde. Die Verzögerungen beruhen vornehmlich auf der Immobilität der Arbeitnehmer. Die **latente** Unterbeschäftigung ergibt sich aus einem unproduktiven Einsatz des Faktors Arbeit (z. B. Beschäftigung eines Akademikers als Hilfsarbeiter).

Bis auf die latente Arbeitslosigkeit gehen alle anderen Arten in die Arbeitslosenquote ein. Somit kann nur ein Teil der Arbeitslosenquote durch die Konjunkturpolitik bekämpft werden. Die nicht konjunkturell bedingte Unterbeschäftigung bedarf anderer Maßnahmen der Vollbeschäftigungspolitik, z. B. der Strukturpolitik, der Erhöhung der Mobilität des Faktors Arbeit, der Bildungspolitik (s. hierzu Punkt 6.6).

Andererseits erfaßt die Arbeitslosenquote nicht alle Beschäftigten, die aufgrund der konjunkturellen Entwicklung aus dem Wirtschaftsprozeß teilweise oder ganz ausscheiden. Die Unterbeschäftigung nimmt nämlich auch zu,

»– wenn ausländische Arbeitskräfte keine Beschäftigung mehr finden und zeitweilig in ihre Heimatländer zurückkehren;
– wenn Betriebe zu (angemeldeter oder unangemeldeter) Kurzarbeit übergehen;
– wenn Arbeitskräfte ihren Arbeitsplatz behalten, obwohl das Produktionsvolumen dies nicht erfordert;
– wenn Arbeitswillige mangels Beschäftigung aus dem Erwerbsleben ausscheiden und sich nicht arbeitslos melden ...;
– wenn jemand seinen Arbeitsplatz rezessionsbedingt verliert und daraufhin eine Arbeit annimmt, die eine geringere Qualifikation erfordert;
– wenn jemand, der bisher nicht erwerbstätig war, von der Arbeitssuche abgehalten wird, weil offenkundig Arbeitsgelegenheiten fehlen.«[14]

Um eine konjunkturelle Situation im Hinblick auf das Beschäftigungsziel beurteilen zu können, sollten so weit wie möglich auch diese Tendenzen berücksichtigt werden. Deshalb veröffentlicht die Bundesanstalt für Arbeit in Nürnberg neben der Arbeitslosenquote die Zahl der offenen Stellen und die der Kurzarbeiter. Vernachlässigt man diese Entwicklungen, gibt die Arbeitslosenquote ein sehr unvollständiges Bild des Arbeitsmarktes. Als Beispiel sei das erste Halbjahr 1967 aufgeführt, für das die offizielle Arbeitslosenquote 2,5 % betrug. Unter Berücksichtigung des konjunkturbedingten Rückgangs der Zahl der abhängigen Erwerbspersonen und der abgewanderten Gastarbeiter betrug die Arbeitslosenquote aber 4,5 %.[15]

Letztlich muß auch noch die Verwendbarkeit der als arbeitslos gemeldeten Arbeitskräfte in die Betrachtung mit einbezogen werden. Von den im Juli 1974 rund 500 000 Arbeitslosen in der BRD wünschten 18 % nur eine Teilzeitarbeit, 5 % waren Berufsanfänger, Schulabsolventen sowie Rentner und 30 % waren

---

13 Vgl. **Tuchtfeldt, E.**, Strukturkrisen in der Marktwirtschaft, Volkswirtschaftliche Korrespondenz der Adolf-Weber-Stiftung, Nr. 10, 13. Jg. (1974).
14 SVR Jahresgutachten 1967, Ziffer 78.
15 Ebenda.

Tabelle 2: Daten des Arbeitsmarktes (in Tausend)

Jahr[1]	abhängige Erwerbstätige insgesamt	ausländische Arbeitnehmer	Arbeitslose	Arbeitslosenquote in %	Offene Stellen	Kurzarbeiter
1950	13.674		1.580	10,4	116	
51	14.286		1.432	9,1	116	
52	14.754		1.379	8,5	115	
53	15.344		1.259	7,6	123	
54	15.968		1.221	7,1	137	
55	16.840	73	928	5,2	200	
56	17.483	80	761	4,2	219	
57	17.992	99	662	3,5	217	
58	18.188	108	683	3,6	216	
59	18.508	127	476	2,5	280	
1960	20.257	167	271	1,3	465	
61	20.730	279	181	0,9	552	
62	21.032	507	155	0,7	574	4
63	21.261	629	186	0,9	555	11
64	21.484	773	169	0,8	609	2
65	21.757	902	147	0,7	649	1
66	21.765	1119	161	0,7	540	16
67	21.054	1244	459	2,1	302	143
68	21.183	1014	323	1,5	488	10
69	21.752	1019	179	0,8	747	1
1970	22.246	1366	149	0,7	795	10
71	22.414	1807	185	0,8	648	86
72	22.435	2128	246	1,1	546	76
73	22.564	2285	273	1,2	572	44
74	22.152	2520	582	2,6	315	292
75	21.402	2250	1.074	4,8	236	773

1 1950–1959 ohne Saarland und Berlin.

Quelle: SVR Jahresgutachten 1975, S. 224; Monatsberichte der Deutschen Bundesbank, Februar 1976, S. 63.

aus gesundheitlichen Gründen nur bedingt in der Lage, in ihren Beruf zurückzukehren.[16]

Als Fazit läßt sich somit festhalten, daß die Arbeitslosenquote die Situation auf dem Arbeitsmarkt nur unvollständig beschreibt, und es deshalb beim Einsatz konjunkturpolitischer Maßnahmen notwendig ist, die Struktur der Unterbeschäftigung genau zu analysieren, insbesondere auch dann, wenn die Arbeitslosigkeit hinsichtlich einzelner Wirtschaftssektoren sehr unterschiedlich ist. Tabelle 2 zeigt die jahresdurchschnittlichen Daten des bundesdeutschen Arbeitsmarkts. Aus ihr wird besonders deutlich, wie wichtig es ist, neben der Arbeitslosenquote auch andere Faktoren zu berücksichtigen. Die Arbeitslosenquote von 2,4 % für das Jahr 1974 drückt die Lage auf dem Arbeitsmarkt nur unvollständig aus, da im Vergleich zu 1973 die Zahl der ausländischen Arbeitnehmer um 9 % und der offenen Stellen um 48 % gesunken und die Zahl der Kurzarbeiter um 63 % gestiegen ist.

Aber auch bei den anderen Indikatoren gibt es zu beachtende Probleme. So ist die Aussagekraft der offenen Stellen oft eingeschränkt, da besonders in Zeiten der Hochkonjunktur viele Unternehmen vorsorglich Arbeitskräftebedarf anmelden, obwohl die Kapazitäten zu deren Beschäftigung gar nicht vorhanden sind.[17]

Desweiteren kann die Zahl der Kurzarbeiter zum einen einen positiven Umschwung andeuten, wenn nämlich die Unternehmer eine Verbesserung der Auftragslage erwarten und deshalb die Arbeitskräfte nicht entlassen wollen, zum anderen erhöht bei einer Verschlechterung der Konjunktur die Entlassung von Kurzarbeitern die Arbeitslosenquote.

Seit der ersten Konkretisierung des Ziels Vollbeschäftigung 1967 wurde es in den Jahren 1969 bis 1973 erfüllt, in den Rezessionsjahren 67/68 und 74/75 lag die Arbeitslosenquote über dem Vollbeschäftigungsniveau, im Zeitraum von 1961–1966 unter 1 %.

2.3 Das Ziel »außenwirtschaftliches Gleichgewicht«

Eine eindeutige, allgemein anerkannte Definition des außenwirtschaftlichen Gleichgewichts gibt es nicht.[18] Im Hinblick auf das im Stabilitätsgesetz angestrebte gesamtwirtschaftliche Gleichgewicht wäre es sinnvoll, außenwirtschaftliches Gleichgewicht dann als gegeben anzusehen, wenn die Einflüsse der Außenwirtschaft die Bestrebungen unterstützen, die binnenwirtschaftlichen Ziele Vollbeschäftigung, Preisniveaustabilität und Wachstum zu erreichen. Jedoch zielt keine der geläufigen Formeln auf die konjunkturelle Wirkung ab. Deshalb wählte das Bundeswirtschaftsministerium auch eine pragmatische Definition, die den Verhältnissen in der BRD angemessen ist.

In der Zielprojektion von 1967 ist außenwirtschaftliches Gleichgewicht als Überschuß im Waren- und Dienstleistungsverkehr mit dem Ausland (Außenbeitrag) im Umfang von 1 % des Bruttosozialprodukts quantifiziert. Aufgrund der sich ge-

---

16 Vgl. FAZ vom 23. 8. 1975.
17 Vgl. **Gahlen, B.**, u. a. Volkswirtschaftslehre, Eine problemorientierte Einführung, München 1976, S. 92.
18 Vgl. zu den verschiedenen Auffassungen des außenwirtschaftlichen Gleichgewichts **Rose, K.**, Theorie der Außenwirtschaft, Berlin 1970, S. 15–22.

änderten weltwirtschaftlichen Bedingungen wird seit 1971 ein positiver Außenbeitrag von 1,5 % bis 2 % des Bruttosozialprodukts angestrebt. Ein positiver Außenbeitrag soll erreicht werden, um den finanziellen Verpflichtungen der BRD, die in Devisen zu leisten sind, nachkommen zu können. Beispiele für diese Verpflichtungen sind etwa Stationierungskosten für ausländische Truppen, Entwicklungshilfe, Zahlungen an die Nato und den EG-Haushalt, Kreditzusagen und die Überweisungen ausländischer Arbeitskräfte in ihre Heimatländer. Die hierzu notwendigen ausländischen Zahlungsmittel sollen also durch einen Überschuß der Güterexporte über die Importe verdient werden, da die Bundesrepublik fast immer seit 1965 eine negative Dienstleistungsbilanz aufweist.

Tabelle 3: Entwicklung des Außenbeitrags (in Mio DM)

Jahr[2]	Saldo der Handelsbilanz (Güterexporte minus Güterimporte)	Saldo der Dienstleistungsbilanz	Außenbeitrag	Außenbeitrag in Prozent des Bruttosozialprodukts[1]
	(1)	(2)	(1) + (2)	(4)
1950	− 3012	+ 520	− 2492	−2,5
51	− 149	+ 921	+ 772	+0,6
52	+ 706	+ 1612	+ 2318	+1,7
53	+ 2516	+ 1808	+ 4324	+2,9
54	+ 2698	+ 1445	+ 4143	+2,6
55	+ 1245	+ 1824	+ 3069	+1,7
56	+ 2897	+ 2783	+ 5680	+2,8
57	+ 4083	+ 3700	+ 7783	+3,6
58	+ 4954	+ 3044	+ 7998	+3,4
59	+ 5361	+ 2070	+ 7431	+2,9
1960	+ 5223	+ 3048	+ 8271	+2,7
61	+ 6615	+ 1008	+ 7623	+2,3
62	+ 3477	+ 153	+ 3630	+1,0
63	+ 6032	+ 54	+ 6032	+1,6
64	+ 6081	− 246	+ 5835	+1,4
65	+ 1203	− 1049	+ 154	+0,0
66	+ 7958	− 1175	+ 6783	+1,4
67	+16862	− 434	+16428	+3,3
68	+18372	+ 796	+19168	+3,5
69	+15584	+ 664	+16248	+2,7
1970	+15670	− 2728	+12942	+1,9
71	+15892	− 1314	+14578	+1,9
72	+20278	− 3795	+16483	+2,0
73	+32979	− 5641	+27338	+2,9
74	+50846	− 9282	+41564	+4,2
75	+37153	−10108	+27045	+2,6

1 Vgl. zu den Zahlen des BSP Tabelle 4;
2 bis 1959 ohne Berlin und Saarland

Quelle: SVR Jahresgutachten 1975, S. 272; Monatsberichte der Deutschen Bundesbank, Februar 1976, S. 68.

Tabelle 3 gibt eine Übersicht über die Entwicklung des Außenbeitrags. Bis auf das Jahr 1950 war immer ein positiver Außenbeitrag zu verzeichnen, der in 1974 seinen bisherigen Höhepunkt mit 4,2 % des Bruttosozialproduktes hatte. Gemessen an der offiziellen Zielformulierung seit 1967 war das Ziel des außenwirtschaftlichen Gleichgewichts nur in wenigen Jahren erreicht. Beachtenswert ist, daß der Außenbeitrag jeweils während konjunktureller Rezessionsphasen besonders hoch war.

2.4 Das Ziel »angemessenes und stetiges Wachstum«

Das wirtschaftliche Wachstum kann gemessen werden durch[19]
1) die Wachstumsrate des realen, d. h. um die Preissteigerungen bereinigten, **Bruttosozialprodukts pro Jahr,**
2) die Wachstumsrate des realen **Nettosozialprodukts pro Kopf,**
3) die Wachstumsrate des realen **Nettosozialprodukts pro Arbeitsstunde.**
Jede dieser Definition hat eine andere Intention. Das Wachstum des **realen Bruttosozialprodukts** dient der Demonstration der Leistungsfähigkeit einer Volkswirtschaft und somit dem politischen Prestige. Diese wird deshalb als **Politikvariante** bezeichnet. Sie sagt aber über die Verbesserung der Versorgung des einzelnen Wirtschaftssubjekts nichts aus, da hierzu neben der Veränderung des Sozialprodukts auch die Entwicklung der Bevölkerung berücksichtigt werden muß.
Die individualistischen Ziele des Wohlstandes stehen bei der zweiten Definition, der sog. **Lebensstandardvariante,** im Vordergrund. Jedoch zeigt auch diese Definition nicht die »Wohlfahrt« einer Volkswirtschaft an, da etwa durch mehr Freizeit, d. h. weniger Erwerbstätige bzw. geringere Arbeitszeit, das Wachstum des Nettosozialprodukts pro Kopf negativ beeinflußt werden kann, die einzelnen Wirtschaftssubjekte sich aber möglicherweise auf einem höheren Wohlfahrtsniveau befinden, weil sie nicht mehr so viel arbeiten müssen. In diesem Fall wäre also die Wachstumsrate des realen Nettosozialprodukts pro Arbeitsstunde zugrunde zu legen.
Letztlich ist noch zu fragen, ob die Wohlfahrt einer Volkswirtschaft überhaupt durch Sozialproduktsgrößen – auf die großen Schwierigkeiten ihrer Erfassung kann hier nicht eingegangen werden – wiedergegeben werden kann. So enthalten die Sozialprodukt-Indikatoren keine Aussagen etwa über die Versorgung der Bürger mit sozialer Infrastruktur (Schulen, Krankenhäuser, Kindergärten etc.), über die Umwelt, persönliche Freiheitsrechte, die Volksgesundheit, die Einkommens- und Vermögensverteilung oder die Freizeit. Die Wissenschaft versucht deshalb »Soziale Indikatoren« aufzustellen, die neben dem Sozialprodukt auch die genannten gesellschaftlichen Werte beinhalten, um so zu einem echten Indikator zu gelangen.[20]
Trotz der allseitig bekannten Schwächen des Sozialprodukts als Indikator für

---

19 Vgl. zu folgendem: SVR Jahresgutachten 1967, Ziffer 278 und 283 ff.
20 Vgl. zum Problem der sozialen Indikatoren etwa: **Bombach, G.,** Volkswirtschaftliche Gesamtrechnung, Antiquierte Methoden, in: Der Volkswirt, Nr. 25 (1972), S. 35 ff; **Holub, H. W.,** Eindimensionale und mehrdimensionale Indikatoren als gesellschaftliche Wohlfahrtsmaße, in: Wirtschaftswissenschaftliches Studium, Heft 3 (1974), S. 113 ff.

den Wohlstand einer Volkswirtschaft, wird in der Wirtschaftspolitik zumeist das Bruttosozialprodukt als Wohlfahrtsmaßstab verwendet. So auch in der Bundesrepublik, wo unter **angemessenem** Wachstum »eine durchschnittliche Wachstumsrate des realen Bruttosozialprodukts von gut 4 % bis reichlich 4½%[21] verstanden wird. Im Jahre 1967 begnügte man sich noch mit 4 %. Aus der Tabelle 4 ist ersichtlich, daß im Zeitraum von 1970 bis 1974 die Zielprojektion mit einer durchschnittlichen Wachstumsrate von 3,6 % fast und für den Zeitraum von 1967 bis 1974 mit 4,2 % etwa erreicht wurde. Dagegen konnte das Ziel des **stetigen** Wachstums nicht erfüllt werden, da die realen Wachstumsraten seit 1967

Tabelle 4: Entwicklung des nominalen u. realen Bruttosozialprodukts in Mrd. DM

Jahr	Bruttosozialprodukt in jeweiligen Preisen		Bruttosozialprodukt in Preisen von 1962	
	absolut	Veränderung gegenüber Vorjahr in %	absolut	Veränderung gegenüber Vorjahr in %
1950[1]	98,10		143,60	
51	120,00	+22,3	158,60	+10,4
52	137,00	+14,2	172,70	+ 8,9
53	147,70	+ 7,8	186,90	+ 8,2
54	158,60	+ 7,4	200,80	+ 7,4
55	181,40	+14,4	224,90	+12,0
56	200,50	+10,5	241,30	+ 7,2
57	218,50	+ 9,0	255,00	+ 5,7
58	234,30	+ 7,2	264,50	+ 3,7
59	254,90	+ 8,9	283,80	+ 7,2
1960	302,30	+11,7	328,40	+ 9,0
61	332,60	+10,0	346,20	+ 5,4
62	360,10	+ 8,3	360,10	+ 4,0
63	384,00	+ 6,6	372,50	+ 3,4
64	420,90	+ 9,6	397,30	+ 6,7
65	460,40	+ 9,3	419,50	+ 5,6
66	490,70	+ 6,6	431,70	+ 2,9
67	495,50	+ 1,0	430,80	− 0,2
68	540,00	+ 9,0	462,30	+ 7,3
69	605,20	+12,1	500,40	+ 8,2
1970	685,60	+13,3	529,40	+ 5,8
71	761,90	+11,1	545,20	+ 3,0
72	833,90	+ 9,5	563,50	+ 3,4
73	926,90	+11,2	592,40	+ 5,1
74	994,00	+ 7,2	595,00	+ 0,4
75	1037,80	+ 4,4	573,80	− 3,6

1 1950–1959 ohne Berlin und Saarland
Quelle: SVR Jahresgutachten 1975, S. 234.

---

21 Jahreswirtschaftsbericht 1971, a.a.O., Ziffer 138 d.

zwischen 8,2 % und minus 3,6 % lagen. Unter Berücksichtigung der Zeit vor 1967 war sogar ein Maximalwert von 12 % zu verzeichnen. Fraglich erscheint jedoch, ob angesichts der welt- und binnenwirtschaftlichen Lage in Zukunft ein durchschnittliches Wachstum von über 4 % erreicht werden kann, insbesonders auch deshalb, weil ein fallender Trend der durchschnittlichen Wachstumsraten in den Nachkriegskonjunkturzyklen zu beobachten ist. Für den Zyklus 1954–58 ergibt sich eine durchschnittliche Wachstumsrate des realen Bruttosozialprodukts von 7,2 %. Für die folgenden Zyklen 1958–63 betrug sie 5,5 %, für 1963–67 3,7 %, für 1967–71 4,8 und für 1971–75 2,3 %.[22]

Aufgrund dieser Entwicklung überrascht es, wenn die Bundesregierung in ihren Einnahmevorausschätzungen anläßlich des im August 1975 beratenen Sparprogramms für die Jahre 1976 bis 1979 ein durchschnittlich reales Wachstum von 5 % pro Jahr angenommen hat.

2.5 Das Ziel »gerechte Einkommens- und Vermögensverteilung«

Wie schon erwähnt, soll der Sachverständigenrat in seinen jährlichen Gutachten »auch die Bildung und die Verteilung von Einkommen und Vermögen« untersuchen. Jedoch ist ein Verteilungsziel nicht in das Stabilitätsgesetz aufgenommen worden. Vor allem wohl auch deshalb, weil der Begriff der »gerechten« Verteilung schwerlich definiert werden kann, da er gesellschafts- und zeitbezogen ist. Er ist somit wissenschaftlich nicht konkretisierbar. Allenfalls könnte der Begriff der »gerechten Verteilung« durch die Mehrheit bestehender Ansichten ermittelt werden. Unter der Voraussetzung, daß ein Maßstab für die Verteilung gefunden werden kann, wäre dann jene Verteilung als gerecht anzusehen, die die Mehrheit als gerecht empfände.[23]

In der BRD liegen bisher weder allgemein anerkannte Maßstäbe für die Einkommens- bzw. Vermögensverteilung vor, noch bestehen mehrheitliche Vorstellungen hinsichtlich des Gerechtigkeitsbegriffs. Unbestritten ist lediglich, daß die derzeitige Einkommens- und Vermögensverteilung nicht »gleichmäßig« genannt werden kann und darum von fast allen Wirtschaftsgruppen eine gleichmäßigere Verteilung gefordert wird. Das Dilemma der verteilungspolitischen Diskussion liegt nun darin, daß das Ausmaß der gewünschten Umverteilung sehr unterschiedlich beurteilt wird. Hinzu kommen noch die Unzulänglichkeiten bei der Erfassung des Ist-Zustandes sowohl bei der Einkommens- als auch bei der Vermögensverteilung.[24]

Noch aus einem weiteren Grund wurde das Verteilungsziel von den staatlichen wirtschaftspolitischen Akteuren zumeist sehr zurückhaltend behandelt. Nach allgemeiner Auffassung besteht nämlich die Gefahr eines Zielkonfliktes zwischen dem Verteilungsziel und den Zielen des Stabilitätsgesetzes,[25] wobei die konjunkturpolitischen Ziele aber in der deutschen Wirtschaftspolitik bisher eindeutig

---

22 Vgl. das Schaubild der deutschen Konjunkturzyklen S. 33.
23 Vgl. **Hennies, M. O. E.**, Das nicht so magische Polygon der Wirtschaftspolitik, Berlin 1971, S. 42.
24 Vgl. zu diesen Problemen **Bolz, K.**, (Hrsg.), Ist eine gerechte Einkommensverteilung möglich?, München 1972.
25 Vgl. **Vosfeldt, Ch.**, Konzept und Wirkungen des Investivlohns, in: Bolz, K., (Hrsg) a.a.O., S. 85 ff.

Priorität gegenüber dem Verteilungsziel genossen. Staatliche Verteilungspolitik wurde – wenn überhaupt – nur so betrieben, daß sie die Ziele des Stabilitätsgesetzes, hier besonders die Preisniveaustabilität, nicht wesentlich negativ beeinflußte. Im folgenden soll nun die Entwicklung einer, in der aktuellen verteilungspolitischen Diskussion[26] viel herangezogenen Größe, der **Lohnquote**, dargestellt werden.

Die **Lohnquote** gibt den »Anteil« der Einkommen aus unselbständiger Tätigkeit am Volkseinkommen wieder, während die **Gewinnquote** den Anteil der »Einkommen aus Unternehmertätigkeit und Vermögen am Volkseinkommen« angibt. Trotz einer nur geringen Aussagekraft beider Quoten werden sie sehr oft in der Debatte um die »Gleichmäßigkeit« der Einkommensverteilung verwendet, insbesondere auch deshalb, weil sie Größen sind, die sich aus der volkswirtschaftlichen Gesamtrechnung ergeben.

Nur zwei Einwände gegen die eingeschränkte Aussagekraft dieser Quoten seien genannt. Erstens können beide Quoten keine Aussage über die **personelle** Einkommensverteilung machen, d. h. in die Lohnquote geht sowohl der Lohn eines Hilfsarbeiters als auch das Gehalt eines Vorstandsmitgliedes und in die Gewinnquote geht das Einkommen eines kleinen Einzelhändlers ebenso wie der hohe Gewinn eines großen Unternehmers ein. Die Einkommen innerhalb der Quoten differieren also gewaltig. Zweitens sind in der Gewinnquote alle Vermögenseinkommen (Zinsen, Dividenden, Mieten etc.) enthalten und werden somit statistisch den Selbständigen zugerechnet, obwohl diese Einkommen auch Arbeitnehmern zufließen. Der Anteil der Selbständigen am Volkseinkommen wird dadurch tendenziell zu hoch ausgewiesen.[27] Da in der wirtschaftspolitischen Argumentation verschiedene Lohnquoten benutzt werden, seien diese kurz erläutert.[28]

1) Die **»Bruttolohnquote«** gibt die Relation der Bruttoeinkommen aus unselbständiger Tätigkeit am Volkseinkommen wieder. Dabei zählen zum Bruttoeinkommen neben dem Lohn auch Steuern, Sozialversicherungsbeiträge sowohl der Arbeitnehmer als auch der Arbeitgeber sowie andere Sozialaufwendungen der Arbeitgeber.

2) Bei der **»Nettolohnquote«** wird das Nettoeinkommen aus unselbständiger Tätigkeit (Bruttoeinkommen minus Steuern und Sozialversicherungsbeiträge) auf das gesamte Nettoeinkommen bezogen.

Beide Lohnquoten geben im Zeitablauf keinen exakten Überblick über die Entwicklung der Einkommensverteilung, wenn sich die Erwerbstätigenstruktur ändert. So ist in der BRD allein dadurch die Lohnquote gestiegen, daß der Anteil der Selbständigen an der Gesamtzahl der Erwerbstätigen stetig abnimmt und der Anteil der Unselbständigen wächst. Betrug der Anteil der abhängig Beschäftigten 1950 noch 68,5 %, ergab sich 1974 ein Anteil von 84,3 %. Die Lohnquote muß also um diese Änderung in der Beschäftigungsstruktur bereinigt werden, um vergleichbare Werte zu erhalten.

---

26 Die Vermögensverteilung ist noch weit umstrittener und kann in diesem Rahmen nicht behandelt werden.
27 Zu einer ausführlicheren Diskussion um die Lohnquote vgl. **Severin, J.,** Sinn und Unsinn in den Auseinandersetzungen um die Lohnquote, in: Bolz, K., (Hrsg.), a.a.O., S. 74 ff.
28 Vgl. zu folgendem etwa **Gahlen, B.,** u. a., Volkswirtschaftslehre, a.a.O., S. 223 ff.

3) Die »**bereinigte Nettolohnquote**« gibt die Entwicklung der Nettolohnquote bei einer hypothetisch auf ein bestimmtes Basisjahr bezogenen konstanten Beschäftigungsstruktur wieder. Analoges gilt für die »bereinigte Bruttolohnquote«.

Ob bei der Argumentation die bereinigte Nettolohnquote oder die bereinigte Bruttolohnquote angeführt wird, hängt entscheidend von der Betrachtungsweise ab. Gewerkschaften werden die Netto-, Arbeitgeberverbände die höhere Bruttolohnquote heranziehen. Verwunderlich in diesem Zusammenhang ist die Tat-

Tabelle 5: Die Entwicklung verschiedener Lohnquoten für die BRD

Jahr[1]	Brutto-lohnquote	bereinigte[2] Bruttolohn-quote	Nettolohn-quote	bereinigte[3] Nettolohn-quote
1950	58,6	66,1[4]	58,6	65,7
1951	58,7	65,1	58,1	63,9
1952	57,4	62,8	57,5	62,5
1953	58,7	63,3	59,8	64,0
1954	59,4	63,1	60,7	64,1
1955	58,8	61,5	59,1	61,4
1956	59,5	60,8	59,6	61,2
1957	59,7	61,3	59,8	61,0
1958	60,5	61,9	59,9	60,9
1959	60,2	61,2	59,7	60,2
1960	60,6	60,6	59,6	59,6
1961	62,2	61,6	59,8	59,8
1962	64,0	62,7	62,0	61,4
1963	64,4	62,5	64,2	62,9
1964	64,3	61,7	64,4	62,5
1965	64,7	61,7	63,9	61,4
1966	65,7	62,4	64,1	61,1
1967	65,9	62,7	64,7	61,4
1968	63,9	60,4	64,8	61,6
1969	65,2	60,9	61,8	58,4
1970	66,7	61,7	62,9	58,8
1971	68,3	62,9	63,1	58,4
1972	68,7	63,0	64,3	59,2
1973	69,8	63,8	64,4	59,1
1974	71,5	65,3	65,3	59,6
1975	71,7	65,7	67,4	61,7

1 1950–1959 ohne Saarland und Berlin
2 (3) Lohnquote bei konstant gehaltenem Anteil der Arbeitnehmer an den Erwerbstätigen im Jahre 1960 (1950)
4 bis 1959 eigene Berechnungen

Quelle: SVR Jahresgutachten 1975, Tabelle 16; Gahlen, B., u. a., a. a. O., Tabelle 4.2.

sache, daß in offiziellen staatlichen Statistiken oft lediglich die wenig aussagekräftige Bruttolohnquote ohne jegliche Erläuterung veröffentlicht wird.[29]
Aus der Tabelle 5 ist ein deutlicher Anstieg der bereinigten Bruttolohnquote seit 1960 erkenntlich. Sie hat mit knapp 66 % nun wieder den Stand von 1950 erreicht (vgl. Abb. 1).
Eine ähnliche Entwicklung weist auch die bereinigte Nettolohnquote auf.

Abbildung 1: Entwicklung der bereinigten Bruttolohnquote seit 1950.

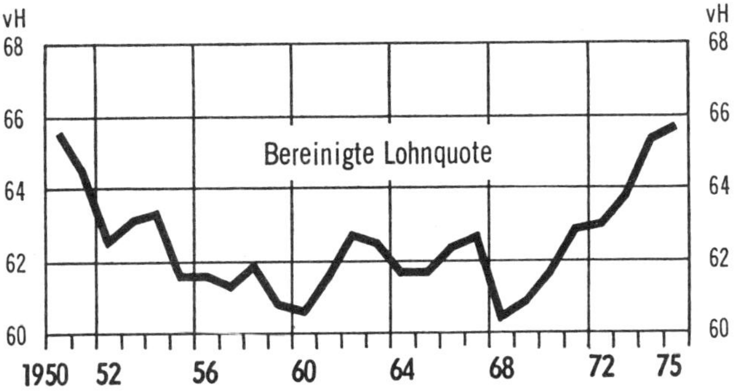

[Diagramm: Bereinigte Lohnquote, vH-Achse von 60 bis 68, Zeitachse von 1950 bis 75]

Quelle: SVR Jahresgutachten 1975, S. 67.

In der verteilungspolitischen Diskussion wird oft argumentiert, daß die Einkommensbezieher nur ein relativ geringes Interesse an der Bruttolohnquote haben, da sie noch Sozialversicherungsbeiträge und die Einkommensteuern enthält. Folglich wird die Nettolohnquote herangezogen.[30] Dieses Vorgehen ist jedoch zu einseitig; denn in der Bruttolohnquote sind Bestandteile enthalten, die, wie die Sozialversicherungsbeiträge, zu späterem Einkommen als Renten führen werden und damit auch im Interesse der Einkommensbezieher sind.

3. Theorie der konjunkturellen Schwankungen

Konjunkturpolitik kann nur sinnvoll betrieben werden, wenn das Wesen und die Ursachen der Konjunkturschwankungen bekannt sind. Bevor die konjunkturpolitischen Konzeptionen erörtert werden können, muß deshalb eine theoretische Analyse der konjunkturellen Schwankungen erfolgen.
Konjunkturtheorie ist in diesem Buch aber nur insoweit von Interesse, als sie zum Verständnis und zur kritischen Beurteilung konjunkturpolitischer Maßnahmen erforderlich ist. Auf die Darstellung und Diskussion komplizierter Konjunkturmodelle kann verzichtet werden, ohne das Verständnis konjunkturpolitischer Zusammenhänge zu verringern.

---

29 Vgl. etwa, Bundesministerium für Wirtschaft (Hrsg.), Leistung in Zahlen '74, S. 19; Der Bundesminister für Arbeit und Sozialordnung, Arbeits- und Sozialstatistik, Hauptergebnisse 1975, S. 92.
30 Vgl. **Gahlen, B.**, a.a.O., S. 224.

3.1 Wesen und Merkmale von Konjunkturschwankungen

In einem marktwirtschaftlichen System regulieren prinzipiell zwei Faktoren das wirtschaftliche Geschehen: Angebot und Nachfrage.
In einem bestimmten Zeitpunkt kann mit den vorhandenen Produktionskapazitäten eine bestimmte Gütermenge produziert werden. (Unter den Begriff »Güter« fallen sowohl Sachgüter, als auch Dienstleistungen.) Ob dieses »potentielle Angebot« auch tatsächlich realisiert wird, hängt von der Nachfrage ab.
Die gesamtwirtschaftliche Nachfrage ergibt sich aus der Nachfrage der privaten Haushalte nach Konsumgütern, der Unternehmen nach Investitionsgütern und des Staates sowie des Auslands nach Konsum- und Investitionsgütern.
Diese Nachfragekomponenten enthalten nicht nur die Nachfrage nach im Inland produzierten Konsum- und Investitionsgütern, sondern ebenfalls die Nachfrage nach ausländischen Gütern. (Auch die vom Inland exportierten Güter sind zum Teil vorher importiert worden [Zwischenhandel]. Zum Beispiel importieren ausländische Unternehmen Rohöl aus arabischen Staaten und exportieren es ohne Verarbeitung in die Schweiz.) Bei den Nachfragekomponenten wird also nicht nach der Herkunft der nachgefragten Güter unterschieden. Um die Nachfrage nach im Inland produzierten Gütern zu ermitteln, muß man deshalb die Importe von den übrigen Nachfragefaktoren abziehen.
Die gesamtwirtschaftliche Nachfrage (N) kann nun durch folgende Definitionsgleichung angegeben werden:

$$N = C_{pr} + I_{pr} + A_{st} + Ex - Im$$

Es bedeuten: N ist die gesamtwirtschaftliche Nachfrage nach inländischen Gütern; C_{pr} ist die Nachfrage privater Haushalte nach Konsumgütern; A_{st} die Nachfrage des Staates nach Konsum- und Investitionsgütern; Ex die Nachfrage des Auslands nach inländischen Gütern; Im die Nachfrage des Inlands nach ausländischen Gütern. Der Differenzbetrag (Ex - Im) wird als Außenbeitrag bezeichnet.
Die einzelnen Nachfragegrößen sind zu den jeweils bestehenden Preisen bewertet worden. Verringert man die Höhe der einzelnen Nachfragekomponenten um die Preissteigerungsrate, die bei den verschiedenen Gütergruppen festgestellt wurde, so sind sie zu konstanten Preisen bewertet. Durch Vergleich der Nachfragegröße eines Jahres mit der Höhe der Nachfragekomponente aus dem vorangegangenen Zeitraum kann man dann die mengenmäßige (»reale«) Nachfrageänderung feststellen. Beispielsweise betrugen die zu laufenden Preisen bewerteten privaten Konsumausgaben im Jahre 1962 rund 205 Mrd. DM und im Jahre 1974 533 Mrd. DM. Die »nominelle« Steigerung betrug also 328 Mrd. DM. Zu konstanten Preisen, d. h. zu Preisen von 1962 berechnet, hatte der private Konsum 1974 eine Höhe von 337 Mrd. DM. Die »reale« Steigerung betrug somit nur 133 Mrd. DM.[1]
Nur wenn das potentielle Angebot gleich der tatsächlichen Nachfrage ist, stimmen die Wirtschaftspläne der Anbieter und der Nachfrager überein. Man sagt, die Wirtschaft befindet sich im Gleichgewicht.
Ein derartiges Gleichgewicht ist in der Regel jedoch nicht gegeben: potentielles Angebot und Nachfrage fallen meist auseinander, weil die Nachfrage bei kon-

---

1 SVR, Jahresgutachten 1975, Tabelle 18.

stantem oder stetig steigendem Produktionspotential schwankt. Es wechseln Zeiträume, in denen das Produktionspotential unterausgelastet ist, mit Zeiträumen ab, in denen die Nachfrage größer als das Produktionspotential ist (»Überauslastung« des Produktionspotentials). Diese auf Nachfrageveränderungen beruhenden Schwankungen des Auslastungsgrades des Produktionspotential nennt man **Konjunkturschwankungen.**
Die Schwankungen des Auslastungsgrades des Produktionspotentials äußern sich unmittelbar in Schwankungen der Wachstumsrate des realen Bruttosozialprodukts (d. h. des zu konstanten Preisen bewerteten Bruttosozialprodukts). Denn das Bruttosozialprodukt gibt bekanntlich den Wert der Güter an, die innerhalb eines Zeitraumens in der Volkswirtschaft produziert wurden. Die Konjunkturschwankungen äußern sich weiterhin insbesondere in Schwankungen der Arbeitslosenquote, der Lohnsatzveränderungen und der Inflationsrate.
Es ist im allgemeinen üblich, die Konjunkturschwankungen durch die Veränderungsrate des realen Bruttosozialprodukts darzustellen. In Abbildung 2 (a und b) sind die Konjunkturschwankungen skizziert. W_r gibt die Wachstumsrate des realen Bruttosozialprodukts, t die Zeit an. Die durch die Konjunkturwellen verlaufende Linie gibt die langfristige Entwicklungstendenz, den »Trend« der realen Wachsumsrate im Zeitablauf an. Verläuft diese Linie parallel zur Zeitachse (wie in Abb. 2 a), so ist die reale Wachstumsrate im langfristigen Durchschnitt konstant; eine fallende (bzw. steigende) Trendlinie kennzeichnet in der Grundrichtung fallende (bzw. steigende) reale Wachstumsraten (s. Abb. 2 b für tendenziell fallende Wachstumsraten).

Abbildung 2: Schema der Konjunkturschwankungen

a) konstanter Trend   b) fallender Trend

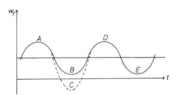
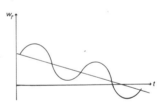

Man unterscheidet folgende **Konjunkturphasen:**
Den **Abschwung** (Phase AB), den **unteren Wendepunkt** (B), den **Aufschwung** (Phase BD) und den **oberen Wendepunkt** (D). Den Bereich um den oberen Wendepunkt bezeichnet man als **Hochkonjunktur** oder **Boom.** Einen nur schwach ausgeprägten Abschwung (von A nach B) bezeichnet man als **Rezession.** Einen stark ausgeprägten Konjunkturabschwung, der durch sehr geringe oder sogar negative Wachstumsraten des realen Bruttosozialproduktes gekennzeichnet ist, bezeichnet man als **Depression** (gestrichelte Linie). Die Konjunkturbewegung von einem oberen Wendepunkt (oder Tiefpunkt) zum nächsten – also den Abschnitt von A nach D (oder von B nach E) – bezeichnet man als **Konjunkturzyklus.**
In Abbildung 3 ist die Entwicklung der Wachstumsrate des realen Bruttosozialprodukts in der Bundesrepublik Deutschland von 1951 bis 1975 dargestellt. Es zeigt sich eine ausgeprägte wellenförmige Bewegung. Die unteren Wende-

punkte liegen in den Jahren 1954, 1958, 1963, 1967, 1971 und 1975.[2] Die Konjunkturzyklen haben also eine Dauer von vier bis fünf Jahren.
Die Aufgabe der Konjunkturtheorie besteht darin, diese Schwankungen zu erklären.

Abbildung 3: Jährliche Wachstumsraten des realen Bruttosozialprodukts in der BRD 1951 bis 1975.

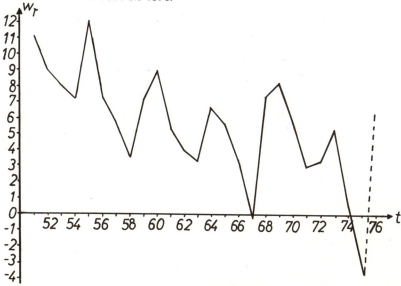

Quelle: Monatsberichte der Deutschen Bundesbank, Tabelle »Entstehung, Verteilung und Verwendung des Sozialprodukts«, verschiedene Jahrgänge. Zahl für 1976: Schätzung.

3.2 Determinanten des Konjunkturverlaufs

Um die Konjunkturschwankungen erklären zu können, müssen zunächst die Bestimmungsgrößen der einzelnen Komponenten der gesamtwirtschaftlichen Nachfrage, also des privaten Konsums, der privaten Investitionen, der Staatsausgaben und des Außenhandels, untersucht werden. Dies ist Gegenstand der folgenden Abschnitte.
Um die Bedeutung der verschiedenen Nachfragekomponenten aufzuzeigen, ist in Tabelle 6 für einige Jahre angegeben, wie das Bruttosozialprodukt zu Marktpreisen verwendet wurde.
Man erkennt, daß der private Konsum quantitativ die größte Bedeutung hat; geordnet nach der Wichtigkeit folgen die privaten Investitionen, die Staatsausgaben, die Exporte und die Importe.

---

2 Der SVR zur Begutachtung der gesamtwirtschaftlichen Entwicklung hat in seinem Jahresgutachten 1975, Textziffer 255 ff, für 1976 einen Konjunkturaufschwung prognostiziert.

Tabelle 6: Verwendung des Bruttosozialprodukts zu Marktpreisen in der BRD 1950 bis 1974 (in Mrd. DM und in Prozentanteilen[1]

Jahr[2] Verwendung	1950	1955	1960	1965	1970	1974
Privater Verbrauch	(64,1) 62,88	(58,5) 106,09	(57,0) 172,43	(62,0) 285,67	(53,8) 369,01	(53,6) 532,94
Private Investitionen[3]	(20,7) 20,30	(23,4) 42,41	(23,8) 71,87	(23,3) 112,05	(24,3) 166,87	(18,7) 185,59
Staatsausgaben[4]	(16,6) 16,27	(16,0) 28,97	(16,7) 50,61	(19,6) 90,22	(20,2) 138,55	(23,7) 235,72
Exporte	(11,4) 11,16	(20,0) 36,23	(20,7) 62,67	(19,7) 90,87	(23,1) 158,58	(30,1) 298,86
Importe	(12,8) 12,51	(17,8) 32,30	(18,3) 55,28	(20,0) 91,41	(21,5) 147,41	(26,1) 259,11
Bruttosozialprodukt	98,10	181,40	302,30	460,40	685,60	994,00

1 Die Prozentanteile sind in kleinen Zahlen in Klammern angegeben.
2 1950 u. 1955 ohne Saarland und Berlin. 1974 vorläufige Werte.
3 Private Bruttoinvestitionen (Ausrüstungs-, Bau- und Lagerinvestitionen)
4 Staatlicher Verbrauch u. staatl. Investitionen.

Quelle: SVR Jahresgutachten 1975, Tabelle 18* und 19*.

3.2.1 Der private Konsum

3.2.1.1 Determinanten des privaten Konsums

Die Erklärung der Einflußgrößen des gesamtwirtschaftlichen privaten Konsums ist Aufgabe der makroökonomischen Konsumtheorie. Diese Theorie besteht aus Hypothesen über mutmaßliche Bestimmungsfaktoren des privaten Konsums und über die Art deren Einflußnahme.[3]
Der wichtigste Einflußfaktor des privaten Konsums ist das verfügbare Einkommen, also das Einkommen, das sich aus dem Bruttosozialprodukt durch Abzug der Abschreibungen, Steuern, Vermögens- und Unternehmereinkommen des Staates, Sozialversicherungsbeiträge und unverteilten Gewinne und durch Addition der Subventionen und Transferzahlungen ergibt. Dieses den privaten Haushalten zur freien Verfügung stehende Einkommen ist nämlich die hauptsächliche Finanzierungsquelle für den Konsum; zudem kann die Einkommenshöhe selbst den Wunsch nach einem bestimmten Konsumniveau wecken. Diese Wünsche werden sowohl durch das Einkommen der Vergangenheit, in der sich die Konsu-

---

3 Vgl. **Knorring, E. v.,** Die makroökonomische Konsumtheorie – Ein Überblick. »Wirtschaftswissenschaftliches Studium.« 1. Jahrg. (1972), S. 288 ff.

menten an ein bestimmtes Konsumniveau gewöhnt haben, als auch durch das gegenwärtige und erwartete zukünftige Einkommen beeinflußt.
Für die Höhe des gesamtwirtschaftlichen Konsums ist nicht nur die Höhe des gesamtwirtschaftlichen Einkommens, sondern ebenfalls die Verteilung des Einkommens auf die verschiedenen sozialen Gruppen von Bedeutung. Denn Konsumenten mit hohen Einkommen verwenden einen geringeren Teil ihres Einkommens für den Konsum als Konsumenten mit niedrigen Einkommen. Je stärker das gesamtwirtschaftliche Einkommen auf die Bezieher hoher Einkommen konzentriert ist, desto größer ist die volkswirtschaftliche Sparquote, d. h. der Teil des Einkommens, der gespart (also nicht konsumiert) wird.
Eine weitere Konsumdeterminante ist das Preisniveau. Bei gegebenem Einkommen sinkt (steigt) der reale Konsum, wenn die Preise steigen (sinken). Steigen Einkommen und Preisniveau gleichermaßen, so ist denkbar, daß die Konsumenten trotz der Preissteigerungen fälschlicherweise glauben, ein höheres reales Einkommen zu beziehen. Sie dehnen dann den mengenmäßigen Konsum aus. In diesem Fall leiden die Konsumenten unter »Geldillusion«. Die Konsumenten wären »frei von Geldillusion«, wenn sie bei gleich stark steigenden Einkommen und Preisen den mengenmäßigen Konsum nicht erhöhen. Für den Fall gleichermaßen sinkender Einkommen und Preise treffen die umgekehrten Überlegungen zu.
Ein Teil des Konsums wird durch Kredite oder aus Ersparnissen finanziert. Somit beeinflussen auch die Kreditbedingungen und die Höhe des Vermögens das Konsumniveau.
Neben den genannten wirtschaftlichen Faktoren sind auch psychologische und soziologische Momente für die Höhe des Konsums bestimmend. Beispielsweise ist zu beobachten, daß die Konsumenten in ihren Konsumentscheidungen vom Konsumverhalten der übrigen Haushalte in derselben gesellschaftlichen Schicht beeinflußt werden.[4]

3.2.1.2 Erklärung der zeitlichen Entwicklung des privaten Konsums

Um die Bedeutung des Konsums zur Erklärung des Konjunkturzyklus beurteilen zu können, muß bekannt sein, wie sich das Konsumverhalten im Zeitablauf ändert.
Von 1950 bis 1975 ist der Teil des jährlichen verfügbaren Einkommens der privaten Haushalte, der für den Konsum verwendet wurde, tendenziell stark gesunken. Mit anderen Worten, die Spartätigkeit der privaten Haushalte ist stark angestiegen. Die Sparquote stieg von rund 3 % im Jahre 1950 auf etwa 16 % im Jahre 1975 (vgl. Tabelle 7).
Diese Entwicklung der Sparquote steht mit der Hypothese in Einklang, die J. M. Keynes wie folgt formulierte: »Das grundlegende psychologische Gesetz, auf das wir uns a priori sowohl aufgrund unserer Kenntnis der menschlichen Natur als auch aufgrund der einzelnen Erfahrungstatsachen mit großer Zuversicht stützen dürfen, ist, daß die Menschen in der Regel und im Durchschnitt geneigt sind,

---

[4] Der Einfluß der genannten Faktoren auf die Höhe des Konsums kann durch sog. Konsumfunktionen formal dargestellt werden. Darauf wird hier verzichtet, s. z. B. **Knorring, E. v.**, Die Berechnung makroökonomischer Konsumfunktionen. Tübingen 1970.

Tabelle 7: Entwicklung der Sparquote[1] in der BRD von 1950 bis 1975

Jahr[2]	Sparquote	Jahr	Sparquote	Jahr	Sparquote
1950	2,99	1960	8,27	1970	13,52
1951	2,84	1961	8,26	1971	13,54
1952	4,89	1962	8,42	1972	14,90
1953	5,80	1963	9,50	1973	14,10
1954	6,58	1964	10,61	1974	14,81
1955	5,90	1965	11,62	1975	16,50
1956	5,36	1966	10,76		
1957	7,57	1967	10,67		
1958	8,08	1968	11,42		
1959	8,44	1969	12,22		

1 Die Sparquote ist definiert als die Ersparnis (ohne nichtentnommene Gewinne) der privaten Haushalte in Prozent des verfügbaren Einkommens.
2 1950 bis 1960 ohne Saarland und Berlin. Wegen Revision der Finanzierungsrechnung der Deutschen Bundesbank sind die Angaben ab 1970 mit denen der Vorjahre nicht voll vergleichbar. 1973 bis 1975: vorläufige Ergebnisse.

Quelle: SVR Jahresgutachten 1975. Tabelle 20 und Tz. 98.

ihren Verbrauch mit der Zunahme ihres Einkommens zu vermehren, aber nicht im vollen Maße dieser Zunahme.«[5]
Der Anstieg der Sparquote ist jedoch nicht stetig. Vergleicht man die Konjunkturentwicklung (s. Abb. 3) mit der Entwicklung der Sparquote (s. Tab. 7), so ist zu beobachten, daß die Sparquote in der Hochkonjunktur sinkt oder nur ungewöhnlich schwach zunimmt (nämlich 1951; 1955/56; 1960; 1973) und daß die Sparquote im Konjunkturabschwung stark ansteigt (nämlich 1952; 1957; 1963; 1975). Eine Ausnahme war 1967/68 festzustellen, als die Sparquote im Konjunkturabschwung gefallen war; das lag daran, daß die Einkommen der Selbständigen – also der Bevölkerungsgruppe mit relativ hoher Sparquote – stark hinter der allgemeinen Einkommensentwicklung zurückblieb.[6]
Das Sinken bzw. der nur geringe Anstieg der Sparquote in der Hochkonjunktur ist dadurch zu erklären, daß die Konsumenten in dieser konjunkturellen Situation optimistische Erwartungen hinsichtlich des zukünftigen Einkommens haben und daß sie wegen der relativ hohen Preissteigerungen, die mit der Hochkonjunktur meist einhergehen, geplante Käufe dauerhafter Konsumgüter (z. B. Haushaltsgeräte, Möbel) zeitlich vorziehen. Der relativ starke Anstieg der Sparquote im Konjunkturabschwung wird durch die Furcht der Konsumenten vor einem weiteren Absinken der Wirtschaftstätigkeit und u. U. sogar vor Arbeitslosigkeit bewirkt. In dieser Situation werden vor allem die Käufe dauerhafter Konsumgüter zurückgestellt; ein noch stärkerer Anstieg der Sparquote wird durch frühere Konsumgewohnheiten verhindert, aufgrund derer die Konsumenten auf bestimmte Ausgaben nicht mehr verzichten wollen oder können (z. B. Ausgaben für Autounterhaltung, Mieten, Versicherungen).

---

5 Übersetzung aus: **Keynes, J. M.**, The General Theory of Employment, Interest and Money. New York 1936, S. 96.
6 Vgl. SVR, Jahresgutachten 1975, Tz. 100.

Die scheinbar anormale Veränderung der Sparquote in den Jahren 1967 und 1968 zeigt allerdings, daß es keine gesetzmäßige Entwicklung der Sparquote im Konjunkturverlauf gibt. Eine allgemeingültige Aussage über die Veränderung des Spar- bzw. Konsumverhaltens der privaten Haushalte ist wegen der zahlreichen Konsumdeterminanten nicht möglich.

3.2.2 Die privaten Investitionen

3.2.2.1 Begriffe

Unter den Investitionen in einer Volkswirtschaft versteht man diejenigen Güter, die innerhalb eines Zeitraums (i. d. R. ein Jahr) produziert oder importiert und weder für den Konsum, noch für den Export verwendet wurden.
Man unterscheidet zwischen Anlage- und Vorratsinvestitionen. Unter den Begriff **Anlageinvestitionen** fallen sämtliche Bauten (Bauinvestitionen) und die Ausrüstungen der Produktions- und Verwaltungsstätten (Ausrüstungsinvestitionen). **Vorrats-Investitionen** sind die Bestandsänderung an Roh-, Hilfs- und Betriebsstoffen sowie Fertigerzeugnissen.
Der (in Geld ausgedrückte) Aufwand für die Vermehrung und den Ersatz der Produktionsanlagen wird als Bruttoanlageinvestition bezeichnet.[7]
Der vorhandene Anlageinvestitions-Bestand wird im Zeitablauf im Wert vermindert. Diese Wertminderung wird durch die Abschreibungen gemessen. Zieht man von den Brutto-Anlageinvestitionen eines Jahres die in diesem Jahr anfallenden Abschreibungen ab, erhält man die **Netto-Anlageinvestitionen.**
Diejenigen Investitionen, die der Erhaltung der Produktionsanlagen dienen, werden als **Ersatz-** oder **Reinvestitionen** bezeichnet. Die Reinvestitionen haben i. d. R. die Höhe der Abschreibungen. Die Investitionshöhe kann aber auch so gering werden, daß nicht einmal der vorhandene Produktionsanlagenbestand erhalten bleibt; die Reinvestitionen sind dann geringer als die Abschreibungen; die Netto-Anlageinvestition wird negativ, d. h. der Kapitalstock der Volkswirtschaft vermindert sich. Das war allerdings bisher in Deutschland nur einmal der Fall, nämlich 1931/32. Negative Netto-Anlageinvestitionen sind nur bis zur Höhe der Abschreibungen möglich, es sei denn, vorhandene Produktionsmittel würden an das Ausland verkauft oder zerstört.
Auch bei den Vorratsinvestitionen sind negative Werte möglich. Man spricht von negativen Vorratsinvestitionen, wenn die Lagerbestände schrumpfen. Die untere Grenze negativer Vorratsinvestitionen ist durch die vorhandenen Lagerbestände gegeben.

3.2.2.2 Determinanten privater Investitionen

Bei der Frage nach den Determinanten privater Investitionen ist davon auszugehen, daß der Motor des privatunternehmerischen Handelns in einer Marktwirtschaft das **Gewinnstreben** ist. Der Gewinn ist die Einkommensquelle der Unternehmer und nicht aus dem Unternehmen entnommene Gewinne dienen der Erweiterung und Rationalisierung des Produktionsmittelbestandes.

---

7 Bei dieser Definition wird vorausgesetzt, daß die Wertminderung der Anlagen voll durch Ersatzinvestitionen ausgeglichen wird.

Der Gewinn ergibt sich als Differenz zwischen Umsatz und Kosten. Um die Vorteilhaftigkeit einer Investition zu beurteilen, muß der Unternehmer also die zu **erwartende Umsatz- und Kostenentwicklung** überprüfen. Da sich der Umsatz aus der abgesetzten Menge multipliziert mit dem Preis ergibt, muß sowohl die erwartete Absatzmenge, als auch die Preiserwartung geschätzt werden. Eine Umsatzprognose erfordert eine genaue Analyse der Nachfragesituation.
Die Umsatzentwicklung ist mit der Kostenveränderung zu vergleichen. Durch die Investition und deren Nutzung entstehen Kapitalkosten (Abschreibungen, Finanzierungskosten, Kosten für Roh-, Hilfs- und Betriebsstoffe) und Arbeitskosten (Löhne und Lohnnebenkosten). Eine Vorhersage der erwarteten Kosten ist besonders schwierig, weil die Gegebenheiten mehrerer Märkte (Kreditmarkt, Arbeitsmarkt, Rohstoffmarkt, usw.) untersucht werden müssen.
Bei der Untersuchung des unternehmerischen Investitonsverhaltens ist der Einfluß der **Finanzierungsbedingungen** von besonderem Interesse; denn hier setzt die Konjunkturpolitik der Bundesbank an. Können die Investitionen nicht allein aus Eigenmitteln (Gewinne und verdiente Abschreibungen) finanziert werden, kann nur investiert werden, wenn die Unternehmer die Möglichkeit haben, auf dem Kapitalmarkt Kredite zu erhalten. Ein ausgeschöpfter Kreditmarkt beschränkt die Investitionen. Zudem beeinflußt auch die Zinshöhe die private Investitionstätigkeit. Dieser Wirkungszusammenhang ist jedoch begrenzt; Schwankungen des Zinssatzes beeinflussen vor allem die Höhe derjenigen Investitionen, bei denen die laufenden Zinskosten einen beträchtlichen Anteil an den gesamten laufenden Kosten ausmachen. Das ist bei langfristigen Investitionen wie Bauinvestitionen und anderen langlebigen Anlagen der Fall.
Die Höhe kurzfristiger Investitionen, wie kurzlebige Anlagen und Vorratsinvestitionen, ist dagegen kaum zinsabhängig.
Die genannten Einflußfaktoren der privaten Investitionen – die Gewinnerwartungen, und damit verbunden die Umsatz- und Kostenerwartungen, sowie die Finanzierungsbedingungen – sind sowohl für Investitionen maßgeblich, die die Produktionskapazitäten erhöhen **(Erweiterungsinvestition)**, als auch für Investitionen, die allein der Rationalisierung, also der Einführung kostengünstigerer Produktionsverfahren dienen **(Rationalisierungsinvestition)**. Für die Höhe der Rationalisierungsinvestitionen sind außerdem folgende Bestimmungsgründe maßgebend:
a) Das Ausmaß des technischen Fortschritts, der es erlaubt, bei gegebenen Preisen der Produktionsfaktoren kostengünstiger zu produzieren. Je umfangreicher der technische Fortschritt, desto höher sind die Rationalisierungsinvestitionen, vorausgesetzt, daß die Produktionsanlagen weiterhin gewinnbringend sind und daß die Finanzierung gewährleistet ist.
b) Die Veränderung des Verhältnisses der Faktorpreise zueinander, und zwar vor allem das Verhältnis des Preises der Arbeit (Lohnsatz) zum Preis des Kapitals (der durch einen Zinssatz ausgedrückt wird, in den die Abschreibungen, Finanzierungskosten usw. eingehen). Bei steigendem Lohn-Zins-Verhältnis ist es für die Unternehmer unter Kostenaspekten günstig, Arbeit durch Kapital zu ersetzen, also Produktionsverfahren einzuführen, die kapitalintensiver sind, aber weniger Arbeitseinsatz benötigen.
Die Aussage, daß die Höhe der Investitionen u. a. von den in der Zukunft erwarteten Gewinnen abhängen, muß abschließend etwas eingeschränkt werden.
Die Unternehmer sind nämlich u. U. bereit, Erweiterungsinvestitionen durchzuführen, obgleich diese kurzfristig nicht oder nicht in befriedigendem Ausmaß ge-

winnbringend sind. Das ist insbesondere der Fall, wenn ein Unternehmer seinen Marktanteil erhöhen will. Der Unternehmer wird zunächst versuchen, die Nachfrage nach seinen Produkten durch Einsatz absatzpolitischer Instrumente (z. B. Werbung, Preissenkung) zu erhöhen. Gelingt dies, müssen die Produktionskapazitäten erweitert werden, um die erhöhte Nachfrage befriedigen zu können. Derartige Erweiterungsinvestitionen können kurzfristig zwar unrentabel sein, langfristig erwartet der Unternehmer aber steigende Gewinne.

Ein ähnliches unternehmerisches Verhalten ist im Konjunkturaufschwung und in der Hochkonjunktur zu beobachten. Empirische Untersuchungen haben gezeigt, daß die Höhe der Erweiterungsinvestitionen in diesen Konjunkturphasen vor allem von der Nachfrageentwicklung abhängt und die Gewinne eine weniger wichtige Rolle spielen.[8] Dieses Investitionsverhalten kann mit dem Bemühen der einzelnen Unternehmer erklärt werden, die Nachfrage möglichst voll zu befriedigen, um keine Kunden an Konkurrenten, also keine Marktanteile, zu verlieren.

Für die Höhe der privaten Investitionen sind auch die politischen Umstände in einer Volkswirtschaft von Bedeutung. Beispielsweise werden die privaten Investitionen eingeschränkt, wenn Änderungen der politischen Machtverhältnisse die Möglichkeit der Verstaatlichung privater Unternehmen herbeiführen. Zudem wird häufig behauptet, daß die private Investitionstätigkeit durch die Erweiterung der Mitbestimmung der Arbeitnehmer und durch die Einführung einer Investitionslenkung wesentlich eingeschränkt würde.

3.2.2.3 Das Akzelerationsprinzip

Um die Wirkungsweise einzelner Bestimmungsgründe der privaten Investitionstätigkeit untersuchen zu können, ist es zweckmäßig, Investitionsfunktionen zu ermitteln, in denen der Einfluß bestimmter Variable quantifiziert wird.

Eine vereinfachte Investitionsfunktion ist die sog. Akzeleratorfunktion. Sie findet in Modellen zur Erklärung der Konjunkturschwankungen Anwendung.

Der Grundgedanke der Akzeleratorfunktion ist, daß bei voller Auslastung der Produktionskapazitäten ein Anstieg der Nachfragemenge von den Unternehmen nur befriedigt werden kann, wenn die Produktionskapazitäten ausgeweitet werden, d. h. wenn Nettoinvestitionen getätigt werden. Dabei ist es grundsätzlich gleichgültig, welche Nachfragekomponente steigt; denn selbstverständlich gilt es für die Konsum- und Investitionsgüterindustrie gleicherweise, daß steigende Produktionsmengen bei Vollauslastung der vorhandenen Produktionskapazitäten nur durch Ausweitung der Kapazitäten möglich sind.

Dies trifft sowohl für die Anlageninvestitionen, als auch für die Vorratsinvestitionen zu. Höhere Produktions- und Absatzmengen erfordern nämlich nicht nur mehr Produktionsanlagen, sondern auch größere Lagervorräte an Roh-, Hilfs- und Betriebsstoffen sowie Fertigerzeugnissen.

Diejenigen Investitionen, die durch Nachfragesteigerungen angeregt werden, nennt man **induzierte Investitionen.**

Für Nachfragesenkungen gilt dasgleiche, was für Nachfragesteigerungen gesagt wurde, nur mit umgekehrten Vorzeichen. Sinkende Nachfrage bewirkt, daß die

---

8 Vgl. **J. Meyer** und **E. Kuhn,** The Investment Decision. Cambridge 1957, S. 134. Vgl. auch: **J. Meyer** und **R. Glauber,** Investment Decisions, Economic Forecasting and Public Policy. Boston 1964. Zitiert nach: **Kromphardt, J.,** Wachstum und Konjunktur. Grundlagen ihrer theoretischen Analyse und wirtschaftspolitischen Steuerung. Göttingen 1972, S. 166.

vorhandenen Produktionskapazitäten zu groß sind. Um die Produktionskapazitäten an die gesunkene Nachfrage anzupassen, unterlassen die Unternehmer Reinvestitionen. Die Nettoinvestitionen sind dann negativ; man sagt, es werden negative Investitionen induziert.
Die induzierten Investitionen beschleunigen (»akzelerieren«) die Nachfrageentwicklung; deshalb nennt man den beschriebenen Wirkungszusammenhang **Akzelerations-Prinzip.**
Die auf dem Akzelerationsprinzip beruhende Investitionsfunktion wird wie folgt formuliert:[9]

(1) $\quad I_t^{ind} = \beta \cdot (N_t - N_{t-1})$

oder:

(2) $\quad I_t^{ind} = \beta \cdot (N_{t-1} - N_{t-2})$

Dabei ist I_t^{ind} die Höhe der im Zeitraum t induzierten Nettoinvestitionen. N ist die gesamtwirtschaftliche Nachfrage, die sich aus der Nachfrage inländischer und ausländischer Wirtschaftssubjekte nach inländischen Konsum- und Investitionsgütern ergibt.
N_t bzw. N_{t-1} bzw. N_{t-2} ist die Höhe der Nachfrage im Zeitraum t bzw. t−1 bzw. t−2. Der Ausdruck $(N_t - N_{t-1})$ gibt die Nachfrageveränderung in der Periode t in Bezug auf die Vorperiode an. Der Ausdruck $(N_{t-1} - N_{t-2})$ gibt die Veränderung der Nachfrage im Zeitraum t−1 im Vergleich zum vorhergehenden Zeitraum an.
Der Faktor β ist der »**Akzelerator**« (oder »Akzelerationskoeffizient«). Er gibt an, in welcher Höhe Investitionen induziert werden, wenn sich die Nachfrage ändert. Wird die Akzelerationsfunktion in der Form (1) geschrieben, so wird unterstellt, daß die Unternehmer auf Nachfrageänderungen sofort reagieren, also Investitionen noch in der Periode induziert werden, in der die Nachfrageänderung eintritt. In der Investitionsfunktion (2) wird angenommen, daß die Unternehmer erst in der auf die Nachfrageänderung folgenden Periode reagieren.
Die Größe des Akzelerators β hängt sowohl von produktionstechnischen Gegebenheiten, als auch von den unternehmerischen Zukunftserwartungen ab.
Durch die Art des Produktionsverfahrens ist nämlich vorgegeben, um wieviel die Produktionskapazität steigen muß, wenn eine bestimmte Erhöhung der Produktions- und Absatzmenge realisiert werden soll. Je kapitalintensivere Produktionsverfahren angewendet werden, desto größer ist der zusätzliche Investitionsbedarf, der zur Erhöhung der Produktion erforderlich ist. Wenn zur Befriedigung einer Nachfragesteigerung um 100 Einheiten die Produktionsanlagen und die Vorratsbestände um 350 Einheiten ausgeweitet werden müssen, hat der Akzelerator die Höhe 3,5. Dieser Wert kann in etwa realistisch sein; denn zur Produktionssteigerung um 1 Einheit ist eine Erhöhung der Investitionen um das 3- bis 4fache erforderlich. Das bedeutet jedoch nicht, daß die zusätzlichen Produktionsanlagen bei der Produktionssteigerung um 1 Einheit voll verbraucht werden. Der erhöhte Produktionsmittelbestand hat vielmehr eine längere Lebensdauer und steht noch in späteren Zeitperioden zur Verfügung.
Aufgrund der mehrperiodigen Lebensdauer der Produktionsanlagen sind die Unternehmer nur dann bereit, Nettoinvestitionen zu einem Mehrfachen der Nach-

---

[9] Inzwischen wurde die Akzeleratorfunktion verfeinert. Vgl. hierzu die Ausführungen von **Kromphardt, J.,** a.a.O., S. 163 ff.

fragesteigerung durchzuführen, wenn sie erwarten können, daß die Nachfragesteigerung nicht einmalig ist, sondern über einen längeren Zeitraum anhält. Somit wird deutlich, daß die Größe des Akzelerators nicht nur von der Produktionstechnik, sondern auch von den Erwartungen der Unternehmer abhängt. Das aber bedeutet, daß der Akzelerator keine konstante Größe ist, sondern von der jeweiligen wirtschaftlichen Situation abhängt.
Für eine Nachfragesenkung treffen die gleichen Überlegungen in umgekehrter Weise zu: Sinkende Nachfrage führt zu einer Senkung der Produktionskapazitäten um ein Mehrfaches der Nachfragesenkung, wenn die Unternehmer glauben, daß der Nachfragerückgang von Dauer ist. Allerdings können die Produktionskapazitäten nicht beliebig verringert werden. Denn negative Nettoanlageinvestitionen sind (wie in Punkt 3.2.2.1 erwähnt) höchstens bis zum Umfang der Abschreibungen möglich, wenn der Verkauf der Anlagen und die Zerstörung ausgeschlossen sind. Die Grenze der negativen Netto-Anlageinvestitionen liegt u. U. noch unter der Höhe der Abschreibungen, nämlich dann, wenn eine Reinvestition nötig ist, um überhaupt weiter produzieren zu können (z. B. Ersatz einer defekten Energieanlage).

3.2.3 Die Staatsausgaben

3.2.3.1 Begriffe

Unter »Staat« wird die Gesamtheit aller öffentlichen Haushalte verstanden. Zu ihnen zählen die Haushalte der Gebietskörperschaften Bund, Länder, Gemeinden und Gemeindeverbände sowie die Haushalte der Sozialversicherung, des Lastenausgleichsfonds, des ERP-Sondervermögens und der Deutschen Gesellschaft für öffentliche Arbeiten AG (Öffa). Die Gebietskörperschaften sind für das konjunkturpolitische Geschehen von größter Bedeutung; denn ihre Haushalte weisen den größten Umfang auf und sie sind mit weitgehenden konjunkturpolitischen Aufgaben und Befugnissen ausgestattet. Die übrigen staatlichen Institutionen spielen für das konjunkturelle Geschehen eine untergeordnete Rolle; sie werden deshalb in diesem Buch weitgehend vernachlässigt. Öffentliche Unternehmen wie kommunale Verkehrs- und Versorgungsunternehmen, Bundesbahn und Bundespost, Einfuhr- und Vorratsstellen werden nicht in den Staatsbegriff einbezogen; sie werden dem Sektor Unternehmen zugerechnet; dasselbe gilt für Unternehmen, die sich teilweise in staatlichem Besitz befinden (z. B. Volkswagenwerk, Veba).
Die Ausgaben des Staates können in Konsum- und Investitionsausgaben untergliedert werden. Unter staatlichen Konsumausgaben versteht man die Personalausgaben und den Sachaufwand (Kauf kurzlebiger Güter, z. B. Büromaterial) des Staates. Aufgrund Übereinkunft zählen auch sämtliche Käufe militärischer Güter unabhängig von deren Nutzungsdauer zu den Konsumausgaben des Staates.
Zu den staatlichen Investitionen gehören alle vom Staat gekauften und selbsterstellten längerlebigen Anlagegüter. Sie werden in Ausrüstungsinvestitionen (Maschinen, maschinelle Anlagen, Fahrzeuge, Gebäudeausstattung) und Bauinvestitionen (Hochbauten, Straßen, Dämme, Rohrleitungen, Wasserwege usw.) unterteilt.[10] Lagerinvestitionen nimmt der Staat nicht vor; eine Bestandserhöhung an kurzlebigen Gütern wird dem staatlichen Konsum zugerechnet.

---

10 Vgl. **Stobbe, A.**, Volkswirtschaftliches Rechnungswesen. 3. Aufl., Berlin, Heidelberg, New York 1972, S. 313 und S. 170 ff.

3.2.3.2 Determinanten der Staatsausgaben

Die Aktivität des Staates wird mit der Existenz sogenannter Kollektivbedürfnisse begründet. Kollektivbedürfnisse sind solche Bedürfnisse von Individuen, die nicht oder nicht in ausreichender Weise durch private Unternehmen befriedigt werden, so daß der Staat (das Kollektiv) tätig werden muß. Hierzu zählen insbesondere die Aufrechterhaltung der Sicherheit innerhalb des Landes und nach außen, ein Leben unter Recht und Ordnung, ein funktionsfähiges Ausbildungs-, Krankenversorgungs- und Verkehrssystem, wirtschaftliche Stabilität, usw.[11] Zur Befriedigung derartiger Bedürfnisse muß der Staat Güter kaufen und Ausgaben für Verwaltungsbeamte, Lehrer, Ärzte, usw. tätigen.

Wird die staatliche Aktivität mit dem Bestehen kollektiver Bedürfnisse erklärt, ergibt sich die Höhe der Staatsausgaben aus dem Umfang dieser Bedürfnisse. Die Befriedigung der Kollektivbedürfnisse ist allerdings durch die Möglichkeit des Staates begrenzt, die Staatsausgaben zu finanzieren. Die wichtigste Einnahmequelle des Staates sind die Steuereinnahmen. Diese werden vor allem von der Konjunkturlage bestimmt. Somit überrascht es auf den ersten Blick nicht, daß sich die Staatsausgaben meist fast parallel zur Konjunkturentwicklung verändert haben.[12] Das bedeutet aber, daß der Staat das Bedürfnis der Staatsbürger, in einer möglichst stabilen Wirtschaft, also weitgehend ohne Konjunkturschwankungen zu leben, nicht genügend berücksichtigt, sondern die Konjunkturschwankungen verstärkt hat.

Schwankungen der Staatsausgaben werden nicht nur durch Veränderungen der Steuereinnahmen, sondern auch durch Änderung der politischen Lage hervorgerufen. Beispielsweise steigen die Staatsausgaben wegen stark steigender Rüstungsanstrengungen bei der Gefahr militärischer Konflikte. In der Bundesrepublik Deutschland und anderen demokratisch regierten Staaten erhöhen sich die öffentlichen Ausgaben oft kurz vor und nach Parlamentswahlen; denn die Parlamentarier versuchen kurz vor den Wahlen häufig noch außergewöhnlich viele kostenwirksame Gesetze zu verabschieden, um durch ihre Aktivitäten die Wähler auf ihre Partei aufmerksam zu machen.

3.2.4 Exporte und Importe

3.2.4.1 **Vorbemerkungen**

Die wirtschaftlichen Beziehungen einer Volkswirtschaft mit dem Ausland sind für seine konjunkturelle Entwicklung um so bedeutsamer, je umfangreicher der internationale Handel ist. Für die Bundesrepublik Deutschland ist der Außenhandel ein sehr wichtiger Faktor. Die Höhe der Exporte betrug 1975 rund 293 Mrd. DM; das entspricht 28 % des Bruttosozialprodukts. Die Höhe der Importe betrug 1975 rund 269 Mrd. DM, was 26 % des Bruttosozialprodukts ausmacht.[13]

---

11 Eine differenziertere theoretische Betrachtung zur Erklärung der staatlichen Aktivität findet der Leser in: **Wittmann, W.**, Einführung in die Finanzwissenschaft. I. Teil. Die öffentlichen Ausgaben. Stuttgart 1970, S. 24–40.
12 Vgl. SVR, Jahresgutachten 1973, Tz. 208 ff. und Jahresgutachten 1971, Tz. 154 ff. vgl. auch **Kromphardt, J.**, a.a.O., S. 145 ff. vgl. auch **Timm, H.**, Gemeindefinanzpolitik in den Wachstumszyklen, zugleich eine Analyse der sog. Parallelpolitik.»Finanzarchiv« NF Bd. 28, S. 441–459.
13 Monatsberichte der Deutschen Bundesbank, April 1976, S. 64.

Die Exporte beruhen auf einer Nachfrage des Auslands nach inländischen Gütern. Um also die Gesamtnachfrage nach im Inland produzierten Gütern zu bestimmen, muß man die Exporte zu den übrigen Nachfragekomponenten – privater Konsum, private Investitionen, Staatsausgaben – hinzuzählen.
Die in den vorhergehenden Abschnitten untersuchten Nachfragekomponenten enthalten nicht nur die im Inland produzierten, sondern auch die im Ausland hergestellten und importierten Güter. Die Importe müssen deshalb von den übrigen Nachfragefaktoren abgezogen werden, um die gesamtwirtschaftliche Nachfrage nach inländischen Gütern zu errechnen (vgl. Punkt 3.1).

3.2.4.2 Determinanten des Exports und Imports

Um den Einfluß der Export- und Importnachfrage auf die Konjunkturentwicklung zu untersuchen, müssen deren Einflußfaktoren bekannt sein. Zuerst werden die Determinanten des Exports, dann des Imports dargelegt.
Eine Nachfrage des Auslands nach inländischen Gütern kommt nur zustande, wenn Unternehmer des Inlands Güter zu international konkurrenzfähigen **Lieferbedingungen** zum Export anbieten. Das bedeutet, daß Güter zu wettbewerbsfähigen **Preisen, Qualitäten** und **sonstigen Lieferbedingungen** (Zuverlässigkeit termingerechter Lieferung, geordnete Finanz- und Zahlungsabwicklung, ggf. garantierte Wartungs- und Ersatzteilbeschaffungs- usw.) angeboten werden müssen.
Während die Qualitäten und sonstigen Lieferbedingungen meist keinen konjunkturbedingten Schwankungen unterliegen, sind die Angebotspreise stark von der Konjunktur abhängig.
In der Hochkonjunktur steigen die Preise i. d. R. relativ stark an, weil die Unternehmer durch hohe Kostensteigerungen (insbesondere aufgrund starker Lohnsatzsteigerungen) zu Preiserhöhungen veranlaßt werden. Diese Preissteigerungen haben tendenziell einen nachfragedämpfenden Effekt. Dieser Effekt tritt bei den Exporten aber nicht auf, wenn die Inflationsrate im Inland noch geringer ist als in den ausländischen Absatzländern oder in den Ländern, mit denen die inländischen Unternehmen um internationale Marktanteile konkurrieren. Denn dann werden die inländischen Güter im Ausland relativ, d. h. im Vergleich zu den dortigen Verhältnissen bzw. im Vergleich zu den Gütern der internationalen Konkurrenzunternehmen, billiger. In diesem Fall steigt die Exportnachfrage.
Das Verhältnis der inländischen zu den ausländischen Güterpreisen wird auch stark durch die **Wechselkurse** bestimmt. Ein Wechselkurs gibt an, wieviel Deutsche Mark für eine Einheit einer ausländischen Währung zu bezahlen sind bzw. wieviel Deutsche Mark für eine Einheit einer ausländischen Währung erhältlich sind. Eine Erhöhung des Wechselkurses (Abwertung) bewirkt, daß mehr DM für eine Einheit einer Auslandswährung zu bezahlen bzw. zu erhalten sind. Das bewirkt für die Inländer eine Verteuerung der Importe und eine Verbilligung der Exporte im Ausland; deshalb sinken die Importe und die Exporte steigen.
Eine Senkung des Wechselkurses (Aufwertung) hat die entgegengesetzten Wirkungen.
Eine weitere, sehr wichtige Determinante der Entwicklung des Exports ist die Veränderung der **Industrieproduktion** im Ausland. Dieser Zusammenhang ist im allgemeinen sehr eng. Aus Abbildung 4 ist zu ersehen, daß sich die Exporte in gleicher Richtung entwickeln wie die Industrieproduktion im Ausland. Für diese parallele Entwicklung sind zwei Ursachen zu nennen: Mit steigender ausländischer Produktion benötigt das Ausland mehr Importe für Roh-, Hilfs- und Betriebsstoffe. Der Import des Auslands steigt zudem mit steigender Produktion,

weil die allgemeine Einkommensentwicklung im Ausland sehr eng mit der Entwicklung der Industrieproduktion verknüpft ist und steigende Einkommen im Ausland auch steigende Nachfrage nach im Inland erzeugten Konsumgütern bedeutet. Für den Fall sinkender Industrieproduktion im Ausland treten die umgekehrten Wirkungen auf.

Abbildung 4: Außenhandel und Industrieproduktion.

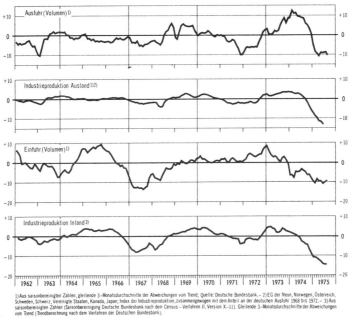

Quelle: SVR, Jahresgutachten 1975, Schaubild 27.

Die Exporte schwanken stärker als die ausländische Industrieproduktion. Das ist dadurch zu erklären, daß die ausländischen Unternehmer einen überdurchschnittlichen Anstieg der Produktion kurzfristig nur realisieren können, indem sie verstärkt auf importierte Roh-, Hilfs- und Betriebsstoffe zurückgreifen. Sinkt die Produktion im Ausland unter den langfristigen Durchschnitt, beziehen die ausländischen Unternehmer die Produktionsmittel zu einem größeren Anteil im eigenen Land; zudem sind sie bei Konjunkturabschwüngen i. d. R. bestrebt, die Lagerbestände abzubauen und möglichst klein zu halten.

Zusammenfassend ist festzuhalten, daß die Exporte von den relativen (d. h. den inländischen im Vergleich zu den ausländischen) Lieferbedingungen – also Preisen, Qualitäten und sonstigen Lieferbedingungen – und von der Höhe der industriellen Produktion im Ausland abhängen. Die Höhe der Importe kann in entsprechender Weise erklärt werden: Die Importe hängen von den relativen Lieferbedingungen und von der Höhe der inländischen industriellen Produktion ab. Je günstiger (ungünstiger) die Lieferbedingungen (Preise, Qualitäten usw.) der ausländischen Güter im Vergleich zu den im Inland angebotenen Gütern sind, desto höher (niedriger) sind die Importe. Steigt (sinkt) die inländische industrielle Produktion, steigen (sinken) die Importe, weil sich der Bedarf an ausländischen Roh-, Hilfs- und Betriebsstoffen und weil sich die Nachfrage nach ausländischen Konsumgütern (aufgrund der mit der Industrieproduktion schwankenden Einkommen) in die gleiche Richtung wie die inländische Industrieproduktion entwickeln.

3.3 Die multiplikativen Wirkungen von Nachfrageänderungen

3.3.1 Darstellung des Multiplikatorprinzips

Die gesamtwirtschaftliche Nachfrage (N) wurde im Punkt 3.1 definiert als

$$N = C_{pr} + I_{pr} + A_{st} + (Ex - Im).$$

Zur Verdeutlichung der folgenden Überlegungen wird von einem Zahlenbeispiel ausgegangen: Es sei C_{pr} = 500, I_{pr} = 200, A_{st} = 250, Ex - Im = 50 Geldeinheiten; die Gesamtnachfrage beträgt also 1000 Geldeinheiten. Unter der Annahme, daß die Produktionskapazitäten ausreichen, diese Nachfrage zu befriedigen, werden Güter im Werte von 1000 Geldeinheiten produziert. Das Bruttosozialprodukt zu Marktpreisen, das ja den Wert der in einer Volkswirtschaft innerhalb einer Zeitperiode produzierten Güter angibt, beträgt dann 1000 Geldeinheiten.

Es wird nun angenommen, daß die Staatsausgaben um 50 Geldeinheiten steigen; und zwar soll es sich nicht um einen nur einmaligen Anstieg handeln, d. h. die Staatsausgaben sollen in der nächsten Periode nicht wieder auf 200 Geldeinheiten zurückfallen, sondern der Anstieg soll in den folgenden Perioden anhalten. In den folgenden Zeiträumen t_1 bis t_n ist somit A_{st} = 300. Die Konsumneigung sowie die Höhe der privaten Investitionen, die Exporte und die Importe bleiben annahmegemäß gleich.

Der Anstieg der Staatsausgaben von 250 auf 300 Geldeinheiten führt unmittelbar zu einer Erhöhung der Gesamtnachfrage auf 1050 Geldeinheiten. Wenn wieder vorausgesetzt wird, daß die Gesamtnachfrage mit den vorhandenen Produktionskapazitäten befriedigt werden kann, steigt das Bruttosozialprodukt auf 1050.

Eine Erhöhung des Bruttosozialprodukts führt «ceteris paribus» (d. h. unter sonst gleichen Bedingungen) zu einer Erhöhung des verfügbaren Einkommens der privaten Haushalte um denselben Betrag. Das verfügbare Einkommen ergibt sich nämlich aus dem Bruttosozialprodukt, indem Abschreibungen, Steuern, Vermögens- und Unternehmereinkommen des Staates, Sozialversicherungsbeiträge und unverteilte Gewinne abgezogen und die Subventionen und Transferzahlungen addiert werden. Bleiben diese Größen annahmegemäß gleich, ändert sich das verfügbare Einkommen genauso wie das Bruttosozialprodukt, also ist $\triangle Y_M = \triangle Y_V$; dabei bedeutet das Zeichen $\triangle$ die Abkürzung für »Änderung« und Y_M bzw. Y_V das Bruttosozialprodukt zu Marktpreisen bzw. das verfügbare Einkommen; z. B. heißt $\triangle Y_M$ »Veränderung des Bruttosozialprodukts zu Marktpreisen«.

Die Annahme, daß die Größen, um die das Bruttosozialprodukt bereinigt werden muß, um zum verfügbaren Einkommen zu gelangen, konstant sind, ist zwar unrealistisch; sie vereinfacht aber die folgenden Überlegungen, ohne sie grundsätzlich zu verfälschen.

Eine Erhöhung des verfügbaren Einkommens führt zu einer Erhöhung der privaten Konsumgüternachfrage. Denn der private Konsum ist vom verfügbaren Einkommen abhängig. Allerdings steigt die Konsumgüternachfrage um einen geringeren Betrag als das verfügbare Einkommen, weil ein bestimmter Teil des Anstiegs des verfügbaren Einkommens gespart wird. Wird die Rate, um den der private Konsum steigt, wenn das verfügbare Einkommen steigt, marginale Konsumquote (b) genannt, so gilt:

$$\Delta C_{pr} = b \cdot \Delta Y_V$$

Die marginale Konsumquote b hat – wie sich aus Tabelle 7 ergibt – ungefähr die Größe 0,85; der Einfachheit wegen wird hier mit b = 0,8 gerechnet.
Es war deutlich geworden, daß die oben angenommene Erhöhung der Staatsausgaben um 50 Geldeinheiten (im folgenden abgekürzt: GE) unter bestimmten Voraussetzungen zu einer Steigerung des verfügbaren Einkommens um 50 GE führt. Diese Einkommenserhöhung bewirkt einen Anstieg der privaten Konsumgüternachfrage um $\Delta C_{pr} = 0,8 \cdot 50 = 40$ GE.
Es wird auch jetzt und im folgenden unterstellt, daß Nachfrageausweitungen aufgrund freier Produktionskapazitäten voll befriedigt werden, also zu einer entsprechenden Produktionssteigerung und damit zu einem Wachstum des Bruttosozialprodukts und des verfügbaren Einkommens führen.
Die Erhöhung der Konsumgüternachfrage um $\Delta C_{pr} = 40$ GE bewirkt dann einen Anstieg der Produktion (Δ P), des Bruttosozialprodukts (ΔY_M) und des verfügbaren Einkommens (ΔY_V) um diesen Betrag von 40 GE.
Dieser Anstieg des verfügbaren Einkommens um 40 GE zieht aufgrund der Funktion $\Delta C_{pr} = b \cdot \Delta Y_V$ eine Vermehrung der Konsumgüternachfrage um $0,8 \cdot 40 = 32$ GE nach sich. Dadurch entstehen wieder eine höhere Produktion, ein höheres Bruttosozialprodukt und ein höheres verfügbares Einkommen, das abermals eine Zunahme der Konsumgüternachfrage verursacht.
Es ist nun zu erkennen, daß der Zuwachs der Staatsausgaben um 50 GE eine Kette weiterer Nachfragesteigerungen (nämlich Konsumsteigerungen) auslöst. Der in Gang gesetzte Prozeß kann wie folgt skizziert werden:

$$\Delta A_{St} \rightarrow \Delta N \rightarrow \Delta P \rightarrow \Delta Y_M \rightarrow \Delta Y_V \rightarrow \Delta C_{pr}$$

Die fortlaufend ausgelösten Konsumsteigerungen werden allerdings immer kleiner, weil vom zusätzlichen Einkommen stets ein bestimmter Teil gespart wird und deshalb nicht zu zusätzlicher Konsumnachfrage wird. Es ergibt sich die in Tabelle 8 dargestellte Entwicklung.
Man erkennt, daß nach einer Reihe von Perioden der Nachfragezuwachs so klein wird, daß er gegen Null strebt und vernachlässigbar ist. Bildet man jetzt die Summe der Nachfrageerhöhungen und damit der Einkommensteigerungen, die insgesamt entstanden sind, so ergibt sich eine Nachfrageerhöhung von 250 GE.
Nach Beendigung des Multiplikationsprozesses haben sich die Gesamtnachfrage, das Bruttosozialprodukt und die einzelnen Nachfragekomponenten im Vergleich zum Ausgangszeitpunkt also auf folgender Höhe stabilisiert:
C_{pr} = 700, I_{pr} = 200, A_{St} = 300, Ex – Im = 50, N = 1250.
In der Ausgangslage waren:
C_{pr} = 500, I_{pr} = 200, A_{St} = 250, Ex – Im = 50, N = 1000.
Die Erhöhung der Staatsausgaben um 50 GE hat letztlich zu einer Erhöhung der gesamtwirtschaftlichen Nachfrage und damit des Bruttosozialprodukts und des verfügbaren Einkommens um 250 GE geführt. Mit anderen Worten, die anfäng-

Tabelle 8: Periodenschema des Multiplikatorprozesses

Periode	$\Delta N = \Delta P =$ $= \Delta Y_M = \Delta Y_v$	ΔC_{pr}
1	50	0,8 · 50 = 40
2	40 ←	0,8 · 40 = 32
3	32 ←	0,8 · 32 = 25,60
4	25,60	0,8 · 25,60 = 20,48
5	20,48	0,8 · 20,48 = 16,38
6	16,38	0,8 · 16,38 = 13,10
7	13,10	0,8 · 13,10 = 10,48
8	10,48	0,8 · 10,48 = 8,38
9	8,38	0,8 · 8,38 = 6,70
10	6,70	0,8 · 6,70 = 5,36
.	.	.
.		.
.		.
20		= 0,46
	250	200

liche Nachfragezunahme von 50 GE ist um das 5-fache vervielfältigt (multipliziert) worden. Man nennt den beschriebenen Zusammenhang deshalb **Multiplikatorprinzip**.[14]

Diejenige Zahl, mit der man die anfängliche Veränderung der Nachfrage multiplizieren muß, um die gesamte im Laufe des Multiplikatorprozesses entstehende Nachfrage- und Einkommenserhöhung zu erhalten, heißt **Nachfrage-Multiplikator**.

Der Multiplikatorprozeß wurde unter den Annahmen konstanter Konsumneigung sowie konstanter privater Investitionen, Staatsausgaben, Exporte und Importe dargestellt. Diese Annahmen sind zwar unrealistisch; denn beispielsweise ändert sich die Konsumneigung (ausgedrückt durch die marginale Konsumquote), wenn sich das verfügbare Einkommen ändert (vgl. Punkt 3.2.1.2); die Höhe der Staatsausgaben, die im Anschluß an die einmalige Steigerung als konstant angenommen wurde, hängt indirekt von der Entwicklung der Einkommen ab, weil Einkommensänderungen die Steuereinnahmen ändern (vgl. Punkt 3.2.3.2); die privaten Investitionen sowie die Exporte und Importe werden u. a. von der Höhe des Bruttosozialprodukts bestimmt (vgl. Punkte 3.2.2.3 und 3.2.4.2). Jedoch wird das Prinzip des Multiplikatorprozesses durch die Annahme der Konstanz dieser Größen nicht berührt; lediglich das Ausmaß der beschriebenen Multiplikatorwirkung wäre anders, wenn diese Annahmen durch realistischere ersetzt würden; aus Gründen der Einfachheit und Durchschaubarkeit wird hier darauf aber verzichtet.

---

14 Eine kritische Diskussion des Multiplikatorprinzips findet der Leser z. B. in den Beiträgen von **F. Machlup** und **G. L. S. Shackle**, in: **Weber, W.**, (Hrsg.) Konjunktur- und Beschäftigungstheorie. NWB Bd. 14, S. 143 ff.

3.3.2 Berechnung des Nachfragemultiplikators

Im obigen Zahlenbeispiel ist der Nachfragemultiplikator gleich 5. Um zu einer einfacheren und allgemeingültigen Ermittlung des Nachfragemultiplikators zu gelangen, wird folgende Ableitung durchgeführt:
Das Bruttosozialprodukt zu Marktpreisen (Y_M) ist definiert als (s. o.):

(1) $\quad Y_M = C_{pr} + I_{pr} + A_{St} + Ex - Im$

Das Sozialprodukt Y_M ändert sich, wenn sich eine oder mehrere seiner Komponenten ändern. Werden nur Veränderungen betrachtet, gilt:

(2) $\quad \Delta Y_M = \Delta C_{pr} + \Delta I_{pr} + \Delta A_{St} + \Delta Ex - \Delta Im$

Aus den obigen Ausführungen ist bekannt, daß

(3) $\quad \Delta C_{pr} = b \cdot \Delta Y_v$

Unter der Annahme, daß die Abschreibungen, Steuern, Vermögens- und Unternehmereinkommen des Staates, Sozialversicherungsbeiträge, unverteilte Gewinne, Subventionen und Transferzahlungen konstant bleiben, gilt: $\Delta Y_M = \Delta Y_v$. Somit kann Gleichung (3) dann überführt werden in

(3') $\quad \Delta C_{pr} = b \cdot \Delta Y_M$

Es wird jetzt angenommen, daß sich die Nachfrage nach einer der Komponenten des Sozialprodukts erhöht, z. B. die Staatsausgaben. Die übrigen Komponenten bleiben gleich. Es ist also:

$\Delta A_{St} > 0, \quad \Delta I_{pr} = 0, \quad \Delta Ex = 0, \quad \Delta Im = 0$

Gleichung (3') in (2) eingesetzt ergibt:

(4) $\quad \Delta Y_M = b \cdot \Delta Y_M + \Delta A_{St}$

Daraus folgt:

(5) $\quad \boxed{\Delta Y_M = \frac{1}{1-b} \cdot \Delta A_{St}}$

Ergebnis:
Um die Zunahme der gesamtwirtschaftlichen Nachfrage und damit des Bruttosozialprodukts zu errechnen, die aus einer Erhöhung der Staatsausgaben resultiert, muß der Staatsausgabenanstieg mit dem Multiplikator $\frac{1}{1-b}$ multipliziert werden. b ist die marginale Konsumquote.
Der Ausdruck (1−b) gibt den Teil des zusätzlichen Einkommens an, der nicht für zusätzlichen Konsum verwendet wird. (1−b) ist also mit der »marginalen Sparquote« s identisch.
Die Multiplikationsformel (5) kann deshalb auch geschrieben werden als

(5') $\quad \boxed{\Delta Y_M = \frac{1}{s} \cdot \Delta A_{St}}$

Bisher wurde stets von einer Erhöhung der Staatsausgaben ausgegangen. Für eine Senkung der Staatsausgaben läuft der Multiplikatorprozeß genauso wie oben beschrieben ab, jedoch in negativer Richtung. In Gleichung (5) bzw. (5') sind ΔA_{St} und ΔY_M dann negativ.

Ändert sich nicht – wie bislang angenommen – die Nachfrage des Staates, sondern eine der anderen Nachfragekomponenten (C_{pr}, I_{pr}, Ex), wird der gleiche Multiplikatorprozeß in Gang gesetzt. Der Nachfragemultiplikator ist bei allen Nachfragekomponenten gleich, nämlich $\frac{1}{1-b}$ oder $\frac{1}{s}$. Allgemein formuliert lautet die Formel zur Errechnung der gesamten (positiven oder negativen) Änderung der gesamtwirtschaftlichen Nachfrage und damit des Bruttosozialprodukts, die durch eine anfängliche Änderung einer Nachfragekomponente ($\triangle N$) verursacht wird:

(6) $$Y_N = \frac{1}{s} \cdot \triangle N$$

Eine durch Formel (6) angegebene Erhöhung der gesamtwirtschaftlichen Nachfrage und des Bruttosozialprodukts entsteht selbstverständlich nur unter den (in Punkt 3.3.1) genannten Voraussetzungen, die hier noch einmal zusammengefaßt werden sollen:

1) Es ändert sich anfänglich nur eine Nachfragekomponente, und diese Änderung bleibt in den folgenden Zeitperioden bestehen.
2) Änderungen des Bruttosozialprodukts führen zu einer gleich hohen Änderung des verfügbaren Einkommens: $\triangle Y_M = \triangle Y_v$.
3) Änderungen des verfügbaren Einkommens bewirken eine Änderung des privaten Konsums: $\triangle C_{pr} = b \cdot \triangle Y_v$.
4) Im Laufe des Multiplikatorprozesses ändert sich die private Konsumgüternachfrage. Die privaten Investitionen, die Staatsausgaben sowie die Exporte und Importe bleiben konstant.
5) Es wurde zudem unterstellt, daß ein Nachfrageanstieg auf freie Produktionskapazitäten stößt und demzufolge einen Produktionsanstieg verursacht.

Hierbei sind vor allem die beiden letzten Voraussetzungen kritisch. Wenn sich während des Multiplikatorprozesses die gesamtwirtschaftliche Nachfrage und das Bruttosozialprodukt ändern, werden meist auch die privaten Investitionen, die Staatsausgaben und die Importe Änderungen erfahren (vgl. Punkt 3.3.1). Es bereitet keine Schwierigkeiten, die Änderungen aller Nachfragekomponenten bei der Darstellung des Multiplikatorprozesses rechnerisch zu erfassen. Darauf wird hier aber verzichtet, weil für die späteren Überlegungen die Kenntnis des einfachen Multiplikatorprinzips genügt.
Für den Fall der Nachfrageerhöhung wurde die Voraussetzung gemacht, daß die Produktionskapazitäten unterausgelastet sind und deshalb Produktionssteigerungen realisiert werden. Es fragt sich nun, ob das Multiplikatorprinzip auch dann Gültigkeit besitzt, wenn keine freien Produktionskapazitäten existieren, die Produktionsmenge also nicht ausgeweitet werden kann. Unter diesen Umständen trifft eine gestiegene Nachfrage auf ein konstantes mengenmäßiges Angebot. Das hat Preissteigerungen zur Folge. Das Angebot steigt dann nicht mengenmäßig (real), sondern nur monetär. Daraufhin steigen auch die Einkommen und die Konsumausgaben nur monetär. Der Multiplikatorprozeß läuft im übrigen genauso ab wie bei freien Produktionskapazitäten.

3.3.3 Berechnung der Steuer- und Transferausgaben-Multiplikatoren

In den vorhergehenden Abschnitten wurden die **Nachfrage**multiplikatoren ermittelt, m. a. W. es wurde untersucht, welche multiplikativen Wirkungen die Änderung einer Nachfragekomponente auf die Höhe des privaten Konsums, der Produktion, des verfügbaren Einkommens und des Bruttosozialprodukts hat. Jetzt sollen die Wirkungen einer Änderung der **Steuern** oder der **Transferzahlungen** untersucht werden. Unter den Begriff Steuern fallen hier sowohl die direkten Steuern (z. B. Lohn- und Einkommensteuer), als auch die indirekten Steuern (Verbrauch- und Umsatzsteuer). Unter Transferzahlungen werden Zahlungen des Staates an private Haushalte ohne unmittelbare ökonomische Gegenleistungen verstanden (z. B. Sozialhilfe, Ausbildungsförderung).
Eine Änderung der Steuern (z. B. durch Erhöhung der Steuersätze) oder der Transferausgaben hat unmittelbar keinen Einfluß auf die gesamtwirtschaftliche Nachfrage und auf die Höhe des Bruttosozialprodukts. Denn Steuern und Transferzahlungen sind keine Nachfragekomponenten und der Umfang der produzierten Güter und Dienstleistungen wird durch sie nicht unmittelbar verändert; deshalb sind sie auch nicht in der Definitionsgleichung für das Bruttosozialprodukt ($Y_M = C_{pr} + I_{pr} + A_{St} + Ex - Im$) enthalten.
Jedoch verändern Steuer- und Transferausgabenänderungen das verfügbare Einkommen. Denn (wie erwähnt) ergibt sich das verfügbare Einkommen aus dem Bruttosozialprodukt, indem Abschreibungen, Steuern, Vermögens- und Unternehmereinkommen des Staates, Sozialversicherungsbeiträge und unverteilte Gewinne abgezogen und die Subventionen und Transferzahlungen addiert werden. Unter der Voraussetzung, daß von diesen Faktoren nur die Steuern und die Transferausgaben verändert werden, ergibt sich die Veränderung des verfügbaren Einkommens ($\triangle Y_v$) durch:

(1) $\quad \triangle Y_v = \triangle Y_M - \triangle T + \triangle T_r$

Zunächst wird die **Wirkung von Steueränderungen** untersucht, die Transferzahlungen seien konstant. Es wird unterstellt, daß die privaten Investitionen, die Staatsausgaben, die Exporte und Importe konstant sind und konstant bleiben. Die private Konsumnachfrage ändert sich, wenn sich das verfügbare Einkommen ändert:

(2) $\quad \triangle C_{pr} = b \cdot \triangle Y_v$

Bei Änderung allein der Steuern gilt:

(3) $\quad \triangle Y_v = \triangle Y_M - \triangle T$

Wird Gleichung (3) in Gleichung (2) eingesetzt, erhält man:

(4) $\quad \triangle C_{pr} = b \cdot (\triangle Y_M - \triangle T)$

Da die Änderung des Bruttosozialprodukts ermittelt werden soll, wird (3) in folgende Definitionsgleichung für die Änderung des Bruttosozialprodukts eingesetzt:

(5) $\quad \triangle Y_M = \triangle C_{pr} + \triangle I_{pr} + \triangle A_{St} + \triangle Ex - \triangle Im$

Da annahmegemäß $\triangle I_{pr}$, $\triangle A_{St}$, $\triangle Ex$ und $\triangle Im$ Null sind, ergibt sich:

(5') $\quad \triangle Y_M = b \cdot (\triangle Y_M - \triangle T) \quad$ Daraus folgt:

(6) $\quad \boxed{\triangle Y_M = -\dfrac{b}{1-b} \cdot \triangle T}$

Ergebnis: Um die Änderung der gesamtwirtschaftlichen Nachfrage und des Bruttosozialprodukts zu ermitteln, die durch eine Änderung der Steuern entsteht, muß die Steueränderung mit dem Multiplikator $-\frac{b}{1-b}$ multipliziert werden (»Steuermultiplikator«).

Beispiel: Eine **Erhöhung** der Steuern um 10 GE führt letztlich (d. h. nach Beendigung des Multiplikatorprozesses) zu einer Senkung der gesamtwirtschaftlichen Nachfrage und des Bruttosozialprodukts von $\Delta Y_M = -\frac{0{,}8}{1-0{,}8} \cdot 10 = -40$ GE. Um diesen Betrag ist der private Konsum gesunken. Eine **Senkung** der Steuern um 10 GE würde eine Zunahme des Bruttosozialprodukts, der gesamtwirtschaftlichen Nachfrage und des privaten Konsums um 40 GE bewirken.

In gleicher Weise läßt sich der »**Transferausgaben-Multiplikator**« entwickeln:

Für $\Delta T = 0$ gilt:

(1) $\quad \Delta Y_v = \Delta Y_M + \Delta Tr$

Eine Konsumänderung ergibt sich aus:

(2) $\quad \Delta C_{pr} = b \cdot \Delta Y_v$

Gleichung (1) in Gleichung (2):

(3) $\quad \Delta C_{pr} = b \cdot (\Delta Y_M + \Delta Tr)$

Wenn ΔI_{pr}, ΔA_{St}, ΔEx und ΔIm Null sind, gilt:

(4) $\quad \Delta Y_M = \Delta C_{pr}$

Gleichung (3) in Gleichung (4):

(5) $\quad \Delta Y_M = b \cdot (\Delta Y_M + \Delta Tr)$ $\quad$ Daraus folgt:

(6) $\quad \boxed{\Delta Y_M = \frac{b}{1-b} \cdot \Delta T_r}$

Ergebnis: Eine Änderung der Transferzahlungen führt zu einer Änderung der gesamtwirtschaftlichen Nachfrage und des Bruttosozialprodukts um das $\frac{b}{1-b}$-fache (»Transferausgaben-Multiplikator«).

Beispiel: Eine Erhöhung der Transferausgaben um 20 GE bewirkt bis zur Beendigung des Multiplikatorprozesses eine Erhöhung der gesamtwirtschaftlichen Nachfrage und des Bruttosozialprodukts um $\Delta Y_M = \frac{0{,}8}{1-0{,}8} \cdot 20 = 80$ GE. Der private Konsum steigt um diesen Betrag von 80 GE.

Steuer- und Transferausgaben-Multiplikator haben (vom Vorzeichen abgesehen) dieselbe Größe, nämlich $\frac{b}{1-b}$. Bei der Ableitung dieser Multiplikatoren wurden dieselben Annahmen unterstellt wie bei der Ableitung der Nachfragemultiplikatoren im vorigen Abschnitt (s. d.; Ausnahme: die Voraussetzung 2 wurde hier nicht unterstellt). Damit treffen auch für die Steuer- und Transferausgabenmultiplikatoren die Einwände zu, die für die Nachfragemultiplikatoren vorgebracht wurden. Jedoch widerlegen diese Einwände auch hier nicht die grundsätzlichen Aussagen.

Ein Vergleich der im vorigen Abschnitt abgeleiteten Nachfragemultiplikatoren $\left(\frac{1}{1-b}\right)$ mit den (vom Vorzeichen abstrahierten) Steuer- und Transferausgaben-Multiplikatoren $\left(\frac{b}{1-b}\right)$ zeigt, daß die Steuer- und Transferausgaben-Multiplikatoren um »1« kleiner sind.
Der Unterschied kommt dadurch zustande, daß die Änderung einer Nachfragekomponente unmittelbar eine Nachfrageänderung darstellt, während die Änderung der Steuern oder der Transferzahlungen nur indirekt, nämlich erst über die Änderung des verfügbaren Einkommens auf die Nachfrage wirkt.

3.3.4 Das Haavelmo-Theorem

Die Realität zeigt immer wieder, daß der Staat die Steuern erhöht, um zusätzliche Ausgaben finanzieren zu können. Mit Hilfe der in den beiden vorigen Abschnitten gewonnenen Erkenntnisse kann nun leicht untersucht werden, welche tendenzielle Wirkung dieses staatliche Verhalten hat.
Es sei angenommen, daß der Staat durch Erhöhung der Steuersätze die Steuereinnahmen (T) erhöht und die Staatsausgaben (A_{St}) um diesen Betrag steigen. Es ist also: $\Delta A_{St} = \Delta T$.
Die Erhöhung der Steuern setzt – wie bekannt – einen Multiplikatorprozeß in Gang, und die endgültige Abnahme der gesamtwirtschaftlichen Nachfrage beträgt:

(1) $\quad \Delta Y_M = \dfrac{-b}{1-b} \cdot \Delta T$

Durch Erhöhung der Staatsausgaben steigen die gesamtwirtschaftliche Nachfrage und das Bruttosozialprodukt um:

(2) $\quad \Delta Y_M = \dfrac{1}{1-b} \cdot \Delta A_{St}$

Um die kombinierte Wirkung der Erhöhung der Steuern und der Staatsausgaben zu ermitteln, muß der von der Staatsausgabenzunahme ausgehende Sozialprodukt-Anstieg um die Abnahme des Sozialprodukts vermindert werden, die durch die Steuererhöhung hervorgerufen wird. Die Gesamtwirkung ist demnach:

(3) $\quad \Delta Y_M = \dfrac{1}{1-b} \cdot \Delta A_{St} - \dfrac{b}{1-b} \cdot \Delta T$

Da annahmegemäß $\Delta A_{St} = \Delta T$, gilt:

(4) $\quad \Delta Y_M = \dfrac{1}{1-b} \cdot \Delta A_{St} - \dfrac{b}{1-b} \cdot \Delta A_{St}$

oder: $\quad \Delta Y_M = \Delta A_{St} \left(\dfrac{1}{1-b} - \dfrac{b}{1-b} \right)$

(5) $\quad \boxed{\Delta Y_M = \Delta A_{St}}$

Ergebnis: Durch eine Steuererhöhung, die vom Staat voll zur Ausgabenerhöhung verwendet wird, nehmen die gesamtwirtschaftliche Nachfrage und das Bruttosozialprodukt um den Betrag des Steuer- bzw. Staatsausgabenzuwachses zu. Zusätzliche Staatsausgaben, die durch Steuererhöhungen um denselben Betrag fi-

nanziert werden, haben also einen Multiplikator von 1. In der Literatur ist dieser Fall als **Haavelmo-Theorem** bekannt.[15]
Eine Steuersenkung, die einen gleich hohen Rückgang der Staatsausgaben nach sich zieht, bewirkt ein Sinken der gesamtwirtschaftlichen Nachfrage und des Bruttosozialproduktes im Ausmaß der Steuer- und Staatsausgabensenkung. Dieses Ergebnis trifft selbstverständlich nur unter den Voraussetzungen zu, unter denen es abgeleitet wurde, nämlich:
1) Die Steuern und Staatsausgaben ändern sich um einen bestimmten Betrag; diese Änderung bleibt in den folgenden Zeiträumen bestehen.
2) Der private Konsum ändert sich, wenn sich das verfügbare Einkommen ändert.
3) Die übrigen Nachfragekomponenten (I_{pr}, Ex) bleiben konstant und ändern sich auch während des Multiplikatorprozesses nicht. Diese Annahme ist – wie in Punkt 3.3.1 gezeigt wurde – kritisch; jedoch verfälscht sie die Aussage des Haavelmo-Theorems im Grundsatz nicht.
4) Diejenigen Wirtschaftssubjekte, die durch die Steueränderung berührt werden, haben die gleiche marginale Konsumquote wie diejenigen Wirtschaftssubjekte, die aufgrund der Zunahme bzw. Abnahme der Staatsausgaben Einkommenszuwächse bzw. -verminderungen erfahren.[16]

3.4 Umfassende Erklärung der Konjunkturschwankungen

In den Abschnitten 3.2 und 3.3 sind die wichtigsten theoretischen Grundlagen zur Erklärung der Konjunkturschwankungen gelegt worden. Man könnte nun versuchen, sämtliche relevanten Verhaltensweisen der Wirtschaftssubjekte (private Haushalte, Unternehmen, Staat, Ausland) durch Funktionsgleichungen zu beschreiben und in mathematisierten Modellen zur Konjunkturerklärung zu verwenden. Es gibt bisher mehrere derartige Versuche.[17]
Durch mathematische Konjunkturmodelle wurden zwar wertvolle Erkenntnisse gewonnen; allerdings hat man damit bisher keine umfassende Erklärung der Konjunkturschwankungen erreicht. Zudem sind diese Modelle so kompliziert, daß ihre Ergebnisse zwar mathematisch begreifbar, die ökonomischen Zusammenhänge jedoch nicht mehr zu durchschauen sind.
Aus diesen Gründen wird hier auf die Darstellung mathematisierter Konjunkturmodelle verzichtet. In diesem Abschnitt wird vielmehr versucht, aufbauend auf

---

15 Literaturhinweis: **Wittmann, W.** a.a.O., S. 40 ff und die dazu angegebene Literatur.
16 Zur Bedeutung dieser Annahme und zur Kritik am Haavelmo-Theorem s.: **Timm, H.**, Bemerkungen zum multiplikativen Effekt eines wachsenden ausgeglichenen Budgets.»Finanzarchiv«, Band 18 (1957/58).
17 Relativ einfache mathematisierte Konjunkturmodelle wurden von **P. A. Samuelson** und von **J. R. Hicks** entwickelt. Zum Samuelson-Modell s. z. B.: **Woll, A.**, Allgemeine Volkswirtschaftslehre. München 1974, S. 405 ff. Das Hicks-Modell wird kritisch erörtert von: **Kromphardt, J.**, a.a.O., S. 169–190. Ein komplizierteres Konjunkturmodell enthält die Arbeit von: **W. Krelle, D. Beckerhoff, H. Langer, H. Fuß**. Ein Prognosesystem für die wirtschaftliche Entwicklung der BRD. Meisenheim am Glan 1969.

den in den vorigen Abschnitten gewonnenen theoretischen Erkenntnissen eine umfassende verbale Erklärung der Konjunkturschwankungen zu geben.[18] Wenn man die Untersuchung mit derjenigen Phase des Konjunkturzyklus beginnt, in der der untere Wendepunkt gerade überschritten ist und erste Anzeichen eines Konjunkturaufschwungs bemerkbar sind, muß nacheinander erklärt werden:
1) Warum sich der Aufschwung verstärkt fortsetzt,
2) welche Faktoren die Beendigung des Aufschwungs verursachen,
3) wodurch der obere Wendepunkt, d. h. der Beginn des Abschwungs zustande kommt,
4) warum sich der Abschwung beschleunigt,
5) warum der Abschwung schließlich beendet wird,
6) wodurch der untere Wendepunkt, d. h. der Beginn des Aufschwungs hervorgerufen wird.

3.4.1 Der Konjunkturaufschwung

Es wird davon ausgegangen, daß ein Konjunkturabschwung beendet ist und auch der untere Wendepunkt der Konjunktur durch eine geringe Belebung der gesamtwirtschaftlichen Nachfrage überwunden ist.
Die Nachfrageerhöhung setzt einen Multiplikatorprozeß in Gang. Dadurch wird die anfängliche Nachfragebelebung erheblich verstärkt, die Produktion, das Bruttosozialprodukt und das verfügbare Einkommen steigen.
Der beginnende Konjunkturaufschwung kann durch den Multiplikatorprozeß so weit verstärkt werden, daß die Produktionskapazitäten voll ausgelastet sind. Zudem haben die Unternehmer auf Grund der steigenden Nachfrageerhöhungen optimistische Zukunftserwartungen. Somit werden gemäß dem Akzelerator-Prinzip Investitionen induziert. Der Multiplikatorprozeß wird durch den Akzeleratoreffekt noch verstärkt.
Die Zunahme der gesamtwirtschaftlichen Nachfrage beschleunigt sich.
Im Laufe des Konjunkturaufschwungs steigen die Unternehmergewinne zunächst schwach, dann aber stark an. Die Gewinnerhöhungen sind im Konjunkturaufschwung deshalb stark, weil sich einerseits ein zunehmender Anstieg der Nachfragemenge bemerkbar macht und die Unternehmer die Preise erhöhen können, ohne einen Nachfragerückgang zu spüren, und weil andererseits die Lohnsatzentwicklung hinter der allgemeinen wirtschaftlichen Expansion zurückbleibt. Das zeitliche Hinterherhinken der Lohnentwicklung ist dadurch zu erklären, daß die Gewerkschaften bei Tarifverhandlungen im Konjunkturaufschwung erfahrungsgemäß zunächst nur geringe Lohnforderungen stellen, um den Aufschwung nicht zu gefährden und um zur Beseitigung der Arbeitslosigkeit beizutragen;[19] erweist sich der Konjunkturaufschwung aber als unerwartet heftig, können die Tariflöhne wegen der meist einjährigen Laufzeit der Tarifverträge nicht sofort angepaßt werden. Da die Löhne nur langsam steigen, aber zugleich Kostenersparnisse durch bessere Auslastung der Produktionskapazitäten auftre-

---

18 Die folgenden Ausführungen stützen sich vor allem auf: **Kromphardt, J.,** a.a.O., S. 190–216, sowie auf ein vervielfältigtes Manuskript zur Vorlesung von **Schneider, H. K.,** Vorlesung: Konjunktur- und Wachstumstheorie. Münster 1969; bearbeitet von W. Rödding.
19 Vgl. **Kromphardt, J.,** a.a.O., S. 191–194.

ten, steigen die Gewinne stark an. Das regt die Investitionsneigung der Unternehmer weiter an.
Aufgrund der zunehmenden Umsätze und Einkommen wachsen auch die Steuereinnahmen des Staates. Steigende Steuereinnahmen bedeuten vorerst weniger stark steigende Einkommen und geringerer Kaufkraftzuwachs der Konsumenten. Verwendet der Staat die Steuermehreinnahmen aber voll für zusätzliche Ausgaben – und die Erfahrungen bestätigen dies – steigen die gesamtwirtschaftliche Nachfrage und die Einkommen letztlich noch stärker an.
Mit fortschreitendem Konjunkturaufschwung werden die Unternehmer immer mehr zu Preiserhöhungen veranlaßt. Die Preissteigerungen können den Aufschwung der Konjunktur noch verstärken. Denn sowohl die Unternehmer, als auch die privaten Haushalte sind wegen der steigenden Preise zunehmend bereit, Kredite aufzunehmen und sich zu verschulden, um geplante Käufe zeitlich vorzuziehen. Die Belastung durch die Kreditzinsen ist dabei kein wesentliches Hemmnis, weil durch die Verschuldung und das zeitliche Vorziehen der Käufe noch zu niedrigeren Preisen gekauft werden kann. Zudem sind im Konjunkturaufschwung die Bedingungen, zu denen Kredite erhältlich sind, günstig. Das Kreditangebot ist groß, weil die Banken ihren Kreditschöpfungsspielraum noch nicht ausgeschöpft haben. Die Zinsen haben noch ein geringes Niveau.
Je länger der Konjunkturaufschwung andauert, desto mehr verschlechtern sich allerdings die Bedingungen auf dem Kreditmarkt; das Kreditangebot sinkt und die Zinssätze steigen. Die Kreditschöpfungsfähigkeit der Banken ist bald ausgeschöpft, und für Unternehmer sowie Konsumenten wird es immer schwerer, Kredite zu erhalten.
Ist der Konjunkturaufschwung weit fortgeschritten, treten zu den finanziellen Engpässen auch Verknappungen bei den Produktionsfaktoren. Es besteht Vollbeschäftigung und die Nachfrage nach Arbeitskräften steigt weiter. Durch den Konkurrenzkampf der Unternehmer um die Arbeitskräfte und durch hohe Lohnforderungen der Gewerkschaften, die nun nicht mehr befürchten, die Vollbeschäftigung zu gefährden, steigen die Lohnsätze stark an. Dadurch wird die Nachfrage auf den Konsumgütermärkten noch angeregt. Auch bei den Roh-, Hilfs- und Betriebsstoffen und den Anlageinvestitionsgütern ist die Nachfrage größer als das Angebot; denn die Investitionsgüterindustrie produziert bereits an der Kapazitätsgrenze und kann die Produktion nur langsam ausdehnen. Da sowohl die Arbeitskosten, als auch die Kapitalkosten stark steigen und zudem ein Nachfrageüberhang besteht, ergibt sich eine zunehmende Inflationsrate.
Diese konjunkturelle Situation wird als **Hochkonjunktur** oder **Boom** bezeichnet.

3.4.2 Der obere Wendepunkt

In der Hochkonjunktur zeichnete sich bereits eine Beendigung des Aufschwungs und ein Umkippen in den Konjunkturabschwung ab. Es machten sich nämlich u. a. Engpässe im monetären Bereich bemerkbar. Auf Grund der beschränkten Finanzierungsmöglichkeiten sinkt der Zuwachs der realen Nachfrage nach Konsum- und Investitionsgütern. Die Investitionstätigkeit der Unternehmer wird auch dadurch gedämpft, daß in der Spätphase des Booms die Gewinne schrumpfen. Die Ursache hierfür liegt vor allem in den hohen Lohnsteigerungen, die in der Hochkonjunktur durchgesetzt werden, weil die Gewerkschaften hohe Lohnforderungen stellen und die Knappheit auf dem Arbeitsmarkt noch zusätzliche Impulse zur Lohnsteigerung gibt.

Schließlich sind auch die hohen Inflationsraten der Hochkonjunktur – wenn auch nur indirekt – für den Umschwung der Konjunktur verantwortlich. Denn die Inflationsraten der Hochkonjunktur sind so außergewöhnlich groß, daß eine Obergrenze erreicht wird, die vom Staat schon aus wahlpolitischen Erwägungen nicht toleriert werden kann. Das Erreichen einer derartigen »Preisobergrenze«[20] hat ein konjunkturpolitisches Eingreifen des Staates zur Folge, das nachfragedämpfend wirkt.

Durch das Zusammenwirken der genannten Faktoren wird der Anstieg der gesamtwirtschaftlichen Nachfrage verlangsamt. Das zunächst nur geringe Sinken der Nachfrageentwicklung wird dadurch verstärkt, daß ein geringerer realer Nachfragezuwachs die Investitionstätigkeit der Unternehmer beeinflußt. Und zwar sinken – wie bei der Darstellung des Akzelerationsprinzips beschrieben (vgl. Punkt 3.2.2.3) – die induzierten Investitionen absolut, wenn die Nachfrage einen verminderten Anstieg aufweist. Damit beginnt der Konjunkturabschwung.

3.4.3 Der Konjunkturabschwung

Der absolute Rückgang der Investitionen setzt einen Multiplikatorprozeß in negativer Richtung in Gang. Im Verlauf des Multiplikatorprozesses sinken die gesamtwirtschaftliche Nachfrage, die Produktion, das Bruttosozialprodukt und die Einkommen und damit die Konsumgüternachfrage. Ist der Konjunkturabschwung ausgeprägt, entstehen ein Beschäftigungsrückgang und meist auch eine Senkung der Inflationsrate.

Der Konjunkturabschwung wird schließlich von selbst gedämpft. Die Abnahme der Investitionen wird dadurch begrenzt, daß negative Nettoinvestitionen nur bis zur Höhe der Abschreibungen möglich sind (vgl. Punkt 3.2.2.1). Die Konsumgüternachfrage sinkt langsamer, weil die Konsumenten infolge früherer Konsumgewohnheiten und bestimmter fester Konsumausgaben ein bestimmtes Konsumniveau möglichst aufrecht erhalten und die Sparquote mit abnehmendem Einkommen senken (vgl. Punkt 3.2.1). Auch der Staat kann seine Ausgaben nicht andauernd den stetig fallenden Einnahmen anpassen; denn ein Großteil der Staatsausgaben sind fest vorgegeben (z. B. Löhne und Gehälter der Beamten und unkündbaren Arbeiter und Angestellten; Folgekosten früherer Investitionen; Ausgaben aufgrund gesetzlicher Bestimmungen).

3.4.4 Der untere Wendepunkt

Im Konjunkturabschwung haben Unternehmer und Konsumenten die Käufe von Investitionsgütern bzw. Konsumgütern stark eingeschränkt. Im Laufe der Zeit wurden jedoch neue Investitionsgüter und Konsumgüter entwickelt. Es sind neue Maschinen hervorgebracht worden, die kostengünstiger produzieren. Dadurch werden die Unternehmer zu Käufen neuer Produktionsanlagen angeregt. Bei den Konsumenten rufen technische Verbesserungen bei längerlebigen Konsumgütern und das Angebot neuer Güter verstärktes Kaufinteresse hervor, zumal auch ein gewisser Ersatzbeschaffungsbedarf entstanden ist.

Aus diesen Gründen kann die Investitions- und Konsumgüternachfrage bereits steigen, obgleich noch keine Beendigung des Konjunkturabschwungs bemerk-

---

20 Vgl. **Kromphardt, J.,** a.a.O., S. 204.

bar ist. Beispielsweise nahmen die Anlageinvestitionen 1954 und 1958 zu, obgleich die gesamtwirtschaftliche Nachfrage noch nicht gestiegen war.[21] Im Jahre 1975 (2. Jahreshälfte) stieg die Konsumgüternachfrage bereits kräftig an, ohne daß die verfügbaren Einkommen stark gewachsen sind.
Die Belebung der Nachfrage wird durch günstige monetäre Bedingungen erleichtert. Das Kreditangebot ist größer als die Kreditnachfrage und die Zinssätze sind niedrig. Dadurch wird insbesondere die Entscheidung für langfristige Investitionen (Bauten) positiv beeinflußt; denn diese Investitionen sind relativ zinsabhängig.
In der BRD war die Auslandsnachfrage mehrmals ein wichtiger Impuls, der die Wirtschaft aus einem Tiefpunkt der Konjunktur herausführte.[22] Das war dadurch zu erklären, daß im Inland die Preise langsamer stiegen als im Ausland.
Steigt aus den genannten Gründen die Nachfrage auch nur wenig an, ist die Voraussetzung für einen Konjunkturaufschwung gegeben.
Es ist nun gelungen, die verschiedenen Phasen eines Konjunkturzyklus als einen Prozeß zu erklären, in dem stets Kräfte frei werden, die den Konjunkturverlauf vorantreiben. Es wurde gezeigt, daß sich Konjunkturschwankungen aus der Funktionsweise unseres Wirtschafts- und Gesellschaftssystems ergeben. Da sich in absehbarer Zeit keine wesentlichen Änderungen unseres Wirtschafts- und Gesellschaftssystems ergeben werden, ist davon auszugehen, daß auch in Zukunft eine Tendenz zu Konjunkturschwankungen bestehen wird.

3.4.5 Der Einfluß exogener Impulse auf die Konjunktur

Abschließend sei kurz auf die Frage eingegangen, welche Bedeutung zufällige wirtschaftlich bedeutsame Ereignisse für die Konjunkturschwankungen haben. In älteren Konjunkturtheorien wurden die Konjunkturschwankungen als das Ergebnis unregelmäßig auftretender exogener Impulse angesehen. Unter exogenen Impulsen versteht man Effekte, die durch außerwirtschaftliche Faktoren entstehen. Hierunter fallen vor allem naturbedingte Vorgänge (Mißernten, Katastrophen) und politische Ereignisse (politische Unruhen, Streiks, Krieg).
Durch exogene Ursachen kann die Konjunkturerscheinung nicht völlig geklärt werden. Denn die zu beobachtende **Regelmäßigkeit** wiederkehrender Auf- und Abschwünge (vgl. Abb. 3) kann nicht durch zufällige Änderungen außerhalb des Wirtschaftsgeschehens zustande kommen. Zudem wurde in den obigen Abschnitten deutlich, daß für Konjunkturschwankungen eine Reihe wirtschaftlicher Einflüsse von Bedeutung sind.
Exogene Impulse können den Konjunkturverlauf allerdings wesentlich beeinflussen. Beispielsweise hatte die sog. Ölkrise des Jahres 1974/75 den begonnenen Konjunkturabschwung verstärkt; der Beginn des Korea-Kriegs (Mitte 1950) hatte eine Forcierung des Konjunkturaufschwungs in den westlichen Industriestaaten zur Folge (»Korea-Boom«).
Bevor untersucht wird, welche Möglichkeiten zur Steuerung der Konjunktur bestehen, soll im folgenden Abschnitt noch erörtert werden, durch welche Ursachen inflationäre Prozesse hervorgerufen werden. Diese Untersuchung ist erforderlich, weil geeignete Maßnahmen zur Inflationsbekämpfung nur gefunden bzw. bereits ergriffene Maßnahmen im Hinblick auf ihre Erfolgsaussichten nur beurteilt werden können, wenn die Inflationsursachen bekannt sind.

---

21 Vgl. **Kromphardt, J.,** a.a.O., S. 214.
22 Vgl. derselbe, S. 211.

4. Inflationstheorien

Um die Inflation bekämpfen zu können, bedarf es der Kenntnis ihrer Ursachen, also der Inflationsdiagnose, die folgenden Anforderungen genügen muß:
»– Sie muß ermitteln, welche Faktoren unter welchen Bedingungen einen inflationären Prozeß auslösen, – eine Voraussetzung für jede präventive Wirtschaftspolitik, die die Entstehung von inflationären Prozessen verhindern will.
– Sie muß, ist der Preisauftrieb schon im Gange, ermitteln, welche Faktoren im Interventionszeitpunkt preistreibend wirken; denn die Erfahrung zeigt, daß der ursprüngliche Inflationserreger neue Impulse erzeugt, die ihn an Intensität übertreffen können.
Die Wirtschaftspolitik darf sich im letzteren Fall nicht nur auf die Beseitigung der Primärursache konzentrieren.«[1]
Bevor die verschiedenen Inflationsursachen dargestellt werden, ist eine genaue Klärung des Begriffs der Inflation notwendig.

4.1 Der Begriff »Inflation«[2]

Es sei schon vorweg gesagt, daß trotz einer intensiven wissenschaftlichen Beschäftigung mit dem Inflationsbegriff keine Einigkeit über die Definition der Inflation besteht und keine der Definitionen alle möglichen Inflationsursachen abzudecken imstande ist. Die wohl gebräuchlichste Definition ist diejenige, die unter **Inflation** einen andauernden, allgemeinen Anstieg des Preisniveaus, in der BRD gemessen am Preisindex für die Lebenshaltung, versteht. Kritisch ist an dieser Definition anzumerken, daß sie lediglich an den Symptomen der Inflation, den Preissteigerungen, ansetzt und nicht an den Ursachen. So können etwa Preissteigerungen durch staatliche Maßnahmen zurückgedrängt werden. Die Ursachen der Inflation bleiben dadurch bestehen, lediglich die Symptome werden verdeckt. Weiterhin umfaßt diese Definition auch nicht die Gewinninflation, bei der die Preise zwar nicht steigen, aber bei einem anderen Verhalten der Unternehmer niedriger sein könnten, als sie es sind.[3]
Andererseits wird jeder Anstieg des Preisniveaus als inflationäre Erscheinung angesehen, auch wenn er etwa auf eine einmalige Mißernte zurückzuführen ist.[4]
Eine heute weitgehend akzeptierte Definition ist die Umschreibung der Inflation als »Kette von Zuständen (Prozeß) in denen ein Nachfrageüberhang (Inflationslücke) existiert in dem Sinne, daß
– die zu gegebenen (oder erwarteten) Preisen geplante kaufkräftige Nachfrage nach Konsum- und/oder Investitions-Gütern größer ist als das durch die gegebenen Produktionsmöglichkeiten begrenzte Angebot ... also eine »Güterlücke« besteht,
– die zu gegebenen (oder erwarteten) Preisen geplante kaufkräftige Nachfrage

---

1 **Schneider, H. K.**, a.a.O., S. 86 f.
2 Zu einer umfassenden Literaturübersicht zur Inflationstheorie vgl. Wirtschaftswissenschaftliches Studium, Heft 10 (1974), S. 491 ff.
3 Siehe hierzu Punkte 4.2.2.2. und 6.8
4 Vgl. **Roeper, H.**, Teuerung ist nicht immer Inflation, in: FAZ vom 15. 10. 1974.

nach Arbeitskräften und Rohstoffen ein nicht entsprechend ausdehnungsfähiges Angebot übertrifft, also eine »Faktorlücke« existiert,
- die Summe der Realeinkommen, die bei gegebenen (oder erwarteten) Preisen über die wirksam geforderten Nominaleinkommen angestrebt werden, größer ist als das bei den gegebenen Produktionsmöglichkeiten erzielbare reale Volkseinkommen, also eine ›Realeinkommenslücke‹ vorhanden ist.«[5]

Es wird sich zeigen, daß auch diese Definition nicht alle möglichen Ursachen, jedoch den größten Teil einschließt.

Bei der Analyse des Tempos der Preissteigerungen unterscheidet man zumeist die **schleichende, trabende** oder **galoppierende** Inflation. Eine genaue Zuordnung von bestimmten Preissteigerungsraten in eine dieser drei Kategorien ist kaum möglich, da sich die Inflationsmentalität gesamter Volkswirtschaften in Abhängigkeit von den herrschenden Inflationsraten im Zeitablauf relativ schnell ändert. »Sah man in Deutschland während der Mitte der sechziger Jahre eine Erhöhung der Preissteigerungsrate von zwei auf etwas mehr als drei Prozent im Jahre schon als einen bedrohlichen Vorgang an, so betrachtete man 1973 schon gar nicht mehr das Ausmaß der Preissteigerungen, das sich für die Lebenshaltungskosten zwischen sieben und nahezu acht Prozent bewegte, sondern sah nur noch darauf, ob die Zuwachsrate sich verstärkte oder etwas abnahm und erklärte, daß die Inflation schon geringer geworden sei, wenn die Preise in einem Monat zwar noch weiter gestiegen waren, aber nicht mehr in dem gleichen Ausmaß wie in dem vorhergehenden Monat oder in dem entsprechenden Monat des Vorjahres.«[6]

Wichtig ist eine weitere Unterscheidung in **offene** und **zurückgestaute** Inflation. Die offene Inflation kommt in einem ungehinderten Anstieg des Preisniveaus zum Ausdruck, während bei der zurückgestauten Inflation der Staat in den Preisbildungsprozeß auf den Güter- und Faktormärkten mit Kontrollen bzw. Stopps eingreift, um die Preissteigerungstendenzen zu dämpfen.[7] In der ökonomischen Wirklichkeit ist die zurückgestaute Inflation immer häufiger zu beobachten, sowohl in den Zentralverwaltungswirtschaften als auch in den westlichen Industrienationen. Von den 24 OECD-Mitgliedsstaaten haben lediglich drei Staaten, unter diesen die Bundesrepublik, im Verlaufe des letzten Jahrzehnts nicht zu staatlichen Reglementierungen der Preise und Löhne gegriffen.[8]

4.2 Inflationsursachen

Die Abbildung 5 ist der Versuch einer Systematik möglicher Inflationsursachen. Danach gibt es drei Hauptursachen, die Nachfrageseite, die Angebotsseite und den Verteilungskampf, der – wie wir sehen werden – die beiden anderen Ursachen in wichtigen Aspekten umfaßt.

---

5 **Giersch, H.**, Artikel »Inflation« in: HdSW, Bd. 5, Stuttgart/Tübingen/Göttingen 1956, S. 282
6 **Pentzlin, H.**, Inflation, Falsche Politik durch falsche Theorien, München 1975, S. 23.
7 Zur Beurteilung dieses Vorgehens vgl. Punkt 6.8.
8 Vgl. **Kleps, K.**, Preis- und Lohnstopp, Eine Atempause und nicht mehr, in: Die Zeit, Nr. 37 vom 7. 9. 1973.

Abbildung 5: Systematik möglicher Inflationsursachen

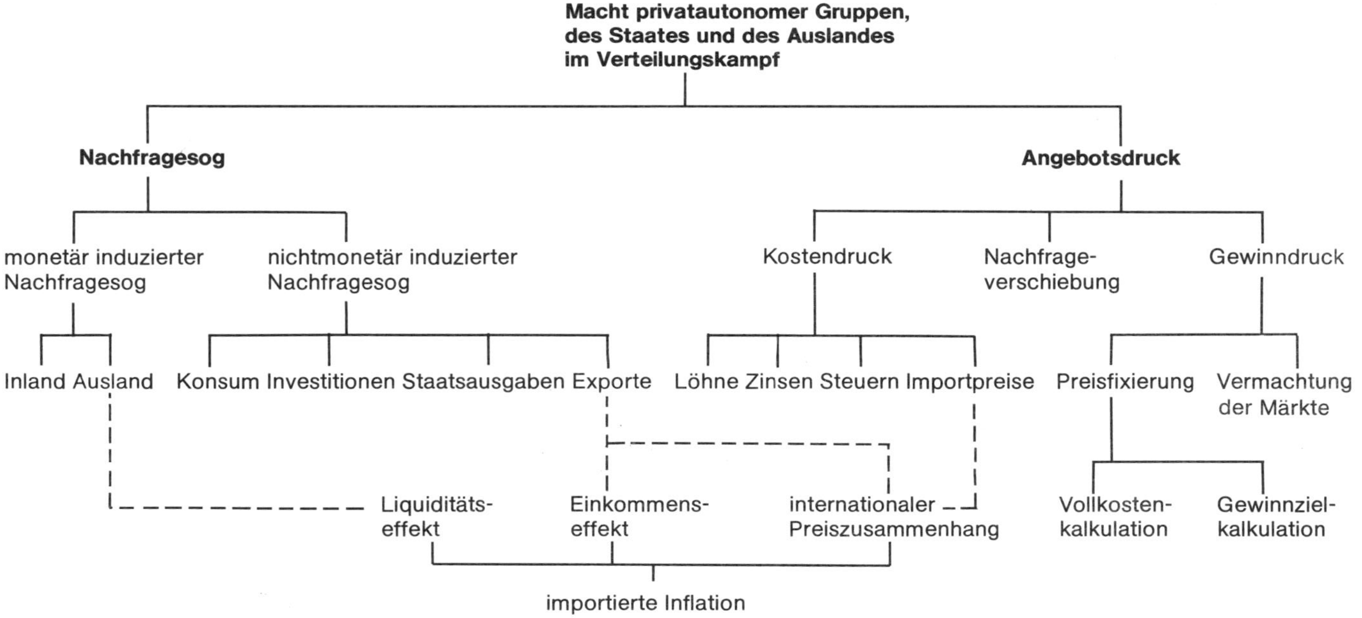

```
                              Macht privatautonomer Gruppen,
                              des Staates und des Auslandes
                              im Verteilungskampf
              ┌───────────────────────┴───────────────────────┐
         Nachfragesog                                    Angebotsdruck
         ┌────┴────┐                              ┌───────────┴───────────┐
  monetär      nichtmonetär                   Kostendruck          Nachfrage-        Gewinndruck
  induzierter  induzierter                                         verschiebung      ┌────┴────┐
  Nachfragesog Nachfragesog                                                   Preisfixierung  Vermachtung
  ┌──┴──┐      ┌──────┼──────┬──────┐      ┌────┬────┬────┬────┐                              der Märkte
Inland Ausland Konsum Investitionen Staatsausgaben Exporte  Löhne Zinsen Steuern Importpreise        ┌────┴────┐
              └──────┬──────┘       └──────┬──────┘                         └──────┬──────┘   Vollkosten-  Gewinnziel-
                Liquiditäts-          Einkommens-                         internationaler     kalkulation  kalkulation
                effekt                effekt                              Preiszusammenhang

                                                            importierte Inflation
```

Modifiziertes Schema von Cassel, D., Theorien der Inflationsverursachung als Begründung der Einkommenspolitik, in: Das Wirtschaftsstudium, Heft 11 (1974), S. 525.

4.2.1 Nachfrageinduzierte Inflationstypen

4.2.1.1 Nichtmonetär induzierte Nachfrageinflation

Die gesamtwirtschaftliche Nachfrage setzt sich zusammen aus dem privaten Konsum, den privaten Investitionen, den Exporten sowie den Staatsausgaben als Summe des staatlichen Konsums und der staatlichen Investitionen. Dieser Nachfrage steht ein gesamtwirtschaftliches Angebot gegenüber, das aus dem Sozialprodukt als der Summe aller in einer Periode erstellten Güter und Dienstleistungen und aus den Importen gebildet wird. Unter der Voraussetzung eines funktionierenden Marktpreismechanismus bildet sich nun das gesamtwirtschaftliche Preisniveau durch das Zusammenspiel von Angebot und Nachfrage. Dieser Sachverhalt ist in Abbildung 6 dargestellt.[9] Die gesamtwirtschaftliche Angebotskurve A gibt den Zusammenhang zwischen Angebot und Höhe des Preisniveaus (P) bei gegebenem technischen Wissen, gegebenen Faktorpreisen und gegebener Faktorausstattung wieder. Die Angebotskurve kann in drei Phasen unterteilt werden. Bis Y_I (Y = reales Volkseinkommen) verläuft sie vollkommen elastisch, d. h. die Produktion kann infolge gering ausgelasteter Kapazitäten und Arbeitslosigkeit ohne Preissteigerungen ausgedehnt werden. Im Bereich zwischen Y_I und der Situation der Vollbeschäftigung wird ein höheres Angebot nur bei steigenden Preisen auf den Markt gebracht, da nun in Teilbereichen Engpässe bei der Produktion entstehen. In der Vollbeschäftigungssituation kann infolge ausgelasteter Produktionskapazitäten und Voll- bzw. Überbeschäftigung des Faktors Arbeit das reale Sozialprodukt nicht mehr erhöht werden. Steigt nun bei gegebener Angebotskurve die gesamtwirtschaftliche Nachfrage (N), so kommt es erst ab Y_I zu Preissteigerungen. Bei einer Erhöhung von N_1 auf N_2 bleiben die Preise konstant bei steigendem realen Sozialprodukt. Ab dem Vollbeschäftigungseinkommen führen Nachfragesteigerungen nur noch zu hohen Preissteigerungen, aber nicht mehr zu einer Erhöhung des realen Sozialprodukts. In diesem Beispiel werden also die Preisniveauerhöhungen von einer gestiegenen

Abbildung 6: Darstellung der Nachfrageinflation.

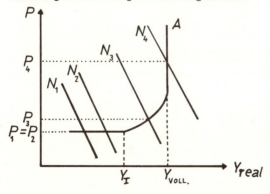

---

9 Vgl. zu folgendem auch **Issing, O.**, Inflationstheorie – Systematischer Überblick über Inflationsbegriffe und Inflationsursachen, in: Wirtschaftswissenschaftliches Studium, Heft 10 (1974), S. 456 f.

Nachfrage hervorgerufen, es entsteht eine **Nachfragesogflation** (demand pull inflation). Sie findet solange statt, bis das nominale Angebot der nominalen Nachfrage entspricht, also die Angebotslücke über die Preissteigerungen geschlossen wird.[10]
Die Impulse für die Nachfrageerhöhungen können von den einzelnen Komponenten der Nachfrage ausgehen. Man spricht dann von Konsum-, Investitions-, Staats- bzw. Fiskalinflation. Gehen die Inflationstendenzen von den Exporten aus, spricht man auch von importierter Inflation.
Die Erhöhung einer Nachfragekomponente führt unter diesen Annahmen selbstverständlich dann nicht zu Preissteigerungen, wenn eine andere Nachfragegröße in demselben Umfang zurückgeht. Hingegen kann in der Vollbeschäftigungssituation auch ein steigender aber ausgeglichener Staatshaushalt zur Inflation führen, wenn die hierzu notwendigen Mehreinnahmen durch Steuern finanziert werden und diese nicht zu einer den staatlichen Mehrausgaben entsprechenden Minderung der privaten Nachfrage führen.[11]
Demgegenüber muß ein Budgetdefizit dann nicht zur Inflation führen, wenn Unterbeschäftigung herrscht oder in der Vollbeschäftigungssituation die private Nachfrage zurückgeht.
Es sei abschließend nochmals betont, daß eine steigende gesamtwirtschaftliche Nachfrage in diesem Modell nur dann zu Preiserhöhungen führt, wenn das volkswirtschaftliche Angebot nicht mehr oder nur mit Schwierigkeiten ausgedehnt werden kann, d. h. sich die Volkswirtschaft im Vollbeschäftigungszustand oder kurz davor befindet.

4.2.1.2 **Monetär induzierte Nachfrageinflation**

Bei der **geldmengeninduzierten** Inflation wird unterstellt, daß die **Geldmenge** in einer Volkswirtschaft die strategische Variable ist, durch die das gesamtwirtschaftliche Preisniveau entscheidend determiniert wird. Ausgangspunkt dieser Theorie ist die sogenannte **Quantitätsgleichung,** die einen direkten proportionalen Zusammenhang zwischen Geldmenge und Preisniveau herstellt. Sie lautet:

$$M \cdot U = Y_r \cdot P,$$

wobei M die Geldmenge, U die Umlaufgeschwindigkeit des Geldes, Y_r das reale Volkseinkommen und P das Preisniveau bedeuten. Bei einer konstanten Umlaufgeschwindigkeit des Geldes und in der Vollbeschäftigungssituation, in der das reale Volkseinkommen nicht mehr erhöht werden kann, führt somit eine Erhöhung der Geldmenge immer zu einer proportionalen Steigerung des Preisniveaus. Dieser inflationäre Prozeß kann durch ein Ansteigen der Umlaufgeschwindigkeit des Geldes, wie bei starken Inflationen zu beobachten ist, verstärkt werden.
Es soll kurz erläutert werden, wie es zu diesen Preissteigerungen kommt.[12] Die Quantitätstheorie basiert auf der zentralen Verhaltensannahme, daß die Wirt-

---

10 Vgl. zu der Darstellung, wie sich der wirtschaftliche Prozeß im einzelnen abspielt **Schneider, H.,** Ursachen der Inflation: in: Enteignung durch Inflation, hrsg. v. J. Schlemmer, München 1972, S. 37 ff.
11 Vgl. zur genauen Erläuterung des Haavelmo-Theorems unter Punkt 3.3.4.
12 Vgl. **Willms, M.,** Die Quantitätstheorie des Geldes, in: Wirtschaftswissenschaftliches Studium, Heft 4, (1974), S. 165.

schaftssubjekte eine bestimmte reale (!) Kassenhaltung anstreben, die als relativ konstant angesehen wird. Bei einer Erhöhung der realen Geldmenge durch eine Zunahme der nominalen Geldmenge bei zunächst unverändertem Preisniveau werden die Wirtschaftssubjekte sich dieser veränderten Situation anpassen, da sie nun eine überschüssige, nicht gewünschte Realkasse haben. Diese Überschußkasse wird durch vermehrten Kauf von Gütern und Dienstleistungen, Wertpapieren sowie durch Schuldentilgung abgebaut. Bei konstantem Angebot muß diese Mehrnachfrage zu Preissteigerungen führen, die erst dann zu Ende sind, wenn wieder die gewünschte reale Kassenhaltung erreicht ist.

In neuerer Zeit findet diese Meinung der »Monetaristen«, an deren Spitze M. Friedman steht, daß die starken Geldmengenvermehrungen als Ursache für die inflationären Prozesse anzusehen sind, immer stärkere Beachtung. Die Vertreter dieser Inflationstheorie stützen sich auf empirische Untersuchungen, die für verschiedene Volkswirtschaften und für verschiedene Zeiträume eine hohe Korrelation zwischen der Entwicklung der Geldmenge und des Preisniveaus feststellten.

Auch die Deutsche Bundesbank hat sich in ihrer neueren Geldpolitik den Gedankengängen der Monetaristen angeschlossen.[13] Sie folgt damit den Vorstellungen des Sachverständigenrates aus dem Jahre 1970, der als Voraussetzung einer Stabilitätspolitik eine »potentialorientierte Kreditpolitik« forderte, also einer Kreditpolitik, die »denjenigen Zuwachs des Kreditvolumens anzustreben« hat, »der eine monetäre Alimentierung des gleichgewichtigen Wachstums erlaubt«.[14]

Zur Bekämpfung einer monetär induzierten Inflation ist es aber auch erforderlich, die außenwirtschaftlichen Einflüsse auf die Geldmenge und die Liquidität zu beachten,[15] die in dreierlei Hinsicht beeinflußt werden können:
1) Besteht ein Zinsgefälle zum Ausland, werden sich Unternehmen und Banken dort Kredite besorgen.
2) Bei einem anhaltenden positiven Außenbeitrag gelangen Devisen ins Inland, die hier gegen inländische Zahlungsmittel umgetauscht werden.
3) Erwarten die ausländischen Wirtschaftssubjekte eine Aufwertung der DM, werden sie aus Spekulationsgründen Devisen in der Bundesrepublik anlegen, um bei einer Aufwertung Gewinne zu erzielen.

Durch diese Transaktionen wird somit die inländische Geldmenge und der Liquiditätsstatus der Banken beeinflußt, was in einer Vollbeschäftigungssituation zu Preissteigerungen führen kann. Man spricht in diesem Fall wiederum von einer importierten Inflation, da die Gründe für den Anstieg des Preisniveaus letztlich im Ausland liegen.

Stellt man nun die beiden sich auf die Nachfrageseite beziehenden Inflationstheorien gegenüber, so wird deutlich, daß bei beiden die Erhöhung der Nachfrage nach Gütern und Dienstleistungen bei nicht vermehrbarem Angebot zu Preissteigerungen führt. Jedoch sind jeweils die primären Ursachen unterschiedlich.

Bei der nichtmonetär induzierten Nachfrageinflation kann die Überschußnachfrage hervorgerufen werden durch eine Abnahme der Sparneigung der Haushalte und somit durch vermehrten Konsum, auf der Unternehmensseite durch

---

13 Vgl. hierzu die Ausführungen unter Punkt 5.2.7.2.
14 SVR Jahresgutachten 1970, BT-Drucksache VI/1470, Ziffer 359.
15 Zur Abwehr dieser außenwirtschaftlichen Einflüsse vgl. Punkt 6.1.

eine höhere Investitionsneigung, wobei Investitionen z. B. durch Selbstfinanzierung getätigt werden können, durch einen gewachsenen Staatshaushalt oder durch eine vermehrte Exportnachfrage aus dem Ausland. Primär ist in allen Fällen eine gestiegene Nachfrageneigung, die nicht durch geldwirtschaftliche Gegebenheiten ausgelöst sein muß.
Hingegen geht der Primäreffekt zur Nachfragesteigerung bei der geldmengeninduzierten Inflationstheorie immer von der geldwirtschaftlichen Seite aus.
So unterschiedlich die Primäreffekte sind, so unterschiedlich müssen auch die Bekämpfungsmaßnahmen der Inflation ausfallen.

4.2.2 Angebotsinduzierte Inflationstypen

Die Erklärung der Nachfrageinflation basiert auf der Annahme, daß Inflation nur in Zeiten der Vollbeschäftigung entstehen kann. Die wirtschaftliche Realität zeigte aber besonders im letzten Jahrzehnt steigende Preise in Konjunkturphasen, die nicht durch Vollbeschäftigung gekennzeichnet waren. Daraus zog man den Schluß, daß die Inflationsursache in diesen Fällen nicht auf der Nachfrage-, sondern auf der Angebotsseite zu suchen sei.

4.2.2.1 Die Kosteninflation

Grundgedanke dieser Inflationstheorie ist, daß die Ursachen des Preisniveauanstiegs in Steigerungen der Kosten begründet sind, die nicht auf einer Mehrnachfrage nach Produktionsfaktoren beruhen. Ist das in einer Volkswirtschaft angebotene Sozialprodukt von Kostengrößen abhängig, so verringert sich dieses Angebot bei gestiegenen Kosten, da eine Kostenerhöhung die gesamtwirtschaftliche Angebotskurve nach links oben verschiebt (vgl. Abbildung 7). Es ist ersichtlich, daß eine Kostenerhöhung auch in der Situation der Unterbeschäftigung (Nachfragekurve N_1) zu einer Preissteigerung von P_1 auf P_2 führt.

Abbildung 7: Darstellung der Kosteninflation.

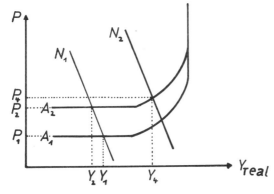

Des weiteren geht die Kosteninflation mit einem Rückgang des realen Sozialprodukts einher (von Y_1 auf Y_2), da die Unternehmer bei gegebenen Preisen nun nicht mehr bereit sind, die ursprünglichen Produktionsmengen anzubieten.

Die Kostenerhöhungen können ausgelöst werden durch Lohnsteigerungen (wage-push), Zinssteigerungen (interest-push), erhöhte Kostensteuern (tax-push) und höhere Preise für Rohstoffe. Werden diese aus dem Ausland bezogen, handelt es sich um eine importierte Inflation (terms of tradepush).
Besonderes Interesse bei der **Kostendruckinflation** gilt der **Lohnkosteninflation**, da die Löhne einen dualen Charakter haben: Sie stellen einerseits für die Unternehmer Kosten dar, andererseits sind sie Einkommen, die zu Konsumnachfrage werden können.
Um die Auswirkungen auf das Preisniveau beurteilen zu können, müssen beide Effekte berücksichtigt werden. In Abbildung 7 bewirkt eine Lohnerhöhung, die über den Produktivitätsfortschritt und eventuell andere Kostenentlastungen hinausgeht eine Verschiebung der Angebotskurve von A_1 nach A_2. Gleichzeitig verschiebt sich die Nachfragekurve von N_1 nach N_2, wenn zumindest ein Teil der Lohnerhöhungen nachfragewirksam wird. Dadurch verschärft sich der Preisauftrieb, (von P_1 auf P_4), wogegen der Produktionsrückgang gemildert wird bzw. sogar eine Produktionssteigerung stattfindet (von Y_1 auf Y_4).
Die Problematik bei der Lohnkosteninflation besteht nun darin, ob es sich um eine **Lohn-Preis-Spirale handelt,** d. h. ob die Preissteigerungen eine Folge der Lohnerhöhungen sind, oder ob gewerkschaftliche Lohnforderungen nur eine Antwort auf das gestiegene Preisniveau sind, um die Preiserhöhungen zu kompensieren, also eine **Preis-Lohn-Spirale** existiert. Die Lohn-Preis-Spirale gewinnt um so mehr an Bedeutung, je mächtiger die Gewerkschaften sind und diese Macht dazu verwenden, die Verteilung des Volkseinkommens über die Lohnpolitik zugunsten der Arbeitnehmer zu verändern, und anderseits die Unternehmen aufgrund ihrer Machtstellung diese Kostenerhöhungen auf die Nachfrager überwälzen können. »In der konkreten Situation freilich ist gewöhnlich kaum zu entscheiden, ob Lohnsteigerungen aktiv und mit auslösend oder lediglich reaktiv sind.«[16]

4.2.2.2 Die Gewinninflation

Die Theorie der **Gewinndruckinflation** geht im allgemeinen von der Annahme aus, daß Unternehmen mit Marktmacht, also auf monopolistisch und oligopolistisch strukturierten Märkten, sich bei ihrer Preisfestsetzung relativ unabhängig von den Nachfrageverhältnissen verhalten können.
Eine mögliche Verhaltensweise der Unternehmen ist der Versuch, durch Preiserhöhungen ihre Gewinne zu erhöhen (profit-push), um somit die Einkommensverteilung zu ihren Gunsten zu verändern. Dieses Verhalten ist auch ohne oder nur geringe Preisanhebungen möglich, nämlich dann, wenn aufgrund von Kostensenkungen, z. B. durch Produktivitätsfortschritte, Preissenkungen möglich wären, diese aber nicht an den Verbraucher weitergegeben werden. Man spricht in diesem Falle auch von **relativer Inflation,** da keine Preissteigerungen auftreten.
Über die Relevanz der Gewinndruckinflation in der Realität gehen die Meinungen auseinander. Wird dem profit-push in der Regel keine autonome Ursächlichkeit für Preissteigerungen beigemessen, so dürfte eine gewinnbedingte Preiserhöhung in der Realität häufig in Verbindung mit Lohnsteigerungen auftreten.

---

16 **Weinert, G.,** Inflation-Theorien und Therapien; in: Wirtschaftsdienst, Heft 6, 1974, S. 328.

»Marktmächtige Unternehmen erhöhen nicht selten aus Rücksicht auf die öffentliche Meinung ihre Preise erst im Anschluß an Lohnerhöhungen; im Einzelfall ist es dann schwierig nachzuweisen, inwieweit im neuen Preis nur erhöhte Lohnkosten überwälzt werden oder auch ein erhöhter Gewinnaufschlag enthalten ist.«[17]

Von wachsender Bedeutung in diesem Zusammenhang ist die Gewinninflation, die bei Großunternehmen und Konzernen zu beobachtende »**verwaltungsmäßige**« Preisfestsetzung **(administered pricing)**, bei der die Preise durch die weitgehend autonome Entscheidung des Unternehmens gebildet werden. Hier spielt wiederum die Nachfrageseite eine fast nebensächliche Rolle, während Kostengesichtspunkte und Gewinnvorstellungen dominieren. Der Preis wird also nicht nach der preistheoretischen Gewinn-Maximierungsbedingung »Grenzkosten gleich Grenzerlös« festgesetzt; wohl hauptsächlich deshalb, weil in der Realität die Grenzerlöse und bei Mehrproduktunternehmen auch die Grenzkosten schwerlich zu berechnen sind. Die Unternehmen streben deshalb nicht einen **maximalen** Gewinn, sondern eine **geplante** Gewinnrate an, die sich nach ihrer Meinung in der Realität erreichen läßt. Zwei Möglichkeiten lassen sich hierbei unterscheiden: Die **Vollkostenkalkulation,** bei der auf die totalen Stückkosten (k) ein konstanter **Gewinnaufschlag** (g) zugeschlagen wird **(markup pricing)** oder die **Gewinnzielkalkulation,** die auf der Festlegung eines aus sämtlichen Aktivitäten des Unternehmens zu erzielenden Gesamtgewinns (G) pro Periode **(target return pricing)** beruht.

Beide Verhaltensweisen und ihre Konsequenzen für die Preise bei sich ändernden wirtschaftlichen Daten sind in den Abbildungen 8 und 9 dargestellt. Für beide Kalkulationsarten wird eine Einproduktunternehmung mit linearem Kostenverlauf angenommen. Geht nun der Absatz von x_1 auf x_2 zurück, steigen in jedem Fall die Preise, bei der Vollkostenkalkulation aber geringer, nämlich nur um die höheren Stückkosten, was zu einer Schmälerung des Gesamtgewinns führt.

Abbildung 8: Darstellung der Vollkostenkalkulation.

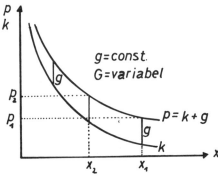

Bei der Gewinnzielkalkulation muß der Unternehmer aber den Preis stärker anheben, da er ja seinen Gesamtgewinn konstant halten möchte. Die Preisbildung

---

17 **Issing, O.,** a.a.O., S. 458.

Abbildung 9: Darstellung der Gewinnzielkalkulation.

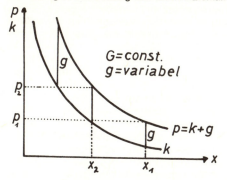

nach diesen Grundsätzen führt also zu völlig anderen Ergebnissen als eine solche nach Grenzkosten und Grenzerlösen, da bei letzterem Prinzip auch in der Marktform des Monopols bei zurückgehender Nachfrage die Preise sinken.
Ähnliches gilt bei Kostenerhöhungen, die sich bei einer administrierten Preisfestsetzung voll auf die Preise niederschlagen, während bei der Preisbildung nach dem Grundsatz »Grenzerlös gleich Grenzkosten« die Preise um weniger als die Kosten steigen, es sei denn, die Nachfrage sei vollkommen unelastisch.
Die Theorie der Gewinninflation in ihren verschiedenen Varianten impliziert also immer ein Vorhandensein von **Marktmacht** und deren Ausnutzung; denn in Konkurrenzsituationen sind die unterstellten unternehmerischen Verhaltensweisen nicht möglich.
Marktmacht bedeutet in diesem Zusammenhang, daß sich die Unternehmen einer relativ unelastischen Nachfrage gegenübersehen. Die geringe Elastizität ist auf das Fehlen von Substitutionsgütern und eine ausgeprägte Werbung zurückzuführen, die bei den Nachfragern starke Präferenzen erzeugt. Die unelastische Nachfrage erlaubt es nun den Unternehmern, ihre Preissetzungsspielräume zu erweitern und auszunutzen, da sie nicht befürchten müssen, durch Preisanhebungen bedeutende Nachfrageverluste zu erleiden.

4.2.2.3 Die Nachfrageverschiebeinflation

Die **Nachfrageverschiebeinflation (demand-shift)**[18] entsteht durch das Zusammenwirken von Angebots- und Nachfrageeffekten. Ihr liegt der Gedanke zugrunde, daß einer wachsenden Wirtschaft inflationäre Tendenzen immanent sind, da sich die Struktur der Nachfrage ständig ändert. Auch ohne ein Anwachsen der gesamtwirtschaftlichen Nachfrage kommt es zu Preissteigerungen, da in den Sektoren, in denen die Nachfrage sinkt, die Preise aus verschiedenen Gründen nicht zurückgehen werden und in den expandierenden Sektoren aufgrund der höheren Nachfrage, an die das Angebot nicht schnell genug angepaßt werden kann, die Preise steigen werden. Im Endeffekt ergeben sich also Preissteige-

---

[18] Die demand-shift inflation beruht auf Gedankengängen von **Schultze, Ch. L.**, Creeping Inflation-Cause and Consequences, in: Business Horizons, Bloomington 1960, S. 65–77 (zitiert nach Weinert, G., a.a.O.).

rungen, die nur durch eine Verschiebung in der Nachfragestruktur ausgelöst wurden, ohne daß die Gesamtnachfrage gestiegen sein muß.
Einer Erklärung bedarf der Umstand, daß in den schrumpfenden Sektoren grundsätzlich keine Preissenkungstendenzen, vielmehr aber aller Wahrscheinlichkeit nach Preiserhöhungen zu erwarten sind. Die Preisstarrheit nach unten ist hauptsächlich durch die Lohnpolitik zu erklären, da sich die Lohnerhöhungen auch in den schrumpfenden Branchen zumindest an den durchschnittlichen gesamtwirtschaftlichen Lohnsteigerungen ausrichten. Zum anderen steigen für die Unternehmen die durchschnittlichen Kosten, wenn bei einem Nachfragerückgang die fixen Kosten nicht entsprechend abgebaut werden können. Desweiteren werden sich die Unternehmen gegen Preissenkungen und somit auch gegen Gewinneinbußen wehren, was ihnen um so eher gelingt, je mehr Marktmacht sie besitzen, d. h. je unelastischer die Nachfrage nach ihren Gütern ist.

4.2.3 Die importierte Inflation

Wie schon gezeigt, können ausländische Inflationstendenzen über einen Nachfragesog auch im Inland zu Preissteigerungen führen. Voraussetzung ist dabei, daß Überschüsse der Leistungs- und/oder der Kapitalbilanz vorliegen; denn Exportüberschüsse schaffen Einkommen, die im Inland nachfragewirksam werden können und dann auf ein verringertes Güterangebot treffen (**Einkommenseffekt**), Devisenüberschüsse vermehren die Geldmenge bzw. die Liquidität und können ebenso die Nachfrage und somit die Preissteigerungstendenzen anheizen (**Liquiditätseffekt**).
Beruhen die Theorien des Einkommens- und des Liquiditätseffektes auf Überschüssen in Teilbilanzen der Zahlungsbilanz, so ist dies für die Theorie des **internationalen Preiszusammenhangs** nicht notwendig.[19] Die These geht davon aus, daß es auf Wettbewerbsmärkten keine dauernden Preisunterschiede für gleiche oder ähnliche Waren geben kann, sondern sich die Preise über die Grenzen angleichen werden. Und zwar geschieht dies unabhängig von der Zahlungsbilanzsituation. Der erwähnte Preisausgleich findet sowohl über den Export- als auch Importgütermarkt statt:
Werden Importgüter teurer (Öl, Rohstoffe), so werden die Unternehmen diese Kostenerhöhungen soweit wie möglich in den Preisen weitergeben (Kosteninflation). Unternehmen, die im Inland Güter anbieten, die mit den teurer gewordenen Importen konkurrieren, sehen sich nun einer höheren Nachfrage gegenüber und werden versuchen, für ihre Importsubstitute die Preise ebenfalls zu erhöhen. Ein gutes Beispiel lieferte die Ölverteuerung, in deren Gefolge auch die Preise für andere Energieträger (Kohle, Erdgas) stark anstiegen, ohne daß dies direkt auf die Ölpreiserhöhung zurückzuführen war. Nachfrage- und Gewinninflation scheinen hier nebeneinander herzugehen.
Aber auch durch die Exporte kann das binnenwirtschaftliche Preisniveau beeinflußt werden. Ist die Inflation im Ausland größer als im Inland, erzielen die Unternehmer gute Gewinne im Auslandsgeschäft. Sie könnten dadurch versucht sein, Lohnforderungen oder Preisforderungen der Vorlieferanten eher nachzu-

---

19 Vgl. Zur Theorie des internationalen Preiszusammenhangs vgl. SVR Jahresgutachten 1966, Ziffer 203 ff; SVR Jahresgutachten 1967, Ziffer 429 ff; **Fels, G.**, Der internationale Preiszusammenhang, Köln, Berlin, Bonn, München 1969.

geben (Kosteninflation). Andererseits ist es denkbar, daß die Unternehmer versuchen, die höheren Preise, die sie im Ausland erzielen, auch auf den heimischen Märkten durchzusetzen (Gewinninflation). Der Erfolg eines solchen Vorgehens hängt wiederum entscheidend von der Machtstellung ab.
Ergebnis dieser beschriebenen Prozesse ist, daß sich die partiellen Preiserhöhungen über die Faktor- und die Gütermärkte auf die gesamte Wirtschaft ausbreiten und somit längerfristig die ausländischen Inflationstrends über den Außenhandel in das Inland importiert werden. Diese Gefahr ist um so größer, je enger der Binnenmarkt mit dem Ausland verknüpft ist.[20]
Während die durch »Zahlungsbilanzüberschüsse« importierten Inflationstendenzen Nachfrageinflationen darstellen, ist die These des internationalen Preiszusammenhangs ein Zusammenwirken von Kosten-, Gewinn- und Nachfrageinflation, ausgelöst durch die höheren ausländischen Inflationsraten und unabhängig von der Zahlungsbilanzsituation.

4.2.4 Die Verteilungskampf-Inflation

Das Bemühen, Inflation durch den **Verteilungskampf** bzw. das Anspruchsverhalten der sozialen Gruppen zu erklären, ist ein umfassender Versuch, der viele Elemente der schon erläuterten Erklärungsversuche enthält. Grundgedanke ist das Bestreben der sozialen Gruppen, ihren Anteil am Sozialprodukt zu erhöhen.
Es kommt durch dieses Verhalten zu Preissteigerungen, da die Summe aller durchgesetzten nominellen Ansprüche an das Sozialprodukt größer ist als die produzierten Güter- und Dienstleistungen, was zu einer Realeinkommenslücke führt.
Man unterscheidet vier große soziale Gruppen, die an diesem Verteilungskampf beteiligt sind. Die verschiedenen **Gewerkschaften** versuchen für ihre Mitglieder durch eine aggressive Lohnpolitik ihren Anteil am Sozialprodukt zu erhöhen. Darauf reagieren die **Unternehmer** mit Preiserhöhungen, um ihren Anteil zu halten oder ihrerseits zu versuchen, den Gewinnanteil zu vergrößern. Auch der **Staat** nimmt an diesem Verteilungskampf teil, indem er etwa versucht, die Staatsquote über ein inflationär wirkendes Haushaltsdefizit anzuheben. Letzlich versucht auch das **Ausland** seinen Anteil am Sozialprodukt auszuweiten, indem es z. B. die Preise für Rohstoffe oder andere Importwaren anhebt. Dadurch fließt ein größerer Teil des Sozialprodukts in das Ausland, wodurch im Inland nur noch ein geringeres reales Sozialprodukt zu verteilen ist. Versuchen nun die inländischen sozialen Gruppen ihren Anteil zumindest zu halten, übersteigen die nominalen Ansprüche das real Vorhandene.
Ein Beispiel für dieses Verhalten gibt die Ölkrise.[21] Im Jahre 1974 war ein durchschnittlicher Preisanstieg der Lebenshaltung von knapp 7 Prozent zu verzeichnen, von dem etwa 2,5 Prozentpunkte auf die Verteuerung des Erdöls und anderer Importrohstoffe entfielen. Die Gewerkschaften forderten in den Lohnverhandlungen nun einen Inflationsausgleich hinsichtlich der 7prozentigen Preissteigerungsrate. Damit wurden also Ansprüche an etwas gestellt, was gar nicht mehr vorhanden war, da ein größerer Teil unseres Sozialprodukts an das Ausland abgetreten werden mußte. Ein solches Verhalten legt den Grundstein zu

---

20 Zur Kritik an der These des internationalen Preiszusammenhangs vgl. den Anhang VI des Sachverständigengutachtens von 1967.
21 Vgl. hierzu **Roeper, H.**, a.a.O.

neuen Preissteigerungen und es kann von den sozialen Gruppen an den Tag gelegt werden, wenn sie über Machtstellung auf den Märkten verfügen.
Die Hypothese, daß in der heutigen Zeit vor allem der Verteilungskampf als Inflationsursache anzusehen ist, schließt alle Arten der Anbieterinflation ein. Kosten- und Gewinninflation wirken zusammen und treiben die Preise wechselseitig in die Höhe. Zudem spielt die Nachfrageseite eine Rolle; sie verschärft den Preissteigerungsprozeß, wenn die Lohnerhöhungen nachfragewirksam werden und auf ein knappes Angebot treffen.
Mit dem Ansatz, die Inflationsursache im Verteilungskampf zu suchen, werden die Angebots- und/oder Nachfragedrucktheorie entscheidend modifiziert und zu einer »sozio-ökonomisch orientierten ‚Machttheorie' der Inflationsverursachung«[22] ausgeweitet.
Auch gegen diese Auffassung der Inflationsverursachung gibt es in der jüngeren Zeit einige Einwände. Sie sehen die Ursachen nicht nur in machtbedingten Verteilungskämpfen, sondern vielmehr in der Struktur der repräsentativen Demokratie. Es wird also versucht, eine »**politische Theorie der Inflation**« zu erarbeiten. Der Grundgedanke dieser politischen Theorie beruht darauf, daß der Parteienwettbewerb und das Verbändehandeln in einer Demokratie Ursachen für inflationäre Prozesse verantwortlich sind.[23]

4.3 Die Stagflation

Nach der Begriffsbestimmung der OECD ist **Stagflation** eine Phase »fortgesetzter Inflation unter Bedingungen stagnierender Erzeugung und wachsender Beschäftigungslosigkeit«.[24] Sie stellt somit ein Zusammenwirken der wirtschaftlichen Situationen Inflation und Stagnation dar und ist damit seit Ende der 60er Jahre ein Novum in der wirtschaftlichen Entwicklung von Industriestaaten. Beobachtet wurde die Stagflation erstmals in den Jahren 1969/70 in den USA und 1969/71 in Großbritannien. Auch in der Bundesrepublik scheinen sich in jüngster Zeit Stagflationstendenzen durchzusetzen. In Tabelle 9 ist die Entwicklung der Inflationsrate, der Arbeitslosenquote und der Wachstumsrate seit 1969 dargestellt. Man erkennt, daß sich auch die Bundesrepublik zumindest seit dem Jahre 1974 in einer Stagflationsphase befindet, da die Preise und die Arbeitslosenquote steigen und das reale Bruttosozialprodukt stagnierte bzw. sogar abnahm.
Bei einer differenzierten Betrachtung erkennt man die Stagflationstendenzen schon seit Mitte 1973, da im ersten Halbjahr noch eine Wachstumsrate des realen Bruttosozialprodukts von 6,3 % und im zweiten Halbjahr nur noch 4,4 % zu verzeichnen war. Auch 1971/72 ergaben sich schon Anzeichen einer Stagflation, da die gesamtwirtschaftliche Produktion ab Frühjahr 1971 stagnierte und zeitweilig sogar zurückging, während die Preissteigerungstendenzen anhielten.[25]

---

22 **Cassel, D.**, a.a.O., S. 526.
23 Vgl. etwa **Zohlnhöfer, W.**, Schleichende Inflation – ein Strukturproblem der repräsentativen Demokratie?, in: Wirtschaftsdienst, Heft 11, 1974, S. 555 f.
24 **Schmahl, H.-J.**, Erstmals Stagflation in der Bundesrepublik Deutschland – Ursachen und Konsequenzen, in: Hamburger Jahrbuch für Wirtschafts- und Gesellschaftspolitik, 17. Jg., Hamburg 1972, S. 127.
25 Ebenda.

Tabelle 9: Stagflation in der Bundesrepublik Deutschland

Jahr	1969	1970	1971	1972	1973	1974	1975
Inflationsrate in % (Veränderungen gegenüber Vorjahr)	1,9	3,4	5,3	5,5	6,9	7,0	6,0
Arbeitslosenquote in %	0,8	0,7	0,8	1,1	1,2	2,6	4,8
reales Wachstum des BSP in % (Veränderungen gegenüber Vorjahr)	8,2	5,8	3,0	3,4	5,1	0,4	-3,6

Quelle: Siehe Tabellen 1, 2 und 4.

Die theoretische Erklärung der Stagflation ist anhand der traditionellen Ansicht, daß Nachfrageüberhänge Preissteigerungen verursachen, nicht möglich, da Stagflationsphasen ja gerade durch zu geringe Nachfrage bei steigenden Preisen gekennzeichnet sind. Allgemeine Übereinstimmung besteht dahingehend, daß die folgenden Inflationsursachen in unterschiedlichem Ausmaß zusammenwirken und Stagflationstendenzen verursachen können:[26]
Eine entscheidende Rolle für das Zustandekommen der Stagflation spielt der Verteilungskampf um das Sozialprodukt, besonders dann, wenn er in wirtschaftlichen Phasen der Stagnation oder der Rezession fortgeführt wird. Bestes Beispiel liefert in der Bundesrepublik das Jahr 1974, in dem die Gewerkschaften trotz beginnender Arbeitslosigkeit und sinkender Produktion ihre hohen Lohnforderungen von 12–15 % durchsetzen konnten. Gefördert wird ein solches Verhalten der Sozialpartner durch die sogenannte »Vollbeschäftigungsgarantie« der Regierung, da sowohl Gewerkschaften und Unternehmer darauf hoffen, daß die wirtschaftspolitischen Instanzen bei einem von den Sozialpartnern verursachten Abgleiten der Beschäftigung eine expansive Politik betreiben, um die Vollbeschäftigung zu sichern.»Selbst tatsächlich zu Arbeitslosigkeit führende oder diese verstärkende Lohnsteigerungen müssen keineswegs dem Interesse der Gewerkschaften zuwiderlaufen. Denn vielfach trifft die Arbeitslosigkeit nicht die maßgebenden Gewerkschaftsmitglieder: Sie kann sich vornehmlich auf jugendliche, noch nicht in die Gewerkschaft eingetretene Arbeitskräfte, auf ungelernte Arbeitskräfte, auf rassische Minderheiten oder ... auf Gastarbeiter auswirken«.[27]
Integrale Bestandteile der durch den Verteilungskampf ausgelösten Inflation sind die schon erläuterten Gewinn- und Kostendruckursachen, d. h. Unternehmen mit Marktmacht richten sich bei ihrer Preisgestaltung weniger an der Nachfrage als an der Kostensituation aus. Als Beispiel hierfür gilt das Verhalten der deutschen Automobilhersteller, die im Jahre 1974 trotz erheblichen Nachfrage-

---

[26] Vgl. zu folgendem **Streissler, E.,** Kann die ökonomische Theorie das Phänomen der Stagflation erklären? in: Kontaktstudium Ökonomie und Gesellschaft, hrsg. v. R. Molitor, Frankfurt 1972, S. 218 ff; **Schmahl, H.-J.,** Stagflation; in: Wirtschaftswissenschaftliches Studium, Heft 2, 1975, S. 68 ff.
[27] **Streissler, E.,** a.a.O., S. 224.

rückgangs ihre Preise erhöhten. Mehrere Gründe werden hier eine Rolle gespielt haben: Höhere Preise für Rohstoffe, Lohnerhöhungen, Kostenanstieg auch durch geringere Kapazitätsauslastung und Streben nach einem bestimmten Stück- oder Unternehmensgewinn.
Das Problem der Stagflation ist somit nicht durch rein ökonomische Tatbestände allein, sondern nur unter Berücksichtigung politischer und sozialer Gegebenheiten erklär- und lösbar.[28]

4.4 Zusammenfassung

Inflation kann durch eine Vielzahl von ökonomischen, sozialen und politischen Faktoren ausgelöst werden. In der Realität wird selten nur ein Faktor für die Inflationstendenzen verantwortlich sein. Vielmehr werden oft mehrere, zusammenwirkende Faktoren einen inflationären Prozeß auslösen und andere Faktoren diesen Prozeß verstärken. Eine Inflation kann somit schwerlich monokausal erklärt werden. Nun ist es aber wichtig, die inflationsauslösenden und -verstärkenden Impulse durch eine empirisch bestätigte Inflationsachentheorie zu erkennen; denn nur dann ist eine ursachengerechte Bekämpfung der Inflation möglich. In der Wissenschaft wurden viele Tests entwickelt, anhand deren man versucht, die Ursachen der Inflation aufzuspüren.[29] Hierbei wird aber hauptsächlich versucht, die Nachfragesog- und die Kostendruckinflation voneinander zu unterscheiden. Für die neueren inflationstheoretischen Erkenntnisse fehlen dagegen noch geeignete Testverfahren. Bei der Inflationsdiagnose ist man deshalb angewiesen auf eine möglichst genaue Analyse der wirtschaftlichen Entwicklung, aus der man dann Schlüsse auf mögliche Inflationsursachen ziehen kann, um so zu geeigneten Bekämpfungsmaßnahmen zu gelangen.

5 Konjunkturpolitik

5.1 Aufgabe der Konjunkturpolitik

Während der Konjunkturzyklen sind die wirtschaftspolitischen Ziele Preisniveaustabilität, Vollbeschäftigung, außenwirtschaftliches Gleichgewicht, angemessenes und stetiges Wachstum sowie gleichmäßigere Einkommensverteilung in unterschiedlichem Ausmaß erfüllt bzw. verletzt.
Gegen das Ziel der **Preisniveaustabilität** wird im Konjunkturaufschwung und vor allem in der Hochkonjunktur besonders stark verstoßen. Auch am Anfang des Konjunkturabschwungs ergeben sich meist noch relativ hohe Inflationsraten; dies ist dadurch zu erklären, daß der Beginn des Abschwungs nicht früh genug erkannt wird und hohe Lohnsteigerungen realisiert werden, die die Unternehmer in der Erwartung unvermindert starker Nachfragesteigerungen zum Anlaß für Preissteigerungen nehmen. In einem ausgeprägten Konjunkturabschwung sind die Inflationsraten meist geringer.

---

28 Vgl. zu den Maßnahmen der Stagflationsbekämpfung Punkte 6.3., 6.5.
29 Vgl. etwa **Gäfgen, G.**, Die kurzfristige Diagnose von Inflationsursachen, in: Zeitschrift für die gesamte Staatswissenschaft, Bd. 117 (1961).

Das Ziel der **Vollbeschäftigung** ist im Konjunkturaufschwung und in der Hochkonjunktur weitgehend oder vollends erfüllt. Im Konjunkturabschwung und hauptsächlich in der Depression ist die Arbeitslosigkeit relativ hoch.
Beim Ziel des **außenwirtschaftlichen Gleichgewichts** ist keine deutliche Abhängigkeit von der konjunkturellen Lage im Inland festzustellen. Es ist häufig eine gegenläufige Entwicklung der Wachstumsrate des realen Bruttosozialprodukts und des Außenbeitrags in Prozent des Bruttosozialprodukts zu beobachten, mitunter ist die Entwicklung aber gleichläufig. Der Außenbeitrag steht deshalb nicht in einem eindeutigen Zusammenhang mit der inländischen Konjunktur, weil er (vor allem über die Exporte) auch wesentlich von der Konjunkturlage im Ausland bestimmt wird. Es ist aber nicht zu leugnen, daß die Schwankungen des Außenbeitrags ebenfalls von der inländischen Konjunktur abhängen; denn die Höhe der Importe wird wesentlich von der Konjunkturlage im Inland bestimmt (vgl. Punkt 3.2.4).
Das **Wachstum** des realen Sozialprodukts vollzieht sich im Konjunkturverlauf nicht stetig, sondern stark schwankend. Es wechseln sich Konjunkturphasen, in denen die Produktionskapazitäten voll ausgelastet sind, mit Phasen der Unterauslastung der Kapazitäten ab.
Auch der Realisierungsgrad des wirtschaftspolitischen Ziels der gleichmäßigeren **Einkommensverteilung** hängt von der Konjunkturlage ab. Als Maßstab für die Änderung der Einkommensverteilung zwischen Unselbständigen und Selbständigen kann die Änderung der bereinigten Nettolohnquote herangezogen werden. Die bereinigte Nettolohnquote ist das Verhältnis des Nettoeinkommens aus unselbständiger Tätigkeit (= Bruttoeinkommen abzüglich Steuern und Sozialversicherungsbeiträge) zum gesamtwirtschaftlichen Nettoeinkommen eines Jahres, wobei von einer konstanten Beschäftigungsstruktur (Anteil der Unselbständigen an der Gesamtzahl der Beschäftigten) ausgegangen wird. Die bereinigte Nettolohnquote wies in den letzten 25 Jahren starke Schwankungen auf. Im Konjunkturaufschwung und in der Anfangsphase einer Hochkonjunktur fiel die Lohnquote. In der Spätphase einer Hochkonjunktur und in den Anfängen eines Konjunkturabschwungs stieg die Lohnquote meistens (vgl. die eingehendere Behandlung in Punkt 5.5.4.4).
Es ist nun deutlich geworden, daß die wirtschaftspolitischen Ziele Preisniveaustabilität, Vollbeschäftigung, außenwirtschaftliches Gleichgewicht und gleichmäßigere Einkommensverteilung besser erreicht werden, wenn die Schwankungen der Konjunktur verhindert werden. Das Ziel »angemessenes Wachstum« wird durch die Konjunktur nicht unmittelbar berührt, jedoch das Ziel »**stetiges Wachstum**«. Stetiges, d. h. von Schwankungen freies Wachstum kann nur in einer Volkswirtschaft erreicht werden, in der es keine wesentlichen Konjunkturschwankungen gibt.
Die möglichst weitgehende Verhinderung von Konjunkturschwankungen ist Aufgabe der **Konjunkturpolitik**. Die Konjunkturpolitik umfaßt also sämtliche Maßnahmen, die mit dem Ziel getroffen werden, eine stetige Wirtschaftsentwicklung zu erreichen. Dies wird durch eine Verstetigung der Entwicklung der globalen Nachfragekomponenten zu erzielen versucht; deshalb spricht man in diesem Zusammenhang auch von **Globalpolitik**. In der Hochkonjunktur werden Maßnahmen zur Dämpfung und im Konjunkturabschwung Maßnahmen zur Belebung der Nachfrage getroffen.
Die wichtigsten offiziellen **Träger der Konjunkturpolitik** sind die Zentralbank (= **Bundesbank**) und der **Staat**. Die Konjunkturpolitik dieser Institutionen ist Gegenstand der folgenden Abschnitte. Dabei wird am Rande auch auf die privaten

Träger der Konjunkturpolitik (insbesondere Gewerkschaften und Unternehmerverbände) eingegangen, die später noch Gegenstand eingehenderer Untersuchungen sind.
In den folgenden Abschnitten werden die Möglichkeiten konjunkturpolitischen Eingreifens, die dabei entstehenden Probleme und die Wirksamkeitsgrenzen untersucht. Zuerst wenden wir uns der Konjunkturpolitik der Notenbank, daraufhin der des Staates zu.

5.2 Konjunkturpolitik der Bundesbank

5.2.1 Wesen und Aufgaben der Bundesbank

Das Geldwesen wird in jedem Staat entscheidend durch die Zentralbank (auch Notenbank genannt) geregelt. Die ursprüngliche Aufgabe der Zentralbank ist die Versorgung der Wirtschaft mit Geld, damit Käufe und Verkäufe, Lohn- und Gehaltszahlungen, Gewährung und Tilgung von Darlehen, usw. geldmäßig abgewickelt werden können.
Die Zentralbank der BRD ist die Deutsche Bundesbank (Sitz in Frankfurt a. M.). Sie ist eine juristische Person des öffentlichen Rechts, der 11 Landeszentralbanken mit ca. 220 über das Bundesgebiet verstreute Zweigstellen zugeordnet sind.
Die Angelegenheiten der Bundesbank werden im Gesetz über die Deutsche Bundesbank (Bundesbankgesetz, BBankG) vom 26. Juli 1957 geregelt.
In § 3 dieses Gesetzes werden die Aufgaben der Bundesbank festgelegt. Demnach regelt die Bundesbank »mit Hilfe der währungspolitischen Befugnisse, die ihr nach dem Gesetz zustehen, den Geldumlauf und die Kreditversorgung der Wirtschaft mit dem Ziel, die Währung zu sichern;« zudem sorgt die Bundesbank »für die bankmäßige Abwicklung des Zahlungsverkehrs im Inland und mit dem Ausland.« Um die originäre Funktion einer Zentralbank – die Versorgung der Wirtschaft mit Geld – erfüllen zu können, besitzt die Bundesbank das alleinige Recht, Banknoten herzustellen und in Umlauf zu setzen (vgl. § 14 BBankG). Die Münzen werden vom Bund in staatlichen Münzanstalten geprägt und der Bundesbank zur Verfügung gestellt (vgl. § 1 Münzgesetz). Auch die Münzen werden nur im Einvernehmen mit der Bundesbank im Umlauf gesetzt, so daß die Regelung der gesamten Bargeldmenge (Noten und Münzen) ganz bei der Bundesbank liegt.
Die Bundesbank setzt Noten und Münzen (= Bargeld) in Umlauf, indem sie mit den Geschäftsbanken (das sind die privaten Banken) bestimmte, später näher beschriebene Geschäfte betreibt.
Sie ist somit die Liquiditätsstelle der Geschäftsbanken und wird deshalb oft als »Bank der Banken« bezeichnet.[1] Die Bundesbank ist zudem auch die »Bank des

---

1 Vgl. **Duwendag, D.,** und andere, Geldtheorie und Geldpolitik. Eine problemorientierte Einführung mit einem Kompendium bankstatistischer Fachbegriffe. Köln 1974, S. 84. Die folgenden Ausführungen in diesem Abschnitt stützen sich auch auf: **v. Arnim, H. H.,** Volkswirtschaftspolitik. Eine Einführung. 2., überarbeitete Auflage. Frankfurt/Main 1976, S. 198 ff. **Woll, A.; Vogl, G.,** Geldpolitik. Stuttgart 1976. **Deutsche Bundesbank,** Die währungspolitischen Institutionen und Instrumente in der Bundesrepublik Deutschland. Frankfurt/M. 1971.

Staates«; denn sie verwaltet die Giroeinlagen des Bundes, der Sondervermögen des Bundes (z. B. Bundesbahn und Bundespost) sowie der Länder und kann ihnen Kassenkredite bis zu festgelegten Höhen gewähren (vgl. § 20 BBankG).
Bei der Versorgung der Wirtschaft mit Geld muß die Bundesbank (gem. § 3 BBankG) das Ziel der Sicherung der Währung, d. h. das Ziel der Preisniveaustabilität anstreben. Die Verfolgung der übrigen wirtschaftspolitischen Ziele wird der Bundesbank nicht zugewiesen. Allerdings ist sie (gem. § 12 BBankG) verpflichtet, »unter Wahrung ihrer Aufgabe die allgemeine Wirtschaftspolitik der Bundesregierung zu unterstützen.« Die Einschränkung »unter Wahrung ihrer Aufgabe« wurde stets so interpretiert, daß für die Bundesbank das Ziel der Preisniveaustabilität gegenüber anderen wirtschaftspolitischen Zielen vorrangig ist. Dementsprechend hat sich die Bundesbank bisher auch verhalten. Da die Bundesbank von Weisungen der Bundesregierung unabhängig ist, konnte sie ihre Politik selbst dann durchsetzen, wenn Vertreter der Bundesregierung andere Auffassungen vertraten.
Die letzte in § 3 BBankG genannte Aufgabe der Bundesbank – die Abwicklung des Zahlungsverkehrs im Inland und mit dem Ausland – ist keine konjunkturpolitische, sondern eine technische Aufgabe; sie besteht darin, die für den reibungslosen Zahlungsverkehr zwischen Banken erforderlichen Einrichtungen zur Verfügung zu stellen und bei Störungen für Abhilfe zu sorgen.
Zusammenfassend können die Aufgaben der Bundesbank folgendermaßen skizziert werden:

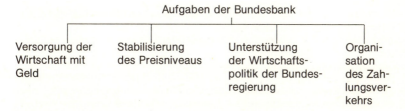

Bevor die Möglichkeiten der Bundesbank, Konjunkturpolitik zu betreiben, diskutiert werden, muß kurz die Rolle der Geschäftsbanken erläutert werden.

5.2.2 Geldpolitische Funktion der Geschäftsbanken

Die Geschäftsbanken sind Unternehmen, die zum Zwecke der Gewinnerzielung die Bankgeschäfte betreiben. Zu den Bankgeschäften zählen vor allem die Annahme fremder Gelder (Einlagengeschäfte), die Gewährung von Krediten (Kreditgeschäfte einschließlich Diskontgeschäfte), Wertpapiergeschäfte für Dritte, die Durchführung des bargeldlosen Zahlungsverkehrs (Girogeschäfte) usw.
Die Geschäftsbanken sind für die Konjunkturpolitik der Bundesbank von großer Bedeutung. Denn sie haben die Fähigkeit, Geld – nämlich das sog. Giralgeld (oder Buchgeld) – zu schaffen. Das wird im folgenden erläutert.
Man unterscheidet grundsätzlich zwei Geldarten, die als Zahlungsmittel verwendet werden:
1) Das »Zentralbankgeld« (Banknoten, Münzen und Einlagen der Banken, des Staates oder einzelner Unternehmen bei der Bundesbank, die jederzeit gegen Noten und Münzen eintauschbar sind),
2) das von den Geschäftsbanken geschaffene Giralgeld (= Buchgeld).

Unter Giralgeld (Buchgeld) versteht man die Geldforderungen, die private Haushalte, Unternehmen oder staatliche Institutionen gegen die Geschäftsbanken haben und als Guthaben auf Girokonten ausgewiesen sind. Man nennt die Guthaben auf Girokonten Sichtguthaben oder Sichteinlagen. Sichtguthaben entstehen entweder dadurch, daß die Wirtschaftssubjekte Einlagen auf Girokonten tätigen oder daß eine Geschäftsbank einem Wirtschaftssubjekt Kredit gewährt und ihm den Kreditbetrag auf dem Girokonto gutschreibt. Die Sichtguthaben haben Geldcharakter, weil über sie jederzeit verfügt werden kann, indem sie für die bargeldlose Zahlung (z. B. durch Überweisung oder Scheck) verwendet oder in Banknoten und Münzen abgehoben werden.

Die Geschäftsbanken schaffen also Geld, nämlich Giralgeld, indem sie Kredite gewähren. Um Kredite vergeben zu können, benötigen die Geschäftsbanken liquide Mittel. Jedoch können sie mehr Kredite gewähren als sie liquide Mittel besitzen! Das ist dadurch möglich, daß die Kreditnehmer über den größeren Teil der eingeräumten Kredite bargeldlos (mittels Scheck und Überweisung) verfügen und nur einen kleinen Teil in bar abheben. Der Umfang, in dem die Geschäftsbanken Kredite gewähren können, wird durch die Höhe der sog. **Überschußreserve** (= Liquiditätsreserve) bestimmt. Darunter werden diejenigen liquiden Mittel verstanden, über die die Bank frei verfügen kann, die sie also nicht zur Erfüllung gewisser Verpflichtungen benötigt. Dazu zählen:
a) Die Zentralbankgeldmenge (Bargeld und Sichtguthaben bei der Bundesbank), die die Bank nicht halten muß, um den zu erwartenden Abfluß decken zu können;
b) der Bestand an Wertpapieren, den die Bank jederzeit bei der Bundesbank in Zentralbankgeld umtauschen kann.
Darüber hinaus hängt die **Kreditschöpfungsfähigkeit** von folgenden Faktoren ab:
1) Die Geschäftsbanken sind verpflichtet, einen gewissen Prozentsatz der ausgewiesenen Sichtguthaben (und anderer Guthaben) in Form von Zentralbankgeld zinslos bei der Bundesbank zu halten. Dieser Geldbetrag heißt »Mindestreserve«, der genannte Prozentsatz »Mindestreservesatz«. Auch die durch Kreditgewährung entstandenen Sichtguthaben unterliegen der Mindestreservepflicht. Besitzt eine Bank frei verfügbares Zentralbankgeld, so ist ihre Fähigkeit, Kredite zu gewähren, um so größer, je kleiner der Mindestreservesatz ist.
2) Die Geschäftsbanken müssen damit rechnen, daß die Kreditnehmer einen Teil des Kreditbetrages in bar abheben. Je größer dieser Teil ist, desto geringer ist die Kreditschöpfungsfähigkeit einer Bank. (Es ist deshalb einleuchtend, warum die Geschäftsbanken für den bargeldlosen Zahlungsverkehr werben).
3) Von einem Kredit, den eine Bank erteilt hat, fließt ein weiterer Teil in Form von Bargeld an andere Banken ab. Bezahlt nämlich ein Kreditnehmer eine Rechnung mit einem Scheck oder einer Überweisung und hat der Empfänger ein Konto bei einer anderen Bank, so verliert die eine Bank Zentralbankgeld an die andere. Je mehr Kunden eine Bank hat, desto geringer ist die Wahrscheinlichkeit, daß sie auf diese Weise Zentralbankgeld an andere Banken verliert. Aus diesem Grunde sind die Banken auch bestrebt, möglichst viele Filialen zu betreiben.
Während die Kreditschöpfungsfähigkeit der einzelnen Bank durch Abfluß von Zentralbankgeld an eine andere Bank sinkt, bleibt der Kreditschöpfungsspielraum sämtlicher Banken einer Volkswirtschaft konstant. Denn die Kreditschöp-

fungsfähigkeit der einen Bank verringert sich im selben Ausmaß, wie sich die Kreditschöpfungsfähigkeit der anderen Bank durch den Zufluß von Zentralbankgeld erhöht. Bei der Untersuchung der gesamtwirtschaftlichen Kreditschöpfungsfähigkeit kann deshalb der Umstand unberücksichtigt bleiben, daß im Rahmen des bargeldlosen Zahlungsverkehrs Zentralbankgeld von einer Geschäftsbank zur anderen abfließt.

Zusammenfassend ist festzuhalten, daß die **Kreditschöpfungsfähigkeit** sämtlicher Geschäftsbanken einer Volkswirtschaft abhängt
1) von der Höhe der **Überschußreserve**, d. h. von der Zentralbankgeldmenge und vom Bestand an jederzeit in Zentralbankgeld umtauschbaren Wertpapieren, die für die Banken frei verfügbar sind, also nicht gehalten werden müssen, um die Mindestreservepflicht zu erfüllen und um den Bargeldabfluß zu decken, der auf Grund der Einlagen der Bankkunden entsteht;
2) von der Höhe des **Mindestreservesatzes;**
3) **von den Zahlungsgewohnheiten,** d. h. davon, welcher Teil der Kredite von den Kreditnehmern in bar abgehoben wird und über welchen Teil bargeldlos verfügt wird.

Angenommen, die Überschußreserve sämtlicher Geschäftsbanken betrage zusammengenommen 1000 Geldeinheiten, der Mindestreservesatz für Sichteinlagen sei 15 %, und 25 % der gewährten Kreditsumme würde von den Kreditnehmern in Form von Bargeld verlangt, so beläuft sich die gesamtwirtschaftliche Kreditschöpfungsfähigkeit auf 2500 Geldeinheiten. Denn die 1000 Geldeinheiten Überschußreserve reichen gerade aus, um 40 % der Kreditsumme als Mindestreserve und Bargeldabfluß realisieren zu können.

5.2.3 Ziel und Konzeption der Geldpolitik

Die Bundesbank besitzt einige Instrumente, mit denen sie die Höhe der Zinssätze, die für Kredite zu bezahlen sind, und die Höhe der Geldmenge beeinflussen kann. Unter **Geldmenge** wird die Summe aus **Bargeld** und **Sichteinlagen** (sog. **Giralgeld**) verstanden, über die die sog. Nichtbanken, also alle Wirtschaftssubjekte mit Ausnahme der Geschäftsbanken, verfügen können. Das Bargeld innerhalb der Geschäftsbanken und die Sichtguthaben, die die Banken bei der Notenbank oder bei einer anderen Bank unterhalten, zählen nicht zur Geldmenge.

Die Maßnahmen der Bundesbank, die sie zur Steuerung der Zinssätze und der Geldmenge zum Zwecke der Konjunkturbeeinflussung trifft, stellen die »Geldpolitik« der Bundesbank dar.

Die angestrebte Wirkungsweise geldpolitischer Maßnahmen kann in einfacher Weise skizziert werden:

```
                   Geldpolitik
                  ↙         ↘
      Veränderung des    Veränderung des
      Zinsniveaus        Kreditangebots
                  ↘         ↙
                       ↓
                Veränderung der
                Nachfrageentwicklung
```

Geldpolitische Maßnahmen der Bundesbank beabsichtigen einerseits eine Veränderung des Zinsniveaus für Kredite und andererseits eine Veränderung der Kreditschöpfungsfähigkeit und damit des Kreditangebots der Geschäftsbanken. Zwischen beiden Wirkungen besteht ein Zusammenhang. Eine Erhöhung (bzw. Senkung) der Kreditschöpfungsfähigkeit der Banken führt bei gegebener Nachfrage nach Krediten nämlich zu einer Senkung (bzw. Erhöhung) des Zinsniveaus. Durch eine Veränderung des Zinsniveaus und des Kreditangebots kann die Entwicklung der gesamtwirtschaftlichen Nachfrage nach Gütern (einschließlich Dienstleistungen) beeinflußt werden. Und zwar wird mit Zinserhöhungen (bzw. -senkungen) eine abschreckende (bzw. belebende) Wirkung auf die Nachfrage nach Krediten, mit denen Käufe von Gütern finanziert werden, beabsichtigt. Durch Senkung (bzw. Erhöhung) des Kreditangebots soll die Möglichkeit, Kredite zur Finanzierung der Güternachfrage zu erhalten, begrenzt (bzw. verbessert) werden.

In den unteren Abschnitten werden zunächst die geldpolitischen Instrumente der Bundesbank und deren angestrebte Wirkungsweise dargestellt. Dann wird überprüft, ob die erhoffte Beeinflussung des Konjunkturverlaufs tatsächlich erreicht wird.

5.2.4 Geldpolitische Instrumente der Bundesbank

Nach dem Gesetz über die Deutsche Bundesbank stehen der Bundesbank eine Reihe geldpolitischer Instrumente zur Verfügung. Es handelt sich dabei um
1) Veränderung der Mindestreservepflicht der Geschäftsbanken (Mindestreservepolitik),
2) Veränderung der Diskont- und Lombardkredit-Bedingungen (Refinanzierungspolitik),
3) Offenmarktoperationen (Offenmarktpolitik),
4) Änderung der Bedingungen der Wechselkurssicherung (Swappolitik),
5) Einflußnahme auf die Haltung der öffentichen Guthaben (Einlagenpolitik).

5.2.4.1 Mindestreservepolitik

Die Geschäftsbanken müssen von der Bundesbank festgelegte Prozentsätze der Einlagen ihrer Kunden zinslos bei der Bundesbank in Form von Zentralbankgeld halten. Diese Prozentsätze heißen »Mindestreservesätze«, die Pflichteinlagen »Mindestreserven«. Die Höhe der Mindestreservesätze ist nach der Art der Einlagen (Sichteinlagen, befristete Einlagen, Spareinlagen) gestaffelt.[2]
Die Bundesbank kann die Mindestreservesätze bis zu (im § 16 BBankG) festgelegten Höchstsätzen nach eigenem Ermessen verändern. Die Höchstsätze und der von der Bundesbank ausgeschöpfte Spielraum ist aus der Tabelle 10 zu ersehen.[3]

---

2 Zudem wird bei der Höhe der Mindestreservesätze danach unterschieden, wie groß die Geschäftsbank ist und ob sich an ihrem Ort eine Zweiganstalt der Bundesbank befindet.
3 Quelle: **Woll, A., Vogl, G.,** a.a.O., S. 61. Es handelt sich um die Mindestreservesätze für Banken der Reserveklasse 1, d. h. für Banken mit Einlagen von 1 Mrd. DM und mehr, an einem Ort mit einer Zweiganstalt der Bundesbank. Die Übersicht gibt den Stand Dezember 1975 wieder.

Tabelle 10: Streuung der Mindestreservesätze[1]

Art der Einlage	Mindestreservesatz	Höchstgrenze in %	Bisher höchster Satz in %	Bisher niedrigster Satz in %
Sichteinlagen		30	20,15	9,25
Befristete Einlagen		20	13,95	4,00
Spareinlagen		10	9,25	4,00

1 für Reserveklasse eins an Bankplätzen

Quelle: **A. Woll/G. Vogl,** Geldpolitik, Stuttgart 1976, S. 61.

Durch eine **Erhöhung** der Mindestreservesätze entzieht die Bundesbank den Geschäftsbanken Zentralbankgeld. Dadurch sinkt die Überschußreserve der Banken; denn sie müssen nun mehr Zentralbankgeld zinslos bei der Bundesbank unterhalten. Somit ergibt sich eine Verringerung der Kreditschöpfungsfähigkeit der Banken. Es kann nun der Fall eintreten, daß nicht mehr alle Wirtschaftssubjekte, die Kredite nachfragen, auch Kredite erhalten. Dann wird die Ausweitung der Geldmenge, genauer der Giralgeldmenge, gebremst. Werden die Mindestreservesätze sehr stark erhöht oder ist die Überschußreserve sehr gering und reicht deshalb die vorhandene Überschußreserve der Banken nicht aus, um die erhöhten Mindestreserveverpflichtungen zu erfüllen, muß die freiwerdende Überschußreserve, die dadurch entsteht, daß laufend Kredite durch die Bankkunden getilgt werden, zur Deckung der gestiegenen Mindestreserven verwendet werden. Unter diesen Umständen sinkt die Giralgeldmenge absolut.
Bei gegebener Nachfrage nach Krediten bewirkt das verringerte Kreditangebot eine Zinssatzsteigerung. Wenn dadurch die Nachfrage nach Krediten sinkt, vermindert sich die Giralgeldmenge.
Kann auf Grund des geringeren Kreditangebots die Kreditnachfrage nicht mehr voll befriedigt werden, wird die Möglichkeit verringert, die Güternachfrage durch Kredite zu finanzieren. Die Nachfrageentwicklung wird dadurch gebremst; unter Umständen sinkt die Nachfrage sogar. Auch die Erhöhung des Zinssatzes kann eine dämpfende Wirkung auf die Nachfrage haben, und zwar bei denjenigen Nachfragekomponenten, die mit Krediten finanziert werden und bei denen die Zinsen einen wesentlichen Bestandteil der Kosten ausmachen.
Eine **Erhöhung** der Mindestreservesätze kann unter den genannten Bedingungen zu einer Abschwächung der Konjunktur und damit zu einer Verringerung der Inflationsrate führen. Inwieweit diese angestrebten Wirkungen tatsächlich eintreten, wird im Punkt 5.2.5 untersucht.
Mit einer **Senkung** der Mindestreservesätze werden die entgegengesetzten Wirkungen angestrebt. Durch eine Herabsetzung der Mindestreservesätze sinkt das Mindestreservesoll der Geschäftsbanken; die Überschußreserve und das Kreditangebot steigen. Bei gegebener Kreditnachfrage sinken die Zinssätze. Ob das erhöhte Kreditangebot und die geringeren Zinsen zu einer Belebung der Nachfrage nach Gütern führen, wird unten überprüft.

Zusammenfassend wird die angestrebte Wirkungsweise der Mindestreservepolitik kurz skizziert. (Das Zeichen Δ bedeutet »Veränderung«).

5.2.4.2 Refinanzierungspolitik

Die Refinanzierungspolitik besteht aus der **Diskontpolitik** und der **Lombardpolitik**. Diskont- und Lombardpolitik setzen an dem Bedarf der Geschäftsbanken an, sich Zentralbankgeld bei der Bundesbank zu beschaffen (d. h. zu refinanzieren). Die **Diskontpolitik** besteht aus der Festsetzung bestimmter Bedingungen, nämlich des **Diskontsatzes,** der **Qualitätsanforderungen** an rediskontfähige Papiere und der **Rediskontkontingente**, zu denen die Bundesbank bereit ist, im Verkehr mit den Banken bestimmte Wechsel (und einige andere in § 19 BBankG gekennzeichnete Papiere) zu kaufen und zu verkaufen. Dieses Geschäft vollzieht sich im einzelnen folgendermaßen:
Eine Bank kauft von einem Unternehmen einen Wechsel, dem ein Handelsgeschäft zugrunde liegt, vor deren Fälligkeit auf. Das Unternehmen bekommt für den Wechsel nicht den gesamten Wechselbetrag gutgeschrieben, sondern es wird ein Abschlag vorgenommen. Die Bank verkauft den Wechsel an die Bundesbank weiter, um sich Zentralbankgeld zu verschaffen (»Refinanzierung«); dabei wird nicht der gesamte Wechselbetrag vergütet, sondern er wird um den Diskontsatz, genauer Rediskontsatz, gekürzt.
Ist der Wechsel fällig, löst ihn die Bundesbank bei der Bank ein, die ihrerseits den Wechselbetrag vom Wechselschuldner fordert. Während die Geldmenge stieg, als das Unternehmen den Wechsel an die Bank verkaufte, sinkt die Geldmenge nun, weil das Unternehmen den Wechsel von der Bank zurückkaufen muß.
Je höher der Diskontsatz ist, desto höher ist auch der Zinssatz, den die Banken beim Ankauf von Wechseln von ihren Kunden verlangen, und desto teurer ist es für die Unternehmen, sich durch Verkauf von Wechseln Geld zu verschaffen. Änderungen des Rediskontsatzes, den die Bundesbank beim Wechselgeschäft mit den Banken verlangt, wirken sich aber nicht nur auf die Höhe des von den Banken geforderten Zinssatzes aus, sondern darüberhinaus auf die Höhe der Zinsen, die die Banken, für Kredite verlangen und die die Banken für Einlagen gewähren. Dieser enge Zusammenhang rührt daher, daß das Wechselgeschäft für die Banken eine wichtige Quelle des Zentralbankgeldes ist.[4]
Im Bundesbankgesetz (§ 19) sind die qualitativen Anforderungen für die Wechsel festgelegt, die die Bundesbank aufkaufen darf: die Wechsel müssen drei als

---

4 Vor 1967 waren die Zinssätze rechtlich an den Diskontsatz gebunden, so daß ein direkter Zusammenhang bestand.

zahlungskräftig Verpflichtete und eine Höchstlaufzeit von drei Monaten aufweisen. Die Bundesbank kann bestimmte Wechsel von der Rediskontierung ausschließen; zum Beispiel geschah dies gelegentlich mit Wechseln aus Teilzahlungsgeschäften und mit Wechseln, die der Zwischenfinanzierung von Bauvorhaben dienten. Andere Wechsel, z. B. aus Geschäften mit Einfuhr- und Vorratsstellen können bevorzugt werden. In diesen Fällen spricht man von **qualitativer Diskontpolitik** oder von **selektiver Kreditkontrolle**. Hierdurch wird es bestimmten Branchen erschwert bzw. erleichtert, Geschäfte durch Wechsel zu finanzieren.

Im Rahmen der Diskontpolitik kann die Bundesbank für jede Geschäftsbank sog. **Rediskontkontingente** festlegen, die angeben, bis zu welcher Höhe sie bereit ist, Wechsel aufzukaufen. Durch Änderung der Rediskontkontingente wird die Möglichkeit der Banken gelenkt, sich von der Bundesbank Zentralbankgeld zu verschaffen.

Zur Refinanzierungspolitik der Bundesbank zählt auch die **Lombardpolitik**. Sie besteht aus der Festsetzung der Bedingungen, zu denen die Bundesbank bereit ist, den Geschäftsbanken verzinsliche Darlehen gegen Verpfändung bestimmter Wertpapiere (vgl. § 19 Abs. 2 Nr. 3 BBankG) auf längstens 3 Monate zu gewähren. Wie bei der Diskontpolitik besteht die Lombardpolitik aus der Festsetzung des Zinssatzes (sog. Lombardsatz), der Qualitätsanforderungen für beleihungsfähige Wertpapiere und des Umfangs, bis zu dem die Bundesbank Lombardkredite erteilt (Lombardkontingente).

In der unteren Skizze werden die Aktionsparameter der Refinanzierungspolitik zusammenfassend aufgeführt:

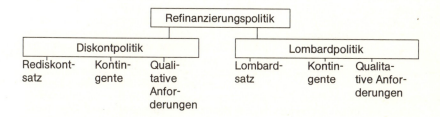

Der angestrebte Wirkungsablauf der Refinanzierungspolitik kann folgendermaßen beschrieben werden:
Durch eine Veränderung des Diskont- und Lombardsatzes werden für die Geschäftsbanken die Kosten der Beschaffung von Zentralbankgeld bei der Bundesbank verändert. Die Banken geben diese Kostenveränderung an ihre Kunden weiter, so daß eine gleichgerichtete Veränderung der Kreditzinsen entsteht.
Eine Änderung der Kontingente und der qualitativen Anforderungen, die an die diskont- und lombardfähigen Papiere gestellt werden, bewirkt für die Banken eine erhöhte bzw. verringerte Möglichkeit, sich bei der Bundesbank Zentralbankgeld zu beschaffen. Dadurch wird das Kreditangebot und bei gegebener Kreditnachfrage der Zinssatz geändert. Wenn die Zinsänderung und die Änderung des Kreditangebots die realisierte Nachfrage der Wirtschaftssubjekte nach Krediten beeinflußt, wird die Güternachfrage verändert, wodurch die Konjunkturentwicklung beeinflußt wird.
Ob diese erhofften Effekte wirklich eintreten, wird später untersucht.

5.2.4.3 Offenmarktpolitik

Die Bundesbank darf »zur Regelung des Geldmarktes«, also im Rahmen der Geldpolitik, bestimmte Wertpapiere »am offenen Markt zu Marktsätzen« kaufen und verkaufen (vgl. § 21 BBankG). Dieses Tätigwerden der Bundesbank heißt **Offenmarktpolitik**. Zu den Wertpapieren, mit denen Offenmarktgeschäfte getätigt werden, gehören Wechsel, Schatzwechsel, unverzinsliche Schatzanweisungen, Schuldverschreibungen des Bundes und seiner Sondervermögen sowie alle anderen zum amtlichen Börsenhandel zugelassenen Schuldverschreibungen.

Man unterscheidet zwischen Offenmarktgeschäften auf dem **Geldmarkt** und auf dem **Kapitalmarkt**. Diese Märkte sind durch die Wertpapiere gekennzeichnet, die gehandelt werden. Auf dem Geldmarkt werden Wertpapiere mit kurzen Laufzeiten (bis zu zwei Jahren), auf dem Kapitalmarkt solche mit längeren Fristen gehandelt. Auf dem Geldmarkt werden die Marktsätze (d. h. die Ankaufs- und Verkaufskonditionen) von der Bundesbank bestimmt, auf dem Kapitalmarkt tritt die Bundesbank als ein Anbieter oder Nachfrager neben anderen auf.

Zunächst wird die Wirkungsweise der **Offenmarktpolitik** auf dem **Geldmarkt** erläutert.

Geldmarktpapiere sind vor allem die Schatzwechsel und die unverzinslichen Schatzanweisungen des Bundes, der Bundespost, der Bundesbahn und der Bundesländer. Bei den Schatzwechseln handelt es sich um Wechsel öffentlicher Institutionen mit Laufzeiten bis zu 90 Tagen. Unverzinsliche Schatzanweisungen, kurz »U-Schätze« genannt, sind öffentliche Anleihen mit einer Laufzeit von bis zu zwei Jahren. Sie sind in Wirklichkeit nicht unverzinslich, sondern werden wie Wechsel diskontiert; d. h. der Käufer braucht nicht den Nennwert zu bezahlen, den er am Ende der Laufzeit ausbezahlt bekommt, sondern einen geringeren Betrag. Dadurch erzielt der Käufer eine Verzinsung im voraus.

Schatzwechsel und U-Schätze entstehen auf verschiedene Weise. Schatzwechsel entstehen dadurch, daß die Bundesbank der öffentlichen Hand kurzfristige Kredite (sog. Kassenkredite) zur Überbrückung eines kurzfristigen Auszahlungsbedarfs gegen Hergabe von Schatzwechseln gewährt. Dazu ist die Bundesbank allerdings nur bis zu in § 20 BBankG festgelegten Höchstgrenzen berechtigt. Die Bundesbank verkauft die Schatzwechsel am Markt weiter, und zwar vor allem an Geschäftsbanken. Unverzinsliche Schatzanweisungen dürfen die öffentlichen Stellen nur im Einvernehmen mit der Bundesbank ausgeben. Die Käufer dieser Papiere sind vor allem die Geschäftsbanken, seit einigen Jahren aber auch Nichtbanken.

Der Umfang der von staatlichen Einrichtungen ausgegebenen Schatzwechsel und U-Schätze ist insofern von den Entscheidungen der öffentlichen Hand abhängig, als die Bundesbank den Staat nicht zur Emission dieser Papiere verpflichten kann. Um jedoch der Bundesbank unabhängig von den kurzfristigen Verschuldungsbedürfnissen des Staates die Möglichkeit zu geben, in dem von ihr gewünschten Ausmaß Offenmarktgeschäfte mit Schatzwechseln und U-Schätzen zu betreiben, wurde (im Jahr 1955) vereinbart, daß der Bund der Bundesbank auf Verlangen hin eine **»Manövriermasse«** an Geldmarktpapieren bis zu einer festgesetzten Höhe auszuhändigen hat (vgl. § 42 BBankG). Die Höhe der Manövriermasse wird durch die sog. Ausgleichsforderungen bestimmt, die die Bundesbank gegen den Bund hat. Die Ausgleichsforderungen der Bundesbank sind der bilanzielle Gegenposten für die Erstausstattung der Wirtschaft mit Geld bei der Währungsreform von 1948; sie betragen ca. 8 Mrd DM.[5] Die auf

---

5 Vgl. Deutsche Bundesbank, a.a.O., S. 50.

Grund der Ausgleichsforderungen geschaffenen Schatzwechsel und U-Schätze werden **Mobilisierungspapiere** genannt. Da der größte Teil der Ausgleichsforderungen bereits in Mobilisierungspapiere umgetauscht ist, war es sinnvoll, der Bundesbank für ihre Offenmarktpolitik weitere Schatzwechsel und U-Schätze zur Verfügung zu stellen. Deshalb wurde 1967 (zusammen mit der Verabschiedung des Stabilitätsgesetzes) das Bundesbankgesetz um § 42 a erweitert, der bestimmt, daß der Bund der Bundesbank auf ihr Ersuchen weitere Geldmarktpapiere bis höchstens 8 Mrd DM zur Verfügung zu stellen hat, wenn alle Mobilisierungspapiere in Umlauf sind. Diese Papiere werden **Liquiditätspapiere** genannt.

Die Bundesbank (und nicht der Bund) hat sowohl bei den Mobilisierungs-, als auch bei den Liquiditätspapieren alle daraus entstehenden Verpflichtungen zu erfüllen.

Die **Offenmarktpolitik** der Bundesbank auf dem **Geldmarkt** ist dadurch gekennzeichnet, daß sie die Konditionen, zu denen sie Geldmarktpapiere verkauft oder vor Fälligkeit ankauft, selbst festsetzt. Beim Verkauf verlangt die Bundesbank sog. Abgabesätze, beim Ankauf sog. Rücknahmesätze. Diese Sätze werden beim Verkauf und beim vorzeitigen Ankauf vom Nennwert des Geldmarktpapieres abgezogen. Durch Veränderung der Spannen versucht die Bundesbank, Banken und andere Wirtschaftssubjekte zum Kauf oder Verkauf von Geldmarktpapieren zu bewegen. Andere Möglichkeiten, die Geschäftsbanken zum Kauf oder Verkauf von Geldmarktpapieren anzuregen, besitzt die Bundesbank nicht. Dadurch wird schon eine Wirksamkeitsgrenze der Offenmarktpolitik auf dem Geldmarkt gezogen.

Um die Wirkung der Geldmarktgeschäfte zu beurteilen, muß unterschieden werden, ob sie mit Geschäftsbanken oder anderen privaten Wirtschaftssubjekten betrieben werden. Geldmarktpapiere haben für die Geschäftsbanken zum Teil den Charakter von Zentralbankgeld; denn die Bundesbank ist bereit oder sogar verpflichtet, bestimmte Geldmarktpapiere auf Wunsch der Banken auch vor Fälligkeit zu übernehmen und dafür Zentralbankgeld herzugeben.[6] Durch Kauf oder Verkauf derartiger Geldmarktpapiere kann die Bundesbank deshalb keinen Einfluß auf die Höhe der Überschußreserven der Banken bewirken; es wird nur die Struktur der Überschußreserven (Zentralbankgeld und jederzeit in Zentralbankgeld umwandelbare Wertpapiere) verändert. Deshalb haben diese Geldmarktgeschäfte der Bundesbank mit Geschäftsbanken keine Wirkung auf die Kreditschöpfungsfähigkeit. Da die Bundesbank hier lediglich mit der Festsetzung der Abgabe- und Rücknahmesätze operieren kann, wird nur die Zinshöhe beeinflußt. Ähnlich wie sich Änderungen des Rediskontsatzes auf das allgemeine Zinsniveau auswirken (s. im vorigen Abschn.), haben auch Änderungen der Abgabe- und Rücknahmesätze der Bundesbank weiterreichende Wirkungen auf das ganze Zinsniveau.

Anders ist die Wirkung bei der Offenmarktpolitik mit Geldmarktpapieren, deren vorzeitige Rücknahme durch die Bundesbank ausgeschlossen wird[7] und bei Offenmarktgeschäften mit Nichtbanken. Hierbei wird die Liquiditätsreserve der Banken beeinflußt. Denn kaufen die Banken Geldmarktpapiere, die von der vorzeitigen Rücknahme ausgeschlossen sind, wird deren Zentralbankgeldmenge

---

6 Mobilisierungs- und Liquiditätspapiere nimmt die Bundesbank nicht vor Fälligkeit zurück. Besitzt eine Bank derartige Geldmarktpapiere, so erhöhen sie deren Liquidität nicht.

7 S. Anmerkung 6.

verringert. Bei der Rückgabe zum Zeitpunkt der Fälligkeit steigt die Liquidität der Banken wieder.

Kaufen Nichtbanken (z. B. Sozialversicherungsträger, Unternehmen, private Haushalte) Geldmarktpapiere, so werden diese den Gegenwert von ihren Girokonten oder Sparguthaben auf die Bundesbank verlagern, so daß die Banken Zentralbankgeld verlieren. Beispielsweise hat die Bundesbank im Spätsommer 1973 für fast 6 Mrd. DM Geldmarktpapiere an Nichtbanken verkauft, um die Liquidität der Banken zu kürzen.[8] Sind die Geldmarktpapiere fällig, werden sie von der Bundesbank zum Nennwert zurückgenommen; der Geldbetrag fließt meist auf die Giro- oder Sparkonten der Nichtbanken, so daß die Liquidität der Banken steigt.

Die Bundesbank hat auch die Möglichkeit, am **Kapitalmarkt Offenmarktpolitik** zu betreiben. Hierbei kauft oder verkauft die Bundesbank an der Börse Kapitalmarktpapiere öffentlicher Emittenten (öffentliche Schuldverschreibungen mit einer Laufzeit von mehr als zwei Jahren). Im Gegensatz zu den Geldmarktgeschäften kann die Bundesbank am Kapitalmarkt keine Konditionen festlegen; die Kurse der Kapitalmarktpapiere bilden sich frei durch Angebot und Nachfrage. Durch den Kauf von Kapitalmarktpapieren durch die Bundesbank erhöhen sich die Liquiditätsreserven der Geschäftsbanken. Es ist dabei gleichgültig, ob Banken oder Nichtbanken Kapitalmarktpapiere an die Bundesbank verkauft haben. Denn kauft die Bundesbank von Banken, steigt die Zentralbankgeldmenge der Banken direkt; treten Nichtbanken als Verkäufer auf, fließt den Banken Zentralbankgeld zu, weil die Nichtbanken den Verkaufserlös meistens auf Giro- oder Sparguthaben überweisen lassen. Treten die Bundesbank als Verkäufer und die Banken oder Nichtbanken als Käufer von Kapitalmarktpapieren auf, ist die Wirkung auf die Liquidität der Banken umgekehrt, sie sinkt.

Bisher hat die Bundesbank die Möglichkeit der Offenmarktpolitik auf dem Kapitalmarkt nicht oft genutzt. Erstmals im Jahre 1967 hat sie Kapitalmarktgeschäfte getätigt. Damals nahm die Bundesbank für 1,3 Mrd. DM öffentliche Kapitalmarktpapiere auf, um die Liquidität der Banken zu erhöhen. Bis Ende 1970 hat sie diese Papiere zum großen Teil wieder verkauft.[9] Im Herbst 1975 kaufte die Bundesbank für ca. 7,5 Mrd. DM öffentliche Kapitalmarktpapiere, um die Zentralbankgeldmenge zu erhöhen und um zugleich die Kurse der öffentlichen Papiere zu stützen.[10]

Zusammenfassend ist festzustellen:

Die Offenmarktpolitik der Bundesbank auf dem **Geldmarkt** hat nur eine Wirkung auf die Zinshöhe, wenn es sich um Geschäfte mit Geldmarktpapieren handelt, die von der Bundesbank jederzeit zurückgenommen werden. Tätigt die Bundesbank **Geldmarktgeschäfte** mit Papieren, deren vorzeitige Rücknahme ausgeschlossen ist, oder treten als Käufer bzw. Verkäufer Nichtbanken auf, wird die Liquiditätsreserve der Geschäftsbanken und damit deren Kreditschöpfungsfähigkeit verändert. Derselbe Effekt tritt bei den **Kapitalmarktgeschäften** der Bundesbank ein, und zwar unabhängig davon, ob die Geschäfte mit Banken oder Nichtbanken erfolgen.

Eine Veränderung der Kreditschöpfungsfähigkeit der Banken bedeutet eine Veränderung des Kreditangebots. Unter der Voraussetzung gegebener Kreditnach-

---

8 Vgl. SVR, Jahresgutachten 1973, Tz. 176.
9 Vgl. Deutsche Bundesbank, a.a.O., S. 54.
10 Vgl. SVR, Jahresgutachten 1975, Tz. 195 ff.

frage verändert sich das Zinsniveau. Die Änderung des Zinsniveaus und des Kreditangebots kann unter bestimmten (im Punkt 5.2.5 erörterten) Bedingungen zu einer Beeinflussung der gesamtwirtschaftlichen Nachfrageentwicklung, also der Konjunktur, führen.

5.2.4.4. Swappolitik

Als im Jahre 1958 die Deutsche Mark frei konvertierbar wurde, d. h. Inländer und Ausländer die Möglichkeit des Umtauschs ausländischer Währung in DM in beliebigem Umfang erhielten, entwickelte die Bundesbank die im Bundesbankgesetz nicht geregelte Swappolitik. Das Ziel dieser Politik ist, durch Förderung von Geldexporten die inländische Geldmenge zu verringern. Die Swappolitik könnte auch zur Förderung von Geldimporten eingesetzt werden; jedoch ist dies praktisch irrelevant.

Swappgeschäfte vollziehen sich zwischen der Bundesbank und inländischen Geschäftsbanken. Bei diesem Geschäft verkauft die Bundesbank Dollars an Banken, die DM in Dollars zur Anlage im Ausland umtauschen wollen, zum zur Zeit geltenden Wechselkurs (sog. Kassakurs) und verpflichtet sich zugleich, den Dollarbetrag von den Banken zu einem festgesetzten Kurs (sog. Terminkurs) nach Ablauf einer bestimmten Frist (meist 3 Monate) zurückzukaufen. Die Differenz zwischen Termin- und Kassakurs heißt Swapsatz. Ist diese Differenz negativ, spricht man von einem Deport; eine positive Differenz heißt Report.

Auf Grund der Garantie des Terminkurses entfällt für die Banken das Wechselkursrisiko, d. h. die Banken wissen genau, zu welchem Wechselkurs sie nach drei Monaten Dollar in DM umtauschen können. Durch die Festlegung eines günstigen Swapsatzes kann die Bundesbank die Banken anregen, Geld im Ausland anzulegen.

Neben der Fixierung des Swapsatzes besteht die Swappolitik, die auch als **Kurssicherungspolitik** bezeichnet wird, aus folgenden Aktionsparametern:
- Abgrenzung der Teilnehmer, mit denen die Bundesbank bereit ist, Swapgeschäfte zu betreiben,
- Zweckbindung der Geldanlage,
- Laufzeit der Geldanlage.

Bisher hat die Bundesbank Swapgeschäfte nur mit Geschäftsbanken getätigt. Meist hat sie dabei die Form der Anlage des ins Ausland transferierten Geldes bestimmt (z. B. Kauf von US-Dollar-Schatzwechseln) und Höchst- und Mindestfristen der Anlage festgelegt. Durch Variation dieser Bedingungen kann es der Bundesbank gelingen, die inländischen Banken in mehr oder weniger starkem Maße zum Geldexport anzuregen. Zeitweise hat die Bundesbank die Swapgeschäfte eingestellt, weil sie eine Förderung des Geldtransfers ins Ausland nicht fördern wollte. Im Jahre 1969 zog sich die Bundesbank aus den Kurssicherungsgeschäften zurück, weil sie erkannte, daß die Geschäftsbanken im Ausland Kredite aufnahmen, die Gelder in DM umtauschten und für Swapgeschäfte mit der Bundesbank verwendeten. Durch diese sog. Karussellgeschäfte gelang es den Banken, ohne Einsatz eigener Mittel aus den Swapgeschäften Gewinne zu erzielen.[11] Die Swappolitik läßt sich auch dann nicht fortführen, wenn spekulative Devisenbewegungen auftreten, wie z. B. vor der Aufwertung der DM im Oktober 1969 und Dezember 1971. In normalen Zeiten kann die Swappolitik jedoch ein wirksames geldpolitisches Instrument der Bundesbank sein.

---

11 Vgl. Deutsche Bundesbank, a.a.O., S. 60.

Transferieren die Geschäftsbanken aufgrund günstiger Anlagemöglichkeiten im Ausland und günstiger Swapsätze der Bundesbank Geld ins Ausland, so sinkt die Kreditschöpfungsfähigkeit der Banken. Die Verschuldungsmöglichkeiten der inländischen Wirtschaftssubjekte verschlechtern sich. Das kann u. U. eine Dämpfung der gesamtwirtschaftlchen Nachfrageentwicklung bedeuten.

5.2.4.5 Einlagenpolitik

Der Bund, die Länder, der Lastenausgleichfonds und das ERP-Sondervermögen sind (gemäß § 17 BBankG) verpflichtet, ihre flüssigen Mittel bei der Bundesbank auf Girokonto einzulegen. Mit dieser Vorschrift soll verhindert werden, daß die öffentliche Hand durch eigene Steuerung ihrer Geldmenge die Geldpolitik der Bundesbank stören könnte. Die Bundesbank kann jedoch einer anderweitigen Haltung der liquiden Mittel der öffentlichen Hand zustimmen, so daß der Staat auch bei Geschäftsbanken Einlagen bilden und dadurch die Bankenliquidität erhöhen könnte. Diese (scheinbare) Möglichkeit zur Einlagensteuerung von Geldern des Staates wird gelegentlich als »Einlagenpolitik« bezeichnet. Das ist jedoch problematisch. Die Verpflichtung des Staates, die flüssigen Mittel bei der Notenbank zu halten, gibt der Bundesbank nämlich kaum Möglichkeit zur Steuerung der Geldmenge; denn der Staat ist natürlich weiterhin frei in der Entscheidung über Umfang und Verwendung der Einlagen. Deshalb wird die »Einlagenpolitik« häufig nicht als geldpolitisches Instrument der Bundesbank angesehen.

5.2.5 Wirksamkeit geldpolitischer Maßnahmen

Wie beschrieben (Punkt 5.2.3) soll mit dem Einsatz geldpolitischer Maßnahmen die Entwicklung der gesamtwirtschaftlichen Nachfrage nach Gütern und Dienstleistungen derart gesteuert werden, daß die Konjunkturschwankungen geglättet und die wirtschaftspolitischen Ziele möglichst weitgehend erreicht werden. Die Steuerung der gesamtwirtschaftlichen Nachfrage wird durch Beeinflussung der Finanzierungsmöglichkeiten und -bedingungen, genauer durch Lenkung der Kreditschöpfungsfähigkeit der Banken und der Zinssätze, zu erreichen versucht.

5.2.5.1 Steuerbarkeit der Kreditschöpfungsfähigkeit und der Zinshöhe

Es wird zuerst überprüft, ob durch Einsatz geldpolitischer Instrumente die Kreditschöpfungsfähigkeit der Banken und die Zinsen in die gewünschte Richtung gelenkt werden können. Dabei muß zwischen den verschiedenen geldpolitischen Maßnahmen sowie zwischen unmittelbaren und möglicherweise weitergehenden Wirkungen unterschieden werden; weitergehende Wirkungen können dadurch entstehen, daß die Banken auf die Maßnahmen der Bundesbank reagieren.

a) **Unmittelbare Wirkungen**

Die unmittelbare Wirkung der Mindestreservepolitik auf die Kreditschöpfungsfähigkeit der Banken und auf die Zinssätze ist stets sicher. Denn die Banken können sich der Veränderung der Mindestreservebestimmungen nicht entziehen.
Bei den übrigen geldpolitischen Instrumenten sieht es anders aus. Versucht die Bundesbank im **Konjunkturabschwung** durch Einsatz der Refinanzierungspolitik die Kreditschöpfungsfähigkeit der Banken und damit das Geldangebot zu

erhöhen und die Zinsen zu senken, so tritt die erhoffte Wirkung oft nicht ein; denn die Banken sind im Konjunkturabschwung vielfach nicht bereit, die Refinanzierungsmöglichkeit bei der Bundesbank zu nutzen, weil der erhöhten Kreditschöpfungsfähigkeit keine zusätzliche Kreditnachfrage gegenübersteht. Ähnlich ist es bei der Offenmarktpolitik: im Konjunkturabschwung sind Banken und andere Wirtschaftssubjekte nicht in verstärktem Maße bereit, Offenmarktpapiere zu verkaufen, weil sie keinen erhöhten Liquiditätsbedarf haben.

In der **Hochkonjunktur** ist die unmittelbare Wirkung der Refinanzierungspolitik – Verringerung der Kreditschöpfungsfähigkeit und Erhöhung der Zinsen – gewiß, wenn die Maßnahmen stark genug sind. Insbesondere die Senkung der Rediskont- und Lombard-Kontingente ist sehr wirksam. Die Effizienz der Offenmarktpolitik ist in der Hochkonjunktur skeptisch zu beurteilen; denn die Entscheidung, Offenmarktpapiere zu kaufen, liegt allein bei den Banken und den übrigen Wirtschaftssubjekten; die Bundesbank kann lediglich versuchen, wirtschaftliche Anreize zu geben. Das gleiche trifft auch für die Swappolitik zu; die Banken werden nur dann zu Geldexporten bereit sein, wenn sie auf Grund günstiger Kurssicherungsbedingungen im Ausland gewinnträchtigere Geldanlagemöglichkeiten haben als im Inland.

b) Weitergehende Wirkungen

Bei der Beurteilung der Wirkung geldpolitischer Maßnahmen auf die Kreditschöpfungsfähigkeit der Banken und auf das Zinsniveau ist zu berücksichtigen, daß die Maßnahmen der Bundesbank unter Umständen Reaktionen der Banken hervorrufen. Diese Reaktionen können die unmittelbaren Wirkungen vermindern oder sogar aufheben.

Senkt die Bundesbank im **Konjunkturabschwung** die Mindestreservesätze, um die Liquidität der Banken zu erhöhen und um eine Zinssenkung herbeizuführen, so können die Banken diese Politik durchkreuzen, indem sie die gestiegene Geldschöpfungsfähigkeit nicht zur Erhöhung des Geldangebots im Inland nutzen, sondern zur Geldanlage im Ausland verwenden, so daß die erwünschte Zinssenkung im Inland ausbleibt. Eine derartige Reaktion zeigten die Banken z. B. im Jahre 1967, als die Bundesbank durch Erhöhung des Geldangebots und durch Senkung des Zinsniveaus versuchte, die Konjunktur zu beleben.[12]

Auch in der **Hochkonjunktur**, in der die Bundesbank die Ausweitung der Geldmenge bremsen möchte, haben die Banken u. U. die Möglichkeit, den geldpolitischen Maßnahmen entgegenzuwirken. Die Geschäftsbanken sind bei restriktiver Geldpolitik der Bundesbank oft bereit, ihr Kreditvolumen stärker auszudehnen, als sie dies bei einer bestimmten Überschußreserve in früheren Jahren taten. Diese »Elastizität des Geldsystems« ist durch den verstärkten bargeldlosen Zahlungsverkehr und durch Rationalisierungen im Geldverkehr zu erklären. Darüberhinaus umgehen die Geschäftsbanken die restriktive Geldpolitik der Bundesbank häufig durch **Aufnahme von Krediten im Ausland**. Dagegen kann sich die Bundesbank jedoch wehren, indem sie die Mindestreservesätze für Verbindlichkeiten der Banken gegenüber Gebietsfremden auf bis zu 100 % setzt (vgl. § 16 Abs. 1 BBankG). Zudem kann die Bundesregierung (nicht die Bundesbank) auf Grund von § 23 Außenwirtschaftsgesetz die Aufnahme von Krediten im Ausland und den Verkauf von Wertpapieren und anderen Vermögenswerten an Ausländer verbieten oder einer Genehmigungspflicht unterwerfen. Die entsprechenden Rechtsverordnungen muß die Bundesregierung im Benehmen mit der Bundes-

---

12 Vgl. Deutsche Bundesbank, a.a.O., S. 54.

bank erlassen. Außerdem ist die Bundesbank für die Erteilung von Genehmigungen zuständig. Diese Bestimmungen wurden von Geschäftsbanken bisher allerdings mehrfach umgangen, indem sie durch sog. Kofferträger Wertpapiere heimlich ins Ausland brachten, verkauften und den Verkaufserlös ins Inland überführten. Beispielsweise wurden in den letzten Jahren annähernd 20 Banken, denen die Zollfahndung auf die Spur gekommen war, beschuldigt, gegen die 1973 ausgesprochene Genehmigungspflicht des Verkaufs von Kapitalmarktpapieren öffentlicher Emittenten im Ausland verstoßen und dadurch etwa eine Milliarde DM illegal ins Inland transferiert zu haben.[13]

5.2.5.2 Steuerbarkeit der gesamtwirtschaftlichen Nachfrage

Wenn es der Bundesbank gelingt – was, wie im vorhergehenden Abschnitt gezeigt wurde, nicht immer der Fall ist –, die Kreditschöpfungsfähigkeit der Banken, das inländische Geldangebot und die Zinshöhe in der gewünschten Weise zu steuern, ist noch keine Beeinflussung der Konjunktur erreicht. Eine Konjunktursteuerung gelingt erst dann, wenn die Veränderung des Geldangebots und des Zinsniveaus die gesamtwirtschaftliche Nachfrage nach Gütern und Dienstleistungen beeinflussen.

Bei der Frage, ob eine Veränderung des Geldangebots und des Zinsniveaus eine Veränderung der volkswirtschaftlichen Nachfrage bewirken, muß zwischen dem Konjunkturabschwung und der Hochkonjunktur unterschieden werden.

Hat die Bundesbank zur Bekämpfung eines **Konjunkturabschwunges** die Kreditschöpfungsfähigkeit der Banken und dadurch das Geldangebot erhöht und ist eine Zinssenkung erreicht worden, so wird dadurch i. d. R. keine wesentliche Erhöhung der gesamtwirtschaftlichen Nachfrage herbeigeführt. Denn die Geschäftsbanken können kein Wirtschaftssubjekt zur Aufnahme von Krediten und zur Nachfrageausweitung zwingen (»Man kann das Pferd zwar zur Tränke führen, es aber nicht zum Saufen zwingen.«). Die Unternehmer lassen sich im Konjunkturabschwung durch das erhöhte Kreditangebot und das niedrigere Zinsniveau nicht zu Kreditaufnahmen und zusätzlichen Investitionen anregen, weil die vorhandenen Produktionskapazitäten nicht voll ausgelastet sind. Auch die privaten Haushalte werden im Konjunkturabschwung durch günstige Kreditbedingungen nicht wesentlich zur erhöhten Kreditaufnahme und zu verstärkten Konsumausgaben veranlaßt; denn die relativ schlechte Einkommenssituation und die unsicheren Zukunftserwartungen bewirken eine geringere Verschuldungsbereitschaft. Eine expansive Geldpolitik der Bundesbank trägt ebenfalls nicht zu einer Belebung der Nachfrage des Staates nach Gütern und Dienstleistungen bei. Die staatliche Nachfrage ist weitgehend unabhängig von Schwankungen des Geldangebots und des Zinsniveaus. Eine Verstärkung der gesamtwirtschaftlichen Nachfrage kann theoretisch auch dadurch eintreten, daß die Exportnachfrage steigt und die Importnachfrage zu Nachfrage nach inländischen Gütern wird. Hierauf hat die Bundesbank aber keinen Einfluß. Die Höhe der Exporte und Importe kann im wesentlichen durch Veränderung der Wechselkurse und durch administrative Beschränkungen des Außenhandels verändert werden. Derartige Maßnahmen sind Angelegenheit der Bundesregierung (vgl. hierzu Punkt 6.1.).

Es ist also festzustellen, daß geldpolitische Maßnahmen zur Bekämpfung eines Konjunkturabschwunges nur sehr begrenzt tauglich sind. Trotzdem ist eine »Po-

---

13 Vgl. Süddeutsche Zeitung vom 29. 8. 1975, S. 23. Anfang 1974 wurden die Kontrollen des internationalen Kapitalverkehrs wieder aufgehoben.

litik des leichten Geldes« (d. h. Maßnahmen zur Erhöhung des Kreditangebotes und zur Senkung des Zinssatzes) im Konjunkturabschwung sinnvoll; hierdurch werden nämlich die Bedingungen für einen Konjunkturaufschwung, der durch andere Veränderungen in der Volkswirtschaft herbeigeführt wird (vgl. hierzu Punkt 3.4.4), erleichtert.

Ist es der Bundesbank zur Bekämpfung der **Hochkonjunktur** gelungen, die Kreditschöpfungsfähigkeit der Banken und damit das Geldangebot zu senken und das Zinsniveau zu erhöhen, verschlechtern sich die Finanzierungsbedingungen.

Das **gestiegene Zinsniveau** übt aber keinen wesentlichen Einfluß auf die Nachfrage nach Gütern und Dienstleistungen aus. Die erhöhten Finanzierungskosten schrecken erfahrungsgemäß im allgemeinen weder die privaten Haushalte, noch die Unternehmen und den Staat von einer Nachfrageausweitung ab. Lediglich langfristige Investitionen und zwar vor allem Investitionen im Wohnungsbau, bei denen die Zinskosten eine große Bedeutung haben und nicht ohne weiteres überwälzbar sind, erfahren durch Zinssteigerungen eine Einschränkung. Die übrige Güternachfrage wird durch Zinssteigerungen kaum beeinflußt. Denn in der Hochkonjunktur lohnt es sich für die privaten **Haushalte** selbst bei hohen Zinsen Kredite aufzunehmen, weil die hohen Inflationsraten einen zeitlichen Aufschub der Konsumgüternachfrage unattraktiv machen. Die **Unternehmen** sind in der Hochkonjunktur in der Lage, die höheren Finanzierungskosten über die Preise auf die Nachfrager abzuwälzen, so daß die höheren Zinsen, die konjunkturdämpfend wirken sollten, die Inflation noch fördern!

Auch der **Staat** läßt sich erfahrungsgemäß durch gestiegene Zinsen nicht wesentlich von einer Kreditaufnahme abschrecken. Somit ergibt sich, daß die Zinserhöhung allein keine generell geeignete Maßnahme zur Bekämpfung der Hochkonjunktur ist.

Jedoch kann die **Beschränkung des Geldangebots** eine Dämpfung der Hochkonjunktur herbeiführen, nämlich dann, wenn dadurch erreicht wird, die Finanzierungsmöglichkeit der gesamtwirtschaftlichen Nachfrage zu bremsen.

Die gesamtwirtschaftliche Nachfrage wird aber nur dann eingeschränkt, wenn es den Wirtschaftssubjekten nicht gelingt, ihren Geldbedarf im Ausland zu decken. Hier sind nur die Unternehmen angesprochen; die privaten Haushalte haben i. d. R. keine Möglichkeit, im Ausland Kredite aufzunehmen, und der Staat verzichtet auf diese mögliche Geldquelle, weil in der Hochkonjunktur die Steuereinnahmen reichlich fließen und weil er als besonders kreditwürdiger Kunde auch im Inland noch hinreichende Verschuldungsmöglichkeiten hat. Die Bundesbank kann die Aufnahme von Krediten im Ausland durch inländische Unternehmer nicht verhindern. Jedoch kann die Bundesregierung Geldzuflüsse aus dem Ausland zu verhindern versuchen und somit die Geldpolitik der Bundesbank unterstützen. Wie im vorhergehenden Punkt beschrieben, kann die Bundesregierung durch Rechtsverordnung (gem. § 23 Außenwirtschaftsgesetz) die Aufnahme von Krediten durch inländische Wirtschaftssubjekte im Ausland und den Transfer ausländischen Geldes ins Inland grundsätzlich verbieten oder einer Genehmigungspflicht unterwerfen.

Wenn die Bundesregierung kein Verbot oder keine Genehmigungspflicht der Kapitalimporte einführt, kann sie den Kapitalimport in indirekter Weise begrenzen; sie kann inländische Wirtschaftssubjekte durch Rechtsverordnung auf Grund des sog. **Bardepotgesetzes** verpflichten, einen bestimmten Prozentsatz (»Depotsatz«) der im Ausland aufgenommenen Kredite zinslos bei der Bundesbank zu halten. Die Ermächtigung zur Festlegung des Depotsatzes kann von der

Bundesregierung auf die Bundesbank übertragen werden; der Bardepotsatz kann bis zu 100 % betragen. Das Bardepotgesetz war die Folge einer ungewöhnlich hohen Auslandsverschuldung der Inländer seit Anfang 1971, wodurch die restriktive Geldpolitik der Bundesbank durchkreuzt wurde. Durch Festlegung einer Bardepotpflicht wird die Kreditaufnahme im Ausland teurer, denn der inländische Kreditnehmer muß den gesamten Auslandskredit verzinsen, kann aber nur über den nicht gebundenen Teil verfügen. Damit Umgehungen der Bardepotverordnung möglichst verhindert werden, wird auch untersagt, daß inländische Importeure ausländischer Güter lange Zahlungsfristen vereinbaren (was eine Aufnahme eines Auslandskredits bedeuten würde), oder daß internationale Konzerne den inländischen Gesellschaften durch interne Manipulationen (z. B. Verschiebung von Gewinnausweisen, gezielte Gewinnausschüttungen, Gewährung langer Zahlungsziele) Finanzierungsquellen erschließen. Da diese Vorgehensweisen aber schwer kontrollierbar sind, wird ihr Verbot nicht selten umgangen. Zudem scheuen manche Unternehmen nicht davor zurück, im Ausland aufgenommenes Geld heimlich über die Grenze zu schaffen.

Der Versuch der Bundesbank, die Ausweitung der Geldmenge zwecks Bekämpfung der Hochkonjunktur zu begrenzen, kann auch dadurch hintertrieben werden, daß ausländische Wirtschaftssubjekte ausländisches Geld ins Inland transferieren, in Deutsche Mark umtauschen – die Deutsche Bundesbank ist grundsätzlich verpflichtet, Devisen in Deutsche Mark umzuwechseln – und bei Banken anzulegen. Die Ausländer werden hierzu angeregt, wenn die Zinssätze im Inland wesentlich höher als im Ausland sind. Um diese Zuflüsse abzuwehren, kann (gem. § 23 Abs. 1 Nr. 7 Außenwirtschaftsgesetz) die Verzinsung von Ausländerguthaben bei inländischen Banken von einer Genehmigung abhängig gemacht oder verboten werden. Mit dieser Regelung können allerdings dann keine Kapitalzuflüsse aus dem Ausland verhindert werden, wenn ausländische Spekulanten im Inland Geld kurzfristig anlegen wollen, weil sie mit einem Spekulationsgewinn aus einer Aufwertung der Deutschen Mark rechnen. Um spekulative Geldzuflüsse zu verhindern, kann für kurze Zeit eine Schließung der Devisenbörsen erfolgen, so daß ausländisches Geld nicht mehr in Deutsche Mark umgetauscht werden kann. Eine langfristig wirksame Verhinderung von spekulationsbedingten Kapitalzuflüssen läßt sich aber nur durch Einführung flexibler Wechselkurse erreichen (vgl. auch Punkt 6.1).

Eine weitere Wirksamkeitsgrenze erfährt die Geldpolitik durch die sog. **Finanzintermediäre.** Darunter versteht man Finanzinstitute, die nicht zu den Geschäftsbanken zählen, aber doch auf dem Geld- und Kapitalmarkt tätig sind. Die wichtigsten Finanzintermediäre sind die Bausparkassen, Versicherungen, Investmentgesellschaften und Pensionskassen. Diese Institute nehmen Geld entgegen bzw. beschaffen sich Geld, das sie zur Kreditgewährung oder zum Erwerb von privaten oder öffentlichen Schuldtiteln verwenden. Die Finanzintermediäre können die Geldpolitik der Bundesbank, die ja darauf ausgerichtet ist, die Kreditschöpfungsfähigkeit der Geschäftsbanken zu beeinflussen und die auf die Tätigkeit der Finanzintermediäre keinen unmittelbaren Einfluß ausübt, behindern. In der Hochkonjunktur, in der die Bundesbank eine restriktive Geldpolitik betreibt, so daß die Zinssätze relativ hoch sind, werden die Finanzintermediäre dazu angeregt, für ihre Gelder die lukrativen Anlagemöglichkeiten zu nutzen; sie gewähren vor allem an Unternehmen Kredite zu den bestehenden hohen Zinssätzen. Je intensiver diese Geldanlagegeschäfte der Finanzintermediäre sind, desto stärker wird der restriktiven Geldpoltik der Bundesbank entgegengewirkt. Im Konjunkturabschwung, in dem die Zinssätze relativ niedrig sind, neigen die Finanzintermediäre zur verstärkten Reservebildung und zur Einschränkung der Kreditgewährung. Dieses Verhalten bedeutet eine Abschwächung der expansiven Geldpolitik der Bundesbank. Somit wird deutlich, daß eine wirksame Geldpolitik nur erreicht werden kann, wenn die Bundesbank auch Kontrollmöglichkeiten über die Kreditgeschäfte der Finanzintermediäre erhält.

Es ist nun deutlich geworden, daß die Geldpolitik der Bundesbank in der Hochkonjunktur nur dann einen wesentlichen konjunkturdämpfenden Effekt haben kann, wenn die Bundesregierung durch Anwendung des Bardepotgesetzes und u. U. auch des § 23 Außenwirtschaftsgesetz den Zustrom ausländischen Geldes ins Inland wirksam abwehrt; zudem erfordert eine möglichst wirksame Geldpolitik auch die Schaffung von Kontrollmöglichkeiten der Finanzintermediäre.

Die Hochkonjunktur könnte auch durch eine Senkung der Exportnachfrage und eine Erhöhung der Importe bekämpft werden. Auf die Nachfrage der Ausländer nach inländischen Gütern hat die Bundesbank jedoch keinen Einfluß; denn die Entscheidungen der ausländischen Nachfrager hängen nicht von der inländischen Geldpolitik ab. Die Nachfrage nach Importgütern wird durch eine restriktive Geldpolitik nicht gefördert, sondern eher gebremst. Denn bei der Begrenzung der Finanzierungsmöglichkeiten kann grundsätzlich kein Unterschied gemacht werden, ob die Finanzierung der Nachfrage nach inländischen oder ausländischen Gütern erschwert wird. Lediglich bei den Bardepotbestimmungen ist eine Differenzierung möglich, indem bei Importen längere Zahlungsfristen erlaubt werden. Ansonsten wird durch eine restriktive Geldpolitik verhindert, daß höhere Importe das Güterangebot im Inland vergrößern und zu einem Abbau der Überauslastung der inländischen Produktionskapazitäten beitragen können.

Zusammenfassend können die Hemmnisse einer wirksamen Geldpolitik, die in den beiden letzten Abschnitten dargelegt wurden, in folgender Übersicht stichwortartig skizziert werden:

HEMMNISSE EINER WIRKSAMEN GELDPOLITIK

IM KONJUNKTURABSCHWUNG	IN DER HOCHKONJUNKTUR
– die von der Bundesbank gebotenen Finanzierungsmöglichkeiten werden nicht wahrgenommen – Geldexport – geringe Verschuldungsbereitschaft – fehlender Einfluß auf Exporte und Importe	– Elastizität des Geldsystems – geringe Zinselastizität der Nachfrage – Verschuldung der Banken und Unternehmer im Ausland – Geldzufluß aus dem Ausland aufgrund relativ hoher Zinsen im Inland oder Aufwertungsspekulation – fehlender Einfluß auf Exporte und Importe

5.2.6 Probleme der Geldpolitik

Neben der oben behandelten grundsätzlichen Frage, ob geldpolitische Maßnahmen überhaupt zur Konjunktursteuerung geeignet erscheinen, gibt es mehrere Probleme, die bei der Anwendung der geldpolitischen Instrumente entstehen. Zunächst tritt das Problem auf, **wann** die Geldpolitik einsetzen soll (= Problem des »timing«) und welche **Dosierung** die Maßnahmen erhalten sollen. Darüber hinaus ist zu beachten, daß die Geldpolitik wirtschaftlich unerwünschte **Nebenwirkungen** haben kann.

5.2.6.1 Probleme des Timing und der Dosierung

Bei der Frage, wann geldpolitische Maßnahmen einzusetzen sind, um die angestrebte Beeinflussung des Konjunkturverlaufs zu erreichen, ist von der Erkenntnis auszugehen, daß geldpolitische Maßnahmen nicht sofort, sondern erst nach einer zeitlichen Verzögerung (die »time-lag« genannt wird) wirken. Der **time-lag** ist derjenige Zeitraum, der zwischen dem notwendigen Einsatz eines geldpolitischen Eingreifens und seiner vollen Wirkung auf das nominelle Sozialprodukt liegt. Die Länge des time-lags hängt von verschiedenen Verzögerungen ab, nämlich: (s. Abbildung 10)

1) Von der **Erkennungsverzögerung,** (»recognition lag«), d. h. davon, wie frühzeitig die Notwendigkeit des Einsatzes der Geldpolitik erkannt wird. Die Länge der Erkennungsverzögerung wird von der Qualität des statistischen Informationssystems bestimmt.
2) Der time-lag wird zudem durch die **Entscheidungsverzögerung** (»action lag«) bestimmt. Das ist die Zeitspanne, die vom Erkennen der Eingriffsnotwendigkeit bis zur Entscheidung vergeht. Der action lag ist von institutionellen Bedingungen abhängig und ist umso kürzer, je unbürokratischer der Entscheidungsprozeß ist. Der action lag ist bei der Bundesbank relativ klein.
Die Summe aus recognition lag und action lag wird inside lag genannt.
3) Von der Realisierung der geldpolitischen Maßnahme bis zur Einwirkung auf das Verhalten der Geschäftsbanken (Veränderung des Geldangebots) vergeht ein Zeitraum, der als **intermediate lag** (frei übersetzt: zwischenzeitliche Verzögerung) bezeichnet wird.
4) Die größte Bedeutung wird der Zeitdauer von der Veränderung der Geldmenge bis zur Änderung des Auslastungsgrades der Produktionskapazitäten zugemessen. Dieser sog. **outside lag** kann in eine Entscheidungsverzögerung (decision lag), d. h. der Zeit von der Geldmengenänderung bis zur Änderung des Ausgabenverhaltens der Nachfrager, und eine Produktionsverzögerung (production lag), d. h. der Zeit von der Ausgabenänderung bis zur Änderung der Auslastung der Produktionskapazitäten unterteilt werden.

Die Aufeinanderfolge der verschiedenen zeitlichen Verzögerungen wird in Abbildung 10 veranschaulicht:

Abbildung 10: Gliederung des time-lag.

Die Länge des gesamten time-lags ist keine konstante Größe, sondern schwankt auf Grund von Veränderungen der einzelnen Verzögerungen. Deshalb kann auch keine generelle Angabe über die Dauer des time-lags geldpolitischer Maßnahmen gemacht werden. In mehreren empirischen Untersuchungen ist bisher versucht worden, den time-lag zu messen. Dabei ist man zu unterschiedlichen Ergebnissen gelangt; ein allgemein anerkanntes Resultat liegt nicht vor. Einige Untersuchungen sprechen dafür, daß der outside lag (der inside lag ist also ausgeschlossen) ungefähr 6 bis 9 Monate beträgt, wobei die expansive Geldpolitik zur Belebung der Konjunktur längere Wirkungsverzögerungen aufweist als die restriktive Geldpolitik. Es ist auch zu berücksichtigen, daß geldpolitische Maßnahmen nicht schlagartig wirken, sondern erst schwach und allmählich stärker wirksam werden. In der unteren Tabelle sind die Ergebnisse einer Studie darüber angegeben, wieviel Prozent der Gesamtwirkung geldpolitischer Maßnahmen nach 3, 6 bzw. 9 Monaten erreicht werden:

Tabelle 11: Wirkungsgrad geldpolitischer Maßnahmen im Zeitablauf

Politik \ Zeit	3 Monate[1]	6 Monate[1]	9 Monate[1]
expansive Geldpolitik	10 %	44 %	70 %
restriktive Geldpolitik	30 %	60 %	80 %

1 Nach Einsatz der Maßnahme; es ist also nur der outside lag angesprochen.
Quelle: Th. Mayer, The Inflexibility of Monetary Policy.
„The Review of Economics and Statistics". Vol. 40 (1958), S. 370.

Auf Grund der langen **Wirkungsverzögerung** geldpolitischer Maßnahmen und der Unmöglichkeit ihrer exakten Bestimmung beinhaltet die Geldpolitik zwei Gefahren:
a) Die lange Wirkungsverzögerung führt im Interesse einer möglichst schnellen Erreichung des angestrebten Ziels zu einer **Überdosierung** der Maßnahmen. Wird »zuviel des Guten« getan, so schlägt die Konjunktur ins Gegenteil um. Geldpolitische Maßnahmen zur Bekämpfung einer Hochkonjunktur bewirken dann einen Konjunkturabschwung. Beispielsweise wird der starke Konjunkturabschwung der Jahre 1966/67 unter anderem einer zu starken Bekämpfung der Hochkonjunktur in den Vorjahren zugeschrieben; und die Annahme liegt nicht fern, daß die äußerst stark restriktive Geldpolitik des Jahres 1973 eine (von sicherlich mehreren) Ursachen für den heftigen Konjunkturabschwung von 1974/75 gewesen ist. Der umgekehrte Fall, daß eine zu stark expansive Geldpolitik eine Hochkonjunktur verursacht, ist von geringer Relevanz, da die Geldpolitik – wie oben dargelegt – zur Bekämpfung des Konjunkturabschwungs wenig geeignet ist.
b) Die zweite Gefahr der langen Wirkungsverzögerung der Geldpolitik besteht darin, daß eine zum Zeitpunkt des Einsatzes **richtige Dosierung** sich nach einiger Zeit als **falsch** erweist, weil sich die Konjunkturlage inzwischen infolge nicht vorausgesehener oder nicht vorhersehbarer Ereignisse (Beispiel: Ölkrise) wesentlich geändert hat. Da Gegenmaßnahmen zu spät wirken, verstärkt die Geldpolitik in diesem Fall die unerwünschte konjunkturelle Entwicklung.

5.2.6.2. Negative Nebeneffekte der Geldpolitik

Bei der Untersuchung der Wirksamkeit geldpolitischer Instrumente wurde bereits auf zwei Nebeneffekte des Einsatzes der Geldpolitik aufmerksam gemacht. Die restriktive Geldpolitik bewirkt eine Verringerung des Geldangebots und eine Erhöhung der Zinssätze. Dementsprechend ist ein **Nachfrageeffekt** und ein **Kosteneffekt** zu unterscheiden. Die nachfragedämpfende Wirkung tritt – wie beschrieben – auch bei den Importen auf, weil sich ebenfalls für die Importe die Finanzierungsmöglichkeiten verschlechtert haben. Dieser Effekt ist unerwünscht; denn durch geringere Importe sinkt im Inland das Angebot von Gütern. In der Hochkonjunktur wäre vielmehr ein Steigen der Importe vorteilhaft, weil dadurch das Güterangebot steigen würde und die Überauslastung der Kapazitäten gemildert würde.
Wichtiger als die unerwünschte Nebenwirkung der restriktiven Geldpolitik auf die Importe erscheint der Kosteneffekt. Mit der restriktiven Geldpolitik ist eine Erhöhung der Zinssätze verbunden, die vor allem in denjenigen Branchen zu wesentlichen Kostensteigerungen führt, in denen die Kapitalkosten einen hohen Anteil an den Gesamtkosten haben. Da die Unternehmer der meisten Branchen steigende Kosten in der Hochkonjunktur auf die Preise überwälzen können, ohne eine Nachfragesenkung zu spüren, beschleunigt die Zinserhöhung die Inflation, die eigentlich bekämpft werden sollte.
Die restriktive Geldpolitik hat noch einen weiteren negativen Nebeneffekt. Die **Lasten der Inflationsbekämpfung** durch geldpolitische Maßnahmen sind nämlich ungleich verteilt. Die Lasten der restriktiven Geldpolitik tragen vor allem
– die Arbeitnehmer und Unternehmer in Branchen, in denen die Nachfrage zinsempfindlich ist, also vor allem im Wohnungsbau. Beispielsweise sank die Zahl der im Bauhauptgewerbe Beschäftigten im Jahre 1974 wegen des starken Auftragsrückgangs, der u. a. Folge extrem hoher Zinsen war, um rund 200 000; zahlreiche Bauunternehmen mußten den Konkurs anmelden;
– die Arbeitnehmer und Unternehmer in Branchen, die den von der restriktiven Geldpolitik direkt betroffenen Industriezweigen vorgelagert sind (z. B. Baumaschinenindustrie);
– diejenigen Haushalte und Unternehmen, die nicht auf Eigenmittel zurückgreifen können, sondern Darlehen aufnehmen und hohe Zinsen bezahlen müssen.

5.2.7. Geldpolitische Reformvorschläge

Die aufgezeigten Hemmnisse einer wirksamen Geldpolitik (s. 5.2.5) und die Probleme, mit denen geldpolitische Maßnahmen verbunden sind (s. 5.2.6), haben Vorschläge zur Erweiterung des geldpolitischen Instrumentariums sowie zur Umgestaltung der Geldpolitik hervorgerufen.

5.2.7.1 Vorschläge zur Erweiterung des geldpolitischen Instrumentariums

Seit einigen Jahren werden Vorschläge zur Ergänzung des Bundesbankgesetzes diskutiert. Dabei geht es vor allem um die Möglichkeit der Einführung einer sog. Aktiv-Mindestreserve und der Kreditplafondierung.
Durch die **Aktiv-Mindestreserve** (genauer: Aktiv-Zuwachs-Mindestreserve) sollen die Geschäftsbanken zu einer Mindestreserve für den Zuwachs bestimmter Aktiv-Posten gezwungen werden können. Und zwar sollen neu ausgegebene Kredite sowie die Bestandserhöhung an Wertpapieren und Beteiligungen unter

diese Verpflichtung fallen. Durch eine Mindestreserve auf neue Kreditgewährungen würde die Kreditschöpfungsfähigkeit der Geschäftsbanken sinken. Die Mindestreserve auf Wertpapiere (Aktien, Obligationen), die die Banken von Unternehmungen neu erwerben, würde die Möglichkeit der Banken beschränken, den Unternehmungen dadurch Finanzierungsquellen zu erschließen, daß sie von ihnen Wertpapiere erwerben. Durch Einführung der Aktivmindestreserve würde die Notenbank die Kreditgeschäfte der Banken somit quantitativ besser regulieren können. Durch die Einführung einer **Kreditplafondierung** würde die Bundesbank den Geschäftsbanken Höchstgrenzen vorschreiben können, bis zu denen sie Kredite gewähren dürfen.

Diese Neuerungen würden die restriktive Geldpolitik der Bundesbank wesentlich wirksamer gestalten. Bisher wurde das Bundesbankgesetz aber nicht um entsprechende Vorschriften erweitert. Die Ursache dafür liegt zunächst darin, daß die Bundesbank nicht mit der in den Entwürfen zur Gesetzesänderung enthaltenen Klausel einverstanden war, nach der der Einsatz der Aktiv-Mindestreserve und der Kreditplafondierung an die Zustimmung des zuständigen Bundesministeriums geknüpft werden soll. Die Bundesbank befürchtet, daß die Einführung einer derartigen Klausel ein erster Schritt zum Abbau ihrer autonomen Stellung gegenüber der Bundesregierung sein könnte.

Beide diskutierten Erweiterungen des geldpolitischen Instrumentariums sind überdies nicht so problemlos wie es auf den ersten Blick scheinen mag. Es ist anzunehmen, daß Unternehmen, die nach Einführung der Aktivmindestreserve oder eines Kreditplafonds keine Bankkredite erhalten können, sich andere Kreditquellen erschließen. Dies können Auslandskredite sein oder Finanzierungsmittel vom inländischen Kapitalmarkt (z. B. durch Ausgabe von Aktien oder Obligationen, oder durch Darlehensaufnahme bei Nichtbanken). Dadurch würde die Einführung der neuen geldpolitischen Instrumente eine geringere Kontrollmöglichkeit über die Geldmenge bieten als erhofft. Zugleich würden diese Maßnahmen diejenigen Wirtschaftssubjekte diskriminieren, die keinen Zugang zum Kapitalmarkt haben, also kleine Unternehmen und private Haushalte.

Beschränkt die Bundesbank durch Einführung der Aktivmindestreserve oder von Kreditplafonds das Kreditangebot der Banken, so steigt der Zinssatz. Dadurch würden die Geschäftsbanken bei ihren Kreditgeschäften höhere Gewinne erzielen, die nicht durch eine Mehrleistung gerechtfertigt sind. Der Sachverständigenrat zur Begutachtung der gesamtwirtschaftlichen Entwicklung (Gutachten 1972, Tz. 398) sieht in der Aktivzuwachsreserve und Kreditpflafondierung noch ein weiteres Problem: »Einmal eingeführt besteht die Gefahr, daß sie, wie andere Formen des Dirigismus auch, zur Dauererscheinung werden; eine erneute Zinsreglementierung wäre dann vermutlich nicht weit; der Wettbewerb unter den Banken, der in den vergangenen vier Jahren wieder in Gang gekommen ist, wäre erneut lahmgelegt; die Banken entwickelten sich zu Behörden für die Zuteilung von Krediten.«[14]

Angesichts der Mängel, mit denen die Einführung einer Aktivmindestreserve und der Kreditplafondierung behaftet wäre, wird in letzter Zeit häufig der Verzicht auf diese Instrumente empfohlen. Stattdessen sollte die Offenmarktpolitik der Bundesbank wesentlich stärker als bisher zur Steuerung der Kreditschöpfungsfähig-

---

14 Zum Verständnis dieses Zitats muß bekannt sein, daß vor 1967 die Zinsen in der BRD staatlich reglementiert waren. Ab 1967 bilden sich die Zinssätze grundsätzlich durch Angebot und Nachfrage.

keit der Banken eingesetzt werden. Will die Bundesbank die Kreditschöpfungsfähigkeit der Banken senken, soll sie ihnen Papiere zum Kauf anbieten, die mit einem höheren Zins ausgestattet sind als die bestehenden Sollzinsen, die die Banken für gewährte Kredite erhalten. Die Bundesbank kann die Geschäftsbanken allerdings nur zum Kauf von Offenmarktpapieren anregen, wenn die Verzinsung der Papiere mehrfach so hoch ist wie die Sollzinsen. Ist das nicht der Fall, so ist es für die Banken gewinnbringender, ihre Überschußreserve für die Kreditschöpfung zu verwenden. Zur Verdeutlichung ein Zahlenbeispiel: Hat eine Bank eine Überschußreserve von 1000 Geldeinheiten, so kann sich auf dieser Grundlage ihre Kreditschöpfungsfähigkeit auf 2500 Geldeinheiten belaufen (vgl. Punkt 5.2.2); bei einem Zinssatz von 10 % p. a. beträgt der Zinsertrag jährlich 250 Geldeinheiten. Soll die Anlage der Überschußreserve in von der Bundesbank angebotenen Offenmarktpapieren attraktiv sein, so müssen diese Papiere einen Zinssatz von mindestens 25 % p. a. (evtl. vermindert um einen Risikoabschlag) gewähren. Derartige Zinssätze erscheinen aber unrealistisch, insbesondere wenn die gehandelten Papiere Staatsschuldtitel sein sollen.

5.2.7.2 Konzept der Monetaristen

Es wurde oben (Punkt 5.2.6.2) gezeigt, daß eine Geldpolitik, die jeweils dann einsetzt, wenn sich eine konjunkturelle Fehlentwicklung bemerkbar macht, wegen der langen Wirkungsverzögerungen die Gefahr einer Überdosierung der Maßnahmen in sich birgt. Dadurch können die Konjunkturschwankungen u. U. verstärkt oder sogar erst verursacht werden. Diese Erkenntnis hat die Aufforderung begründet, auf die Geldpolitik als Instrument der Konjunkturpolitik zu verzichten. Stattdessen sollte die Geldmenge stets von vornherein so kontrolliert werden, daß sie keine Impulse auf den Wirtschaftsprozeß ausübt, sondern sich konjunkturneutral verhält. Dies würde dadurch erreicht, daß die Geldmenge jährlich um einen Prozentsatz steigt, der vom mittelfristigen Wachstum des Produktionspotentials zuzüglich einer unvermeidbaren Inflationsrate bestimmt wird. Durch eine derartige **Verstetigung der Geldmengenentwicklung** würden die Konjunkturschwankungen wesentlich gedämpft.

Die Anhänger dieses Konzeptes werden **Monetaristen** genannt. Der Gründer dieser »Schule« war **Milton Friedman**. Eine Versteigung der Geldmengenentwicklung ist nur zu erreichen, wenn die Geldmenge genau unter Kontrolle gehalten werden kann. Deshalb müssen die Ursachen von nicht oder nicht voll kontrollierbaren Geldmengenveränderungen beseitigt werden. Derartige Ursachen liegen in der Kreditschöpfungsfähigkeit der Banken und in Kapitalbewegungen zwischen Inland und Ausland. Somit wird gefordert, die Kreditschöpfungsfähigkeit der Banken durch Einführung einer hundertprozentigen Reservepflicht für die Verbindlichkeiten der Banken zu beseitigen. Zudem soll die Refinanzierungsmöglichkeit der Banken bei der Bundesbank abgeschafft werden. Um internationale Kapitalbewegungen zu verhindern, wird die Einführung flexibler Wechselkurse empfohlen. Die Steuerung der Geldmenge soll durch die Offenmarktpolitik der Bundesbank erfolgen. Da der Bestand an Geld- und Kapitalmarktpapieren öffentlicher Emittenten dafür zu klein ist, soll die Bundesbank das Recht erhalten, eigene Schuldtitel herauszugeben.

Das monetaristische Konzept weist zwei grundsätzliche Schwächen auf. Seine erste Schwäche liegt darin, daß es eine recht exakte Prognose der realen Wachstumsrate des Produktionspotentials erfordert, was heutzutage noch nicht hinreichend möglich ist. Fehlprognosen würden bewirken, daß die Geldmenge

um zu wenig oder zu viel ausgedehnt wird. Hierdurch können Konjunkturschwankungen verstärkt werden. Die zweite Schwäche des monetaristischen Konzepts liegt – nach Meinung vieler Kritiker – in der geringen politischen Realisierbarkeit. Vor allem die Einführung der hundertprozentigen Reservepflicht auf Bankenverbindlichkeiten ist schwer durchsetzbar. Dieser Kritik ist allerdings entgegenzuhalten, daß die wirtschaftspolitischen Instanzen flexibler zu sein scheinen als oft angenommen. Darüberhinaus bekunden der Sachverständigenrat zur Begutachtung der gesamtwirtschaftlichen Entwicklung und auch die Bundesbank in den letzten Jahren eine Offenheit gegenüber dem monetaristischen Konzept. So stellt der Sachverständigenrat in seinem Gutachten 1974 (Textziffer 374) fest:
»(Es ist) sinnvoll zu verlangen, daß die monetäre Politik mittelfristig orientiert ist.«
Die angefügte Begründung dieser Forderung lautet: »... es besteht die begründete Hoffnung, daß eine mittelfristig orientierte Geldpolitik gesamtwirtschaftlich bessere Ergebnisse erzielt als eine kurzfristig, nach den mutmaßlichen Erfordernissen des Augenblicks handelnde.«
Auch bei der Bundesbank ist der Einfluß der Monetaristen unverkennbar. Sie erklärte Ende 1974, daß sie in Zukunft die Geldmengenentwicklung verstetigen und nur noch um eine bestimmte jährliche Rate wachsen lassen werde, die vom Wachstum des Produktionspotentials zuzüglich einer als unvermeidlich angesehenen Inflationsrate bestimmt werde.[15]
Abschließend ist hervorzuheben, daß eine nach dem Konzept der Monetaristen ausgerichtete Geldpolitik unter den genannten Voraussetzungen (exakte Prognose des Produktionspotentials, völlige Kontrolle über die Geldmenge) zwar zur Dämpfung der Konjunkturschwankungen beitragen kann, sie aber nicht beseitigen kann. Denn die Ursachen der Konjunkturschwankungen sind vielfältig und in den verschiedenen Phasen der Konjunktur werden stets Kräfte frei, die den Prozeß vorantreiben und die z. T. von den monetären Bedingungen weitgehend unabhängig sind (vgl. hierzu Punkt 3.4).

5.3. Staatliche Konjunkturpolitik

Neben der Bundesbank ist der Staat als Inbegriff aller öffentlichen Haushalte der zweite wirtschaftspolitische Hauptakteur. Während für die Bundesbank das Ziel der Preisniveaustabilität Priorität hat, sind Bund und Länder verpflichtet, die in § 1 StWG genannten Ziele gleichzeitig zu verfolgen. Dazu stehen dem Staat eine Fülle von Instrumenten zur Verfügung. Klassisches Instrument der staatlichen Konjunkturpolitik ist die **Finanzpolitik**. Die **traditionelle** Aufgabe der **Finanz-** bzw. **Haushaltspolitik** bestand darin, über die Staatsausgaben und die Staatseinnahmen, die sich möglichst zu entsprechen hatten (**Haushaltsausgleich**), die optimale Erfüllung der öffentlichen Aufgaben anzustreben. Die Aufgabe der **modernen Finanzpolitik (Fiskalpolitik)** hat sich nun dahingehend erweitert, daß mit ihrer Hilfe versucht wird, den gesamtwirtschaftlichen Verlauf zu beeinflussen. Die Fiskalpolitik ist somit hauptsächlich an den Zielen **Konjunkturstabilisierung** und **Wirtschaftswachstum** orientiert.
Jedoch ist in unserer Wirtschafts- und Gesellschaftsordnung in den letzten Jahren immer deutlicher geworden, daß allein mit Hilfe der Finanzpolitik die gesamt-

---

15 S. v. **Arnim, H. H.**, a.a.O., S. 216.

wirtschaftlichen Ziele nicht erreicht werden können. Standen in der bisherigen Konjunkturpolitik die finanzpolitischen Maßnahmen – dokumentiert durch das Stabilitätsgesetz – an erster Stelle, so gewinnen mit der Einsicht, daß die Konjunktur nicht mehr allein durch Nachfragesteuerung gelenkt werden kann, auch andere wirtschaftspolitische Instrumente zunehmend an Bedeutung. Sie reichen von der **Währungs-, Einkommens-** und **Wettbewerbspolitik** bis hin zu Maßnahmen, wie Lohn- und Preiskontrollen, Investitionslenkung, Indexklauseln, die aber nicht immer mit der bestehenden Wirtschaftsordnung in Einklang zu bringen sind.
Im folgenden soll nun das Konzept der **staatlichen** Konjunkturpolitik aufgezeigt und die dabei auftretenden Probleme erörtert werden.

5.3.1 Das Konzept der antizyklischen Finanzpolitik

Bis zum Beginn des 20. Jahrhunderts basierte die Finanzpolitik auf zwei Prinzipien: Die Staatsausgaben sollten auf ein Mindestmaß begrenzt werden und die Finanz- und Steuerpolitik sollte neutral sein, um den Wirtschaftsablauf so wenig wie möglich zu stören. Aus dieser Auffassung über die Finanzpolitik entwickelte sich für das Staatsbudget der Grundsatz des ausgeglichenen Haushalts, also der Übereinstimmung von Staatseinnahmen und -ausgaben. Diese finanzpolitische Forderung führte zu der sogenannten »**Parallelpolitik**«, die beinhaltet, daß in Rezessionszeiten infolge der gesunkenen Steuereinnahmen auch die Staatsausgaben gesenkt wurden und in der Hochkonjunktur die erhöhten Steuereinnahmen auch ausgegeben wurden. Folge dieses, parallel zur wirtschaftlichen Entwicklung laufenden staatlichen Verhaltens war eine Verstärkung der Konjunkturzyklen. Eine solche Parallelpolitik wurde noch Anfang der dreißiger Jahre in der Weimarer Republik betrieben, als der Reichskanzler Brüning die konjunkturbedingt sinkenden Steuereinnahmen durch Kürzungen der Beamtengehälter, Pensionen sowie Leistungen der Arbeitslosen- und Rentenversicherung auffing, um die öffentlichen Haushalte im Gleichgewicht zu halten.[1]
Erst die **Keynes'sche Theorie** führte zur Abkehr vom klassisch-liberalen Gedanken des neutralen Minimalbudgets. Sie bildet die Grundlage der modernen antizyklischen Finanzpolitik. Keynes erkannte, daß zur Beseitigung von Unterbeschäftigung die Marktkräfte nicht ausreichen, sondern der Staat u. U. gezielte Maßnahmen zu ihrer Beseitigung ergreifen muß. Zentraler Ansatzpunkt der Keynes'schen Theorie ist die gesamtwirtschaftliche Nachfrage, die sich – wie schon erörtert – aus der privaten Konsum und Investitionsnachfrage, der staatlichen Nachfrage und der Nachfrage aus dem Ausland zusammensetzt. Da sich Konjunkturschwankungen in einem Auseinanderklaffen von potentiellem gesamtwirtschaftlichen Angebot und gesamtwirtschaftlicher Nachfrage äußern, fällt es dem Staat zu, die Nachfrage so zu steuern, daß sie dem Angebot entspricht, das ja nicht kurzfristig beeinflußbar ist.[2]

---

1 Vgl. hierzu **Sanman, H.**, Daten und Alternativen der deutschen Wirtschafts- und Finanzpolitik in der Ära Brüning, Hamburger Jahrbuch für Wirtschafts- und Gesellschaftspolitik, 10. Jg. (1965), S. 109 ff.
2 Vgl. **Keynes, J. M.**, Allgemeine Theorie der Beschäftigung, des Zinses und des Geldes, München, Leipzig 1936 (Übersetzung aus dem Englischen).

Ist die gesamtwirtschaftliche Nachfrage wegen fehlender privater Nachfrage im Vergleich zum volkswirtschaftlichen Produktionspotential zu gering, muß der Staat diese fehlende Nachfrage durch Erhöhung seiner Ausgaben ausgleichen oder versuchen, die private Nachfrage durch geeignete Maßnahmen anzuregen.
Im Falle einer zu hohen gesamtwirtschaftlichen Nachfrage muß der Staat seine Ausgaben drosseln oder versuchen, die private Nachfrage dämpfend zu beeinflussen.
Gelingt es dem Staat in der Rezession nicht, die private Nachfrage anzukurbeln, muß er zur Finanzierung seiner zusätzlichen Ausgaben ein Haushaltsdefizit in Kauf nehmen (deficit-spending), andererseits muß er einen Budgetüberschuß bilden, wenn in Hochkonjunkturzeiten die private Nachfrage nicht entsprechend zurückgedrängt werden kann. Der Staat hat sich also in seiner Haushaltspolitik **antizyklisch** zum Konjunkturverlauf zu verhalten.
Bei der Finanzierung des Defizits hat der Staat darauf zu achten, daß die Schuldenaufnahme keine kontraktiven Auswirkungen auf die gesamtwirtschaftliche Nachfrage hat. Unproblematisch ist eine Verschuldung bei der Notenbank, da in diesem Falle der Staat nicht mit privaten Kreditwünschen konkurriert und somit nicht die Gefahr besteht, daß potentielle Nachfrage zurückgedrängt wird. Jedoch ist in Depressionszeiten eine private Nachfrage nach Konsumenten- und Investitionskrediten kaum vorhanden, so daß für den Staat auch die Möglichkeit besteht, seine Kreditwünsche am Kapitalmarkt zu befriedigen. So war es z. B. 1975 den öffentlichen Haushalten in der Bundesrepublik aufgrund der Rezession ohne weiteres möglich, in den ersten 9 Monaten für 42 Mrd. DM Schuldtitel auf dem Markt unterzubringen[3], ohne private Kreditnachfrage zurückzudrängen.
Bildet der Staat Haushaltsüberschüsse, müssen diese bei der Bundesbank stillgelegt oder zur Schuldentilgung bei der Bundesbank verwendet werden. Keinesfalls dürfen die Überschüsse zur Schuldentilgung bei privaten Wirtschaftssubjekten benutzt werden, da dadurch die gesamtwirtschaftliche Nachfrage zusätzlich angeregt werden könnte. Sinn eines Budgetüberschusses ist es, der Privatwirtschaft durch Steuern Einkommen zu entziehen, die der Staat nicht ausgibt, um nachfragedämpfend zu wirken.
Die antizyklische Haushaltspolitik fordert also zur Bekämpfung einer Rezession ein Haushaltsdefizit und zur Dämpfung einer Hochkonjunktur einen Haushaltsüberschuß.
Gegen diese globalen Handlungsanweisungen für das haushaltspolitische Verhalten des Staates gibt es aber einige Einwände, da bisher weder unter den verantwortlichen Politikern noch in der Wirtschaftswissenschaft Einmütigkeit darüber besteht, wie die konjunkturellen Wirkungen der öffentlichen Haushalte gemessen werden sollen.[4]
So hat schon Haavelmo[5] gezeigt, daß ein wachsendes, ausgeglichenes Budget unter gewissen Annahmen expansiv wirkt, wenn zusätzliche Ausgaben für Güter und Dienste im gleichen Ausmaß durch Steuern finanziert werden. Desweiteren sagt auch die absolute Höhe des Haushaltssaldos in einer bestimmten Periode nichts darüber aus, ob die Finanzpolitik expansiv oder kontraktiv wirkte. Vielmehr müssen die Veränderungen des Saldos von Periode zu Periode betrachtet

---

3 Vgl. Monatsberichte der Deutschen Bundesbank, Februar 1976, S. 57.
4 Vgl. **Bünger, K., Weilipp, M.**, Konzepte zur Messung der Konjunkturwirkungen der Staatstätigkeit, in: Wirtschaftsdienst, Heft 6 (1973), S. 321.
5 Vgl. hierzu Punkt 3.3.4.

werden, d. h. wächst das Defizit bzw. schrumpft der Überschuß, wirkt der Haushalt expansiv. Dagegen gehen von ihm kontraktive Wirkungen aus, wenn sich das Defizit verringert bzw. der Überschuß wächst.
Ein **konjunkturneutraler** Haushalt liegt nach dem sog. **Saldenkonzept** also dann vor, wenn sich der Finanzierungssaldo nicht ändert, d. h. wenn die Differenz zwischen Staatsausgaben und Staatseinnahmen gegenüber der Vorperiode konstant bleibt.
Eine solche Definition des konjunkturneutralen Haushalts ist aber wenig sinnvoll. Sinken etwa im Konjunkturabschwung die Steuereinnahmen, müssen, um einen konstanten Finanzierungssaldo zu erreichen, auch die Ausgaben gesenkt werden. Ein solches Verhalten »konjunkturneutral« zu nennen ist aber widersinnig, da durch ein solches Verhalten die konjunkturellen Schwankungen im Auslastungsgrad des gesamtwirtschaftlichen Produktionspotentials verstärkt würden, sich der Staat also nicht konjunkturneutral, sondern parallel der wirtschaftlichen Entwicklung verhalten würde.
In seinen Jahresgutachten von 1969 und 1970 propagiert der Sachverständigenrat deshalb die »**potentialorientierte Konjunkturpolitik**«, deren wichtigster Bestandteil der »konjunkturneutrale Haushalt« ist. Grundsatz dieser, auf eine Verstetigung der konjunkturellen Entwicklung gerichteten Politik soll die Orientierung an der Entwicklung des gesamtwirtschaftlichen Produktionspotentials sein.[6]
Für den konjunkturneutralen Haushalt gilt somit: »Eine Änderung der Staatsquote (als Anteil der öffentlichen Gesamtausgaben am Bruttosozialprodukt, d. V.) ist konjunkturneutral, wenn den konjunkturellen Effekten, die von der Ausgabenseite ausgehen, gleich große, aber entgegengerichtete konjunkturelle Effekte, die von der Einnahmenseite ausgehen, gegenüberstehen.« Dabei gilt für die Ausgabenseite: »Die Ausgabenseite eines öffentlichen Haushalts ist ... konjunkturneutral, wenn die Ausgaben prozentual so stark zunehmen, wie das Produktionspotential wächst. Das gilt nur für den Fall, daß der Haushalt, von dem aus fortgeschrieben wird (Basis) konjunkturneutral war. Die Basis ist konjunkturneutral, wenn das Produktionspotential durch staatliche Ausgaben in einem Ausmaß in Anspruch genommen wird, wie es die gesetzgebenden Körperschaften für die Situation der Vollbeschäftigung mittelfristig festlegen ... Die Einnahmeseite der öffentlichen Haushalte ist ... dann konjunkturneutral, wenn bei unverändertem Steuersystem zu erwarten ist, daß die Steuereinnahmen – bei einem Zuwachs des Sozialprodukts entsprechend dem Wachstum des Produktionspotentials – mit der gleichen Rate zunehmen wie das Sozialprodukt.«[7] Die Kredite wirken konjunkturneutral, wenn die längerfristige Nettoverschuldung im gleichen Maße zunimmt, wie das Sozialprodukt wächst.
Nach den Vorstellungen des Sachverständigenrates liegt also ein konjunkturneutraler Haushalt nur dann vor, wenn die Einnahmen und Ausgaben sich entsprechend der Entwicklung des Produktionspotentials, d. h. des Wachstums des möglichen gesamtwirtschaftlichen Angebots verändern.
»Das bedeutet zum Beispiel: Wird wegen konjunkturellen Nachfragemangels das Produktionspotential nicht optimal genutzt (Unterbeschäftigung), das heißt, wächst das Bruttosozialprodukt langsamer als das Produktionspotential oder

---

6 Vgl. hierzu die SVR Jahresgutachten 1967, Ziffern 184 ff; 1968, Ziffern 115 ff; 1969, Ziffern 112 ff; 1970, Ziffern 322 ff.
7 SVR Jahresgutachten 1970, Ziffer 325.

geht es sogar zurück, so ist und bleibt eine Steigerung der Staatsausgaben, die weiterhin dem Wachstum des Produktionspotentials entspricht, nicht antizyklisch, sondern immer erst noch konjunkturneutral.«[8]
Ein antizyklisches Verhalten wäre in diesem Fall erst dann gegeben, wenn die Staatsausgaben stärker als das Wachstum des Produktionspotentials steigen.
»Umgekehrt ist antizyklisches Ausgabenverhalten in einer Hochkonjunktur erst dann gegeben, wenn die Staatsausgaben weniger stark erhöht werden, als das Produktionspotential mittelfristig wächst.«[9]
Zusammenfassend läßt sich also sagen, daß das, was unter »antizyklischer« Haushaltspolitik zu verstehen ist, davon abhängt, wie die konjunkturellen Wirkungen des Staatshaushalts sind. Bisher gibt es aber noch keine objektiven Maßstäbe zur Beurteilung der Konjunkturgerechtigkeit der öffentlichen Haushalte. »Was konjunkturgerecht ist, richtet sich nach der konjunkturellen Situation.«[10]
Im folgenden sollen nun die Möglichkeiten einer antizyklischen Finanzpolitik des Staates dargestellt und kritisch analysiert werden. Dabei wird nach den einzelnen gesamtwirtschaftlichen Nachfragekomponenten unterschieden. Es gilt somit zu untersuchen, wie die öffentlichen Haushalte über ihre Ausgabengestaltung eine antizyklische Haushaltspolitik betreiben können und welche Maßnahmen dem Staat zur antizyklischen Beeinflussung der gesamtwirtschaftlichen Nachfragegrößen privater Konsum, private Investitionen und Export zur Verfügung stehen.

5.3.2 Möglichkeiten einer antizyklischen Haushaltspolitik

5.3.2.1 Darstellung der Vorschriften des Stabilitätsgesetzes

Die antizyklische Haushaltspolitik des Bundes und der Länder ist in den §§ 5, 6 i. V. m. § 14 StWG niedergelegt. Nach § 5 sind beide Gebietskörperschaften zur **Aufstellung** eines konjunkturgerechten, d. h. die Ziele des § 1 verfolgenden **Haushalts** verpflichtet, während § 6 die Möglichkeit zu einem antizyklischen **Vollzug** eines bereits verabschiedeten Haushalts gibt.
Auch die Gemeinden und die Gemeindeverbände sind nach § 16 StWG verpflichtet, bei ihrer Haushaltswirtschaft den Zielen des § 1 Rechnung zu tragen.
Die generellen Handlungsanweisungen für Bund und Länder zur Bekämpfung der Hochkonjunktur und zur Ankurbelung der Nachfrage sind in den §§ 5, 6 enthalten.
§ 5 Abs. 2 gibt die Handlungsanweisung, in Zeiten der **Hochkonjunktur**, in denen die gesamtwirtschaftliche Nachfrage das gesamtwirtschaftliche Angebot übersteigt, finanzielle Mittel zur **Schuldentilgung** bei der Deutschen Bundesbank zu verwenden oder einer **Konjunkturausgleichsrücklage** (§ 7) zuzuführen.
Bei einer die Ziele des § 1 gefährdenden **Abschwächung** der allgemeinen Wirtschaftstätigkeit sollen zusätzliche Ausgaben getätigt werden. Zu ihrer Deckung sollen die notwendigen Mittel zunächst der Konjunkturausgleichsrücklage entnommen werden (§ 5 Abs. 3). Wichtig hierbei ist, daß diese konjunkturbelebenden Mittel nur für bedeutsame Investitionen der Länder und Gemeinden oder für

---

8 SVR Jahresgutachten 1967, Ziffer 184.
9 Ebenda.
10 SVR Jahresgutachten 1972, Ziffer 383

Vorhaben ausgegeben werden dürfen, die im fünfjährigen Finanzplan aufgeführt sind (§ 6 Abs. 2).
Die weitere Finanzierung wird durch zusätzliche, über die im Haushaltsgesetz erteilten Kreditermächtigungen hinausgehende Kredite bis zu fünf Milliarden DM ermöglicht (§ 6 Abs. 3).
Damit in Rezessionszeiten die zu tätigenden Investitionen schnell genug durchgeführt werden können, sind nach § 11 solche Investitionen schon vorab zu planen, d. h. es sollen sogenannte »Schubladenprogramme« erarbeitet werden.
Kernstück der im Stabilitätsgesetz niedergelegten antizyklischen Haushaltspolitik ist also die **Konjunkturausgleichsrücklage**[11], über die die monetäre Gesamtfrage gesteuert werden soll. In die Konjunkturausgleichsrücklage müssen folgende Mittel des Bundes und der Länder eingestellt werden:
1) Nach § 5, Abs. 2 die Mittel, die bei der Aufstellung des Haushaltsplans veranschlagt und nach § 6, Abs. 2 die Mittel, die bei der Ausführung des Haushaltsplans frei werden und nicht zur Schuldentilgung bei der Bundesbank dienen.
2) Nach § 15 müssen auf Anordnung der Bundesregierung Mittel, die als Prozentsatz der Steuereinnahmen berechnet werden, stillgelegt werden. Diese Mittel sind in erster Linie konjunkturbedingte überplanmäßige Steuereinnahmen, jedoch können auch planmäßige Einnahmen stillgelegt werden, was allerdings gleichzeitige Ausgabenkürzung notwendig machen würde.[12]
3) Zusätzliche Mittel, die durch die Erhöhung der Einkommen- und der Körperschaftsteuer nach §§ 26, 27 anfallen, müssen ebenfalls der Konjunkturausgleichsrücklage zugeführt werden (§ 15, Abs. 4).
Sinn der Konjunkturausgleichsrücklage ist in jedem Fall, dem Wirtschaftskreislauf finanzielle Mittel zu entziehen, um dadurch die gesamtwirtschaftliche Nachfrage, die größer ist als das gesamtwirtschaftliche Angebot, also die Leistungsfähigkeit einer Volkswirtschaft übersteigt, zu drosseln.
Seit Bestehen des Stabilitätsgesetzes führten Bund und Länder der Konjunkturausgleichsrücklage neben stillgelegten Steuereinnahmen, den Stabilitätszuschlag, die Investitionssteuer, die Stabilitätsanleihe und den Konjunkturzuschlag zu den Einkommensteuern zu.[13] Ende 1974 belief sich die Konjunkturausgleichsrücklage auf fast 10,8 Mrd. DM, wovon 7,2 Mrd. auf den Bund und 3,6 Mrd. auf die Länder entfielen.[14]
Eine weitere Möglichkeit zur Dämpfung der staatlichen Nachfrage gibt § 19 StWG, nach dem die Bundesregierung mit Zustimmung des Bundesrates die Kreditaufnahme seitens des Bundes, der Länder sowie der Gemeinden und Gemeindeverbände sowie der öffentlichen Sondervermögen und Zweckverbände bis auf 80 % ihrer durchschnittlichen Kreditaufnahme in den vorangegangenen fünf Jahren beschränken kann **(Schuldendeckelverordnung)**. Dieses Instrument wandte die Bundesregierung etwa in ihrem Stabilitätsprogramm vom Mai 1973 an, in dem die geplante Nettokreditaufnahme der Gebietskörperschaften um 5,5 Mrd. reduziert wurde. Obwohl im November 1973 die Bundesregierung auch für

---

11 Vgl. hierzu die ausführliche Darstellung von **Schachtschabel, H. G.**, Allgemeine Wirtschaftspolitik, Stuttgart, Düsseldorf 1975, S. 142 ff.
12 Vgl. **Möller, A.**, Kommentar zum Gesetz zur Förderung der Stabilität und des Wachstums der Wirtschaft, Hannover 1969, S. 202.
13 Vgl. hierzu Punkt 5.4.
14 Vgl. Geschäftsbericht der Deutschen Bundesbank für das Jahr 1974, Frankfurt 1975, S. 106.

1974 eine Schuldendeckelverordnung von 14,2 Mrd. DM beschlossen hatte, wurde diese Rechtsverordnung im März 1974 infolge der sich grundlegend geänderten Konjunkturlage wieder zurückgezogen.

5.3.2.2. Probleme und Hemmnisse einer antizyklischen Haushaltspolitik

Obwohl das Konzept der antizyklischen Haushaltspolitik, in Zeiten einer Überforderung der Leistungsfähigkeit einer Volkswirtschaft die staatlichen Ausgaben einzuschränken und in Rezessionszeiten die Staatsausgaben zu erhöhen, recht einfach anmutet, gibt es bei der Verwirklichung dieses Konzepts eine Vielzahl von Schwierigkeiten, von denen hier einige erläutert werden sollen.

1) Koordinationsschwierigkeiten

An erster Stelle muß hier das **Koordinationsproblem** genannt werden; denn eine staatliche Konjunkturpolitik kann nur dann Aussicht auf Erfolg haben, wenn die verschiedenen politischen Entscheidungsträger sich gleichgerichtet verhalten. Zwar wurde zur Abstimmung zwischen den Gebietskörperschaften nach § 18 StWG ein **Konjunkturrat** gebildet und es existiert ein personell ähnlich besetzter **Finanzplanungsrat**[15], die die Aufgabe haben, konjunkturpolitische Maßnahmen zu beraten und eine Koordinierung der Finanzplanungen zu erreichen. Jedoch wurde trotzdem in der Vergangenheit oft genug ein nicht konjunkturgerechtes Verhalten besonders bei den Ländern und Gemeinden beobachtet. So bemängelte der Sachverständigenrat, daß im Jahre 1967 die Länder den Bund in seinen Bemühungen um eine antizyklische Finanzpolitik nicht unterstützten, obwohl das Stabilitätsgesetz kurz vor der Verabschiedung stand[16] Auch in späteren Jahren war ein solches Verhalten zu beobachten, etwa in den Jahren 1969/70, die im Zeichen einer starken konjunkturellen Überhitzung standen.
Länder und Gemeinden verhielten sich damals konjunkturverstärkend, da sie ihre Investitionsausgaben kräftig erhöhten.[17]
Erschwert wird die Koordination besonders im Hinblick auf die Gemeinden. Zwar haben die Gemeinden und Gemeindeverbände nach § 16 StWG bei ihrer Haushaltswirtschaft den Zielen des § 1 StWG Rechnung zu tragen und die Länder haben durch geeignete Maßnahmen auf eine den konjunkturpolitischen Erfordernissen entsprechende Haushaltswirtschaft hinzuwirken, jedoch darf dabei nicht der Grundsatz der Haushaltshoheit der Gemeinden und Gemeindeverbände nach Art. 28, Abs. 2 GG verletzt werden.
Abgesehen von den möglichen Maßnahmen der Kreditbeschränkung enthält das Stabilitätsgesetz aber keine Anweisungen, wie die Länder die Gemeinden zu einer antizyklischen Haushaltspolitik bewegen können.
Zwar hat sich die in § 16 Abs. 1 angesprochene Verpflichtung der Gemeinden, bei ihrem Haushaltsgebaren auch konjunkturpolitische Ziele zu berücksichtigen, auch in den Gemeindeordnungen der Länder niedergeschlagen[18], konkrete Maßnahmen fehlen in diesen Gesetzen jedoch ebenfalls.

---

15 Seine gesetzliche Regelung befindet sich im § 51 des »Gesetz über die Grundsätze des Haushaltsrechts des Bundes und der Länder« vom 19. 8. 1969.
16 Vgl. SVR Jahresgutachten 1967, Ziffer 160.
17 Vgl. **v. Armin, H. H.**, Volkswirtschaftspolitik, Frankfurt 1974, S. 172 f.
18 Vgl. z. B. § 77 Abs. 1 Satz 1 und § 87 Abs. 4 der Gemeindeordnung für Baden-Württemberg.

2) Flexibilität der Ausgaben

Als eines der wesentlichen Probleme bei einer antizyklischen Ausgestaltung der staatlichen Haushalte stellt sich die Frage, welche Staatsausgaben und in welcher Höhe diese überhaupt zu konjunkturpolitischen Zwecken variiert werden können, d. h. welche »**Manövriermasse**« besteht.
Vom Bruttosozialprodukt der deutschen Volkswirtschaft im Jahre 1974 in Höhe von 994 Mrd. DM verbrauchte der Staat etwa 235 Mrd., wovon 196,3 Mrd. DM auf den staatlichen Konsum (Staatsverbrauch) und 38,5 Mrd. DM auf staatliche Investitionen entfiel. Die Ausgaben des Staates für Güter und Dienstleistungen betrugen somit annähernd 25 % des Bruttosozialprodukts. Bezieht man alle Staatsausgaben, also auch diejenigen, die sich nur indirekt über Multiplikatorwirkungen auf das Bruttosozialprodukt auswirken, mit ein, so beträgt das Verhältnis der staatlichen Ausgaben zum Bruttosozialprodukt (**Staatsquote**) knapp 32 %.
Tabelle 12 gibt einen Überblick über die staatlichen Ausgabenarten für das Jahr 1972. Danach sind ein Drittel aller Staatsausgaben Personalausgaben, die aus verschiedenen Gründen zur antizyklischen Haushaltspolitik nicht herangezogen werden können. So ist es aus gesellschaftspolitischen Erwägungen nicht möglich, einer bestimmten sozialen Gruppe in Rezessionszeiten überdurchschnittliche und in der Hochkonjunktur unterdurchschnittliche Lohnsteigerungen oder Lohnsenkungen ganz abgesehen, zuzumuten. Darüber hinaus würde dies für den Bereich der öffentlichen Arbeiter und Angestellten einen staatlichen Eingriff in die Tarifautonomie bedeuten. Ebensowenig ökonomisch sinnvoll wäre eine antizyklische Variation des Sachaufwands, wie Papier, Benzin, Energie etc. Gleiches gilt auch für die laufenden Übertragungen, deren Hauptbestandteil Renten, Sozialhilfe und Zuschüsse an die Sozialversicherungsträger darstellen. Aus sozialpolitischen Gründen können diese Ausgaben nicht als konjunkturpolitische Manövriermasse eingesetzt werden. Desweiteren ist ein großer Teil der Staatsausgaben vertraglich schon festgelegt (Zinszahlungen, Teile der Rüstungsausgaben etc.), so daß auch bei diesen ein konjunkturpolitischer Einsatz nicht möglich ist. Dies gilt in besonderem Maße für öffentliche Zahlungen an das Ausland (Entwicklungshilfe, Beiträge an internationale Organisationen, Wiedergutmachungsleistungen), da diese Ausgaben im Inland nur dann einen Einfluß auf die Konjunktur haben, wenn sie sich auf die deutschen Exporte auswirken. Es läßt sich also festhalten, daß die Flexibilität des Staatsverbrauchs und der Transferausgaben relativ gering ist.[19]
Übrig bleiben somit nur noch die staatlichen Ausgaben für Investitionen, deren Anteil an den gesamten Staatsausgaben knapp 15 % beträgt. Das Investitionsvolumen von 45,6 Mrd.[20] wurde 1974 zu zwei Dritteln von den Gemeinden, zu 18,5 % von den Ländern und zu 15,6 % vom Bund bestritten. Eine effektive antizyklische Ausgabenpolitik anhand der öffentlichen Investitionen kann also nur bei einer Unterstützung durch die Gemeinden durchgeführt werden. Hier entsteht jedoch ein Zielkonflikt zwischen dem Ziel der Gemeinden, die stetige Erfüllung der Aufgaben zu sichern und den Erfordernissen, dem gesamtwirtschaftlichen Gleichgewicht Rechnung zu tragen.[21] Es wird deshalb oft die Meinung

---

19 Vgl. hierzu auch **Röck, W.**, Die Rolle des Staates im Wirtschaftskreislauf, in: Ökonomische Fragen der öffentlichen Verwaltung, Bd. 1, Baden-Baden 1976.
20 In diesen Investitionsausgaben sind auch die Sachinvestitionen für das Erwerbsvermögen (Wirtschaftliche Unternehmen und Allgemeines Kapital-, Grund- und Sondervermögen) enthalten.
21 Vgl. etwa § 77 der Gemeindeordnung für Baden-Württemberg

Tabelle 12: Ausgabenarten der öffentlichen Haushalte 1972 (in Mrd. DM und in v. H.)

Ausgabeart	alle öffentlichen Haushalte zusammen		Bund		Länder		Gemeinden	
	absolut	i. v. H.	absolut	i. v. H.	absolut	i. v. H.	absolut	i. v. H.
Personalausgaben	82	32,7	19	17,0	42	42,0	21	28,0
Sachaufwand	40	15,9	16	14,3	10	10,0	14	18,6
Laufende Übertragungen	94	37,5	52	46,4	24	24,0	16	21,3
Zinszahlungen	9	3,6	3	2,7	2	2,0	3	4,0
Sachinvestitionen	41	16,3	6	5,4	7	7,0	26	34,6
Vermögensübertragungen	26	10,4	12	10,7	13	13,0	1	1,3
Gewährungen von Darlehen, Beteiligungen abzügl. Zahlungen von Verwaltungen gleicher Ebene	10	4,0	4	3,6	3	3,0	1	2,7
	51	20,3	–	–	1	1,0	8	10,7
Gesamtausgaben	251	100%	112	100%	100	100%	75	100%

Abweichungen in den Ergebnissen von 100% durch Rundungen und Vernachlässigung des Lastenausgleichfonds, des ERP-Sondervermögens und der Öffa.

Quelle: Statistisches Jahrbuch 1975, S. 400 f.

vertreten, daß die Erfüllung öffentlicher Aufgaben nicht abhängig von konjunkturpolitischen Erwägungen sein darf. Dieses Argument ist aber nicht ganz überzeugend, da die Investitionsausgaben nicht für immer gestoppt werden sollen, sondern nur eine zeitliche Verlagerung der Investitionen angestrebt wird. Eine solche Verschiebung ist aber dann kaum möglich, wenn geschlossene Verträge eingehalten werden müssen und schon begonnene Projekte aus wirtschaftlichen Gründen nicht ohne weiteres gestoppt werden können.
Beim Einsatz der öffentlichen Investitionen zur Konjunktursteuerung tritt noch ein weiterer Zielkonflikt mit dem Wachstumsziel auf, nämlich dann, wenn in Hochkonjunkturzeiten solche Investitionen eingeschränkt werden, die Voraussetzung für zukünftiges wirtschaftliches Wachstum sind. Dies sind vor allem Investitionen im Bildungssektor, die die Vorbedingung für späteren technischen Fortschritt als bedeutendstem Vehikel für das Wachstum darstellen. Dennoch sind es gerade diese Ausgaben, die sich erfahrungsgemäß am leichtesten kürzen lassen.[22] Die Gefahr von späteren Wachstumsverlusten droht auch von einer Einschränkung der Investitionen in die materielle Infrastruktur, da Anlagen für den Verkehr, Energie, Nachrichtenübermittlung etc. zumindest Voraussetzung für spätere private Investitionstätigkeit und eine bessere Organisation des Wirtschaftssystems sind.
Als Fazit ergibt sich somit, daß der größte Teil der staatlichen Ausgaben keine oder aufgrund von Konflikten mit anderen Zielen nur sehr geringe Flexibilität im Hinblick auf ihren konjunkturpolitischen Einsatz aufweist. Letztlich verbleiben »im wesentlichen nur noch die Aufwendungen für Regierungs- und Verwaltungsbauten und -einrichtungen sowie für militärische Zwecke. Ob die bisherigen Rüstungsausgaben eingeschränkt werden können, ist eine Frage, deren Beantwortung allein von der weltpolitischen Lage und der waffentechnischen Entwicklung abhängt.«[23] Schätzungen gehen dahin, daß etwa 95 % der Bundesausgaben, 84 % der Länderausgaben und 87 % der Gemeindeausgaben inflexibel sind.[24] Bei einem Ausgabenvolumen des Bundes von etwa 133 Mrd. DM, der Länder von 134 Mrd. DM und der Gemeinden und Gemeindeverbände von 95 Mrd. DM im Jahre 1974 ständen somit schätzungsweise 40 Mrd. DM für einen konjunkturpolitischen Einsatz zur Verfügung. Jedoch verteilt sich dieser Betrag auf mehr als 11 000 einzelne Gebietskörperschaften, so daß nur eine vollständige Koordination **aller** konjunkturpolitischer Aktivitäten Erfolge zeigen könnte.

3) Politische Hemmnisse

Eine weitere Beeinträchtigung einer wirksamen Konjunkturpolitik liegt in den **politischen Hemmnissen** begründet. So fällt es den politischen Instanzen schwer, in Zeiten hoher Steuereinnahmen diese Gelder stillzulegen und nicht für Zwecke auszugeben, mit denen sie sich die Gunst der Wähler »erkaufen« können. Denn nach der Downs'schen »ökonomischen Theorie der Demokratie« versuchen die

---

22 Vgl. SVR Jahresgutachten 1966, Ziffer 281
23 **Hennies, M. O. E.**, a.a.O., S. 135.
24 Vgl. **Schmidt, H.**, Theorie und Thesen der Finanzpolitik, in: Handelsblatt, Nr. 169 vom 3. 9. 1973. Vgl. auch **Ewringmann, D.**, Die Flexibilität öffentlicher Ausgaben – Restriktionen ausgabenpolitischer Handlungsspielräume (Gutachten im Auftrag der Kommission für wirtschaftlichen und sozialen Wandel), Köln 1974.

Regierungen für sich die Wählerstimmen zu maximieren, während die Wähler als »Käufer« von Regierungsleistungen ihre Stimme so einsetzen, daß sie den größten Vorteil für sich erreichen.[25] Im Wettbewerb um die Wählerstimmen werden die regierenden Politiker also die vorhandenen Finanzmittel nur zögernd nicht ausgeben, um die Konjunktur zu dämpfen. Dagegen gibt es im Stadium der Konjunkturankurbelung diese politischen Hemmnisse nicht, da hier den Wählern die Notwendigkeit eines solchen Verhaltens viel leichter plausibel gemacht werden kann.

Ein prozyklisches Verhalten in der Hochkonjunktur ist besonders bei den Ländern und Gemeinden zu beobachten, da hier der Abstand zwischen Politiker und Wähler geringer ist und die Wähler bei Gemeinderats- und Landtagswahlen erfahrungsgemäß meist nicht danach fragen, ob sich die Gemeinde oder die Landesregierung konjunkturgerecht verhalten hat, sondern welche Projekte zum Nutzen der Wähler durchgeführt wurden. Fehler in der Konjunkturpolitik werden von den Wählern deshalb vornehmlich auch nicht Ländern und Gemeinden angelastet, sondern der Bundesregierung, die somit unter einem wesentlich stärkeren politischen Druck steht, antizyklische Haushaltspolitik zu betreiben, als die anderen Gebietskörperschaften.

Jedoch haben Untersuchungen ergeben, daß für den Zeitraum zwischen 1960 und 1972 öffentliche Haushalte gesamt überwiegend prozyklisch gewirkt haben,[26] was besonders für die Gemeindehaushalte gilt. Die Gründe für das überwiegend prozyklische Verhalten der Gemeinden soll im folgenden erläutert werden.

5.3.2.3 Schwierigkeiten einer antizyklischen Haushaltspolitik der Gemeinden

Die Probleme einer kommunalen antizyklischen Finanzpolitik liegen hauptsächlich in der Diskrepanz zwischen Ausgaben- und Einnahmenentwicklung sowie der Struktur der gemeindlichen Haushalte. Die zunehmende Verschuldung der Gemeinden[27] läßt den Gemeinden immer weniger Spielraum für eine antizyklische Politik. In der Rezession sind die Gemeinden nur sehr beschränkt in der Lage, ihre Ausgaben antizyklisch auszudehnen, da ihnen die Finanzmittel fehlen. Dies hat mehrere Gründe. So reagieren die gemeindlichen Steuereinnahmen auf konjunkturelle Schwankungen stärker als die Steuereinnahmen der anderen Gebietskörperschaften.[28] Dies gilt in starkem Maße auch für die Finanzzuweisungen. Beide Einnahmearten machen etwa 65 % der kommunalen Gesamteinnahmen aus. Da aber die Ausgaben kaum gesenkt werden können, müssen sich die Gemeinden in Rezessionsphasen stärker verschulden als Bund und Länder, um zumindest ihre Aufgaben erfüllen zu können. Eine zusätzliche Kreditaufnahme für eine antizyklische Ausgabenpolitik ist kaum möglich, da viele Gemeinden an ihrer Verschuldungsgrenze angelangt sind oder angesichts der unsicheren Einnahmeerwartungen nicht in größerem Umfang zusätzliche Kredite

---

25 Vgl. **Downs, A.,** Ökonomische Theorie der Demokratie (dt. Übersetzung), Tübingen 1968.
26 Vgl. die verschiedenen Jahresgutachten des SVR.
27 Vgl. hierzu Neuere Tendenzen der Gemeindefinanzen, Monatsberichte der Deutschen Bundesbank, Juli 1973, S. 15 ff.
28 Vgl. Die Gebietskörperschaften im Konjunkturverlauf seit 1967, in: Monatsberichte der Deutschen Bundesbank, November 1972, S. 18.

aufnehmen wollen.²⁹ Zudem wird die Verschuldung der Gemeinden auch dadurch gehemmt, daß sie keinen Zugang zur Bundesbank haben und ihre Kreditaufnahmen von den kommunalen Aufsichtsbehörden genehmigt werden müssen. Die starke Verschuldung der Gemeinden, die 1972 schon etwa 4 % der laufenden Einnahmen für die Zinsausgaben benötigten (gegenüber 2,5 % bei Bund und Ländern), führt zusammen mit dem weit überdurchschnittlichen Anstieg der Personalausgaben dazu, daß den Gemeinden relativ immer weniger Mittel für die Investitionsausgaben zur Verfügung stehen. Da die gemeindlichen Investitionsausgaben etwa zwei Drittel aller öffentlichen Investitionen ausmachen, wird eine der wichtigsten konjunkturpolitischen Manövriermassen eingeschränkt. Abbildung 11 zeigt, wie der Anteil der Ausgaben für Sachinvestitionen an den gesamten Ausgaben bei den Gemeinden seit 1961 tendenziell gefallen ist und sich stark prozyklisch im Konjunkturverlauf entwickelt hat. Die entsprechenden Anteile des Bundes und der Länder weisen dagegen nur sehr geringe Schwankungen auf.

Auch in der Hochkonjunktur fällt es den Kommunen schwer, sich antizyklisch zu verhalten, da hier die Personalausgaben stark steigen und die Gemeinden aufgrund der nun anwachsenden Einnahmen ihre Investitionsausgaben forcieren, um den aus der Rezession resultierenden Nachholbedarf auszugleichen. Zusammenfassend läßt sich also feststellen: »Das Ausmaß der Defizite und das große Gewicht der Investitionsausgaben geben den Gemeinden eine besondere Bedeutung für den Konjunkturverlauf. Überwiegend prozyklisch hat das Haushaltsgebaren der Gemeinden vor allem in den Jahren 1970 und 1971 gewirkt«, ebenso wie in den Rezessionsjahren 1967/68, wo die Gemeinden nicht in der Lage oder bereit waren, sich durch Ausgabenerhöhungen antizyklisch zu verhalten.³⁰

Um den Gemeinden eine antizyklische Haushaltspolitik zu ermöglichen, müßte ihre Abhängigkeit von den im Konjunkturverlauf schwankenden Einnahmen verringert werden, damit sie ihre Ausgabenpolitik verstetigen könnten. Die Deutsche Bundesbank schlägt deshalb eine Variation der von den Ländern im Rahmen des allgemeinen Steuerverbundes geleisteten Schlüsselzuweisungen vor, die nach konjunkturellen Gesichtspunkten vorgenommen werden soll.³¹ Eine weitere Möglichkeit wäre auch eine Steuerung der speziellen Investitionszuweisungen an die Gemeinden. Diese Maßnahme verspricht deshalb Erfolg, weil diese Zuweisungen in Höhe von 10 Mrd. DM für 1974 fast ein Drittel der kommunalen Investitionsausgaben ausmachten. Um ein Ausweichen auf eine Kreditfinanzierung zu verhindern, müßte ein solches Vorgehen durch eine Begrenzung der Kreditaufnahme nach § 16 StWG abgesichert werden. Eine Variation der Investitionszuschüsse nach konjunkturellen Erfordernissen ist besonders wünschenswert, weil sie bisher meist zyklisch vergeben wurden.

Darüberhinaus gibt es noch eine Vielzahl von Vorschlägen,³² die Gemeindefinanzen zu verstetigen, um den Gemeinden zu ermöglichen, sich antizyklisch zu verhalten. Diese Vorschläge sind z. B. Abschaffung der Gewerbeertragsteuer,

---

29 Vgl. SVR Jahresgutachten 1967, Ziffer 89.
30 Neuere Tendenzen der Gemeindefinanzen, a.a.O., S. 15.
31 Vgl. zum folgenden: Ebenda, S. 18.
32 Vgl. zur Übersicht über folgende Vorschläge **Kock, H.**, Vorschläge zur Verstetigung der Gemeindefinanzen, in: Konjunkturpolitik, 23. Jg., sechstes Heft (1975), S. 309 ff.

Abbildung 11: Konjunkturelle Schwankungen des Anteils der Ausgaben für Sachinvestitionen an den gesamten Ausgaben der Gebietskörperschaften.

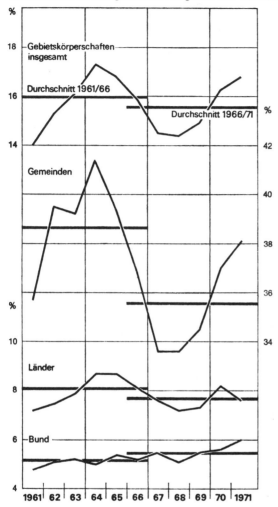

Quelle: Monatsberichte der Deutschen Bundesbank, April 1972, S. 18.

Einführung einer eigenen Gemeindeeinkommensteuer sowie einer Gemeindeumsatzsteuer. Um die kommunale Verschuldung mehr an gesamtwirtschaftlichen Belangen auszurichten, sollen die Gemeinden in konjunkturellen Abschwungphasen von Bund und Ländern zur Verschuldung beispielsweise durch Zinszuschüsse angehalten werden. Desweiteren sind kostenlose Kredite von Bund und Ländern an die Gemeinden in Rezessionsphasen denkbar, die sie dann in der Hochkonjunktur zurückzuzahlen hätten.

5.3.3 Möglichkeiten zur Beeinflussung der privaten Konsumnachfrage

Da die wichtigste Determinante der privaten Konsumnachfrage das verfügbare Einkommen ist, setzen die meisten Maßnahmen zur Beeinflussung an den Steuern vom Einkommen an.[33] Nach § 51, Abs. 3 EStG (eingefügt durch § 26, Nr. 3 b StWG) kann die Bundesregierung durch Rechtsverordnung mit Zustimmung von Bundesrat und Bundestag die Lohn-, Einkommen- und Kapitalertragsteuer um höchstens 10 % und maximal für ein Jahr herabsetzen oder erhöhen, wenn eine Störung des gesamtwirtschaftlichen Gleichgewichts eingetreten oder zu erwarten ist. Die aus dieser Maßnahme resultierenden Mehreinnahmen haben Bund und Länder nach § 15 Abs. 4 StWG in den Konjunkturausgleichsrücklagen stillzulegen.

Von den Möglichkeiten des § 26 StWG wurde bisher noch kein Gebrauch gemacht. Jedoch wurden zur Dämpfung der Konsumnachfrage mit dem »Konjunkturzuschlag« und dem »Stabilitätszuschlag« bisher zwei Maßnahmen ergriffen, die den in § 26 StWG genannten Instrumenten sehr ähnlich sind.
1) Für den Zeitraum vom 1. 8. 1970 bis 31. 6. 1971 wurde ein 10 %iger Konjunkturzuschlag auf Einkommen-, Lohn- und Körperschaftsteuer erhoben, der bis spätestens zum 31. 3. 1973 zurückgezahlt werden mußte[34] und ab 15. Juni 1972 zurückgezahlt wurde. Der Konjunkturzuschlag wurde aus sozialpolitischen Gründen nur von denjenigen Steuerzahlern erhoben, die mehr als 100 DM Steuern pro Monat zahlten. Dieser zurückzahlbare Konjunkturzuschlag mußte durch ein formelles Gesetz beschlossen werden, da die Zurückzahlung im Stabilitätsgesetz nicht vorgesehen ist.
2) Eine befristete, 10 %-ige Stabilitätsabgabe auf die Körperschaft- sowie auf die Einkommkensteuerschuld bei Steuerpflichtigen mit einem Jahreseinkommen von mehr als 24 000/48 000 DM für Ledige/Verheiratete wurde für die Zeit vom 1. Juli 1973 bis 30. Juni 1974 erhoben.[35]
Aus dem Aufkommen des Konjunkturzuschlages legten der Bund 6,3 Mrd. DM und aus der Stabilitätsabgabe Bund und Länder 4,4 Mrd. DM (Stand 31. 12. 74) bei der Bundesbank in den Konjunkturausgleichsrücklagen fest.[36]
Im folgenden soll die Wirksamkeit beider Maßnahmen im Hinblick auf das Ziel, die private Konsumnachfrage zu mindern, überprüft werden. Die Zusicherung der Rückzahlung des Konjunkturzuschlags war das bedeutendste Hemmnis für eine Nachfragedämpfung, da die Haushalte ihre Konsumausgaben kurzfristigen Einkommensschwankungen nicht voll anpassen (Sperrklinkeneffekt)[37]. Und zwar geschah dies beim zurückzahlbaren Konjunkturzuschlag um so weniger, da die Haushalte wußten, daß sie die befristeten erhöhten Steuerabgaben vom Staat zurückerstattet bekommen würden. Anstelle des freiwilligen Sparens trat also nur ein »Zwangssparen« beim Staat, dessen einziger Nachteil der Zinsverlust war, da der Konjunkturzuschlag nicht verzinst wurde.
Somit wurde nicht die Konsumnachfrage, sondern vornehmlich das Sparen eingeschränkt. Als Indiz hierfür kann auch die Entwicklung der Sparquote der privaten Haushalte gelten, die im Jahre 1971 gegenüber dem Vorjahr leicht gesunken war. Einer Verminderung der Konsumnachfrage steht in der Hochkonjunk-

---

33 Vgl. hierzu Punkt 3.2.1.
34 Vgl. BGBL I (1970), S. 1125.
35 Vgl. BGBL I (1973), S. 676.
36 Vgl. Geschäftsberichte der Deutschen Bundesbank 1972 bis 1974.
37 Vgl. hierzu Punkt 3.2.1.

tur, die mit hohen Preissteigerungen verbunden ist, ebenso das prozyklische Verhalten der Haushalte entgegen, die in Erwartung weiterer Preissteigerungstendenzen ihre Konsumausgaben zu Lasten der Ersparnisse ausdehnen und sich zum Teil sogar verstärkt verschulden.

Eine Schwäche des zurückzahlbaren Konjunkturzuschlags lag insbesondere auch in der Festlegung des Rückzahlungstermins, da hierdurch die Gefahr besteht, daß die Rückzahlung in einen konjunkturellen Aufschwung oder sogar in eine Hochkonjunktur fällt und dadurch die wirtschaftliche Situation verschärft. Dieses Problem trat dann auch in der Bundesrepublik auf, da der Rückzahlungstermin Mitte 1972 in einen konjunkturellen Aufschwung fiel, wodurch sich die Regierung veranlaßt sah zu empfehlen, die freiwerdenden Gelder für den Urlaub im Ausland und nicht im Inland auszugeben, um nicht die Binnenkonjunktur weiter anzuheizen.

Ein weiteres bedeutendes Hindernis war die Beschränkung des Konjunkturzuschlags und in weitaus stärkerem Maße auch der Stabilitätsabgabe auf Bevölkerungsschichten mit einem Mindesteinkommen, um dadurch die sozialen Gruppen mit geringen Einkommen nicht zu belasten. Gerade diese Einkommensschichten haben aber eine hohe Konsumquote, d. h. eine geringe Sparquote. So beträgt diese bei Rentnerhaushalten etwa 7 %, und bei den Selbständigen schwankt sie um 30 %. Durch die Sozialgrenze werden also die Einkommensschichten mit relativ hohen Konsumausgaben, die auf eine Verminderung ihres verfügbaren Einkommens sofort mit einer Konsumeinschränkung reagieren müßten, ausgenommen, was zwar aus sozialpolitischen Gründen verständlich war, die konjunkturpolitische Wirksamkeit des Konjunkturzuschlags aber weiter verringerte.[38] Verstärkt gilt dieses Argument für die Stabilitätsabgabe, da nach Schätzungen unterhalb von 48 000 DM Jahreseinkommen etwa 80 % des gesamten Lohnsteueraufkommens anfallen.[39] Als konjunkturpolitisch wenig sinnvoll ist somit der ursprüngliche Vorschlag der Bundesregierung zu beurteilen, die Einkommensgrenzen für den Stabilitätszuschlag bei 100 000/200 000 DM festzusetzen.

Der Sachverständigenrat kam aus den genannten Erwägungen heraus zu dem Schluß, daß dem Stabilitätszuschlag hinsichtlich der Konsumdrosselung keine große konjunkturpolitische Wirkung bescheinigt werden kann.[40]

Zusammenfassend läßt sich also sagen, daß die Beeinflussung der privaten Konsumnachfrage über eine Steuervariation nicht sehr wirksam ist.[41] Das gilt auch in Rezessions- und verstärkt in Depressionszeiten, da hier das durch Steuersenkungen zusätzlich verfügbare Einkommen eher gespart als ausgegeben wird, wenn die Haushalte Angst vor Arbeitslosigkeit haben und mittelfristig keine Besserung der wirtschaftlichen Lage erwarten. Das Jahr 1975 bot für dieses Verhalten ein Beispiel: Trotz weiter gestiegener Nettoeinkommen durch Lohnerhöhungen und Steuerreform nahm der Konsum real nur um etwa 2,5 % zu und die Sparquote stieg zeitweilig auf annähernd 17 %!

Als eine Ergänzung des steuerpolitischen Instrumentariums zur Steuerung der Konsumnachfrage wird oft die Variation der Mehrwertsteuer diskutiert. Jedoch würde dies im Konflikt mit dem Ziel Preisniveaustabilität, mit dem Verteilungsziel

---

38 v. Armin, H. H., a.a.O., S. 179.
39 Vgl. Wer zahlt eigentlich wieviel?, in: Der leitende Angestellte, Heft 6, 23. Jg. (1973) S. 2.
40 Vgl. SVR Jahresgutachten 1973, Ziffer 291.
41 Vgl. auch **Haller, H.,** Finanzpolitik, 4. Aufl., 1968, S. 183.

und dem Ziel der Harmonisierung der Steuersätze innerhalb der Europäischen Gemeinschaft stehen, so daß diese Maßnahme insgesamt negativ zu beurteilen ist.[42]
Ein weiteres Instrument zur Abschöpfung von privater Nachfrage ist in der Aufnahme von Anleihen durch den Staat auf dem Kapitalmarkt zu sehen, um dadurch private Kaufkraft abzuschöpfen. In der BRD wurde 1973 eine Stabilitätsanleihe von insgesamt 2,5 Mrd. DM vom Bund emittiert und bei der Bundesbank stillgelegt. Die Wirksamkeit dieses Instruments muß ebenfalls als gering eingeschätzt werden, da zu beobachten war, daß die privaten Haushalte infolge ihrer gestiegenen Zinsempfindlichkeit zum größten Teil ihre Ersparnisse der Sparkonten in die hochverzinsliche Stabilitätsanleihe umgeschichtet haben, also ihren Konsum trotz Zeichnung der Stabilitätsanleihe nicht oder nur geringfügig eingeschränkt haben. Die Wirkung der Stabilitätsanleihe ist deshalb nur auf dem monetären Sektor zu sehen, da dem Bankensektor Liquidität entzogen wurde. In Verbindung mit den verschiedenen geldpolitischen Maßnahmen der Bundesbank hat die Stabilitätsanleihe dazu geführt,»daß die freien Liquiditätsreserven der Banken im Frühjahr 1973 auf annähernd Null schrumpften.«[43]
Eine konjunkturpolitische Lenkung der privaten Konsumnachfrage birgt also viele Unsicherheiten in sich, insbesondere dadurch, daß die Haushalte sich generell prozyklisch verhalten und ihre Nachfrage vor allem von den Zukunftserwartungen hinsichtlich der Preisentwicklung und des Beschäftigungsgrades abhängig machen und nicht allein vom verfügbaren Einkommen, auf das der Staat durch seine direkten Eingriffsmöglichkeiten über die Lohn- und Einkommensteuer einen Einfluß hat.

5.3.4 Möglichkeiten zur Beeinflussung der privaten Investitionsnachfrage

Im Gegensatz zu den privaten Konsumausgaben werden die privaten Investitionen als geeignetere Ansatzpunkte für eine staatliche Konjunkturpolitik angesehen, da über die Gewinne die privatwirtschaftlichen Investitionen als ein »**ökonomischer Hebel**« in einer marktwirtschaftlichen Wirtschaftsordnung wirken: »Maßnahmen zur Anhebung der Gewinnchancen kurbeln die Wirtschaft an; Maßnahmen oder Ereignisse, die die Gewinnchancen auf breiter Front beeinträchtigen, führen zu einer Dämpfung oder Lähmung der Produktion.«[44]
Im Stabilitätsgesetz sind zur indirekten Steuerung der privaten Investitionen zwei Instrumente niedergelegt: Die Variation der steuerlichen **Abschreibungssätze** und **Prämien** auf bestimmte Investitionsausgaben.
Gemäß des durch § 26 Nr. 3 a StWG geänderten § 51 des EStG können Unternehmen eine Prämie bis zur Höhe von 7,5 % auf die Anschaffungs- oder Herstellungskosten von Investitionen erhalten,»wenn eine Störung des gesamtwirtschaftlichen Gleichgewichts eingetreten ist oder sich anzeichnet, die eine nachhaltige Verringerung des Umsatzes oder der Beschäftigung zur Folge hatte oder erwarten läßt, insbesondere bei einem erheblichen Rückgang der Nachfrage nach Investitionsgütern oder Bauleistungen.«
Zur Dämpfung der Investitionstätigkeit ist nach § 26 Nr. 3 b StWG die Ausset-

---

42 Vgl. **Schachtschabel, H. G.**, a.a.O., S. 155.
43 Geschäftsbericht der Deutschen Bundesbank für das Jahr 1973, S. 3.
44 **Senf, B., Timmermann, D.**, Denken in gesamtwirtschaftlichen Zusammenhängen, eine kritische Einführung, Bd. 2., S. 12.

zung von Sonderabschreibungen und erhöhten Absetzungen sowie der degressiven Abschreibung für Neuinvestitionen vorgesehen. Der Sinn dieser Maßnahme liegt darin, die durch die degressive Abschreibung mögliche Gewinnverlagerung in spätere Jahre und die damit verbundenen niedrigeren Steuerzahlungen in den Anfangsjahren aufzuheben. Einziger Nachteil für die Unternehmen ist ein Zins- und Liquiditätsverlust, da Teilbeträge der Steuerschuld zeitlich früher anfallen.

Eine weitere steuerliche Maßnahme zur Beeinflussung des Gewinns ist die Möglichkeit zur Variation der Körperschaftsteuer um maximal 10 % (§ 27.StGW). Sie ist aber nur im Zusammenhang mit der Veränderung der Einkommensteuer nach § 26 StWG möglich.

Letztlich ist auch eine direkte **steuerliche Belastung** aller Investitionen möglich. Dieses Instrument ist im Stabilitätsgesetz aber nicht verankert.

Alle bisher genannten Maßnahmen wurden zur konjunkturpolitischen Steuerung der Investitionen in der BRD schon angewendet.

Eine Aussetzung der **degressiven Abschreibung** für bewegliche Wirtschaftsgüter, die nach dem 5. Juli 1970 und vor dem 1. Februar 1971 angeschafft oder hergestellt worden sind, sowie für Betriebsgebäude, für die in diesem Zeitraum die Baugenehmigung beantragt worden ist, wurde Mitte 1970 von der Bundesregierung beschlossen. »Man erhoffte sich davon eine Einschränkung der Investitionsgüternachfrage um etwa 3–4 Mrd. DM«[45], was bei einer Gesamtnachfrage nach privaten Anlageinvestitionen von 114 Mrd. DM in 1970 einen Prozentsatz von etwa 2,5–3,5 % bedeutete. Anfang 1973 wurde erneut die Möglichkeit der degressiven Abschreibung bei Gebäuden mit Ausnahme des sozialen Wohnungsbaues aufgehoben. Mitte 1973 wurden die Abschreibungsmöglichkeiten weiter verschlechtert, da eine auf 1 Jahr befristete **Aussetzung der Sonderabschreibung** nach § 7 b EStG für Ein- und Zweifamilienhäuser sowie Eigentumswohnungen erfolgte und nun auch die degressive Abschreibung für neue Ausrüstungsinvestitionen bis zum 30. April 1974 ausgesetzt wurde.

Gleichzeitig wurde mit sofortiger Wirkung **Investitionssteuer** von 11 % auf die Dauer von höchstens zwei Jahren eingeführt. Bis Ende 1974 erbrachte die 11 %ige Investitionssteuer ein Aufkommen von 1,1 Mrd. DM, die bei der Bundesbank festgelegt wurden. Alle diese Maßnahmen wurden aber schon ein halbes Jahr später rückgängig gemacht, um den durch die Ölkrise verschärften Nachfragerückgang aufzufangen. Da sich auch ein Jahr später die gesamtwirtschaftliche Nachfrage noch auf einem sehr geringen Niveau befand, beschloß Ende 1974 die Bundesregierung eine bis zum 30. Juni 1975 befristete **Investitionszulage** von 7,5 % zur Förderung der privaten Investitionstätigkeit[46] sowie eine unbefristete Förderung energiesparender Investitionen und Investitionszuschüsse im Bereich des sozialen Wohnungsbaus.

Im folgenden soll die Wirksamkeit dieser Maßnahmen hinsichtlich der Beeinflussung der privaten Investitionsnachfrage geprüft werden. Alle genannten Maßnahmen haben gemeinsam, daß sie über ihren Einfluß auf die Gewinne die Investitionsneigung der Unternehmer steuern sollen: In Hochkonjunkturzeiten sollen Gewinnschmälerungen die Investitionsnachfrage dämpfen, in Rezessionszeiten sollen Gewinnverbesserungen zu erhöhten Investitionen anreizen.

---

45 **Wagner, W.**, Möglichkeiten und Grenzen der Stabilitätspolitik der Bundesregierung, in: Ist Inflation unser Schicksal? hrsg. v. K. Bolz, München 1972, S. 110.
46 Vgl. zum Investitionszulagengesetz BGBl. 1975, Teil I Nr. 20, S. 528 oder Anhang in diesem Buch S. 198 ff.

Wie unter Punkt 3.2.2. gezeigt wurde, hängen die Investitionsentscheidungen entscheidend von den mittel- und langfristigen Zukunftserwartungen und den damit verbundenen Gewinnerwartungen ab. Somit ist die konjunkturpolitische Effizienz von Maßnahmen, die lediglich kurzfristige Änderungen der Gewinnsituation bewirken, als nicht sehr groß zu veranschlagen. Zudem werden die Investitionspläne, besonders der größeren Unternehmen, langfristig aufgestellt und können deshalb nur in sehr begrenztem Umfang kurzfristig variiert werden.
Eine Dämpfung der Investitionsnachfrage kann auch daran scheitern, daß die Unternehmer die ihnen auferlegten höheren Kosten durch Preiserhöhungen auf die Nachfrager zu überwälzen versuchen. Dies wird um so eher gelingen, je größer die Machtposition des Unternehmers auf dem Markt ist und je mehr die Nachfrager mit weiteren inflationären Preissteigerungen rechnen. Auch bei geringen Möglichkeiten zur Kostenüberwälzung werden die Investitionen dann nicht eingeschränkt, wenn die Zukunftsaussichten den Unternehmen weiter steigende Nachfrage verheißen und sie weiterhin ihre Investitionen wegen der Gefahr zukünftiger Preissteigerungen zeitlich vorziehen. Dies ist auch dann zu erwarten, wenn die Pläne zur Dämpfung der Investitionsnachfrage bekannt werden und die Unternehmer vor Inkrafttreten der Maßnahmen ihre Nachfrage erhöhen.
Zu solch vorgezogenen Investitionsgüterkäufen (mit Anzahlung) kam es auch bei den Maßnahmen des Jahres 1970.
Dieser Effekt trat auch im Jahre 1975 als Folge der Ende Juni auslaufenden Investitionszulage auf. Der Index des Auftragseingangs aus dem Inland bei der Investitionsgüterindustrie veränderte sich im Juni 1975 gegenüber dem Vorjahr um + 100 %, während der Durchschnitt der vorhergehenden Monate bei nur 2,8 % lag. In der zweiten Hälfte sank der Index wieder auf durchschnittlich 13,3 %. Diese Entwicklung zeigt also, daß hier schon beabsichtigte Investitionen durch die Investitionszulage lediglich vorgezogen wurden.
Die Wirksamkeit von investitionsfördernden Maßnahmen in rezessiven Phasen hängt wiederum entscheidend von den Zukunftsaussichten der Unternehmer ab. Beurteilen sie diese negativ, werden sie trotz vorübergehend besserer Gewinnaussichten nicht verstärkt investieren, insbesonders auch deshalb, weil die Kapazitäten nur zu einem geringen Teil ausgenutzt sind. Dabei beruht die Beurteilung der Zukunft nicht allein auf rein **wirtschaftlichen** Faktoren, sondern auch auf **politischen Einschätzungen.** Der Versuch, die privaten Investitionen durch konjunkturpolitische Instrumente anzukurbeln, wird dann wenig Erfolg zeigen, wenn Unsicherheit über die zukünftige Wirtschafts- und Gesellschaftspolitik besteht, verursacht etwa durch Diskussionen über die Form der paritätischen Mitbestimmung, die Investitionslenkung, die Nivellierung der Einkommen, Gewinnbeteiligungskonzepte etc.[47]
Auch von dem derzeit im Parlament anhängigen Gesetzesentwurf zum **Verlustrücktrag** (carry back) sind keine entscheidenden Impulse für eine Verbesserung der Investitionsneigung zu erwarten.[48]

---

47 Vgl. Entwurf eines Gesetzes zur Änderung des Einkommensteuergesetzes, Verhandlungen des Deutschen Bundestages, 7. Wahlperiode, Drucksache 7/4604.
48 Zu den Problemen des Verlustrücktrags vgl. **Hagemann, R.,** Die Problematik eines Verlustrücktrages, in: Wirtschaftsdienst, Heft 3 (1975), S. 122 ff; **Barth, K.,** Der Verlustrücktrag vor der Tür, in: Wirtschaftsdienst Heft 2 (1976), S. 82 ff.

Nach dem derzeit vorliegenden Gesetzentwurf können Unternehmen künftig generell Verluste bis zu einem Betrag von 5 Mio. DM mit den Verlusten des Vorjahres verrechnen, was zur Rückerstattung von schon entrichteten Steuern führt. Der Verlustrücktrag soll auf die Einkommen- und Körperschaftsteuern beschränkt werden. Die Gewerbesteuer wird nicht mit einbezogen, um der schwierigen Finanzlage der Gemeinden Rechnung zu tragen.

Die Einführung des Verlustrücktrags wird in erster Linie dazu führen, daß durch die Rückerstattung schon gezahlter Ertragsteuern die Liquidität der Unternehmen verbessert wird. Dabei muß jedoch die Rückerstattung noch innerhalb des konjunkturellen Abschwungs gesichert sein; denn nur dann besteht die Möglichkeit, daß diese zusätzlichen finanziellen Mittel von den Unternehmen für konjunkturpolitisch erwünschte Investitionen eingesetzt werden.

Ob diese zusätzlichen liquiden Mittel aber investiert werden, hängt entscheidend vom Investitionsklima ab. Ebenso denkbar ist eine Verwendung der erstatteten Steuern zur Rückzahlung von Fremdkapital oder zur Anlage auf dem Kapitalmarkt.

Zusammenfassend läßt sich also feststellen, daß steuerliche Instrumente zur Beeinflussung der privaten Investitionsnachfrage nur eine sehr bedingte Wirksamkeit aufweisen, da die Investitionsneigung entscheidend von den längerfristigen Zukunftserwartungen bestimmt wird.

Die Maßnahmen zur Beeinflussung der Investitionsneigung müssen noch ergänzt werden durch solche, die auch den Finanzierungsspielraum betreffen. Dazu sei auf die geld- und kreditpolitischen Instrumente der Bundesbank hingewiesen.

5.3.5 Möglichkeiten zur Beeinflussung der Exportnachfrage

Letzter Ansatzpunkt für die nachfragesteuernde Konjunkturpolitik ist die ausländische Nachfrage nach binnenländischen Gütern, den Exporten. Diese können entscheidend über die Festlegung des **Wechselkurses,** der als Preis – ausgedrückt in Inlandswährung – für eine ausländische Währungseinheit definiert ist, beeinflußt werden. Wird die heimische Währung – z. B. die »DM« – aufgewertet, bedeutet dies, daß die ausländischen Wirtschaftssubjekte für eine DM mehr ihrer eigenen Währung aufbringen müssen, d. h. der Wechselkurs der DM sinkt. Das bedeutet eine Verteuerung der deutschen Waren im Ausland und eine Verbilligung der deutschen Importe, da man nun für eine DM mehr Devisen erhält. Die normale Reaktion auf eine Aufwertung der DM wird somit ein Rückgang der deutschen Exporte und ein Ansteigen der Importe sein. Für eine Abwertung gilt das Gegenteil.

Bei einem konjunkturpolitischen Einsatz des Wechselkurses müßte in Zeiten zu hoher gesamtwirtschaftlicher Nachfrage der Wechselkurs der DM gesenkt und bei zu geringer Nachfrage erhöht werden. Wie noch zu zeigen ist, stehen diesen Maßnahmen jedoch einige bedeutende Hemmnisse entgegen. Die Kompetenz zur Änderung des Wechselkurses liegt bei der Bundesregierung. Jedoch gibt es hinsichtlich dieser Maßnahme keine gesetzliche Regelung. »Zwar umfaßt der Begriff »Währungswesen« in Art. 73 GG als Sammelbegriff für das Geld und Münzwesen auch die Entscheidung über die Auswahl und Gestaltung des Devisenkurssystems sowie die Festsetzung der Parität, jedoch finden sich weder im Bundesbankgesetz noch im Stabilitätsgesetz noch im Außenwirtschaftsgesetz dazu nähere Handlungsanweisungen.«[49] Die Bundesregierung änderte seit der Festsetzung der DM-Parität zum Dollar am 1. Mai 1949 den Wechselkurs siebenmal, wobei es sich außer der Abwertung im Herbst 1949 jeweils um Aufwertungen handelte. Im März 1973 vereinbarten die Bundesrepublik und einige andere europäische Staaten, ihre Währungen gegenüber dem US-Dollar freizugeben, untereinander aber an festen Wechselkursen festzuhalten (**Blockfloaten**). Schon im Mai 1971 hatte die Bundesrepublik Deutschland den Wechselkurs der DM freigegeben. Damit bildet sich seit diesem Zeitpunkt der Wechselkurs dieser Währungen gegenüber dem US-Dollar frei durch Angebot und Nachfrage auf den Devisenmärkten. Jedoch greifen in diese freie Preisbildung oft die beteiligten Notenbanken ein, um einen zu starken Anstieg oder ein zu starkes Sinken ihrer Währungen zu verhindern (**schmutziges Floaten**).

Mit den Entscheidungen des März 1973 wurde praktisch das seit 1944 geltende Währungssystem außer Kraft gesetzt, das auf festen Wechselkursen mit geringen Schwankungsbereichen beruhte und das die Notenbanken verpflichtete, die festgesetzten Paritäten durch Ankauf oder Verkauf ausländischer Währungen zu sichern.

Eine ähnliche Wirkung auf die Exporte und Importe haben auch bestimmte Steuern und Subventionen. Um den hohen Außenbeitrag und den damit verbundenen inflationären Nachfragedruck zu mildern, führte die Bundesrepublik 1968/1969 eine steuerliche Belastung der Exporte und eine Entlastung der Importe von 4 % ein. Diese »Ersatzaufwertung« brachte aber nicht die gewünschten Wirkungen, da die deutschen Exporteure die Exportsteuer infolge der starken Nachfrage ohne Absatzeinbußen auf ihre Preise überwälzen konnten.

Der Vorteil solcher Maßnahmen liegt in der größeren Flexibilität gegenüber der Aufwertung. Jedoch sind steuerliche Maßnahmen nur in der angeführten Richtung möglich, da sich diese für die Außenhandelspartner generell positiv auswirken. Einer Förderung der Exporte durch Subventionen und einer Beschränkung der Importe durch Steuern stehen dagegen internationale Abmachungen, z. B. innerhalb der EG, entgegen.

Die Aufwertungen der DM hatten immer das Ziel, die von den hohen Exportüberschüssen ausgehenden inflationären Tendenzen durch eine Verringerung der ausländischen Nachfrage zurückzudrängen. Dieses Ziel konnte aber aus verschiedenen Gründen meist nur für einen relativ kurzen Zeitraum erreicht werden. Zum einen stiegen im Ausland die Preise bedeutend schneller als in der Bundesrepublik, so daß der Aufwertungsnachteil bald wieder ausgeglichen wurde. Verstärkt wurde dies noch durch die Tatsache, daß trotz der durch die Aufwertungen gestiegenen Preise für die Exporte deutsche Güter vom Ausland infolge der Qualität und der verläßlichen Liefertermine weiter stark nachgefragt wurden. Nur so ist es auch zu erklären, daß der deutsche Außenbeitrag laufend gestiegen ist. Zum anderen gingen nicht nur von den Güterströmen mit dem Ausland stabilitätswidrige Einflüsse aus, sondern auch von den Geld- und Kapitalbeziehungen z. B. durch Spekulationen, Kreditaufnahmen im Ausland, Zuflüsse von Devisen. Neben eine konjunkturpolitische Steuerung der Exportnachfrage muß deshalb auch eine außenwirtschaftliche Absicherung auf monetärem Gebiet erfolgen. Die der Bundesregierung hierfür zur Verfügung stehenden Instrumente werden eingehender unter Punkt 6.1. behandelt werden.[50]

---

49 **Dickertmann, D., Siedenberg, A.**, Geldpolitische Lenkungsinstrumente in der BRD, Tübingen-Düsseldorf 1973, S. 77.

50 Vgl. Gesetz über Maßnahmen zur außenwirtschaftlichen Absicherung vom 29. 11. 1968 (BGBL I 1968, S. 1255).

Abbildung 12: Die wichtigsten konjunkturpolitischen Maßnahmen im Konjunkturzyklus 1972/1975.

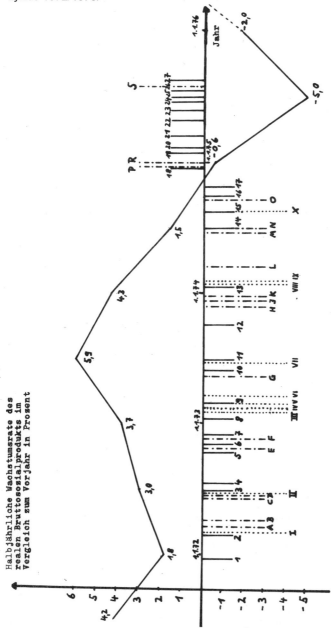

5.4 Eine knappe Darstellung des Konjunkturzyklus 1972–1975 und der konjunkturpolitischen Maßnahmen in der Bundesrepublik[1]

In der Abbildung 12 ist der letzte Konjunkturzyklus in der BRD von 1972 bis 1975 durch die halbjährlichen Wachstumsraten des realen Bruttosozialprodukts im Vergleich zum Vorjahr dargestellt. Dazu sind die wichtigsten konjunkturpolitischen bzw. die Konjunktur beeinflussenden Maßnahmen der Bundesregierung und der Deutschen Bundesbank aufgeführt, die in den folgenden drei Übersichten näher erläutert sind.

Der Tiefpunkt der konjunkturellen Entwicklung lag etwa um die Jahreswende 1971/72. Der Umschwung war durch verschiedene Faktoren gekennzeichnet: Die expansiv wirkende Finanzpolitik und die Lockerung der Geld- und Kreditpolitik im Herbst 1971, die rege Bautätigkeit und der Wegfall der Hemmnisse im Außenhandel. Getragen wurde der Aufschwung im Jahre 1972 aber hautpsächlich durch die private Verbrauchsnachfrage, ausgelöst durch Lohnsteigerungen und staatliche Maßnahmen. Im Frühjahr erhielten die Rentner ihre in den Jahren 1968/19 entrichteten Beiträge zur Krankenversicherung zurück und zur Jahresmitte wurde der Konjunkturzuschlag zurückgezahlt. Durch die verschiedenen staatlichen Maßnahmen stieg allein das verfügbare Einkommen der privaten Haushalte um 8,5 Mrd. DM. Verstärkt wurde der Konjunkturaufschwung durch die überproportional wachsenden Staatsausgaben und die verstärkte Auslandsnachfrage im zweiten Halbjahr 1972. Bei den privaten Investitionen war erst Ende 1972 eine wachsende Investitionsneigung testzustellen.

Die Bundesbank begann um die Jahresmitte 1972, die Geld- und Kreditpolitik wieder zu verschärfen, insbesondere auch deshalb, weil aus dem Ausland infolge der Währungsunruhen hohe Devisenzuflüsse in die BRD zu verzeichnen waren.

Tabelle 13: Übersicht über konjunkturpolitisch wichtige Maßnahmen der Gebietskörperschaften.

1972	A	Bayern und Nordrhein-Westfalen lösen ihre freiwilligen Konjunkturausgleichsrücklagen in Höhe von 246 Mio. DM auf.
	B	Rückzahlung der Beiträge der Rentner zur Krankenversicherung in Höhe von 1,3 Mrd. DM.
	C	Bundesregierung beschließt, gegenüber den Ansätzen des Haushaltsplanentwurfs Ausgaben in Höhe von 1,3 Mrd. DM einzusparen.
	D	Zurückzahlung des Konjunkturzuschlags
	E	Bundesregierung beschließt, Steuermehreinnahmen zur Reduzierung der Nettokreditaufnahme zu verwenden.
	F	2,1 Mrd. DM werden an die Rentner infolge einer vorgezogenen Rentenerhöhung ausgezahlt.
1973	G	Stabilitätsprogramm der Bundesregierung mit folgenden Maßnahmen – Investitionssteuer von 11 % für höchstens 2 Jahre

---

[1] Vgl. zu diesem Abschnitt die entsprechenden Sachverständigengutachten sowie die Geschäftsberichte der Deutschen Bundesbank

- Herabsetzung der Einkommensgrenze für den Stabilitätszuschlag
- Aussetzung der degressiven Abschreibung für neue Ausrüstungsinvestitionen bis 30. 4. 74
- Aussetzung der Abschreibung nach § 7 b EStG für neu beantragte Wohnbauten bis 30. 4. 74
- Minderung der Haushaltsansätze für die Gemeinschaftsaufgaben von Bund und Ländern um 10 %
- bei den nicht rechtlich gebundenen Ausgaben des Bundes sollen 5 % der Ansätze im Wege des Haushaltsvollzugs eingespart werden
- die Gebietskörperschaften sollen ihre Nettokreditaufnahme um insgesamt 5,5 Mrd. DM kürzen
- Steuereinnahmen, die nicht zur Verringerung der Nettokreditaufnahme verwendet werden, sollen stillgelegt werden.

H Beschluß der Bundesregierung, für 1974 eine Schuldendeckelverordnung zu erlassen. Höchstbetrag der öffentlichen Kredite 14,4 Mrd. DM.

I Beabsichtigte Streckung der Ausgaben für die Gemeinschaftsaufgaben wird aufgehoben.

K Bundesregierung hebt die konjunkturpolitischen Maßnahmen des Stabilitätsprogramm vom 3. Mai (s. C) weitgehend wieder auf.
- Aufhebung der Investitionssteuer
- degressive Abschreibung wird wieder zugelassen
- 7 b-Abschreibung wird wieder ermöglicht
- Streckung der Mittel des ERP-Haushaltes wird aufgehoben.

1974 L Schuldendeckelverordnung wird zurückgezogen.

M Der Bund ordnet eine Verfügungsbeschränkung von 10 % der Ansätze für sächliche Verwaltungsausgaben, Zuweisungen und Zuschüsse an.

N Stabilitätszuschlag läuft aus.

O Bundesregierung beschließt ein Sonderprogramm zur regionalen und lokalen Abstützung der Beschäftigung in Höhe von 950 Mio. DM, wovon der Bund 600 Mio. und die Länder 350 Mio. tragen.

P Die Bundesregierung beschließt ein »Programm zur Förderung von Wachstum bei Stabilität«. Es enthält u. a. folgende Maßnahmen:
- zusätzliche Investitionen des Bundes in Höhe von 1,13 Mrd. DM
- Lohnkostenzuschüsse und Mobilitätszulagen in Höhe von 0,6 Mrd. DM
- Investitionszulage von 7,5 %
- Verlängerung der Höchstdauer des Bezugs von Kurzarbeitergeld von 12 auf 24 Monate
- Vorziehen der im Bundeshaushalt 1975 geplanten Investitionen möglichst in das 1. Halbjahr 1975
- eine Bereitstellung von 0,5 Mrd. DM im ERP-Plan 1975 für kleinere und mittlere Unternehmen sowie Finanzierungshilfen durch die Kreditanstalt für Wiederaufbau von mindestens 1 Mrd. DM.

1975 R Die Reform der Einkommen- und Lohnsteuer, des Familienlastenausgleichs und der Sparförderung tritt in Kraft. Es wird dadurch eine zusätzliche freiwerdende Kaufkraft von 14 Mrd. DM erwartet.

S Die Bundesregierung beschließt ein »Programm zur Stärkung von Bau- und anderen Investitionen« mit einem Volumen von 5,75 Mrd. DM.

Tabelle 14: Übersicht über die wichtigsten geld- und kreditpolitischen Maßnahmen der Deutschen Bundesbank

1971	1	Senkung des Diskontsatzes von 4,5 % auf 4 %, sowie des Lombardsatzes und der Mindestreservesätze
1972	2	Senkung des Diskontsatzes auf 3 % sowie des Lombardsatzes auf 4 %
	3	Erhöhung der Mindestreservesätze für Inlands- und Auslandsverbindlichkeiten
	4	Erhöhung der Mindestreservesätze für Inlandsverbindlichkeiten
	5	Erhöhung des Diskontsatzes auf 3,5 % sowie des Lombardsatzes auf 5 %
	6	Erhöhung des Diskontsatzes auf 4 % sowie des Lombardsatzes auf 6 %
	7	Erhöhung des Diskontsatzes auf 4,5 % sowie des Lombardsatzes auf 6,5 %. Kürzung der Rediskontkontingente ab 1. 2. 73
1973	8	Erhöhung des Diskontsatzes auf 5 % sowie des Lombardsatzes auf 7 %. Kürzung der Rediskontkontingente ab 1. 4. 73
	9	Erhöhung der Mindestreservesätze für Inlandsverbindlichkeiten
	10	Erhöhung des Diskontsatzes auf 6 % sowie des Lombardsatzes auf 8 %. Ab 1. Juni Erhöhung auf 7 bzw. 9 %.
	11	Erhöhung der Mindestreservesätze für Auslandsverbindlichkeiten
	12	Erhöhung der Mindestreservesätze für Inlandsverbindlichkeiten, Einschränkung der Rediskontkontingente
1974	13	Senkung der Mindestreservesätze für Inlands- und Auslandsverbindlichkeiten
	14	Erhöhung der Rediskontkontingente
	15	Senkung der Mindestreservesätze für Inlandsverbindlichkeiten
	16	Senkung der Mindestreservesätze
	17	Senkung des Diskontsatzes auf 6,5 % sowie des Lombardsatzes auf 8,5 %. Erhöhung der Rediskontkontingente
1975	18	Senkung des Diskontsatzes auf 6 %, sowie des Lombardsatzes auf 8 %
	19	Erhöhung der Rediskontkontingente

20 Senkung des Diskontsatzes auf 5,5 % und des Lombardsatzes auf 7,5 %
21 Senkung des Diskontsatzes auf 5 % und des Lombardsatzes auf 6,5 %
22 Senkung des Lombardsatzes auf 6 %
23 Senkung des Diskontsatzes auf 4,5 % sowie des Lombardsatzes auf 5,5 %. Senkung der Mindestreservesätze.
24 Bis Ende Oktober führt die Deutsche Bundesbank Stützungskäufe am Rentenmarkt durch. Dadurch erhöht sich die Zentralbankgeldmenge um 7,5 Mrd. DM.
25 Senkung der Mindestreservesätze für Inlands- und Auslandsverbindlichkeiten
26 Senkung des Diskontsatzes auf 4 % sowie des Lombardsatzes auf 5 %
27 Senkung des Diskontsatzes auf 3,4 % sowie des Lombardsatzes auf 4,5 %. Erhöhung der Rediskontkontingente.

Tabelle 15: Übersicht über die währungspolitischen Ereignisse.

1972 I Bundesregierung führt Bardepotpflicht ein.

II Bundesbank muß während einer Währungskrise für insgesamt 8,1 Mrd. DM Devisen aufkaufen.
Bundesregierung verordnet eine Genehmigungspflicht für den Erwerb inländischer Inhaber- und Orderschuldverschreibungen durch Ausländer von Inländern.

1973 III Bundesbank kauft infolge einer Währungskrise für 18,6 Mrd. DM US-Dollar auf.

Bundesregierung beschließt Genehmigungspflicht für den Erwerb inländischer Aktien durch Gebietsfremde und für Kreditaufnahmen im Ausland.

IV Abwertung des US-Dollar um 10 %. Bundesbank verkauft US-Dollars für 2,8 Mrd. DM.

V Aufgrund einer neuen Währungskrise muß die Bundesbank 7,5 Mrd. US-Dollar aufkaufen.

VI Beginn des Blockfloaten, Aufwertung der DM um 3 %.

VII Bundesregierung beschließt die Einführung der Genehmigungspflicht beim Verkauf von Inlandsforderungen an das Ausland.
Aufwertung der DM um 5,5 %.

1974 VIII Frankreich scheidet aus dem »Gruppen-Floating« aus.

IX Bundesregierung hebt die administrativen Beschränkungen im ausländischen Kapitalverkehr zum größten Teil wieder auf.

X Bardepotpflicht und die Genehmigungspflicht für die Abtretung von Inlandsforderungen an Gebietsfremde werden aufgehoben.

Der starke Konjunkturaufschwung im ersten Halbjahr 1973 wurde vor allem von der Auslandsnachfrage verursacht, die die Investitionsneigung der Unternehmer anregte. Die private Verbrauchsnachfrage gehörte 1973 dagegen nicht zu den wichtigsten Auftriebskräften. Obwohl die Gebietskörperschaften erklärten, eine restriktive Haushaltspolitik betreiben zu wollen, weiteten sie ihre Ausgaben stärker als im Jahre 1972 aus. Die hohe gesamtwirtschaftliche Nachfrage verbunden mit den starken Devisenzuflüssen bewirkten eine starke Überhitzung der Konjunktur und führten zu hohen Preissteigerungsraten.
Um die Konjunkturüberhitzung zu bekämpfen, verstärkte die Bundesbank ihre restriktive Politik und die Bundesregierung beschloß ein Stabilitätsprogramm. Zu diesen restriktiven Maßnahmen kam noch eine kräftige Höherbewertung der DM, die jedoch den deutschen Export nicht beeinträchtigte. Die Stabilitätspolitik des Jahres 1973 bewirkte, daß sich die deutsche Wirtschaft im Herbst 1973 in der Anfangsphase eines Abschwungs befand.
Dieser Abschwung wurde durch die Ölkrise im Oktober verstärkt. Weiterhin hohe Preissteigerungsraten gingen mit steigender Arbeitslosigkeit einher. Besonders betroffen von der nachlassenden Nachfrage war der Bau- und Automobilsektor. In Folge der nun drastisch veränderten wirtschaftlichen Lage revidierte die Bundesregierung noch im Dezember 1973 ihren Kurs, indem sie die konjunkturpolitischen Maßnahmen des Stabilitätsprogramms vom Mai wieder aufhob und im März 1974 auch die Schuldendeckelverordnung wieder zurückzog. Die Inlandsnachfrage konnte dadurch aber nicht entscheidend angeregt werden.
Trotz stark gestiegener Einkommen stieg die Konsumnachfrage infolge der unsicheren Zukunftserwartungen nur geringfügig, so daß auch die Investitionsneigung der Unternehmer wegen der ungünstigen Geschäftserwartungen und hoher Kostensteigerungen gering war. Dies führte zu weiteren Produktionseinschränkungen mit Abbau von Überstunden, Kurzarbeit und Entlassungen.
Die Finanzpolitik steuerte 1974 einen expansiven Kurs, indem die öffentlichen Haushalte stark angestiegen und im September ein Sonderprogramm zur Abstützung der Beschäftigung beschlossen wurde, um vor allem die Baunachfrage in Regionen mit relativ ungünstiger Beschäftigungslage anzuregen. Mitte Dezember folgte ein weiteres Programm zur Ankurbelung der Konjunktur, vornehmlich mit der Zielsetzung, die privaten Investitionen anzuregen.
Ebenfalls konjunkturstützend war wie schon 1973 die Auslandsnachfrage, die auf Grund der hohen Inflationsraten im Ausland und der Lieferbereitschaft der deutschen Industrie den höchsten Wert seit Bestehen der BRD aufwies. Jedoch konnte die Auslandsnachfrage nicht voll die fehlende Binnennachfrage kompensieren, was zu einer weiteren Konjunkturabschwächung und nach 1967 zum zweiten Male zu einem Absinken des realen Bruttosozialprodukts führte.
Diese Tendenz verstärkte sich im ersten Halbjahr 1975, da nun auch die Exportnachfrage infolge der weltweiten Rezession zurückging und die Binnennachfrage weiterhin schwach blieb. Die Verbrauchernachfrage lag real nur gering über dem Niveau des Vorjahres und die private Investitionsnachfrage fiel im Verlauf des Frühjahrs nach zwischenzeitlichem Anstieg wieder auf das Niveau von 1974 zurück. Lediglich zur Mitte des Jahres 1974 war ein auf der Investitionszulage beruhender Nachfragestoß zu verzeichnen.
Einzig die öffentlichen Haushalte wirkten durch ihre großen Budget-Defizite beschäftigungsstützend. Da eine anhaltende Nachfragebelebung trotz des Konjunkturprogramms vom Dezember 1974 und der Steigerung der verfügbaren Einkommen durch die Steuerreform nicht eintrat, sondern vielmehr das Bruttosozialprodukt im ersten Halbjahr 1975 sogar um 5 % sank, beschloß die Bundesre-

gierung im August ein weiteres Programm zur Ankurbelung der Konjunktur, das hauptsächlich darauf gerichtet war, die Zunahme der Arbeitslosigkeit im Bausektor zu dämpfen.
Die Finanzpolitik wurde durch die Geld- und Kreditpolitik der Bundesbank unterstützt. Verhielt sie sich bis zum Oktober 1974 noch relativ restriktiv, um den Preisanstieg zu bekämpfen, leitete die Bundesbank danach eine deutliche Lockerung der Kreditbedingungen ein. Bis zum September 1975 wurde z. B. der Diskontsatz in sieben Schritten von 7 % auf 3,5 % gesenkt, begleitet von Herabsetzungen der Mindestreservesätze und einer expansiven Offenmarktpolitik.
Durch das konjunkturpolitische Eingreifen der Bundesregierung und der Bundesbank wurde die Mitte 1975 erreichte konjunkturelle Talsohle wieder verlassen. Die Nachfrage tendierte im zweiten Halbjahr 1975 wieder leicht nach oben, so daß nur noch ein negatives Wachstum des realen Bruttosozialprodukts gegenüber dem zweiten Halbjahr 1974 von 2 % zu verzeichnen war.
Die Schätzungen für das Jahr 1976 rechnen mit einem weiteren konjunkturellen Aufschwung und einem realen Wachstum von etwa 4 % bei einer gleichbleibenden Inflationsrate von etwa 5 % und einer jahresdurchschnittlichen Arbeitslosenquote von 4,5 %.[2]
Analysiert man den betrachteten Konjunkturzyklus 1972/75, so ergeben sich einige besondere Merkmale im Vergleich zu den vorangegangenen Zyklen. Der Boom 1973/74 mit einer halbjährlichen Wachstumsrate von knapp 6 % war noch nie so gering ausgeprägt, ebenso wie ein solch scharfer Rückgang des Bruttosozialprodukts von 3,5 % noch nie zu verzeichnen war. Desweiteren ist bemerkenswert, daß es den konjunkturpolitischen Akteuren nicht gelang, dieses tiefe Absinken der Konjunktur zu verhindern, während die Rezession von 1967 mit zwei finanzpolitischen Konjunkturprogrammen schnell überwunden werden konnte, da die Wirtschaft die konjunkturpolitischen Impulse aufgenommen und einen nachhaltigen wirtschaftlichen Aufschwung herbeigeführt hat. »Bei der Bekämpfung der Rezession hat die Globalsteuerung mit den Instrumenten einer antizyklischen Finanzpolitik und – begleitend – mit einer Politik des billigen Geldes ihre Bewährungsprobe bestanden. Das wird auch in ähnlicher Lage künftig so sein. Die Bundesregierung ist zum Gegensteuern gut gerüstet.«[3]
Die Erfahrungen der Jahre 1974/75 haben nun aber gezeigt, daß die Globalsteuerung eben nicht oder zumindest nicht schnell genug zum Erfolg geführt hat. Liegt dieser Umstand an einer veränderten gesellschaftlichen, politischen, ökonomischen Situation und/oder an der falschen Handhabung der Globalsteuerung?
Im folgenden Abschnitt sollen zur Prüfung dieser Frage einige Schwachstellen der Globalsteuerung dargestellt und diskutiert werden.

---

2 Vgl. Jahreswirtschaftsbericht 1976 der Bundesregierung
3 **Schlecht, O.**, Erfahrungen und Lehren aus dem jüngsten Konjunkturzyklus, Tübingen 1972, S. 13.

5.5. Probleme der Globalsteuerung

5.5.1 Kritik an der Globalsteuerung

In jüngster Zeit häufen sich in der BRD die Stimmen, die der Stabilitätspolitik Versagen vorwerfen. So schreibt der Vorsitzende des Sachverständigenrats,[1] daß es der deutschen Konjunkturpolitik seit 1969 nie gelungen sei, die Bundesrepublik »auch nur in die Nähe eines gesamtwirtschaftlichen Gleichgewichts« mit Preisniveaustabilität, Vollbeschäftigung, Wirtschaftswachstum und außenwirtschaftlichem Gleichgewicht zu steuern. Vielmehr dominierten stets Fehlentwicklungen.«

Die Schuld für das Mißlingen der Stabilitätspolitik sieht der Sachverständigenrats-Vorsitzende vor allem beim Verhalten des Staates und der Sozialpartner. Der Staat habe die Instrumente des Stabilitätsgesetzes nie ernstlich eingesetzt und die steuerpolitischen Möglichkeiten gar nicht erst in Erwägung gezogen. Darüberhinaus habe die Zusammenarbeit zwischen den Gebietskörperschaften weder auf kurze noch auf mittlere Sicht funktioniert »Statt dessen: Gerangel um Steueranteile und um den Zugang zum Kapitalmarkt, endlose Schwarze-Peter-Akrobatik, wenn es um die stabilisierungspolitische Verantwortlichkeit für die Ausgabenentwicklung ging, und eine unglückliche Figur des Staates bei den Lohnverhandlungen.« Als weitere Quelle gesamtwirtschaftlicher Instabilität habe sich der Verteilungskampf zwischen Arbeitgebern, einschl. der öffentlichen Hand als bedeutendster Arbeitgeber, und den Gewerkschaften erwiesen.

Ein ähnlich vernichtendes Urteil – wenn auch mit anderen Akzenten – wird über die Wirtschaftspolitik der Bundesregierung in einem Memorandum von Wirtschaftswissenschaftlern gefällt.[2] »Der mangelhafte Erfolg der bisherigen Antikrisenpolitik der Bundesregierung ist nicht in erster Linie auf außenwirtschaftliche Einflüsse, sondern auf den Verzicht der wirtschaftspolitischen Instanzen zurückzuführen, den Einsatz und die Vergabe staatlicher Mittel stärker an die Realisierung der angestrebten wirtschaftspolitischen Ziele zu binden.«

Das Memorandum wirft den Maßnahmen der Bundesregierung weiterhin vor, unsozial und unwirksam zu sein, weil sie einseitig die Unternehmergewinne begünstigen und es fraglich sei, daß daraus eine höhere Beschäftigung folge. Als besonders unsozial werden in diesem Zusammenhang die beschlossenen Haushaltskürzungen und Steuererhöhungen bezeichnet.

Die Wirtschaftswissenschaftler fordern deshalb eine Erweiterung der Sozialleistungen, um die Kaufkraft der Betroffenen zu erhöhen und einen umfangreichen öffentlichen Sonderhaushalt zur Konjunkturbelebung verbunden mit einer »Einführung der Preiskontrolle für alle marktbeherrschenden Unternehmen«, »damit beschäftigungsfördernde Maßnahmen nicht durch eine entgegengerichtete Preispolitik durchkreuzt werden.«

Die mangelnde Wirksamkeit der Konjunkturpolitik im letzten Konjunkturabschwung spiegelt sich in folgendem Zitat wieder. »Monat für Monat hat sich seit

---

1 Vgl. zu folgendem **Kloten, N.,** Erfolg und Mißerfolg der Stabilisierungspolitik (1969–1974), in: Währung und Wirtschaft in Deutschland 1876 bis 1975, hrsg. von der Deutschen Bundesbank, Frankfurt 1975, S. 643 ff.

2 Vgl. zu folgendem Memorandum von Wirtschaftswissenschaftlern, »Für eine wirksame und soziale Wirtschaftspolitik«, vorgelegt am 4. November 1975 in Bonn, abgedruckt in: Blätter für deutsche und internationale Politik, Heft 11 (1975), S. 1298 ff.

dem Spätsommer 1974 die wirtschaftliche Situation in der Bundesrepublik verschlechtert. Und alle Versuche der Regierung, wieder einen Aufschwung in Gang zu bringen oder wenigstens den Abstieg zu bremsen, sind bislang gescheitert. Das Programm für öffentliche Investitionen und Lohnzuschüsse, die Steuerreform, die den Konsum anregen, die Investitionsprämie, die Unternehmen zum Bau von Fabriken und Kauf von Maschinen ermuntern sollte, das super-deficit-spending im Haushalt 1975 – all die Milliarden und Abermilliarden Mark, die in die Wirtschaft gepumpt wurden, blieben ohne Wirkung.«[3]
Alle diese kritischen Äußerungen zur Stabilitätspolitik scheinen die Ansicht zu bestätigen, »daß eine parlamentarisch-demokratische Regierung nicht nur vor rechtzeitigen bremsenden Maßnahmen im Aufschwung zurückschreckt, weil sie unpopulär erscheinen, sondern daß sie auch weitgehend machtlos ist, wenn es sich um eine Überwindung der Rezession handelt.«[4]
Woran liegt es nun, daß die Konjunkturpolitik in sehr vielen Fällen bei der Verfolgung der gesamtwirtschaftlichen Ziele versagt? In den folgenden Abschnitten sollen die wichtigsten Probleme und Hemmnisse einer wirksamen Stabilitätspolitik erörtert werden. Unter Punkt 6. werden dann Möglichkeiten für eine Verbesserung und eine Ergänzung der Konjunkturpolitik durch andere wirtschaftspolitische Maßnahmen diskutiert.

5.5.2 Technische Probleme einer effizienten Konjunkturpolitik

5.5.2.1 Probleme der Diagnose und Prognose

Konjunkturpolitik kann von den wirtschaftspolitischen Akteuren nur dann betrieben werden, wenn sie drei Arten von **Informationen** besitzen:[5]
1) Informationen über die derzeitige Konjunkturlage (Diagnose) und darüber, wie sich die wirtschaftliche Situation entwickeln wird, wenn keine anderen wirtschaftspolitischen Maßnahmen als bisher eingesetzt werden (status-quo Prognose).
2) Informationen darüber, wie ergriffene Maßnahmen voraussichtlich auf die Konjunkturentwicklung wirken werden (Wirkungsprognose).
3) Informationen darüber, wie lange es dauert, bis sich die Maßnahmen auf die entsprechenden gesamtwirtschaftlichen Größen ausgewirkt haben (lag-Problem).

Die Diagnose versucht festzustellen, an welcher Stelle eines Konjunkturverlautes sich die Volkswirtschaft befindet und wie es zu der bestehenden konjunkturellen Situation gekommen ist.
Um die aktuelle konjunkturelle Lage beschreiben zu können, bedarf es geeigneter **Indikatoren,** »deren Veränderung repräsentativ für die Schwankungen der wirtschaftlichen Aktivität sind ... Solche Zuwachsraten sind vor allem die Zuwachsrate des realen und nominellen Sozialprodukts, die Höhe der Produktion und der Auftragsbestände in der Industrie ..., die Größe der inländischen und der ausländischen Nachfrage nach Investitions- ... und Konsumgütern, der Um-

---

3 **Stolze, D.,** Der jähe Sturz der Magier, in: Die Zeit vom 11. 7. 1975.
4 **Hamm, W.,** Versagt die Konjunkturpolitik?, in: FAZ vom 22. 11. 1975.
5 Vgl. zu folgendem **Neuhauser, G.,** Konjunktur- und Beschäftigungspolitik, in: Währungspolitik, Konjunktur- und Beschäftigungspolitik, hrsg. v. Th. Pütz, Stuttgart 1975, S. 140 f.

fang der Bauaufträge, der Lebenshaltungs- (Verbraucherpreis-) index, ... das Lohnniveau, die Höhe der Masseneinkommen, die Arbeitslosenquote, die Zahl der offenen Stellen ... u. a. m.«[6] Diese Daten erhält der Konjunkturpolitiker aus den verschiedensten Statistiken.[7]
Für die wirtschaftspolitischen Akteure ist nun von größter Wichtigkeit, diese Daten möglichst schnell zu erhalten, um evtl. geeignete Maßnahmen zu ergreifen. Jedoch liegen hier einige Schwierigkeiten, so daß es bis zu drei Monaten dauern kann, bis endgültige Zahlen vorliegen. Das ist verständlich, wenn man bedenkt, daß etwa die Berechnung des Index des Auftragseingangs bei der Industrie von den Statistischen Landesämtern auf den Meldungen von 18.000 Betrieben beruht. Um möglichst schnell an Daten zu gelangen, werden deshalb häufig nur vorläufige Ergebnisse veröffentlicht, die sehr oft nach Abschluß der endgültigen Erhebung stark revidiert werden müssen, also die Entscheidungsgrundlage des Konjunkturpolitikers erheblich verändern können. Als Beispiel sei der Index des Auftragseingangs bei Investitionsgüterindustrien angeführt. Das Statistische Bundesamt korrigierte im Jahre 1975 den Januar-Index gleich mehrfach: von 124,5 (6. März) auf 140,9 (4. April) und 135,0 (6. Juni). Hier besteht also die Gefahr voreiliger Schlüsse über die zukünftige Entwicklung.[8]
Um einigermaßen gesicherte Schlußfolgerungen ziehen zu können, bedarf es der Kenntnis über die Entwicklung von Konjunkturindikatoren zumindest über einige Monate hinweg, da nur daraus auf einen sich abzeichnenden Trend geschlossen werden kann.
Man unterscheidet nach ihrem zeitlichen Verhalten im Konjunkturverlauf drei Arten von Konjunkturindikatoren:
1) Der allgemeinen Konjunktur **vorauseilende** Reihen. Sie sind besonders zur **Prognose** geeignet.
2) **Gleichzeitig** mit der gesamtwirtschaftlichen Aktivität verlaufende Reihen. Diese eignen sich zur **Diagnose.**
3) Dem Konjunkturverlauf **nachhinkende** Indikatoren. Sie eignen sich zur nachträglichen Kontrolle der Richtigkeit von **Diagnose** und **Prognose.**
Ohne näher auf diese Indikatoren einzugehen, seien nur einige Schwächen besonders hinsichtlich der Prognose aufgeführt. So berücksichtigen diese Indikatoren keine Kausalzusammenhänge des wirtschaftlichen Geschehens und ihre Auswirkungen auf den Konjunkturverlauf. Die Ursachen für Konjunkturschwankungen werden durch die Indikatoren nicht aufgedeckt. Man versucht nur, anhand der Indikatoren gewisse Regelmäßigkeiten der Vergangenheit festzustellen und projiziert diese dann in die Zukunft, obwohl sich in der Zwischenzeit die volkswirtschaftlichen Rahmenbedingungen entscheidend geändert haben können. Weiterhin werden nicht alle wichtigen Indikatoren erfaßt und die vorhandenen unterliegen oft zufallsbedingten Schwankungen, die nicht sofort von den Konjunkturpolitikern erkannt werden.
Nach allgemeiner Auffassung können die Konjunkturindikatoren deshalb nur in beschränktem Maße als Prognoseinstrument für den zukünftigen Konjunkturverlauf dienen, vielmehr können sie nur als »Warnsignale« hinsichtlich sich abzeichnender Fehlentwicklungen dienen.

---

6 Ebenda, S. 140.
7 Die wichtigsten Konjunkturindikatoren werden z. B. in den Monatsberichten der Deutschen Bundesbank und vom Statistischen Bundesamt veröffentlicht.
8 Vgl. Wir haben uns alle geirrt, in: Manager Magazin, Heft 9, (1975), S. 13.

Einen völlig anderen Weg zur Konjunkturdiagnose und -prognose gehen die **Tendenzbefragungen.** Diese Befragungen verzichten auf die zeitraubende Erhebung exakter Zahlen, sondern versuchen nur die Urteile, Pläne und Erwartungen der Wirtschaftssubjekte zu erfahren.[9]
Als beispielhaft ist hier der Konjunkturtest des Ifo-Instituts zu erwähnen.[10] Monatlich werden etwa 7.000 Unternehmen schriftlich nach der **Entwicklung** der Produktion, Lagerbestand, Auftragseingang, Umsatz etc. gegenüber dem Vormonat und gegenüber dem gleichen Vorjahresmonat befragt. Darüber hinaus wird nach der **Beurteilung** der Geschäftslage und den **Erwartungen** für den nächsten Monat und das nächste halbe Jahr bezüglich der Produktion, des Auftragseingangs, der Preise, des Umsatzes etc. gefragt. Zur Beantwortung dieser Fragen verlangt man keine detaillierten quantitativen Angaben, sondern nur einen Hinweis, ob die betreffende Größe gestiegen, gleichgeblieben oder gefallen ist.
Das so erhaltene Material wird in sehr komprimierter Form zusammengefaßt und liegt bereits nach 14 Tagen vor. Ein Vergleich dieser Ergebnisse über einen längeren Zeitraum läßt eine bestimmte Tendenz erkennen und liefert eine konjunkturelle Stimmungslage aus weiten Teilen der Industrie.
Ergänzt werden muß dieses Verfahren aber noch durch Befragungen der Konsumenten als wichtigstem Faktor der gesamtwirtschaftlichen Nachfrage. Jedoch sind die bisher mit Konsumentenbefragungen gemachten Ergebnisse wenig zufriedenstellend.
Wertet man die Befragungsmethode, so hat sie unbestreitbar die Vorteile der Schnelligkeit und der Wiedergabe der Erwartungen von Wirtschaftssubjekten. Es ist jedoch verfehlt anzunehmen, daß mit Befragungen der künftige Konjunkturverlauf prognostiziert oder gar ein konjunktureller Umbruch vorausgesagt werden kann.
Ein weiterer Versuch, den Konjunkturverlauf zu prognostizieren, ist der anhand von mathematischen Modellen, die den Wirtschaftsablauf mit Hilfe einer Vielzahl von Verhaltungsgleichungen (Investitionsfunktion, Konsumfunktion etc.) sowie Definitionsgleichungen zu beschreiben sich bemühen.[11] Ein solches Modell legt kürzlich auch die Deutsche Bundesbank vor.[12] Allen diesen mathematischen Modellen ist jedoch gemeinsam, daß sie bisher keine zuverlässigeren Informationen als andere Prognoseinstrumente liefern konnten.
Die Nützlichkeit eines jeden Instrumentes zur Diagnose und Prognose des Konjunkturverlaufes ist darin zu sehen, daß alle Instrumente zusammengenommen manchmal doch einen einigermaßen guten Eindruck von der wirtschaftlichen

---

9 Zu eingehenderen Ausführungen über Diagnose- und Prognoseprobleme vgl. die Beiträge in: Diagnose und Prognose als wirtschaftswissenschaftliche Methodenprobleme, Schriften des Vereins für Socialpolitik, N. F., Bd. 25, hrsg. v. H. Giersch und K. Borchardt, Berlin 1962; **Timm, H. J.,** Konstruktion und Aussagefähigkeit von Konjunkturindikatoren, in: Wirtschaftsdienst Heft 7 (1971), S. 376 ff; **Rothschild, K. W.,** Wirtschaftsprognose, Methoden und Probleme, Berlin, Heidelberg, New York 1969.
10 Vgl. zu folgendem **Striegel, W. H.,** Konjunkturindikatoren aus qualitativen Daten, in: Ifo-Studien, 18. Jg. (1972), S. 185 ff.
11 Vgl. zu einer eingehenden Darstellung der ökonometrischen Prognosemodelle **Pütz, Th.,** Grundlagen der theoretischen Wirtschaftspolitik, Stuttgart 1974.
12 Vgl. Monatsberichte der Deutschen Bundesbank, 27. Jg., Mai 1975.

Entwicklung geben können. Generell bestehen jedoch noch gravierende Mängel hinsichtlich der Möglichkeit einer mittelfristigen Prognose.
Einen Beitrag zur frühzeitigen Diagnose von kritischen Konjunkturphasen lieferte auch der Sachverständigenrat[13] anhand seines **Gesamtindikators**, sowie des **Kosten- und Preisindikators** und des **Mengenindikators**. Dazu verdichtete der Sachverständigenrat Teilindikatoren wie die Auftragseingänge verschiedener Industrien, die Beurteilung von Fertigwarenlager, das Geldvolumen, die Zahl der Arbeitslosen, Tariflohnniveau je Stunde etc. zu einem Gesamtindikator. Der Gesamtindikator ist qualitativer Natur, da quantitative in qualitative Werte umgewandelt werden. Dabei werden beim zehnstufigen Gesamtindikator den einzelnen Teilindikatoren Zahlen zwischen 1 und 10 zugeordnet. Dies sei an folgendem Beispiel erläutert: Der Teilindikator »Zahl der Arbeitslosen« erhält als Normwert »keine Veränderung der Zahl der Arbeitslosen.« Steigt nun die Zahl der Arbeitslosen gegenüber dem Vorjahreszeitpunkt um bis zu 3 %, erhält der Indikator den Wert »6«. Beträgt der Anstieg mehr als 42 %, bekommt der Indikator den Wert »1«. Sinkt die Arbeitslosenzahl etwa um 15 %, ist der Wert des Teilindikators »7«. Nun wird für alle Indikatoren die Abweichung von dem vorgegebenen Normwert bestimmt und ihnen der entsprechende Wert zwischen 1 und 10 zugeordnet. Der arithmetische Wert aus der Summe aller Werte der Teilindikatoren gibt dann den Wert für den Gesamtindikator. Er ist etwa 10 Wochen nach dem betreffenden Referenzmonat verfügbar.
Übersteigt der Gesamtindikator den Wert »6«, so erreicht er den oberen Gefährdungsbereich bzw. den unteren Gefährdungsbereich, wenn sein Wert kleiner als »5« wird. Verläßt der Wert des Gesamtindikators also den Warnbereich, zeigt er den Konjunkturpolitikern die Notwendigkeit an, Maßnahmen zu ergreifen (vgl. Abbildung 13).
Eine Schwäche des Gesamtindikators wurde dadurch beseitigt, daß er in zwei Indikatoren, den Kosten- und Preisindikator sowie den Mengenindikator aufgespalten wurde.[14] Da in den Gesamtindikator nämlich sowohl reale Größen (Zahl der Arbeitslosen) als auch durch die Preisentwicklung bestimmte Größen (Industrielle Nettoproduktion) eingehen, wäre folgende Konstellation denkbar: Die realen Teilindikatoren haben einen niedrigeren Wert und andere einen hohen, da hohe Preissteigerungsraten diese Indikatoren aufblähen. Die Folge wäre, daß sich die Werte in etwa ausgleichen könnten und dadurch sich der Gesamtindikator innerhalb des Warnbereichs befände und keine konjunkturellen Fehlentwicklungen signalisieren würde, obwohl für den angenommenen Fall Unterbeschäftigung und Preissteigerungen vorlägen, also Stagflation herrschen würde.
Wie wichtig die Unterscheidung in den Kosten- und Preisindikator sowie den Mengenindikator ist, zeigt die Abbildung 13. Bis zum Jahre 1968 entwickelten sich beide Indikatoren – mit einer zeitlichen Verzögerung von etwa 1 1/2 Jahren – gleichgerichtet. Seit 1969 aber hat sich die Preis- und Kostenentwicklung von der Mengenentwicklung gelöst und verharrt trotz stark schwankender Produktion auf einem hohen Niveau (Stagflationsproblematik).
Was können diese Indikatoren nun für die Konjunkturdiagnose leisten? Der Sachverständigenrat betont dazu, daß zwischen der Entwicklung des Bruttoin-

---

13 Vgl. SVR Jahresgutachten 1970, Anhang VIII; SVR Jahresgutachten 1971, Anhang VI.
14 Zur Zusammensetzung der beiden Indikatoren vgl. SVR Jahresgutachten 1971, Anhang VI, Tabelle D.

Abbildung 13: Mengenindikator, Kosten- und Preisindikator.

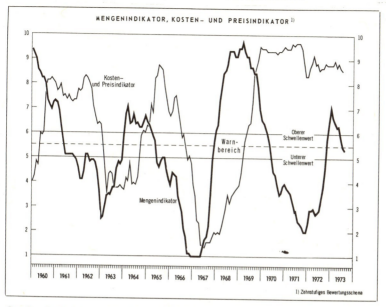

Quelle: SVR Jahresgutachten 1973, S. 183.

landsprodukts in der BRD und dem Gesamtindikator eine nahezu synchrone Entwicklung beider Reihen zu beobachten ist. »Es spricht vieles dafür, daß im Gesamtindikator, der aus heterogenen Bestandteilen konstruiert ist, die wesentlichen Elemente der konjunkturellen Dynamik erfaßt sind.«[15]
Ist mit diesen Indikatoren das **Diagnoseproblem** in etwa gelöst, so bereitet dem Sachverständigenrat, ebenso wie anderen Institutionen, die **Prognose** des künftigen Konjunkturverlaufs noch erhebliche Schwierigkeiten. Tabelle 16 zeigt eine Gegenüberstellung der Prognosen des Sachverständigenrates und der Jahresprojektionen der Bundesregierung mit der tatsächlichen Entwicklung einiger volkswirtschaftlichen Gesamtgrößen.
Man erkennt nur in sehr wenigen Fällen in etwa mit der tatsächlichen Entwicklung übereinstimmende Prognosen. Besonders starke Fehleinschätzungen über die zukünftige Entwicklung sind beim Export und den Bruttoinvestitionen zu verzeichnen, während die Preisentwicklung mit der relativ besten Genauigkeit vorausgesagt wurde.
Auf die Schwierigkeiten der Konjunkturprognose hat der Sachverständigenrat schon in seinem ersten Gutachten hingewiesen: »Entgegen manchen Vorstellungen, die da und dort bestehen mögen, kann man nicht erwarten, daß irgendjemand, auch nicht ein Gremium in der Lage ist, die künftige wirtschaftliche Entwicklung vorherzusehen. Was wir verantworten können, ist sehr viel weniger:

---

15 Ebenda, S. 155.

Tabelle 16: Gegenüberstellung der Prognosen des Sachverständigenrates und der Jahresprojektionen der Bundesregierung mit der tatsächlichen Entwicklung

Jahr	Preisentwicklung für den privaten Verbrauch			Wachstumsrate des realen Bruttosozialprodukts			Veränderungsrate des Exports			Veränderungsrate der Bruttoanlageinvestitionen			Veränderungsrate des Staatsverbrauchs		
	BR	SVR	tats[2]	BR	SVR	tats[1]	BR	SVR	tats[3]	BR	SVR	tats[3]	BR	SVR	tats[3]
1970	+4	+3,0	+3,8	+6	+4,5	+5,8	+9-10	+7,5	+11,8	+19,5	+13,0	+23,9	+10,5	+11,5	+14,6
1971	+3	+3,5	+5,3	+4,5-5,5	+5,0	+3,0	+10-11	+10,5	+ 9,9	+ 7-8	+10,0	+12,2	+12,5-13,5	+14,0	+19,8
1972	+4,5	+4,5	+5,5	+2-3	+5,0	+3,4	—	+ 6,0	+ 9,1	+3,5- 4,5	+ 3,5	+ 7,0	+10,5-11,5	+12,2	+12,1
1973	+5,5-6	+6-6,5	+6,9	+4,5-5,5	+6	+5,3	+12,5-13,5	+13,5	+19,6	+9,5-10,5	+11,5	+ 5,1	+11,5-12,5	+14	+14,9
1974	+8-9	+6,5	+7,0	+0-2	+2,5	+0,4	—	+10,5	+31,4	+4-6	+ 7,5	+ 9,8	+14-15	+14	+16,7
1975	+5-5,5	+5,5-6	+5,0	+2	+2	−3,5	+12-13	+13	−10	+4-6	+ 3	− 2,4	+10,5-11,5	+10,5	+11,7

1 In Preisen von 1962
2 Basisjahr 1962, nach 1972 Basisjahr 1970
3 In jeweiligen Preisen

Quellen: SVR Jahresgutachten seit 1969, Jahreswirtschaftsberichte der Bundesregierung seit 1970.

Wir können nur die Entwicklungen, die unsere Wirtschaft in der Zukunft nehmen könnte, der Reihe nach überprüfen, um aus dem weiteren Bereich der Möglichkeiten jene Zukunftshypothese herausfinden, die nach unserer Auffassung am besten mit den uns bekannten Tatsachen und Theorien in Einklang steht und die wir deshalb als unsere beste »Setzung« ansehen. Sie ist eine Projektion, der wir zwar eine größere Wahrscheinlichkeit beimessen als allen anderen, aber sie braucht noch nicht einmal eine hohe Wahrscheinlichkeit zu besitzen.«[16]

Eine Verbesserung der Konjunkturprognosen kann durch eine verbesserte und schnellere Information anhand von Statistiken geschehen. Darüber hinaus muß auch die Wirtschaftstheorie weiterentwickelt werden, um die Zusammenhänge zwischen dem Verhalten der Wirtschaftssubjekte und den daraus resultierenden Einflüssen auf die gesamtwirtschaftlichen Größen besser beschreiben zu können. Jedoch wird auch jede genauere Konjunkturprognose nur einen gewissen Wahrscheinlichkeitsgrad haben; denn es bleiben immer politische und ökonomische Faktoren, z. B. die Ölkrise, grundlegende politische Änderungen in Exportländern, Streiks etc., die nicht vorausgesagt werden können.

5.5.2.2 Zeitliche Probleme der Konjunkturpolitik

Wie schon erwähnt, ist ein Problem der Konjunkturdiagnose die zeitliche Verzögerung zwischen Änderungen im Wirtschaftsablauf und dem Erkennen dieser Änderungen anhand von Konjunkturindikatoren. Für eine effektive Konjunkturpolitik sind solche zeitlichen Verzögerungen entscheidend.

Man kann drei wichtige Zeitverzögerungen unterscheiden:
1) Die **Erkenntnisverzögerung** gibt den Zeitraum an, der verstreicht, bis die wirtschaftspolitischen Akteure anhand von Konjunkturindikatoren eine Veränderung der konjunkturellen Situation und die Notwendigkeit des konjunkturpolitischen Eingreifens erkennen.
2) Die **Entscheidungsverzögerung** gibt an, wie lange es nach dem Erkennen einer Konjunkturlage dauert, bis die wirtschaftspolitischen Maßnahmen ergriffen werden.
3) Die **Wirkungsverzögerung** ist die Zeit, die vom Einsatz eines konjunkturpolitischen Instruments bis zur vollen Wirkung auf die gewünschte Zielgröße (private Investitionen, Beschäftigung, Inflationsrate) vergeht.

Die drei genannten Verzögerungen sind unterschiedlicher Länge. Die **Erkenntnisverzögerung** beruht hauptsächlich auf **Informationsverzögerungen,** die durch die Erstellung von Statistiken entstehen. Sie beträgt etwa zwei bis drei Monate (z. B. Gesamtindikator 10 Wochen).

Die Dauer der **Entscheidungsverzögerung** hängt entscheidend von den wirtschaftspolitischen Akteuren und institutionellen Gegebenheiten ab. Sie wird für die Bundesbank relativ gering sein, da diese weder an Fristen gebunden ist noch bei der geldpolitischen Willensbildung der Einfluß von Interessengruppen eine große Rolle spielt. Anders ist das bei der Finanzpolitik, wo die Entscheidungsverzögerung erhebliche Zeiträume umfassen kann. Sie ist zum ersten davon abhängig, inwieweit Interessengruppen wie Parteien, Verbände, Gewerkschaften oder auch das Ausland versuchen, auf die beabsichtigten Handlungsweisen der Regierung Einfluß zu nehmen. Desweiteren hängt die Entscheidungsverzögerung von der Art des eingesetzten konjunkturpolitischen Instruments ab. Sie ist am

---

16 SVR Jahresgutachten 1964, Ziffer 217.

längsten, wenn die Maßnahmen vom Parlament beschlossen werden müssen. Kürzere Zeiträume ergeben sich, wenn etwa die Bundesregierung mit Zustimmung des Bundesrates aufgrund von Rechtsverordnungen Maßnahmen des Stabilitätsgesetzes ergreift.[17] Die Länge der Entscheidungsverzögerung bei finanzpolitischen Maßnahmen kann also nicht ohne weiteres angegeben werden. Sie wird je nach Maßnahme und Stärke des Einflusses von Interessengruppen zwischen drei und sechs Monaten liegen. Beispielhaft sei der Konjunkturabschwung der Jahre 1974/75 herangezogen. Obwohl seit Juni 1974 ein starkes Anwachsen der Arbeitslosigkeit zu verzeichnen war, wurden erst Ende September und Mitte Dezember von der Bundesregierung zwei Programme zur Konjunkturankurbelung beschlossen (vgl. Abbildung 12). In diesem Zusammenhang sei aber nicht verkannt, welchen Schwierigkeiten sich die Bundesregierung (und auch die Bundesbank) bei der Entscheidung über konjunkturpolitische Maßnahmen durch die unterschiedlichen Interessenlagen der Sozialpartner gegenübersieht. So sprach sich z. B. am 5.12.1975 der Präsident der Deutschen Arbeitgeberverbände gegen »ein abruptes Herumwerfen des Konjunkturruders durch ein breitflächiges Ankurbelungsprogramm«[18] aus, während an demselben Tag der Deutsche Gewerkschaftsbund ein Sechs-Punkte-Programm zur raschen Konjunkturbelebung vorlegte.[19]

Die längste Dauer zeigen die **Wirkungsverzögerungen** und zwar besonders bei der Geldpolitik, die ja die gesamtwirtschaftlichen Nachfragegrößen nur indirekt zu beeinflussen versucht. Zur Errechnung geldpolitischer Wirkungsverzögerungen liegen mehrere Untersuchungen vor, die für die BRD etwa eine Dauer von 4 bis 11 Monaten ergaben.[20] In den USA wurden zeitliche Verzögerungen zwischen 4 und 29 Monaten beobachtet, wobei der Durchschnitt bei etwa 14 Monaten lag.[21,22]

Über die Dauer der Wirkungsverzögerungen finanzpolitischer Maßnahmen können aufgrund fehlender Untersuchungen keine generellen Angaben gemacht werden. Sie variiert auch je nach Art des eingesetzten Instrumentes; staatliche Ausgaben wirken schneller als Steuervariationen auf die gesamtwirtschaftliche Nachfrage. Untersuchungen in den USA haben für die finanzpolitischen Wirkungsverzögerungen eine Dauer von etwa einem halben bis zu einem Jahr ergeben.[23]

---

17 Vgl. **Kromphardt, J.**, a.a.O., S. 251.
18 Vgl. Arbeitgeber gegen »abruptes Herumwerfen des Konjunkturruders«, in: Vereinigte Wirtschaftsdienste, Finanzen, vom 5.12.1974.
19 Vgl. DGB fordert unverzügliche Konjunkturbelebung, in: Frankfurter Rundschau vom 5.12.1974.
20 Vgl. **Müller, H.**, Die Bedeutung der time lags für die Wirksamkeit der Geld- und Kreditpolitik in der Bundesrepublik Deutschland, in: Weltwirtschaftliches Archiv, Bd. 100 (1968 I), S. 272 ff.
21 Vgl. **Friedman, M.**, A Programm for Monetary Stability, New York 1960, S. 86 ff.
22 Zu einer übersichtlichen Darstellung der Problematik vgl. **Badura, R.**, Time lags der Geldpolitik, in: Wirtschaftswissenschaftliches Studium, Heft 12 (1975), S. 557 ff. (Siehe auch Punkt 5.6.2.1).
23 Vgl. **Ando, A., Brown,** E., Lags in Fiscal Policy, in: Stabilisation Policies, A Series of Research Studies Prepared for the Commission on Money and Credit, Englewood-Cliffs, 1963, S. 9 ff (zitiert nach Kromphardt, J. a.a.O., S. 255).

Berücksichtigt man alle drei Wirkungsverzögerungen, ergibt sich im günstigsten Fall ein Zeitraum von etwa einem ¾ Jahr. Unter ungünstigen Umständen kann vom Zeitpunkt der Änderung der konjunkturellen Situation bis zur Wirkung der wirtschaftspolitischen Instrumente auf die wirtschaftlichen Größen ein Zeitraum von 18 und mehr Monaten vergehen. Solch lange Verzögerungen bergen die Gefahr in sich, daß ergriffene konjunkturpolitische Maßnahmen nicht mehr auf die konjunkturelle Situation treffen, für die sie ergriffen wurde, sondern auf eine sich schon gewandelte Konjunktur. So können etwa Maßnahmen zur Konjunkturbelebung sich nicht mehr in der Rezession auswirken, sondern einen schon begonnenen Konjunkturaufschwung anheizen. Statt einer beabsichtigten Konjunkturglättung kommt es zu einer Verstärkung der Konjunkturbewegung.

Um diese Gefahr zu beseitigen, ist eine Verkürzung der verschiedenen zeitlichen Verzögerungen notwendig. Jedoch sind hier Grenzen gesetzt. Die Erkennungsverzögerung läßt sich nur noch in geringem Maße durch schnellere Erstellung von Statistiken verringern. Auch auf die Wirkungsverzögerung kann direkt wenig Einfluß genommen werden, da sie entscheidend vom Verhalten der Wirtschaftssubjekte abhängt. Denkbar sind hier etwa Appelle der wirtschaftspolitischen Akteure an Konsumenten, Investoren, Kreditinstitute etc., sich konjunkturgerecht zu verhalten und die ergriffenen Maßnahmen zu unterstützen bzw. anzunehmen.

Die Realität zeigt aber, daß diesem Vorgehen bisher wenig Erfolg beschieden war. Appelle der Bundesregierung im Jahre 1975 an die Konsumenten, mehr zu konsumieren, um die gesamtwirtschaftliche Nachfrage anzukurbeln, blieben ohne Resonanz. Vielmehr stieg die Sparquote weiter an.

Möglichkeiten liegen dagegen in der Verringerung der Entscheidungsverzögerung. Durch bessere Koordination, vorbereitete Konjunkturprogramme, beschleunigte Gesetzgebungsverfahren, weniger Rücksicht auf Gruppeninteressen aber auch durch bessere Einsicht in die Notwendigkeit, konjunkturpolitisch eingreifen zu müssen, lassen sich die Entscheidungsverzögerung bei der Konjunkturpolitik der Gebietskörperschaften verringern.

5.5.2.3 Das Problem der Dimensionierung der konjunkturpolitischen Maßnahmen

Erschwert wird eine wirksame Konjunkturpolitik weiterhin durch das Problem der **Dimensionierung** konjunkturpolitischer Maßnahmen: Um welchen Prozentsatz müssen Steuer- und Zinssätze geändert werden, welche Höhe müssen Konjunkturprogramme haben, um welchen Prozentsatz muß der Wechselkurs verändert werden, damit sich quantitativ beabsichtigte Wirkungen auf die gesamtwirtschaftliche Nachfrage, die Inflationsrate etc. zeigen?

Um hier auch nur annähernd genaue Aussagen machen zu können, bedarf es vielfacher Überlegungen. An einigen Beispielen sei dies erläutert:

Die Bundesregierung schätzte die Steuerentlastung der privaten Wirtschaftssubjekte durch die Steuer- und Kindergeldreform für 1975 auf etwa 15 Mrd. DM[24] und hoffte, daß diese Erhöhung des verfügbaren Einkommens vor allem die Konsumnachfrage anregen werde, die wiederum über den Multiplikator- und Akzeleratoreffekt[25] die anderen Nachfragekomponenten stimulieren sollten. Um

---

24 Vgl. Bundesministerium der Finanzen (Hrsg.), Der Finanzplan des Bundes 1975 bis 1979, Bonn 1975, S. 7.
25 Vgl. Punkte 3.2.2.3, 3.3.

diese Wirkungen abschätzen zu können, sind Kenntnisse über die Sparquoten der betroffenen Wirtschaftssubjekte, die derzeitige Investitionsneigung der Unternehmer etc. notwendig. Werden diese Faktoren falsch eingeschätzt, so werden die Auswirkungen auf das Sozialprodukt und die Beschäftigung geringer oder größer sein als erwartet. Wenn auch die Steuerreform kein Bestandteil eines Konjunkturbelebungsprogramms war, wird kritisiert, daß die Bundesregierung offensichtlich weit übertriebene Vorstellungen von den nachfragebelebenden Folgen der Steuersenkung hatte und sich deswegen anderer Instrumente nur in bescheidenem Umfang bediente. Ebenso sind die Annahmen über die Auswirkung der Investitionsprämie, deren Kosten auf sechs Milliarden DM geschätzt werden, nicht eingetroffen, da nur eine geringfügige Nachfragesteigerung bei den Investitionen festzustellen war.[26]
Zu diesen Maßnahmen wurden 1974/75 noch Konjunkturprogramme in Höhe von etwa 9,3 Mrd. durchgeführt (vgl. Punkt 5.4.), ohne daß eine entscheidende Nachfragebelebung einsetzte, da gleichzeitig die Auslandsnachfrage zurückging. Im Nachhinein kann also festgestellt werden, daß die staatlichen Konjunkturprogramme nicht ausreichten, im Jahre 1975 eine schnelle Belebung der gesamtwirtschaftlichen Nachfrage zu erreichen. Offen bleibt aber die Frage, wie die Ausgaben und Anreize hätten dimensioniert werden müssen, um einen stabilitätsgerechten Konjunkturaufschwung herbeizuführen.
Das entgegengesetzte Beispiel liefert der Konjunkturaufschwung nach 1967, als der damalige Wirtschaftsminister Schiller einen »Aufschwung nach Maß« versprach. »Mit diesem Versprechen gewann Professor Schiller die parlamentarische Zustimmung für massive staatliche Ankurbelungsprogramme und auch die Finanzierungszusage der Notenbank – zumindest für den ersten Teil seiner Investitionspläne. Inzwischen ist es zur sicheren Erkenntnis geworden, daß die damaligen Ankurbelungsmaßnahmen überdimensioniert waren. Anstelle des Aufschwungs nach Maß entwickelte sich ein maßloser Boom, der alle bis dahin gekannten Grenzen der Preisbewegung sprengte. Die im Jahre 1967 unter Opfern wiedergewonnene Stabilität ging bald verloren.«[27]
Das Problem der richtigen Dimensionierung konjunkturpolitischer Maßnahmen, das selbstverständlich sehr eng mit dem Problem des richtigen zeitlichen Einsatzes zusammenhängt, kann nur durch verbesserte Wirkungsprognosen gelöst werden, d. h. mit Prognosen, die versuchen, die quantitativen und zeitlichen Auswirkungen der ergriffenen Maßnahmen zu erfassen. Da diese Prognosen immer von bestimmten angenommenen Verhaltensweisen der Wirtschaftssubjekte ausgehen müssen, hängt die Güte der Prognosen entscheidend von der Richtigkeit der unterstellten Hypothesen ab. Da sich diese Annahmen über die wirtschaftlichen Zusammenhänge im Zeitablauf ändern können, wird es für die Konjunkturpolitiker immer schwierig sein, die ihnen zur Verfügung stehenden Instrumente quantitativ und zeitlich richtig einzusetzen. Deshalb sind in der praktischen Konjunkturpolitik Erfahrung und Intuition immer noch wichtige Entscheidungsgrundlagen.[28]
Gerade dies ist aber ein entscheidender Angriffspunkt gegen die geld- und finanzpolitische Konjunkturpolitik, der oft wegen der ihr immanenten Probleme die Fähigkeit abgesprochen wird, überhaupt konjunkturstabilisierend zu wirken.

---

26 Vgl. **Hamm, W.,** Versagt die Konjunkturpolitik?, in: FAZ vom 22. 11. 1975.
27 Berliner Handels-Gesellschaft-Frankfurter Bank, Sachverständigenrat: In den Wind gesprochen?, in: Wirtschaftsdienst Nr. 960 vom 7. Dezember 1974.
28 Vgl. **Neuhauser, G.,** a.a.O., S. 144.

Es wird deshalb oft die Forderung erhoben, erst gar keine Konjunkturpolitik zu betreiben, sondern andere Elemente einer stabilisierenden Wirtschaftspolitik einzuführen (vgl. hierzu Punkt 6.4.).

5.5.3 Gesellschaftliche und politische Probleme der Konjunkturpolitik

Neben den mehr technisch bedingten Problemen einer wirksamen Konjunkturpolitik sind vor allem gesellschaftliche und politische Gründe dafür maßgebend, daß eine an der Globalsteuerung ausgerichtete Wirtschaftspolitik die gesamtwirtschaftlichen Ziele – vor allem das Ziel der Preisniveaustabilität – nur unvollständig erreicht. Einige der in unserer Wirtschafts- und Gesellschaftsordnung auftretenden Hemmnisse sollen im folgenden erläutert werden.

5.5.3.1 Mangelnde Koordination der Entscheidungsträger

Die Bundesrepublik ist durch die Pluralität von Entscheidungsträgern gekennzeichnet, die für den Einsatz und den Ausbau von stabilitätspolitischen Instrumenten verantwortlich sind. Die oft unzureichende Koordination zwischen den konjunkturpolitischen Akteuren verhindert vielfach eine effiziente Politik. Besonders aber dadurch, »daß die nationalen Instanzen durch zunehmende Kompetenzen und wachsenden Einfluß internationaler Organisationen sowie supranationaler Entscheidungsträger in ihren Aktionen eingeengt werden.« [29]

Der verfassungsrechtliche und gesetzliche Rahmen für die Abstimmung der Finanz- und Haushaltspolitik der Gebietskörperschaften in der BRD wird durch Artikel 109 GG, § 1 StWG und § 51 des Haushaltsgrundsätzegesetzes[30] gegeben. Nach Artikel 109 Abs. 1 GG sind Bund und Länder in ihrer Haushaltswirtschaft selbständig und unabhängig voneinander, so daß die Abstimmung haushalts- und finanzpolitischer Maßnahmen zwischen Bund und Ländern grundsätzlich nur auf freiwilliger Basis erfolgen kann. Artikel 109, Abs. 2 GG schreibt aber vor, daß Bund und Länder bei ihrer Haushaltswirtschaft den Erfordernissen des gesamtwirtschaftlichen Gleichgewichts Rechnung zu tragen haben. § 16 Abs. 1 StWG bindet auch die Gemeinden und Gemeindeverbände an diese Ziele.

Zur Koordination der Haushalts- und Finanzpolitik der Gebietskörperschaften wurden zwei Gremien geschaffen, der **Konjunkturrat** und der **Finanzplanungsrat,** der in § 51 Haushaltsgrundsätzegesetz geregelt ist.

Der **Konjunkturrat** setzt sich gemäß § 18 StWG zusammen aus den Bundesministern für Wirtschaft und der Finanzen, je einem Vertreter eines jeden Bundeslandes sowie vier Vertretern der Gemeinden und Gemeindeverbände. Seine Aufgaben liegen in der Beratung aller zur Erreichung der Ziele des § 1 StWG erforderlichen konjunkturpolitischen Maßnahmen sowie der Möglichkeiten zur Deckung des Kreditbedarfs der öffentlichen Haushalte. Die Deutsche Bundesbank hat das Recht, an den Beratungen teilzunehmen. Der Konjunkturrat »dient einerseits der

---

29 Bundesministerium der Wirtschaft (Hrsg.), Grundfragen der Stabilitätspolitik, Gutachten des wissenschaftlichen Beirats beim Bundesministerium für Wirtschaft, Göttingen (1973), S. 6.
30 Vgl. Gesetz über die Grundsätze des Haushaltsrechts des Bundes und der Länder vom 19. 8. 1969, BGBl. I, S. 1273. Vgl. auch Gesetzesauszug im Anhang dieses Buches S. 195 ff.

Bundesregierung dazu, konjunktur- und haushaltspolitische Entscheidungen der Länder und Gemeinden zu beeinflussen, andererseits ermöglicht er den Ländern und Gemeinden, Einfluß auf konjunktur- und haushaltspolitische Entscheidungen des Bundes zu nehmen.«[31] Ihm fehlt aber jegliche Entscheidungsbefugnis; er kann die Entscheidungen nur mit vorbereiten. Die politische Verantwortung liegt ausschließlich bei den verschiedenen Regierungen. Dies trifft auch für den Finanzplanungsrat zu.

Dem **Finanzplanungsrat** gehören die Bundesminister der Finanzen und für Wirtschaft sowie die Finanzminister der Länder und vier Gemeindevertreter an. Auch hier hat die Bundesbank ein Teilnahmerecht. Der Finanzplanungsrat gibt Empfehlungen für eine Koordinierung der Finanzplanungen des Bundes, der Länder und der Gemeinden und Gemeindeverbände. Dabei sollen eine einheitliche Systematik der Finanzplanungen aufgestellt sowie einheitliche volks- und finanzwirtschaftliche Annahmen für die Finanzplanungen und Schwerpunkte für eine den gesamtwirtschaftlichen Erfordernissen entsprechende Erfüllung der öffentlichen Aufgaben ermittelt werden.

Beiden Räten ist somit gemeinsam, daß sie lediglich beratend und empfehlend tätig werden können und keine Entscheidungsbefugnisse haben. Eine Koordination der haushalts- und finanzpolitischen Maßnahmen kann deshalb nur durch Einsicht in die Notwendigkeit erfolgen. Jedoch stehen in einem förderativ aufgebauten Staat einem gleichgerichteten Handeln besonders die Schwierigkeiten entgegen, daß eine Vielzahl von unabhängigen Entscheidungsträgern (Bund, Länder, Gemeinden, Gemeindeverbände) besteht, deren Interessen infolge der unterschiedlichen Aufgabenstellung und unterschiedlicher politischer Parteien einander oft konträr sind[32] und sich besonders Länder und Gemeinden nicht für eine Gesamtwirtschaftspolitik verantwortlich fühlen.

Aufgrund der rechtlichen Konstruktion der beiden Räte und den Gegebenheiten eines förderalen Staates sind die Erfolge hinsichtlich der Koordinierung konjunkturpolitischer Maßnahmen bisher bescheiden ausgefallen, da sich die Gebietskörperschaften zumeist nicht simultan und konjunkturgerecht verhalten haben.

Erheblich größere Schwierigkeiten tauchen bei einer **internationalen Koordination** der Konjunkturpolitik auf, zu der die Bundesregierung nach § 4 StWG aufgerufen ist, wenn die binnenwirtschaftliche Stabilität durch außenwirtschaftliche Störungen gefährdet ist (vgl. hierzu Punkt 6. 1.).

5.5.3.2 Vermachtung der Gütermärkte

Die ökonomischen Entwicklungen in vielen Volkswirtschaften haben in den letzten Jahren immer deutlicher werden lassen, daß die Konjunkturpolitik besonders hinsichtlich der Bekämpfung der Inflation wenig erfolgreich war. Auch in Zeiten konjunktureller Abschwächung waren keine entscheidenden Erfolge gegen die Inflation zu verbuchen. Vielmehr ist ein treppenförmiges Ansteigen des Preisniveaus zu beobachten: In Rezessionsphasen verlangsamt sich der Preisanstieg lediglich ohne daß die Preise sinken, in Aufschwungsphasen dagegen erhöht sich das Preisniveau stark. Die Löhne und Preise sind nach unten relativ starr, nach oben aber voll flexibel. Das hat zur Folge, daß konjunkturbelebende Maß-

---

31 Möller, A., a.a.O., S. 221.
32 Vgl. hierzu, **Geske, O.-E.**, Koordinierung der Finanzpolitiken von Bund, Ländern und Gemeinden, in: Wirtschaftsdienst Heft 7 (1975), S. 368 ff.

nahmen sich sofort in Preis- und Lohnsteigerungen niederschlagen, während restriktive Eingriffe relativ gering auf Lohn- und Preisentwicklung Einfluß nehmen können, sondern sich hauptsächlich in einem Rückgang der Produktion und der Beschäftigung niederschlagen (vgl. hierzu als Bsp. die Entwicklung des Preis- und Mengenindikators für die BRD in Abbildung 13), also zu stagflationären Entwicklungen führen können (vgl. Punkt 4.3.).
Bei der Erörterung der verschiedenen Inflationsursachen (vgl. Punkt 4.) wurde als eine mögliche Ursache die Vermachtung der Gütermärkte genannt, d. h. die Anbieter besitzen Preisspielräume, die relativ unabhängig von der Nachfrageseite sind. Als Ursachen der Anbietermacht sind fortschreitende horizontale, vertikale und konglomerate Konzentration zu nennen. Die Gütermärkte sind also immer mehr durch oligopolistische Strukturen sowie multinationale Konzerne gekennzeichnet, die einerseits die konjunkturpolitischen Maßnahmen unterlaufen können (z. B. durch die Möglichkeit, sich international zu finanzieren) bzw. andererseits durch ihre Entscheidungen selbst gesamtwirtschaftliche Größen beeinflussen können, z. B. durch massiven Einsatz von Devisen eine Kursänderung einer Währung erzwingen oder durch Verlagerung der Produktion in das Ausland die Beschäftigung negativ beeinflussen.
Die Macht auf der Anbieterseite führt in zunehmenden Maße zu einer Beeinträchtigung der Konjunkturpolitik. Der Sachverständigenrat stellt deshalb auch fest: »Je größer die Marktmacht in der Volkswirtschaft ist und je weniger reagibel deshalb die Preise sind, desto stärker muß die Gesamtnachfrage gedämpft werden, um den Preisauftrieb in gewolltem Maße zu verringern. Vollbeschäftigung, stetiges Wachstum und Preisstabilität miteinander zu vereinbaren, wird daher um so schwerer gelingen, je stärker die Marktmacht großer Anbieter und der großen gesellschaftlichen Gruppen ist.«[33]
Da also die konjunkturpolitischen Anstrengungen wenig Erfolg besonders im Hinblick auf die Stabilisierung des Preisniveaus zeigen, wenn Machtpositionen auf Gütermärkten herrschen, muß die Konjunkturpolitik in dieser Hinsicht durch andere staatliche Bemühungen, nämlich die Wettbewerbspolitik unterstützt werden, die versuchen muß, diese Machtpositionen erst gar nicht entstehen zu lassen oder sie zu kontrollieren bzw. zu neutralisieren (vgl. hierzu Punkt 6.3.)

5.5.3.3 Tarifautonomie

Die Wirksamkeit der Globalsteuerung wird aber nicht nur von der Marktmacht auf der Unternehmerseite negativ beeinflußt: »So wahr es ist, daß sehr viele Marktpreise unter dem Einfluß von Marktmacht gebildet werden – und bisher ohne wirksame Kontrolle – so wahr ist auch, daß die Lohnsätze der großen Tarifbereiche die mit Abstand wichtigsten unter ihnen sind. Und während für den Bereich der unternehmerischen Preispolitik jetzt der Anfang mit einer wirksamen Mißbrauchspolitik gemacht werden soll, gehört es nach wie vor zu den unumstrittenen Grundsätzen der Wirtschaftspolitik, die tarifpolitische Autonomie der Arbeitsmarktparteien solange als irgend möglich zu verteidigen.«[34]
Da sich auf der Gewerkschaftsseite in den letzten Jahren auch mehr Macht angesammelt hat, konnten sie ihre starke Stellung bei den Lohnverhandlungen verstärkt ausnutzen, um zu versuchen, die Verteilung des Volkseinkommens zu-

---

33 SVR Jahresgutachten 1972, Ziffer 468.
34 SVR Jahresgutachten 1973, Ziffer 325.

gunsten der Arbeitnehmer allgemein, bzw. für spezielle Arbeitnehmergruppen zu verändern. Diesem Bestreben versucht sich die Unternehmensseite durch Preiserhöhungen zu widersetzen, um ihrerseits den Anteil am Volkseinkommen zu halten bzw. zu vergrößern. Dieser Verteilungskampf um das Sozialprodukt, an dem sich auch der Staat und das Ausland beteiligen (vgl. Punkt 4.2.4.), führt je nach Standpunkt zur Lohn-Preis-Spiralen oder zur Preis-Lohn-Spiralen, die fast unabhängig von der jeweiligen Konjunkturphase weiterlaufen und den wirksamen Einsatz der üblichen stabilitätspolitischen Instrumente erschweren oder unmöglich machen.

Der Verteilungskampf wird von Regierungsseite dann erleichtert, wenn sie verspricht, eine Vollbeschäftigungspolitik zu betreiben. In diesem Falle braucht die Gewerkschaftsseite keine Furcht davor zu haben, daß übermäßige Lohnerhöhungen zu einem Rückgang der Nachfrage nach Arbeit und damit zu Arbeitslosigkeit führen könnten. Auf eine solche Vollbeschäftigungsgarantie konnten sich die Tarifparteien in der BRD in der Vergangenheit oft verlassen, da die zur Aufrechterhaltung der Vollbeschäftigung notwendige gesamtwirtschaftliche Nachfrage durch das Ausland in Verbindung mit einer expansiven oder zumindest nicht ausreichend restriktiven Geld- und Fiskalpolitik gewährleistet war.[35]

Fazit ist somit: Tarifautonomie einerseits und Vollbeschäftigung sowie Preisniveaustabilität andererseits sind nicht ohne weiteres vereinbar, wenn durch beiderseitige Marktmacht Lohnabschlüsse vereinbart werden, die stabilitätswidrig sind, also die Vollbeschäftigung und Preisniveaustabilität gefährden. Bei stabilitätswidriger Ausnutzung der Tarifautonomie ist die Konjunkturpolitik mit ihrem Instrumentarium zumindest nicht in der Lage, sowohl Preisniveaustabilität als auch Vollbeschäftigung zu erreichen.

Um bei anhaltendem Verteilungskampf der sozialen Gruppen um das Sozialprodukt die Ziele des Stabilitätsgesetzes erreichen zu können, bedarf die Konjunkturpolitik wiederum einer Absicherung durch eine zusätzliche Politik, die Einkommenspolitik (vgl. hierzu Punkt 6.5.).

5.5.3.4 Steigende Anforderungen an staatliche Leistungen und Transfers[36]

Der Verteilungskampf um das Sozialprodukt findet wie erwähnt auch zwischen den privaten Wirtschaftssubjekten und dem Staat statt. Die Individuen fordern vom Staat immer mehr öffentliche Güter und Dienstleistungen sowie Unterstützungszahlungen (Transferleistungen). Dazu braucht der Staat aber zusätzliche finanzielle Mittel, die er nur durch eine Einkommensumverteilung vom privaten Sektor zum staatlichen Sektor erhalten kann. Diese Umverteilung ist nur über höhere Steuern und Abgaben zu erreichen. Jedoch streuben sich die Privaten Wirtschaftssubjekte gegen diesen Versuch: Gewerkschaften rechnen höhere Steuern in ihre Lohnforderungen ein und die Unternehmen versuchen die höheren Belastungen auf die Preise zu überwälzen. Beide soziale Gruppen versuchen also ihren realen Besitzstand zu verteidigen. Folge dieses indirekten Verteilungskampfes sind Preissteigerungen, da die Ansprüche an das reale Sozialprodukt zu groß sind.

Auch diesen Preissteigerungstendenzen steht die Konjunkturpolitik relativ machtlos gegenüber, da sie nicht das Verhalten des privaten Sektors dahinge-

---

35 Grundfragen der Stabilitätspolitik, a.a.O., S. 10.
36 Vgl. zu diesem Punkt: Grundfragen der Stabilitätspolitik, a.a.O., S. 14 ff.

hend beeinflussen kann, daß die privaten Wirtschaftssubjekte entweder ihre Ansprüche an staatliche Leistungen mindern oder bereit sind, reale Teile ihres Einkommens an den Staat abzutreten. Dieser »freiweilligen« Lösung des Verteilungskonflikts ist in der Wirtschaftsordnung der Sozialen Marktwirtschaft aber der Vorrang zu geben vor Maßnahmen des Staates, mit denen er in diese Ordnung zum Teil marktinkonform eingreifen würde (vgl. hierzu Punkt 6.8.).

5.5.4 Probleme der Zielkonflikte

Gemäß § 1 Abs. 2 StWG sind Bund und Länder verpflichtet, die vier gesamtwirtschaftlichen Ziele gleichzeitig zu verfolgen, dabei bedeutet gleichzeitig nicht gleichermaßen. »Die Verpflichteten können eine politische Priorität setzen, wenn eines der Ziele besonders gefährdet ist. Die Verwirklichung eines der Ziele ohne ausreichende Rücksichtsnahme auf die anderen ist jedoch ausgeschlossen.«[37] Wie schnell die Prioritäten wechseln können, zeigen für die BRD die Jahre 1973/74. Stand bis Ende des Jahres 1973 das Ziel »Preisniveaustabilität« im Vordergrund der wirtschaftspolitischen Bemühungen, so mußten im Verlauf des Jahres 1974 Maßnahmen zur Bekämpfung der sich verstärkenden Arbeitslosigkeit ergriffen werden, obwohl die Inflationsrate ebenfalls weiter stieg. Die Entscheidung über die Priorität der Ziele fällt dabei nicht nur nach wirtschaftlichen Gesichtspunkten, sondern vor allem auch nach politischen Nützlichkeitserwägungen. Der Politiker wird das Ziel bevorzugt anstreben, das auch in der Bevölkerung den höchsten Stellenwert besitzt.

Eine Entscheidung über die Prioritäten der einzelnen wirtschaftspolitischen Grundziele brauchte dann nicht getroffen zu werden, wenn diese Ziele miteinander harmonieren würden, d. h. wenn die Maßnahmen zur Erhöhung des Zielerfüllungsgrades eines Ziels auch gleichzeitig den Zielerfüllungsgrad eines anderen Ziels verbesserte. Dies ist in der wirtschaftlichen Realität nur äußerst selten der Fall. Vielmehr konkurrieren in den meisten Fällen die Ziele miteinander, d. h. die Erhöhung des Zielerfüllungsgrades bei einem Ziel bewirkt eine Verschlechterung der Zielerfüllung eines anderen Ziels. In diesem Falle tauchen dann Konflikte zwischen den einzelnen Zielen auf, die von den wirtschaftspolitischen Akteuren Prioritätsentscheidungen erfordern oder sie dazu anhalten, Maßnahmen zu ergreifen, um die Konfliktsituationen zu lösen. Im folgenden sollen nun die wichtigsten Zielbeziehungen der wirtschaftspolitischen Grundziele näher untersucht werden. Dabei wird nur auf die Darlegung der Zielbeziehungen eingegangen. Die möglichen wirtschaftspolitischen Maßnahmen zur Entschärfung der Zielkonflikte erfolgen gesondert unter Punkt 6.

Zwischen den vier Zielen des Stabilitätsgesetzes bestehen theoretisch sechs Zielbeziehungen. Bezieht man das Verteilungsziel mit ein, existieren zwischen den fünf Zielen schon zehn Zielbeziehungen.

5.5.4.1 Zielkonflikt Preisniveaustabilität – Vollbeschäftigung

In der wirtschaftspolitischen Diskussion spielt besonders der Konflikt zwischen den Zielen Geldwertstabilität und Vollbeschäftigung eine bedeutende Rolle. Dabei wird davon ausgegangen, daß eine hohe Beschäftigung des Produktionsfaktors Arbeit automatisch mit hohen Preissteigerungsraten verbunden ist und eine

---

[37] **Möller, A.,** Kommentar zum Gesetz zur Förderung . . ., a.a.O., S. 91.

relative Preisniveaustabilität nur durch einen gewissen Prozentsatz an Arbeitslosen erkauft werden kann. Zurückzuführen ist diese Behauptung auf eine empirische Untersuchung von **Phillips**, der für Großbritannien festgestellt hat, daß die Veränderungsrate der Nominallöhne abhängig ist von der Arbeitslosenquote. Und zwar derart, daß je stärker die Nachfrage nach Arbeitskräften ist, um so höhere nominale Lohnforderungen durchsetzbar sind.[38] Weitere empirische Untersuchungen erweiterten diesen Zusammenhang, indem sie eine Abhängigkeit zwischen den Preissteigerungsraten und der Arbeitslosenquote feststellten, da angenommen wurde, daß zwischen den Lohnerhöhungen und dem gesamtwirtschaftlichen Preisniveau eine enge Relation besteht. Dazu wurden in ein Koordinatensystem die für eine Reihe von Jahren beobachteten Werte der Preissteigerungsraten und der Arbeitslosenquoten eingetragen und anhand der Regressionsanalyse ein statistischer Zusammenhang zwischen beiden Größen abgeleitet. In Abbildung 14 sind die entsprechenden Werte der Tabelle 17 abgetragen.

Abbildung 14: Der Konflikt zwischen Preisniveaustabilität und Vollbeschäftigung in der BRD 1958–1975.

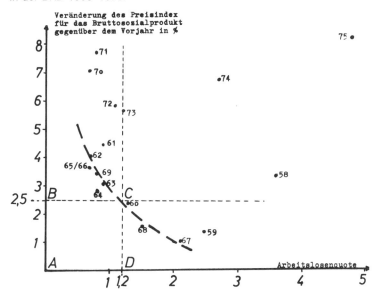

Zeichnet man nun durch die einzelnen Wertepaare eine sogenannte Regressionskurve, die versucht, sich dem Punktebild möglichst gut anzupassen, so erhält man die sogenannte **modifizierte Phillipskurve** als statistischen Zusammenhang zwischen der Inflationsrate und der Arbeitslosenquote. Diese Kurve dient oft dazu, die Unvereinbarkeit zwischen den Zielen Vollbeschäftigung und Preis-

---

38 Vgl. **Phillips, A. W.**, The Relation between Unemployment and the Rate of Change of Money Wage Rates in the United Kingdom, 1862–1957, in: Economica, Vol. 25 (1958), S. 282 ff.

Tabelle 17: Der „Phillips"-Konflikt für die BRD 1958–1975

Jahr	1958	59	60	61	62	63	64	65	66
Steigerung des Preisindex für das Bruttosozialprodukt	3,4	1,4	2,4	4,5	4,1	3,1	2,7	3,6	3,6
Arbeitslosenquote	3,6	2,5	1,3	0,9	0,7	0,9	0,8	0,7	0,7

Jahr	1967	68	69	70	71	72	73	74	75
Steigerung des Preisindex für das Bruttosozialprodukt	1,1	1,6	3,5	7,1	7,7	5,9	5,7	6,8	8,3
Arbeitslosenquote	2,1	1,5	0,8	0,7	0,8	1,1	1,2	2,6	4,8

Quelle: Siehe Tabellen 2 und 4.

niveaustabilität zu beweisen; denn zumindest in den Jahren 1959 bis 1970 gingen hohe Inflationsraten mit geringen Arbeitslosenquoten und relativ stabiles Preisniveau mit größerer Unterbeschäftigung einher.[39] Eine Untersuchung für die Bundesrepublik hat für den Zeitraum zwischen 1958 und 1966 ergeben, daß bei einer Arbeitslosigkeit von etwa 3,5 % Preisniveaustabilität besteht.[40] Als Erklärung für diesen Konflikt werden etwa folgende Argumente angeführt:[41]

1) Bei Erreichen der Vollbeschäftigung werden die Kapazitäten der Produktionsfaktoren Arbeit und Kapital voll ausgelastet, was mit höheren Kosten verbunden ist, da die kostenminimale Auslastung überschritten wird. Die steigenden Kosten üben dann einen Druck auf die Preise aus.
2) Mit zunehmendem Beschäftigungsgrad steigen die Gewinne der Unternehmen, was den Gewerkschaften die Durchsetzung höherer Lohnsteigerungen erleichtert. Die dadurch entstehenden höheren Kosten und die möglichen Nachfragesteigerungen wirken preissteigernd.
3) Andererseits fällt das gesamtwirtschaftliche Preisniveau nicht, wenn die volkswirtschaftliche Gesamtnachfrage unter das Vollbeschäftigungsniveau sinkt, da sich die Gewerkschaften gegen Lohnsenkungen zur Wehr setzen und in vermachteten Märkten die Flexibilität der Güterpreise nach unten sehr gering ist.

---

39 Vgl. zur Übersicht über diese Diskussion **Woll, A.**, Das Phillips-Theorem, in: Das Wirtschaftsstudium, Heft 5 (1975), S. 241 ff; **Ramser, J.**, Die Phillips-Kurve und ihre wirtschaftspolitische Bedeutung, in: Wirtschaftswissenschaftliches Studium, Heft 4 (1975), S. 164 ff.
40 Vgl. **Maneval, H.**, Preis für die Stabilität und Vollbeschäftigung, in: Der Volkswirt, Nr. 13 vom 28. 3. 1969, S. 44 f.
41 Vgl. **Kromphardt, J., Müller R.**, Phillipskurve-Überstrapazierte Theorie, in: Der Volkswirt, Nr. 33 vom 15. 8. 1969, S. 32 f.

Die Existenz der Phillips-Kurve wird also vornehmlich durch die Kostendruckthese von Lohnerhöhungen bzw. durch einen Nachfragesog auf dem Arbeitsmarkt erklärt, deren inflationäre Wirkungen durch das machtdeterminierte Verhalten der Gewerkschaften und der Unternehmer verstärkt wird.
Neben der Aussage, daß Preissteigerungen mit Vollbeschäftigung einhergehen, besagt die Phillips-Kurve auch noch folgendes:
1) Der Versuch, schon vorhandene Preissteigerungstendenzen rückgängig zu machen bzw. nur zu stoppen, bringt infolge der Starrheit der Preise und Löhne nach unten Unterbeschäftigung mit sich.
2) Eine Vollbeschäftigungspolitik führt schon vor Erreichen der Vollbeschäftigung zu Preissteigerungen.[42]

Die Phillips-Kurve und die daraus abgeleiteten Ergebnisse bedürfen nun aber einer genaueren Diskussion, da eine unkritische Handhabung der erörterten Zusammenhänge zu verfehlten wirtschaftspolitischen Schlußfolgerungen führen kann. Als Beispiel kann hier etwa die Aussage des früheren Wirtschaftsministers Schmidt herangezogen werden, »daß das deutsche Volk – zugespitzt – 5 Prozent Preisanstieg eher vertragen kann als 5 Prozent Arbeitslosigkeit.«[43] Dieser Ausspruch zeigt nämlich, daß der Zielkonflikt zwischen den beiden Zielen als gegeben und unveränderbar angenommen wird, es also nur die Alternative entweder 5 % Arbeitslosigkeit bei Preisniveaustabilität oder Vollbeschäftigung bei 5 % Inflation geben kann. Es ist also zu prüfen, ob dieser Konflikt für eine Vokswirtschaft für ewig besteht oder ob es nicht Möglichkeiten zu seiner Entschärfung gibt.
Zur Philipps-Kurve sind deshalb folgende kritischen Anmerkungen zu machen:
1) Die Phillips-Kurve wurde durch die statistische Methode der Regressionsanalyse abgeleitet. Dies bedeutet, daß nur ein statistischer Zusammenhang zwischen Inflationsrate und Beschäftigungsgrad besteht, was nicht auch einen kausalen Zusammenhang impliziert. Preissteigerungen können nämlich auch durch andere Faktoren als nur den Arbeitsmarkt verursacht werden, etwa durch die importierte Inflation, Gewinninflation, durch gestiegene Rohstoffpreise. Diese Kausalitäten kann eine bestimmte Phillips-Kurve nicht berücksichtigen.
2) Empirische Untersuchungen in verschiedenen Industrienationen haben Phillips-Kurven ergeben, die sich in Lage und Form sehr unterscheiden.
3) Für ein und dieselbe Volkswirtschaft können verschiedene Phillips-Kurven existieren. Eine durch Form und Lage gegebene Kurve gilt meist nur kurzfristig. Das läßt sich besonders gut in Abbildung 14 zeigen. Man erkennt, daß die Wertekombination der Jahre 1970–1975 nicht zu der Regressionsgeraden gehören. Vielmehr scheint für diese fünf Jahre zu gelten, daß hohe Inflationsraten mit hohen Arbeitslosenquoten einhergehen. Würde hier eine Kausalität zugrunde liegen, bestände zwischen beiden Zielen kein Konflikt mehr, sondern eine Harmoniebeziehung, d. h. eine Bekämpfung der Inflation würde zu einer höheren Beschäftigung führen.

Somit läßt sich festhalten, daß es für eine bestimmte Volkswirtschaft nicht eine, für alle Zeit geltende Phillips-Kurve gibt, sondern daß sich Lage und Form dieser

---

42 Vgl. Schneider, H. K., a.a.O., Teil 3, S. 21.
43 Süddeutsche Zeitung vom 28. Juli 1972.

Kurve im Zeitablauf verändern und sie durch wirtschaftspolitische Maßnahmen beeinflußt werden kann. Nach allgemeiner Auffassung hängt die Lage und Form der Phillips-Kurve von den folgenden Faktoren ab:
1) Von strukturellen Gegebenheiten. So wird etwa die Arbeitslosigkeit nicht nur durch konjunkturelle, sondern auch durch strukturelle Formen bestimmt. Dies ist auch eine mögliche Begründung dafür, daß die Phillips-Kurve der USA in Bezug auf den Nullpunkt des Koordinatensystems weiter außen verläuft als die der BRD.
2) Vom Verhalten der Marktteilnehmer im Marktprozeß, wenn es um die Verteilung des Sozialprodukts geht. Je mächtiger die Gewerkschaften sind, um so eher können sie auch in Unterbeschäftigungssituationen stabilitätswidrige Lohnerhöhungen durchsetzen. Ähnliches gilt auch für die Unternehmerseite. Je größer deren Machtpositionen auf dem Markt sind, desto besser können sie auch ohne Nachfragesteigerungen Preissteigerungen auf dem Markt durchsetzen. Machtpositionen verschärfen somit den Phillipskonflikt.
3) Von den zur Verfügung stehenden wirtschaftspolitischen Instrumenten sowie deren Effektivität.

Zusammenfassend kann somit festgehalten werden, daß die Lage und Form der Phillips-Kurve sowohl von konjunkturellen als auch strukturellen und zufälligen Faktoren abhängt, ebenso wie von den Marktgegebenheiten und dem eingesetzten wirtschaftspolitischen Instrumentarium. Eine bestimmte Phillips-Kurve gilt deshalb nur in relativ kurzfristiger Betrachtungsweise, also nur für einen bestimmten Zeitraum und für das in dieser Zeit angewandte wirtschaftspolitische Instrumentarium.

Längerfristig ist die Form und Lage also sehr wohl zu verändern, etwa durch neue wirtschaftspolitische Maßnahmen, z. B. Einschränkung der Tarifautonomie und Kontrolle der Preise, oder durch bessere Anwendung schon bestehender Instrumente, z. B. durch verschärfte Wettbewerbspolitik oder bessere Nutzung der nach § 3 StWG vorgesehenen »Konzertierten Aktion«. Sinn und Zweck solcher Maßnahmen ist es, den Konflikt zwischen den Zielen Preisniveaustabilität und Vollbeschäftigung zu entschärfen, d. h. die Phillips-Kurve mehr zum Ursprung hin zu verschieben. Beide Ziele wären für die Bundesrepublik dann gleichzeitig erreicht, wenn die Phillips-Kurve innerhalb Fläche ABCD in Abbildung 14 verliefe, da dann sowohl die Inflationsrate als auch die Arbeitslosenquote unterhalb der von der Bundesregierung festgesetzten Zielvorgaben von maximal 2,5 bzw. 1,2 Prozent liegen würden. Seit 1958 konnten beide Ziele annähernd nur 1960 und 1964 erreicht werden, während in den anderen Jahren zumindest ein Ziel im Sinne der Zieldefinition von 1971 nicht erfüllt wurde. In den Jahren 1958/1974/75 dagegen war keines der beiden Ziele erreicht.

5.5.4.2 Zielkonflikt Wachstum – Preisniveaustabilität

In diesem Abschnitt stellt sich das Problem, ob es überhaupt einen Konflikt zwischen den Zielen Wachstum und Geldwertstabilität gibt oder ob diese beiden Ziele nicht sogar miteinander harmonieren. Die Frage, die es zu beantworten gilt, lautet also: Fördert die Inflation das Wachstum des Bruttosozialprodukts oder wird das Wachstum durch Inflation gehemmt? Im folgenden sollen einige Argumente pro und contra die aufgestellte These angeführt werden.[44]

Für die These »Inflation fördert das Wachstum« spricht:

1) Wenn das Problem der Phillips-Kurve existiert, fördert Inflation das Wachstum. Bei hohem Beschäftigungsgrad, der ja zu höherem Wachstum führt, wird das Ziel der Geldwertstabilität vernachlässigt.
2) In vielen marktwirtschaftlichen Wirtschaftsordnungen sind die Preise generell nach unten starr, so daß die Preise ihre Allokationsfunktion nicht mehr ausüben können, d. h. die Produktionsfaktoren nicht mehr in die jeweils expandierenden Branchen lenken können. Dies ist deshalb nur bei steigenden Preisen möglich, und durch die verbesserte Faktorallokation kann ein höheres Wachstum erreicht werden.
3) Ein mäßiger Preisanstieg bewirkt, »daß sich der Strukturwandel im Wachstumsprozeß, der ständig die Umsetzung von Arbeitskräften erfordert ... und tendenziell friktionelle Arbeitslosigkeit mit sich bringt, leichter ohne größere Friktionen vollziehen kann, wenn insbesondere auf dem Arbeitsmarkt, ständig eine leichte Übernachfrage herrscht.«[45]
4) Bei einer Inflation können die Unternehmer kurzfristige Gewinne erzielen, wenn die Löhne den gestiegenen Preisen nur mit einer zeitlichen Verzögerung angepaßt (Tariflaufzeit) werden können. Die gestiegenen Gewinne können die Unternehmer dazu veranlassen, mehr zu investieren, wodurch das Wachstum gefördert wird.
Jedoch wird diese Argumentation dadurch entkräftet, daß die Gewerkschaften in den hochentwickelten Industrieländern in den letzten Jahren verstärkt dazu übergegangen sind, die zukünftigen Inflationsraten bei den Tarifabschlüssen zu berücksichtigen.

Gegen die These »Inflation fördert das Wachstum« spricht:
1) Hohe Inflationsraten können die Investitionsneigung der Unternehmer negativ beeinträchtigen, wenn die Erwartungen für die Zukunft infolge steigender Risiken ungünstig sind.
2) Inflation wirkt sich immer negativ auf die Einkommensverteilung aus, was zu sozialem Unfrieden, geringer Produktivität und somit zu geringerem Wachstum führen kann.
3) Anhaltende Inflation kann bewirken, daß Investitionen durchgeführt werden, die bei Geldwertstabilität nicht rentabel wären. Durch diese unteroptimale Faktorallokation kann ein mögliches höheres Wachstum nicht erreicht werden.
4) Eine Vollbeschäftigungspolitik, die bis hin zu einer staatlichen Vollbeschäftigungsgarantie gehen kann, kann zu einer sinkenden Arbeitsmoral verbunden mit geringerer Produktivität und somit geringerem Wachstum führen.

Eine wissenschaftliche Abwägung dieser und weiterer Argumente zur Erhärtung einer der beiden Thesen ist nicht möglich. Es soll deshalb nun untersucht werden, ob die wirtschaftliche Realität eine Antwort geben kann. In der Tabelle 18

---

44 Vgl. zu diesem Problemkreis z. B. SVR Jahresgutachten 1970, BT-Drucksache VI/1470, Ziffer 218 ff; **Bombach G.**, Taktik und Strategie in der Wirtschaftspolitik, in: Kyklos, Bd. 20 (1967), S. 103 ff; **Krelle, W.**, Wachstum ohne Inflation? in: Enteignung durch Inflation? a.a.O., S. 157 ff; **Ott, A. E.**, Magische Vielecke, in: Fragen der wirtschaftlichen Stabilisierung, hrsg. v. A. E. Ott, Tübingen 1967, S. 105 ff.
45 SVR Jahresgutachten 1970, Ziffer 223.

sind für 13 Industrienationen die durchschnittlichen jährlichen Wachstums- und Inflationsraten zwischen 1955 und 1970 dargestellt. Aus dieser Tabelle ist ersichtlich, daß es keinen eindeutigen Zusammenhang zwischen Steigerungen des Preisniveaus und Wachstumsrate des Sozialprodukts gibt. Dieses Ergebnis wird auch durch andere empirische Untersuchungen gestützt. Vielmehr zeigten diese Arbeiten, daß folgende statistische Zusammenhänge zwischen Wachstum und Inflation vorkommen:
1) Hohe Wachstumsraten gehen mit hohen Inflationsraten einher (Mexiko, Israel, Japan).
2) Niedrige Wachstumsraten und hohe Inflationsraten kommen etwa in Indien und Indonesien vor.
3) Relativ hohe Wachstumsraten verbunden mit relativ geringen Inflationsraten waren etwa in der Bundesrepublik Deutschland, Kanada und der Schweiz zu beobachten.

Tabelle 18: Wachstum und Geldentwertung (durchschnittliche jährliche Veränderung von 1955 bis 1970 in v. H.)

Land	Reales Bruttosozialprodukt	Verbraucherpreise
Bundesrepublik Deutschland	+6,3[a] +4,8[b]	+2,4
Frankreich	+5,6	+4,6
Italien	+5,6	+3,2
Niederlande	+4,6	+3,7
Belgien	+4,0	+2,6
Schweiz	+4,3	+2,6
Österreich	+4,8	+3,1
Großbritannien	+2,7	+3,6
Dänemark	+4,6	+4,6
Schweden	+4,3	+3,9
Vereinigte Staaten	+3,4	+2,5
Kanada	+4,4	+2,5
Japan	+10,4	+4,3

1970: Eigene Schätzung.
a) 1955 bis 1960 (ohne Saarland und Berlin, aus noch nicht revidierten Ergebnissen der Volkswirtschaftlichen Gesamtrechnungen).
b) 1960 bis 1970 (Bundesgebiet, aus revidierten Ergebnissen der Volkswirtschaftlichen Gesamtrechnungen).
Quelle für Ausland: OECD
Quelle: SVR Jahresgutachten 1970, S. 69.

Diese Zusammenhänge sind nur zum Teil statistisch gesichert, d. h., es kann nur mit einer sehr geringen Wahrscheinlichkeit gesagt werden, daß ein wirklicher Zusammenhang zwischen Wachstum des Sozialprodukts und Inflationsrate besteht; denn es gibt eine Vielzahl von bedeutenderen Ursachen für das Wachstum als die Preissteigerungen.

Auch für die Bundesrepublik Deutschland gilt ein solcher gesicherter Zusammenhang zwischen den beiden Zielen nicht.[46] Dies ist auch aus Tabelle 19 ersichtlich. Die durchschnittlichen Wachstumsraten in den 5-Jahresabschnitten sind immer gesunken, während anhaltend hohe Preissteigerungsraten erst ab 1970 existieren. Der tendenzielle Rückgang der Wachstumsraten des Sozialprodukts wird also weniger auf die Inflationsraten als auf andere Einflüsse zurückzuführen sein.

Tabelle 19: Vergleich der Wachstumsraten und der Inflationsraten in der Bundesrepublik Deutschland

Zeitraum	Preissteigerungsrate des Bruttosozialprodukts	reale Wachstumsrate des Bruttosozialprodukts
1951–1955	3,6	9,4
1956–1960	2,1	6,6
1961–1965	3,6	5,0
1966–1970	3,4	4,8
1970–1975	6,3	1,5

In den letzten Jahren sind die niedrige durchschnittliche Wachstumsrate und die gleichzeitig hohen Inflationsraten entscheidend durch die Energiekrise und die damit verbundene allgemeine weltwirtschaftliche Rezession bestimmt. Den tendenziellen Fall der Wachstumsraten in Industrienationen versucht man auch durch die geringeren Zuwachsraten beim technischen Fortschritt zu erklären, der in entscheidendem Maße das wirtschaftliche Wachstum bestimmt. So schätzen Nationalökonomen, »daß bis zu vier Fünftel vom Zuwachs des Sozialprodukts dem technischen Fortschritt zuzuschreiben sind«.[47] Die abnehmenden Zuwachsraten beim technischen Fortschritt werden durch die Argumentation belegt, daß der menschliche Geist die meisten Naturgesetze in seinen Erfindungen ausgenutzt hat und es deshalb immer schwieriger wird, entscheidend neue Entdeckungen zu machen und sie in die Praxis umzusetzen.
Als Ergebnis läßt sich somit folgendes festhalten: Es ist nicht möglich, einen eindeutigen allgemeingültigen kausalen Zusammenhang zwischen Wachstum und Inflation herzuleiten, da die Preissteigerungsraten – wenn überhaupt – nur einen relativ geringen Einfluß auf das wirtschaftliche Wachstum haben, das von vielen anderen Faktoren entscheidender bestimmt wird.

5.5.4.3 Zielkonflikt zwischen binnenwirtschaftlicher Stabilität und außenwirtschaftlichem Gleichgewicht

Unter binnenwirtschaftlicher Stabilität wird die gleichzeitige Erfüllung der Ziele Preisniveaustabilität, Vollbeschäftigung und Wachstum verstanden. Zu prüfen

---

46 Vgl. **Ott, A. E.,** a.a.O.
47 Stifterverband für die Deutsche Wissenschaft (Hrsg.), Internationales statistisches Jahr für Forschung und Entwicklung. Stand und Struktur von Forschung und Entwicklung in Mitgliedsländern der OECD. Eine Untersuchung der Ressourcen für F & E in OECD-Mitgliedsländern 1963/64, Essen 1968, Einleitung.

ist, ob eine binnenwirtschaftliche Stabilität mit einem außenwirtschaftlichen Gleichgewicht, für die BRD also einem bestimmten Überschuß in der Leistungsbilanz vereinbar ist. Dies soll zunächst an der konkreten Situation der BRD bis zum Jahre 1973 geprüft werden, also für einen Zeitraum, in dem das Weltwährungssystem noch uneingeschränkt auf dem System der festen Wechselkurse basierte.

Wie aus der folgenden Tabelle 20 zu erkennen ist, war die Bundesrepublik hinsichtlich der Geldwertstabilität eine der stabilitätsbewußtesten Volkswirtschaften, was sich besonders auch in den letzten Jahren seit der Energiekrise zeigte. Die deutschen Inflationsraten lagen entscheidend niedriger als diejenigen der Länder, mit denen die BRD die intensivsten Außenhandelsbeziehungen unterhält.

Die Folge der relativen Stabilität in der BRD war nun, daß die Volkswirtschaften mit höheren Inflationsraten mehr Waren in der BRD nachfragten, da hier die Preise infolge der niedrigeren Preissteigerungsraten geringer waren. Aufgrund der gestiegenen Wettbewerbsfähigkeit wuchsen die Exporte der deutschen Unternehmen. Andererseits nahm die deutsche Nachfrage nach ausländischen Gütern wegen der stark steigenden Preise nur zögernd zu. Dies führte zu hohen Leistungsbilanzüberschüssen, die von den ausländischen Volkswirtschaften mit Devisen bezahlt wurden. Im Währungssystem mit festen Wechselkursen sind die Notenbanken nun verpflichtet, diese Devisen zu dem festgelegten Kurs anzukaufen. Die Deutsche Bundesbank muß also die angebotenen Devisen gegen DM umtauschen, was zu einer Erhöhung der inländischen Geldmenge führt. Diese Geldmengenvermehrung verbunden mit der erhöhten gesamtwirtschaftlichen Nachfrage infolge der hohen Exporte kann zu einer Nachfrageinflation führen, wenn in der BRD schon Vollbeschäftigung herrscht. Die binnenwirtschaftlichen stabilitätspolitischen Bemühungen der Deutschen Bundesbank und der staatlichen Wirtschaftspolitik werden also durch die Außenhandelsbeziehungen unterlaufen (importierte Inflation). Diese Tendenzen werden durch weitere Faktoren verstärkt: Eine binnenwirtschaftliche Restriktionspolitik geht mit relativ hohen Zinssätzen einher, die über denjenigen des weniger stabilitätsorientierten Auslandes liegen. Das hierdurch entstehende Zinsgefälle führt dazu, daß aus Renditeüberlegungen heraus Devisen in das Inland strömen, wodurch wiederum stabilitätswidrige Erhöhungen der Geldmenge und der Kreditschöpfungsmöglichkeiten hervorgerufen werden.

Die binnenwirtschaftliche Stabilitätspolitik steht im System der festen Wechselkurse also vor dem Dilemma, daß bei einer Verschärfung der Restriktionspolitik diese neue stabilitätswidrige Devisenzuflüsse durch weiter steigende Exporte und ausländische Geldanlagen im Inland hervorruft. Binnenwirtschaftliche Stabilität und außenwirtschaftliches Gleichgewicht stehen also dann in einem Konflikt, wenn die binnenwirtschaftliche Konjunktur gedämpft werden soll und kein Leistungsbilanzdefizit vorliegt. Wie noch zu zeigen sein wird, kann sich diese Konfliktbeziehung auflösen, wenn andere konjunkturelle Wirtschaftslagen existieren.

Der bestehende Konflikt kann nur durch eine Aufwertung der inländischen Währung, hier der DM – zumindest vorübergehend – gelöst werden. Die Aufwertung der DM bewirkt nämlich infolge der Verteuerung der Exporte und eine Verbilligung der Importe eine Verringerung des Leistungsbilanzüberschusses. Jedoch ist es bei einem andauernden Inflationsgefälle zwischen In- und Ausland nur eine Frage der Zeit, wann dieser Aufwertungseffekt durch die höheren Inflationsraten im Ausland wieder kompensiert wird und eine neue Aufwertung notwendig ist,

Tabelle 20: Verbraucherpreise in verschiedenen Volkswirtschaften[1]
(Veränderungen gegenüber dem entsprechenden Vorjahreszeitraum in v. H.)

Land	1960 bis 1969[2]	1970	1971	1972	1973	1974	1974 4. Vj.	1975 1. Vj.	1975 2. Vj.	1975 3. Vj.
Bundesrepublik Deutschland	+2,6	+3,4	+5,3	+5,5	+ 6,9	+ 7,0	+ 6,4	+ 5,9	+ 6,2	+ 6,0
Belgien	+2,9	+4,0	+4,3	+5,5	+ 7,0	+12,7	+16,0	+15,3	+13,5	+11,4
Dänemark	+6,0	+6,4	+5,5	+6,9	+ 9,3	+15,0	+15,2	+12,9	+11,1	+10,2
Frankreich	+3,9	+5,3	+5,5	+5,9	+ 7,3	+13,7	+15,0	+14,0	+12,1	+11,0
Großbritannien	+3,8	+6,4	+9,5	+6,8	+ 9,4	+15,9	+18,4	+20,7	+24,4	+26,3
Irland	+4,4	+8,3	+8,9	+8,7	+11,3	+17,0	+20,0	+23,8	+24,4	+19,0
Italien	+3,8	+5,0	+5,0	+5,6	+10,4	+19,1	+25,8	+23,4	+20,2	+14,8
Luxemburg	+2,3	+4,6	+4,7	+5,2	+ 6,1	+ 9,6	+11,2	+10,7	+10,4	+10,6[a]
Niederlande	+4,2	+4,4	+7,5	+7,8	+ 8,0	+ 9,6	+10,9	+10,5	+10,3	+10,6
EG der Neun[3]	+3,5	+4,8	+6,1	+6,0	+ 7,9	+12,5	+14,3	+13,9	+13,5	+12,6
Vereinigte Staaten	+2,4	+5,9	+4,3	+3,3	+ 6,2	+11,0	+12,1	+11,0	+ 9,6	+ 8,7
Kanada	+2,6	+3,3	+2,9	+4,8	+ 7,6	+10,9	+12,0	+11,7	+10,5	+11,2
Japan	+5,5	+7,8	+6,3	+4,9	+11,1	+24,5	+23,4	+14,7	+13,6	+11,2
Österreich	+3,5	+4,1	+4,7	+6,3	+ 7,5	+ 9,5	+ 9,6	+ 9,4	+ 8,5	+ 8,8
Schweden	+3,7	+7,0	+7,4	+6,5	+ 6,1	+13,8	+14,5	+10,2	+ 9,0	+11,8[a]
Schweiz	+3,3	+3,5	+6,6	+6,7	+ 8,7	+ 9,8	+ 8,8	+ 8,0	+ 8,4	+ 6,5

1 Aus Angaben in Landeswährung.
2 Durchschnittlich jährliche Veränderung.
3 Zusammengewogen mit den Anteilen am Privaten Verbrauch 1973 (in jeweiligen Preisen und Wechselkursen).
a August.

Quelle: OECD, SAEG; Bundesrepublik Deutschland: Nationale Quelle.
Quelle: SVR Jahresgutachten 1975, S. 20.

um die binnenwirtschaftliche Stabilitätspolitik gegen die außenwirtschaftlichen Einflüsse abzusichern.
Im Zusammenhang mit diesen notwendig werdenden Aufwertungen entsteht ein drittes Problem, das der Spekulation. Erwarten die Ausländer eine Aufwertung einer Währung, z. B. der DM, so werden sie ihre heimische Währung gegen DM eintauschen und diese nach vollzogener Aufwertung wieder zurücktauschen. Eine solche Spekulation ist bei festen Wechselkursen ohne großes Risiko und kann sogar eine Aufwertung erzwingen, da sie notwendig wird, um die spekulativen Devisenzuflüsse zu stoppen. Gegen Aufwertungen wehrt sich natürlich generell die Exportwirtschaft, da ihre Wettbewerbsfähigkeit auf den internationalen Märkten durch die höheren Preise beeinträchtigt wird. Dies war wohl auch einer der entscheidenden Gründe dafür, daß die Aufwertungen der DM in den Jahren 1961 und 1969 nur zögernd vorgenommen wurden und es dadurch der Spekulation ermöglichten, riesige Devisenbeträge in DM noch vor der Aufwertung umzutauschen.
Zusammenfassend läßt sich bisher also festhalten:
In einem System fester Wechselkurse besteht in Hochkonjunkturzeiten ein Konflikt zwischen den Zielen binnenwirtschaftlicher Stabilität und außenwirtschaftliches Gleichgewicht, wenn das Ausland stärker inflationiert und die Leistungsbilanz nicht defizitär ist. Bestände ein Leistungsbilanzdefizit läge kein Konflikt vor. Eine harmonische Zielbeziehung ergibt sich auch für den Fall, daß ein Leistungsbilanzüberschuß mit einer rezessiven Konjunkturentwicklung einhergeht. Maßnahmen zur Konjunkturbelebung führen nämlich dann zu einem Abbau des positiven Außenbeitrags, wenn durch steigendes inländisches Volkseinkommen mehr aus dem Ausland importiert wird. Andererseits werden von dem Leistungsbilanzüberschuß über den Einkommenseffekt der Exporte Impulse für die inländische Nachfragesteigerungen ausgehen. Die Exporte werden somit zur Stütze der heimischen Konjunktur, wie etwa in der BRD in der Rezession 1966/67 und im Jahre 1974 zu beobachten war, in dem der deutsche Außenbeitrag den höchsten Wert erreicht hatte, während die Binnenkonjunktur stark rückläufig war.
Jedoch ergab sich für die BRD in sehr vielen Jahren ein Zielkonflikt zwischen binnenwirtschaftlicher Stabilität und außenwirtschaftlichem Gleichgewicht (vgl. zur Entwicklung des Außenbeitrags Tabelle 3), so daß sich die wirtschaftspolitischen Akteure gezwungen sahen, ihre binnenwirtschaftlichen Stabilitätsbemühungen durch die verschiedensten Maßnahmen außenwirtschaftlich abzusichern. Diese Maßnahmen sind im Abschnitt 6.1. dargestellt.

5.5.4.4 Zielkonflikt zwischen binnenwirtschaftlicher Stabilität und »gerechter« Einkommensverteilung

Bisher wurde das Hauptaugenmerk unserer Betrachtungen auf die Verfolgung der vier Ziele des Stabilitätsgesetzes gerichtet und das Verteilungsziel generell vernachlässigt. Es erhebt sich nun die Frage, ob es nicht Zielkonflikte zwischen den Zielen des Stabilitätsgesetzes einerseits und dem Verteilungsziel andererseits derart gibt, daß stabilitätspolitische Bemühungen sich negativ auf das Verteilungsziel auswirken. Diese Problematik soll hier nur anhand eines Teilaspektes geprüft werden, nämlich ob die Maßnahmen der Stabilitätspolitik die funktionelle Einkommensverteilung in irgendeine Richtung nachhaltig beeinflussen.
Betrachtet man die Entwicklung der bereinigten Lohnquote für die BRD (vgl. Tabelle 5), erkennt man erhebliche Schwankungen im Zeitablauf. Vergleicht man diese Schwankungen mit denjenigen der Wachstumsrate des Bruttosozialpro-

dukts (vgl. Abbildung 15) erkennt man einen in etwa gegengerichteten Verlauf beider Kurven. In Zeiten hoher Wachtsumsraten des realen Bruttosozialprodukts sank die Nettolohnquote, während bei geringen Wachstumsraten steigende Lohnquoten zu verzeichnen waren. Die Entwicklung der Lohnquote hängt somit vom Konjunkturverlauf ab. In konjunkturellen Aufschwungphasen sinkt die Lohnquote generell, während sie in der Rezession steigt. Diese empirisch beobachtete Erscheinung, die auch für andere westliche Industrienationen gilt, ist folgendermaßen zu begründen.[48] Im Konjunkturaufschwung sinken infolge hoher Produktivitätszuwächse die Stückkosten, die von den Unternehmern nicht ohne weiteres in sinkenden Preisen weitergegeben werden. Weiterhin können Preiserhöhungsspielräume von den Unternehmern ausgenutzt werden, wenn im Verlauf des Aufschwungs Nachfrageüberhänge entstehen. Die Unternehmensgewinne steigen also ohne größere zeitliche Verzögerungen, während die Lohnerhöhungen – und damit die Einkommen aus unselbständiger Arbeit – infolge der Tariflaufzeiten erst mit erheblichen zeitlichen Verzögerungen folgen (Lohn-lag). Diese Tariflaufzeiten haben sich laufend verkürzt. Betrugen sie 1963 durchschnittlich noch 17 Monate, so waren es 1971 nur noch 13 Monate.

Abbildung 15: Veränderungsraten der bereinigten Nettolohnquote und des realen Bruttosozialprodukts.

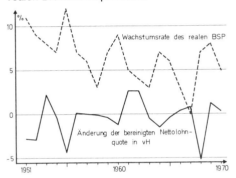

Quelle: Gahlen, B., u. a., a.a.O., 6. Auflage, S. 145.

Die Anpassungsverzögerung bei den Lohnerhöhungen führen dazu, daß zu Beginn der Abschwungphase die Löhne weiterhin stark steigen, da zum einen ein Nachholbedarf aus dem Aufschwung besteht und andererseits die Unternehmen aufgrund der erzielten hohen Gewinne den Lohnforderungen wenig Widerstand entgegensetzen. Im konjunkturellen Abschwung steigen also besonders zu Beginn die Löhne weiter relativ stark an, während die Gewinne sich weniger stark erhöhen oder sogar zu sinken beginnen. Folge davon ist die im Abschwung steigende Lohnquote.
Als Beispiel für die Lohnentwicklung am Anfang einer Abschwungphase kann das Jahr 1974 herangezogen werden, in dem die expansive Lohnpolitik der Ge-

---

48 Vgl. zu folgendem SVR Jahresgutachten 1972, BR-Drucksache 612/72, Ziffer 454 ff.

werkschaften zu Tarifabschlüssen von 11 % bis über 15 % führte und damit nicht unwesentlich zu dem starken Beschäftigungsrückgang beitrug.[49]
Betrachtet man die Entwicklung der bereinigten Lohnquote über mehrere Konjunkturzyklen hinweg, so ergibt sich eine in etwa konstante Lohnquote, d. h., langfristig gleichen sich die konjunkturell bedingten Schwankungen in der Lohnquote aus. Es hat somit den Anschein, daß stabilitätspolitische Maßnahmen sich längerfristig auf die funktionelle Einkommensverteilung weder positiv noch negativ auswirken. Zwischen den Zielen des Stabilitätsgesetzes und dem Verteilungsziel besteht also hinsichtlich des Teilaspektes funktionelle Einkommensverteilung Zielneutralität.
Diese Aussage muß aber modifiziert werden. Die Lohnquote sagt nämlich nichts über die **personelle** Einkommensverteilung aus. So kann die Inflation etwa innerhalb der Gruppe der Arbeitnehmer dann zu Verschiebungen in der Einkommensverteilung führen, wenn die Einkommen in unterschiedlichen Zeitabständen verändert werden.[50] Darüber hinaus treten inflationsbedingte Einkommensverschiebungen auch durch das herrschende Steuersystem und durch die unterschiedlichen Wirkungen der Inflation auf Vermögenseinkommen auf, ganz zu schweigen von den Wirkungen auf die Vermögensverteilung.[51]
In den Fällen, in denen sich die Inflation auf die Einkommens- und Vermögensverteilung negativ auswirkt, d. h., die Verteilung ungleichmäßiger wird, stehen Maßnahmen zur Stabilisierung des gesamtwirtschaftlichen Preisniveaus in Harmonie zum Verteilungsziel, da die stabilitätspolitischen Maßnahmen gleichzeitig eine Verschlechterung der Einkommens- und Vermögensverteilung verhindern.
Der Vollständigkeit halber muß bei der Diksussion um die Zielbeziehungen zwischen den Zielen des Stabilitätsgesetzes und dem Verteilungsziel die Frage erörtert werden, wie sich Maßnahmen zur Verbesserung der Verteilung von Einkommen und Vermögen auf die stabilitätspolitischen Ziele, hier besonders auf das Wachstumsziel und damit auch auf die Vollbeschäftigung auswirken. Ohne auf die Problematik hier näher einzugehen, wird sehr oft die Meinung vertreten, daß eine Umverteilung zuungunsten der Unternehmer diese veranlassen bzw. zwingen wird, ihre Investitionen einzuschränken. Die Folge wäre ein geringeres wirtschaftliches Wachstum verbunden mit der Gefahr von Arbeitslosigkeit. Diese Ansicht vertraten in jüngster Zeit auch Mitglieder der Bundesregierung, die feststellten, daß die Lohnquote in der Bundesrepublik in den letzten Jahren zu stark angestiegen sei und deshalb den Unternehmen nicht mehr genügend Gewinne zur Verfügung ständen, um zu investieren und somit das Wachstum zu fördern.[52]

---

49 Vgl. SVR Jahresgutachten 1974, BT-Drucksache 7/2848, Ziffer 131 ff.
50 Vgl. **Zierke, M.**, Die redistributiven Wirkungen von Inflationen, Göttingen 1970, S. 84.
51 Auf diese Probleme kann in diesem Rahmen nicht näher eingegangen werden. Vgl. zu den Verteilungswirkungen der Inflation etwa **Zierke, M.**, a.a.O.; **Wicke, L.**, Schuldnergewinne und Gläubigerverluste während einer schleichenden Inflation, in: Schmollers Jahrbuch, 92. Jg. (1972); **Molitor, B.**, Verteilungswirkungen der schleichenden Inflation, in: Hamburger Jahrbuch für Wirtschafts- und Gesellschaftspolitik, 18. Jg. (1973).
52 Vgl. **Friedrichs, H.**, Die Lohnquote darf nicht mehr steigen, in: FAZ vom 17. 9. 1975.

Zusammenfassend ist somit ein Konflikt zwischen dem Ziel einer gerechteren bzw. gleichmäßigeren Verteilung und den Zielen des Stabilitätsgesetzes wahrscheinlich.[53]

6. Maßnahmen zur Verbesserung und Flankierung der Konjunkturpolitik

Nachdem die Probleme und Hemmnisse einer Konjunkturpolitik, die auf eine alleinige Steuerung der gesamtwirtschaftlichen Nachfragegrößen abzielt, dargestellt wurden, sollen im folgenden einige Maßnahmen zur Verbesserung und Flankierung der Konjunkturpolitik diskutiert werden. Das Ziel dieser Maßnahmen liegt darin, die konjunkturpolitischen Instrumente zu verbessern, zu ergänzen oder gar zu ersetzen, um die Ziele des Stabilitätsgesetzes besser erreichen zu können.

Die zu erörternden Maßnahmen sind recht unterschiedlicher Natur. Sie reichen von marktkonformen Politiken, wie z. B. der Beschäftigungspolitik bis hin zu Eingriffen, die mit der marktwirtschaftlichen Ordnung nicht vereinbar sind, wie z. B. die Investitionslenkung.

6.1 Maßnahmen zur außenwirtschaftlichen Absicherung

Wie gezeigt wurde, ist eine binnenwirtschaftliche Stabilitätspolitik dann ohne durchgreifenden Erfolg, wenn diese Politik durch die außenwirtschaftlichen Beziehungen unterlaufen werden kann. Die Bundesregierung versuchte seit 1961 mit den verschiedensten Maßnahmen die deutsche Stabilitätspolitik außenwirtschaftlich abzusichern.

Bis zum Jahre 1973 wurde viermal versucht, durch Aufwertungen der DM die immer wieder entstehenden Leistungsbilanzungleichgewichte und die damit verbundenen negativen Einflüsse auf die Binnenkonjunktur zu beseitigen. Die Erfolge waren dabei infolge der stärkeren Inflationstendenzen im Ausland nur temporärer Natur, denn die Leistungsbilanzüberschüsse wuchsen weiter an und die Devisenzuflüsse aufgrund der Zinsunterschiede konnten durch Aufwertungen nicht gestoppt werden.

Folge war, daß Bundesregierung und Bundesbank mehrere Maßnahmen ergriffen, um die aus dem positiven Zinsgefälle zwischen der BRD und dem Ausland resultierenden Geld- und Kapitalimporte zu verhindern. »Zu diesen Maßnahmen gehörten u. a. die Einführung der Kouponsteuer im Jahre 1965, das Verzinsungsverbot für Einlagen Gebietsfremder bei deutschen Kreditinstituten; außerdem können seither durch eine Änderung der Mindestreservebestimmungen Verbindlichkeiten gegenüber Gebietsfremdem mit einer Mindestreserve bis zu

---

53 Zu ausführlicheren Darstellungen vgl. **Vosfeldt, C.,** a.a.O., S. 85 ff, sowie verschiedene Beiträge in: E. Stiller (Hrsg.), Lohnpolitik und Vermögensbildung, Basel 1964.

100 % belegt werden.«¹ Da diese Mindestreservevorschriften der Bundesbank nur für Kreditinstitute gelten, wurde 1971 in der BRD durch eine Änderung des Außenwirtschaftsgesetzes (§ 6 a) das Bardepotgesetz verabschiedet. Sinn der in diesem Gesetz niedergelegten Bardepotpolitik ist es, auch auf die Kreditaufnahme von Nichtbanken (Unternehmen, öffentliche Haushalte) im Ausland einzuwirken, damit diese sich nicht den geldpolitischen Restriktionsmaßnahmen der Bundesbank durch Kreditaufnahme im Ausland entziehen können und dadurch die inländische Geldmenge vergrößern. Nach den Vorschriften des Bardepotgesetzes kann die Bundesregierung bestimmen, daß jeder Gebietsansässige von dem Kreditbetrag, den er im Ausland aufnimmt, einen bestimmten Prozentsatz bei der Bundesbank zinslos hinterlegen muß. Dieser Satz kann bis zu 100 % betragen, wodurch eine vollständige Absorption der im Ausland aufgenommenen Kredite möglich ist. Den jeweils geltenden Bardepotsatz legt die Bundesbank fest, während die Bundesregierung die jeweilige Bardepotpflicht durch Rechtsverordnung einführt. Bisher fand die Bardepotpflicht vom 1. 1. 72 bis zum 15. 9. 1974 Anwendung, wobei der Bardepotsatz maximal 50 % betrug.[2]

Die Wirtschaft versuchte das Bardepotgesetz dadurch zu unterlaufen, daß an Stelle der direkten Kreditaufnahme eine indirekte Verschuldung etwa durch Kunden- und Lieferantenkredite traten. Um diese Umgehungen des Bardepotgesetzes zu verhindern, wurden durch eine zusätzliche Bardepotverordnung auch die Zahlungsziele im Ausland normiert und die Abtretung von Forderungen genehmigungspflichtig gemacht.[3]

Da auch diese Maßnahmen die Devisenzuflüsse nur bedingt stoppen konnten, griff die Bundesregierung auf die Möglichkeit des Außenwirtschaftsgesetzes zurück, nach dessen § 23 die Bundesregierung Kapital- und Geldanlagen Gebietsfremder in der Bundesrepublik beschränken kann. So wurde in den Jahren 1972 und 1973 z. B. eine Genehmigungspflicht für den Erwerb inländischer Schuldverschreibungen und Aktien durch Ausländer verordnet, die bis zum Januar 1974 galten.[4]

Die administrativen Beschränkungen im Geld- und Kapitalverkehr werden im allgemeinen im Hinblick auf die marktwirtschaftliche Ordnung negativ beurteilt, da sie als direkte Kontrollen dirigistische Maßnahmen darstellen und generell dem Grundsatz der Freiheit des Außenwirtschaftsverkehrs, auf dem das Außenwirtschaftsgesetz grundsätzlich basiert, entgegenstehen. Man ist deshalb auch der Ansicht, daß die Maßnahmen des § 23 AWG nur kurzfristig und als letzte Maßnahme angewendet werden sollten, da bei längerfristigem Einsatz weitere direkte Eingriffe in den internationalen Geld- und Kapitalverkehr notwendig werden.

Eine entscheidende Wende hinsichtlich der außenwirtschaftlichen Absicherung trat im März 1973 ein, als die Bundesregierung die Interventionspflicht aufgab, amerikanische Dollar zu einem festgesetzten Kurs anzukaufen und damit zur Freigabe des Wechselkurses der DM gegenüber den meisten Währungen über-

---

1 **Geiger, H.**, Bankpolitik, Stuttgart, Berlin, Köln, Mainz, S. 25.
2 Zu einer ausführlichen Darstellung der Bardepotregelung vgl. **Dickertmann, D., Siedenberg, A.**, a.a.O., S. 88 ff.
3 Vgl. **Geiger, H.**, a.a.O., S. 26.
4 Vgl. zu diesen Regelungen die Geschäftsberichte der Deutschen Bundesbank unter Punkt »Devisenpolitische Regelungen«.

ging. Der Kurs der DM bildet sich auf den Devisenmärkten nun frei nach Angebot und Nachfrage. Lediglich zwischen den am »Block-Floaten« beteiligten Staaten dürfen die Wechselkurse nur innerhalb einer Marge von 2,25 Prozent schwanken. Hier existieren also noch in etwa feste Wechselkurse. Der theoretische Vorteil des Systems flexibler Wechselkurse gegenüber den festen Wechselkursen liegt darin, daß bei flexiblen Kursen eine Tendenz zum Ausgleich der Leistungsbilanz besteht. Angenommen ein Land (BRD) hat Exportüberschüsse, so steht diesen ein erhöhtes Angebot an Devisen im Inland bzw. eine höhere Nachfrage nach heimischer Währung im Ausland gegenüber. Das hat eine Verteuerung der DM zur Folge mit den Konsequenzen der Exportverteuerung und Importverbilligung, was weiterhin den Exportüberschuß abbaut. Ein Ungleichgewicht in den Güterströmen wird also tendenziell durch die gegenläufigen Geld- und Devisenströme wieder ausgeglichen. Die Bundesbank muß also nicht mehr wie im System der festen Wechselkurse bei Exportüberschüssen die hieraus resultierenden Devisenüberschüsse ankaufen, die immer ein Inflationspotential in sich bargen.

Im folgenden soll nun erörtert werden, ob der Übergang zu flexiblen Wechselkursen wirklich dazu geführt hat, die deutsche Geld- und Finanzpolitik außenwirtschaftlich abzusichern. Die Deutsche Bundesbank schreibt hierzu: »Rückblickend kann festgestellt werden, daß ... die Kursfreigabe der D-Mark im März 1973 sich als flankierende Maßnahme und Abschirmung für die innere Stabilitätspolitik bewährt« hat ... »In den nachfolgenden Jahren hätte die deutsche Währungspolitik ohne flexiblen Wechselkurs ... kaum eine Chance gehabt, die inneren Stabilitätsbemühungen gegen Störungen durch zinsinduzierte und spekulative Kapitalzuflüsse sowie gegen allgemeinen Inflationsmarasmus in der Weltwirtschaft abzuschirmen ... Die erfolgreiche Abschirmung durch bewegliche Wechselkurse ermöglicht es der Bundesrepublik auch, im Laufe des Jahres 1974 die meisten Sondermaßnahmen gegen störende Liquiditätszuflüsse aus dem Ausland, für den Verkauf inländischer Wertpapiere ans Ausland und für ausländische Direktinvestitionen sowie das Bardepot aufzuheben.«[5]

Ein etwas differenzierteres Bild ergibt sich bei der Analyse der gütermäßigen Außenhandelsbeziehungen. Obwohl seit dem Floaten der DM sich eine Aufwertung gegenüber dem Dollar von 20 % und gegenüber der gesamten Welt von 11 % ergab – was eigentlich zu einer Verminderung der Exportüberschüsse hätte beitragen müssen – hatte die Bundesrepublik 1973 und 1974 mit rund 28 Mrd. bzw. 42 Mrd. DM die höchsten Außenbeiträge seit ihrem Bestehen aufzuweisen. Dies ist hauptsächlich auf die konjunkturellen Gegebenheiten der Außenhandelspartner zurückzuführen, deren Preissteigerungsraten weit höher lagen als in der BRD. Diese Inflationstendenzen kompensierten somit in etwa die Aufwertung der DM. »Effektiv hat sich die Konkurrenzlage der deutschen Exportindustrie auf dem Weltmarkt durch die Wechselkurs- und Preisveränderungen zusammengenommen nur wenig verändert.«[6] Es ist also zu erkennen, »daß die effektive Erhöhung des Außenwerts der D-Mark in der Zeit vom ersten Quartal 1973 bis zum ersten Quartal 1975 die Unterschiede in der Preisentwicklung zwischen der Bundesrepublik Deutschland und ihren wichtigen Konkurrenten im gleichen Zeitraum in etwa ausgeglichen hat.«[7] Hierzu kommt noch, daß die deut-

---

5 Geschäftsbericht der Deutschen Bundesbank für das Jahr 1974, S. 58.
6 Ebenda, S. 33.
7 Internationaler Währungsfonds, Jahresbericht 1975, Washington D. C., S. 58.

sche Exportindustrie hinsichtlich der Lieferbereitschaft und Liefertermine, die nicht durch Streiks etc. in Frage gestellt wurden, ebenso wie bezüglich der Produktqualität eine relativ starke Wettbewerbsposition hatte.
Die Bundesrepublik konnte sich also durch den Übergang zum flexiblen Wechselkurs zumindest dadurch außenwirtschaftlich absichern, daß zins- und spekulationsbedingte Devisenzuflüsse unterbunden und die dadurch möglichen Inflationsursachen (monetär induzierte Nachfrageinflation) beseitigt wurden.
Jedoch muß an dieser Stelle ausdrücklich darauf hingewiesen werden, daß durch den flexiblen Wechselkurs nicht alle Gefahren einer importierten Inflation beseitigt werden können. Infolge der intensiven Außenhandelsbeziehungen spielt nämlich der internationale Preiszusammenhang eine bedeutende Rolle, über den höhere Inflationsraten weiterhin auf das inländische Preisniveau übergreifen. (Kosteninflation durch die Energiekrise). Des weiteren können flexible Wechselkurse allein – wie die Erfahrung zeigt – auch keine gleichgewichtige Zahlungsbilanz garantieren, wenn die Außenhandelspartner aufgrund unterschiedlicher Zielsetzungen in der Wirtschafts- und Währungspolitik in der Höhe unterschiedliche Inflationsraten haben.
Eine weitergehende außenwirtschaftliche Absicherung läßt sich also nur durch eine internationale Koordination der Wirtschafts- und Währungspolitik erreichen, die das Ziel hat, gleiche Prioritäten in den gesamtwirtschaftlichen Zielen zu setzen, um daraus resultierende Probleme zu vermeiden.
Nach § 4 StWG ist die Bundesregierung deshalb auch verpflichtet,»bei außenwirtschaftlichen Störungen des gesamtwirtschaftlichen Gleichgewichts, deren Abwehr durch binnenwirtschaftliche Maßnahmen nicht oder nur unter Beeinträchtigung der in § 1 genannten Ziele möglich ist ... alle Möglichkeiten der internationalen Koordination zu nutzen. Soweit dies nicht ausreicht, setzt sie die ihr zur Wahrung des außenwirtschaftlichen Gleichgewichts zur Verfügung stehenden wirtschaftlichen Mittel ein.« § 4 StWG gibt also der internationalen Koordination der Wirtschafts- und Währungspolitik Vorrang vor anderen Maßnahmen zur außenwirtschaftlichen Absicherung.
Verpflichtungen zu einer internationalen Koordination der Wirtschaftspolitik sind in unterschiedlicher Stärke in verschiedenen internationalen Verträgen enthalten, etwa über die Europäische Wirtschaftsgemeinschaft (EWG), den Internationalen Währungsfonds (IWF), das Europäische Währungsabkommen (EWA) und das Allgemeine Abkommen über Zölle und die Handelspolitik (GATT).[8] Die Bemühungen um eine Koordination der Wirtschafts- und Währungspolitik blieben bis in die jüngste Zeit ohne großen Erfolg. Erst die Ölkrise des Jahres 1973 und die für viele Länder daraus resultierenden Probleme bei der Zahlungsbilanz und der Inflationsrate führte zu neuen Ansätzen einer Koordination, z. B. innerhalb der Europäischen Gemeinschaften. So bekräftigten etwa die Finanzminister der EG-Staaten auf ihrer Ratssitzung am 15. Juli 1974 die Notwendigkeit verstärkter anti-inflationistischer Maßnahmen.[9] Eine besonders starke Koordination ist seit Mitte 1974 zwischen Frankreich und der BRD zu verzeichnen, deren Antiinflationsmaßnahmen ein hohes Maß an Parallelität aufweisen, im Gegensatz zur Vergangenheit, in der in Frankreich dem Wachstumsziel Priorität gegenüber der Inflationsbekämpfung eingeräumt worden war. Gerade diese Zieldivergenzen

---

8 Vgl. zu einer kurzen Darstellung dieser Verträge, **Lampert, H.,** a.a.O., S. 168 ff.
9 Vgl. Europäische Gemeinschaft will Inflation verstärkt bekämpfen, in: Vereinigte Wirtschaftsdienste, Finanzen, Frankfurt, vom 16. Juli 1974.

zwischen den verschiedenen Nationen erschweren aber eine wirtschaftspolitische Koordination entscheidend. Darüberhinaus existieren auch gravierende Unterschiede in den wirtschafts- und währungspolitischen Instrumentarien sowie den Kompetenzen wirtschaftspolitischer Institutionen. Erwähnt sei hier nur die unterschiedliche Kompetenzverteilung zwischen Notenbanken und Regierungen innerhalb der EG.
All diese Probleme gilt es aus dem Weg zu räumen, um etwa in Europa eine Wirtschafts- und Währungsunion zu schaffen. Letztlich wird diese nur möglich sein, wenn die einzelnen Länder einen Teil der nationalen Entscheidungsfreiheit auf den Gebieten der Wirtschafts-, der Konjunktur- und der Gesellschaftspolitik an internationale Gremien abtreten. Bis dorthin wird aber infolge der meist nationalistisch betriebenen Wirtschaftspolitik noch ein weiter Weg sein, so daß Probleme der importierten Inflation und ungleichgewichtiger Zahlungsbilanzen weiterhin Maßnahmen erforderlich machen werden, die binnenwirtschaftliche Stabilitätspolitik außenwirtschaftlich abzusichern.

6.2 Regionale und sektorale Konjunkturpolitik

Eine der grundlegenden Kritiken der Globalsteuerung und somit auch am Stabilitätsgesetz beruht darauf, daß die globalorientierten Maßnahmen undifferenziert wirken und den Zusammenhang zwischen Konjunktur-, Struktur- und Regionalpolitik übersehen:[1] denn die Instrumente der Globalpolitik können nur in begrenztem Maße regionale und sektorale Verhältnisse berücksichtigen. Dadurch entsteht die Gefahr, »bei der Hochkonjunkturdämpfung nicht auf weiterhin vorhandene regionale und strukturelle Probleme zu achten und in der Rezession gerade die Ballungsgebiete zu fördern, obwohl gerade die strukturschwachen Gebiete am meisten unter konjunkturellen Fehlentwicklungen leiden.«[2]
Empirische Untersuchungen haben für die BRD hinsichtlich der unterschiedlichen regionalen Konjunkturentwicklung folgendes ergeben:[3,4]
- Es sind regionale Konjunkturdifferenzierungen, unter anderem in der Form unterschiedlicher Reaktionsintensität auf die gesamtwirtschaftliche Entwicklung, festzustellen.
- Die regionale Differnzierung ist – insbesondere in Bezug auf die Arbeitsmarktlage – in Rezessionsphasen von größerer Bedeutung als in der Hochkonjunktur.
- Unterschiedliche Branchenstrukturen haben einen großen Einfluß auf regionale Konjunkturdiffernzierungen.

---

1 Vgl. **Rürup, B., Siedenberg, A.**, Das Stabilitätsgesetz im Spiegel der Kritik, in: Konjunkturpolitik, 20. Jg., (1974), S. 10.
2 Ebenda.
3 Vgl. hierzu **Nowotny, E.**, Stabilitätspolitik mit regionalen Unterschieden, Vortrag auf der Tagung der Gesellschaft für Wirtschafts- und Sozialwissenschaften – Verein für Socialpolitik, September 1974.
4 Zu einem konkreten Beispiel vgl. **Hübl, L., Ertel, R.**, Überlegungen zur Regionalisierung der Konjunkturpolitik, Dargestellt am Beispiel Niedersachsen, in: Wirtschaftsdienst, Heft 11 (1975), S. 651 ff.

Um diese regionale Konjunkturdifferenzierungen, die sich vornehmlich in unterschiedlichen Arbeitslosenquoten und damit auch in differenzierten Wachstumsraten niederschlagen, zu mildern, wird oft eine regionalisierte Konjunkturpolitik gefordert. So hat bereits 1972 der Bundesrat einen Gesetzentwurf in den Bundestag eingebracht, der eine regionale Differenzierung der antizyklischen Investitionspolitik öffentlicher Haushalte zugunsten strukturschwacher Räume vorsieht.[5]

Gerade die öffentlichen Investitionen, von denen zwei Drittel in der Hand der Gemeinden liegen, eignen sich für eine regional orientierte Konjunkturpolitik am besten, vornehmlich wenn es darum geht, die Konjunktur anzukurbeln. Bei einer Konjunkturdämpfung ist die Einschränkung öffentlicher Investitionen aber nur in Bereichen zu befürworten, die nicht zu negativen Auswirkungen auf das Wirtschaftswachstum und Versorgungsengpässen führen werden.

Jedoch ist fraglich, ob es gelingt, die Gemeinden in eine regionalisierte Konjunkturpolitik zu integrieren, da sie in ihrer Ausgabengestaltung wenig disponibel sind und nur einen stark beschränkten zusätzlichen Finanzierungsspielraum haben. Außerdem reichen die bisherigen Regelungen des Stabilitätsgesetzes zur Integration der Kommunen offenbar nicht aus.[6]

Einen Ausweg aus diesem Dilemma bietet ein regional differenzierter Einsatz von Konjunkturausgleichsrücklagen bzw. Konjunkturprogrammen, über deren Kompetenz entschieden werden müßte.[7]

Möglichkeiten zu einem regionalen Einsatz konjunkturpolitischer Maßnahmen bestehen im Rahmen der Gemeinschaftsaufgaben nach Art. 91 a GG durch das Gesetz über die Gemeinschaftsaufgabe zur »Verbesserung der regionalen Wirtschaftsstruktur«. So wurden etwa im zweiten Stabilitätsprogramm vom Mai 1973 die Haushaltsansätze bei den Gemeinschaftsaufgaben von Bund und Ländern um 10 % gestreckt. Jedoch sind gegen derartige Maßnahmen Bedenken zu äußern, da hier Fördermittel aus konjunkturpolitischen Erwägungen heraus gekürzt wurden, diese Mittel aber mit dem Ziel der Stärkung regionalschwacher Gebiete vergeben werden.[8]

Regionale und strukturelle Konjunkturpolitik wurde auch mit den Struktursonderprogrammen des Jahres 1974 »Einmaliges Sonderprogramm für die Gebiete mit speziellen Strukturproblemen« und dem »Sonderprogramm zur regionalen und lokalen Abstützung der Beschäftigung« betrieben, wobei letzteres Programm vor allem Gebiete der Gemeinschaftsaufgabe »Verbesserung der regionalen Wirtschaftsstruktur« erfaßten. Mit den Mitteln von insgesamt 1,85 Mrd. DM wurden Infrastrukturmaßnahmen der Gemeinden und Gemeindeverbände, Investitionen im Bereich der Bauwirtschaft und der Bekleidungsindustrie sowie Investitionen für Verkehrs- und Verteidigungsprojekte gefördert.[9]

Diese Programme machen deutlich, daß regionalisierte und sektoralisierte Konjunkturpolitik sich zum großen Teil decken, da wirtschaftliche Probleme be-

---

5 Vgl. Bundesrat Drucksache 331/72.
6 Vgl. **Dickertmann, D., Siedenberg, A.**, Konjunkturpolitische Instrumente für Länder und Gemeinden, zu einem niedersächsischen Gesetzentwurf, in: Archiv für Kommunalwissenschaften, 10. Jg. (1971), S. 274 ff.
7 Vgl. **Hübl, L., Ertel, R.**, a.a.O., S. 564 f.
8 Vgl. **Schachtschabel, H. G.**, a.a.O., S. 130.
9 Zur Aufteilung der Bundesmittel in Höhe von 1,2 Mrd. DM auf die Länder vgl. Bundesministerium der Wirtschaft (Hrsg.), Leistung in Zahlen '74, Bonn 1975.

stimmter Regionen oft auf strukturelle Gegebenheiten zurückzuführen sind. Eine auf regionale Konjunkturstabilisierung ausgerichtete Strukturpolitik müßte also imstande sein, »durch geeignete Ansiedlungsförderung die Konjunktursensibilität von Regionen mit besonders konjunkturempfindlicher Produktionsstruktur zu reduzieren.«[10] Jedoch wird es nicht gelingen – was auch wenig sinnvoll wäre – in den Teilregionen die Struktur der Gesamtregion zu schaffen.

Globalorientierte Konjunkturpolitik wird somit auch weiterhin in Regionen mit unterschiedlicher Struktur differenzierte Wirkungen haben. Da weiterhin bisher nur wenige konjunkturpolitische Instrumente regional und sektoral differenziert einsetzbar sind, muß die Konjunkturpolitik durch Maßnahmen der Regional- und Strukturpolitik ergänzt werden, um eine möglichst gleichlaufende Konjunkturentwicklung in den Teilregionen zu erreichen. Ein solches Vorgehen könnte unter Umständen sogar dazu führen, daß es effizienter ist als eine globale Konjunkturpolitik, d. h. »daß der gewünschte gesamtwirtschaftliche Effekt mit geringerem Mitteleinsatz erreicht wird oder eine gegebene Nachfragevariation durch ihre bewußte regionale Differenzierung zu größeren gesamtwirtschaftlichen Effekten führt.«[11]

6.3 Preisstabilisierung durch Wettbewerbspolitik

6.3.1 Preisbildung bei konzentriertem Angebot

In der Bundesrepublik Deutschland ist das Güterangebot – vor allem auf den Industriemärkten – häufig auf wenige Anbieter konzentriert. Eine Konzentration des Angebots bewirkt i. d. R. eine Verminderung des Wettbewerbs unter den Anbietern. Im – selten anzutreffenden – Extremfall des Monopols besteht für die Nachfrager beim Güterkauf keine Alternative, so daß für den Monopolisten kein Druck gegeben ist, relativ günstige Preise zu setzen und Güter relativ hoher Qualität anzubieten. In einer Marktform mit wenigen Anbietern (Oligopol) neigen die Unternehmer zur Ausschaltung des Preis- und Qualitätswettbewerbs; denn die Unternehmer haben erkannt, daß der Versuch, ihren Marktanteil zu Lasten der Konkurrenten zu erhöhen, zu Reaktionen der Konkurrenten führt. Diese Reaktionen können bewirken, daß die Maßnahmen zur Erhöhung des Marktanteils nicht den gewünschten Erfolg zeigen, sondern den Gewinn sogar senken. Die Vermeidung des Wettbewerbs gelingt den Oligopolisten oft, entweder indem sie Absprachen über die Preise, die Liefer- und Zahlungsbedingungen, die Absatzmärkte usw. treffen, oder indem sie dem Preisgebaren eines der Anbieter folgen (Preisführerschaft), oder indem sie aufgrund sog. stillschweigender Übereinkunft gleiche Verhaltensweisen zeigen (z. B. die Preise zu erhöhen, wenn die Löhne steigen). Wenn die Monopolisten und Oligopolisten nicht versuchen, mit Hilfe niedriger Preise möglichst hohe Marktanteile zu erzielen, ist der Preis höher als im Fall eines Preiswettbewerbs unter den Konkurrenten.

Auf Märkten mit konzentriertem Angebot ist überdies eine typische Preiskalkulation zu beobachten: die Unternehmer setzen die Preise mit Hilfe einer Stückkostenkalkulation; d. h. die Unternehmer bestimmen den Preis, indem sie zu den Stückkosten einen Gewinnzuschlag addieren. Der Preis wird dabei nicht als ein

---

10 **Nowotny, E.,** a.a.O.
11 Ebenda.

Instrument zur Beeinflussung der Nachfrage eingesetzt. Ein derartiges Preisverhalten ist dadurch zu erklären, daß die Nachfrage durch Werbung und durch das Fehlen von Substitutionsgütern unelastisch auf Preisänderungen reagiert; Preissenkungen bewirken keine wesentliche Nachfragesteigerung und Preiserhöhungen keinen wesentlichen Rückgang der Nachfrage.[1]

Das beschriebene Preisverhalten der Unternehmen auf konzentrierten Märkten führt erstens dazu, daß die Preise nach unten unbeweglicher sind als nach oben. Denn Kostensteigerungen bewirken wegen der Stückkostenkalkulation und wegen der Gewißheit, daß die übrigen Anbieter aufgrund des Bestehens von Absprachen, Preisführerschaft oder stillschweigender Übereinkunft ebenso handeln, Preiserhöhungen; Kostensenkungen leiten aber keine Preissenkungen ein, weil dadurch keine wesentliche Nachfragesteigerung und keine Erhöhung des Unternehmensgewinns eintreten würde. Das hat u. a. zur Folge, daß kostenbedingte Preissteigerungen in Branchen mit geringen Produktivitätssteigerungen nicht durch Preissenkungen in Branchen mit hohen Produktivitätssteigerungen kompensiert werden.

Das beschriebene Preisverhalten ist zudem eine Ursache für das Scheitern der Antiinflationspolitik: nachfragesenkende Maßnahmen rufen keine Preissenkungen hervor; die Politik zur Preisstabilisierung der Bundesbank und des Staates wird zur stumpfen Waffe.

In einer Wettbewerbswirtschaft hingegen würde der Preis von den Unternehmen als absatzpolitisches Instrument eingesetzt. Denn Absprachen, Preisführerschaft oder stillschweigende Übereinkommen existieren nicht, weil unter der großen Anzahl von Unternehmen keine derartigen Einigungen zustande kommen können; und die Nachfragesituation, der der einzelne Unternehmer gegenübersteht, wäre durch eine wesentliche Preiselastizität gekennzeichnet, weil es den einzelnen, relativ kleinen Unternehmern nicht möglich ist, durch hohe Werbeaufwendungen die Nachfrage zu beeinflussen, und weil zudem auf Grund der Konkurrenz unter den Anbietern Substitutionsgüter angeboten würden. Die Preise wären somit in einer Wettbewerbswirtschaft flexibler. Aus diesem Grunde wird gefordert, daß der Staat durch wettbewerbspolitische Maßnahmen für ein Konkurrenzverhalten der Anbieter sorgt.

6.3.2 Wettbewerbsrechtliche Eingriffsmöglichkeiten

Eine Verhinderung von Wettbewerbsbeschränkungen oder eine Verstärkung des Wettbewerbs erscheint auf mehrere Weise möglich. Die wichtigsten Instrumente werden im folgenden kurz dargelegt.

6.3.2.1 **Konzentrationspolitik**

Das am weitesten gehende wettbewerbspolitische Instrument ist die Konzentrationspolitik. Darunter werden hier die auf wettbewerbsrechtlichen Regelungen beruhenden Maßnahmen des Staates verstanden, mit denen eine Konzentration des Angebots auf wenige Unternehmen verhindert werden soll. Eine Angebotskonzentration kann auf zwei verschiedenen Wegen entstehen: durch »externes Unternehmenswachstum«, d. h. durch Unternehmenszusammenschlüsse, oder

---

1 Vgl. **Krüper, M.**, Preisstabilisierung durch Wettbewerbspolitik. »Wirtschaftsdienst«. 1974, Heft 8, S. 397 f.

durch »internes Unternehmenswachstum«, d. h. durch den Anstieg des Marktanteils eines Unternehmens, das auf andere Ursachen als die Angliederung eines Unternehmens zurückzuführen ist.
In der Bundesrepublik Deutschland gibt es erst seit 1973, als das 1957 geschaffene »Gesetz gegen Wettbewerbsbeschränkungen« (GWB) novelliert wurde, die rechtliche Möglichkeit, Angebotskonzentrationen durch Unternehmenszusammenschlüsse zu verhindern. Bis 1973 ging der Konzentrationsprozeß ungehindert vonstatten. Gemäß § 24 GWB können nun Zusammenschlüsse verboten werden, wenn folgende Voraussetzungen erfüllt sind:
1) die am Zusammenschluß beteiligten Unternehmen hatten insgesamt im letzten Jahr Umsatzerlöse von nicht weniger als 500 Mio. DM und der Umsatz des aufgenommenen Unternehmens beträgt nicht weniger als 50 Mio. DM;
2) es muß zu erwarten sein, daß durch den Zusammenschluß eine marktbeherrschende Stellung entsteht oder verstärkt wird;
3) die Unternehmen weisen nicht nach, daß durch den Zusammenschluß Verbesserungen der Wettbewerbsbedingungen eintreten und daß diese Verbesserungen die Nachteile der Marktbeherrschung überwiegen. Die zuständige Behörde, das Bundeskartellamt in Berlin, hat bisher einige Unternehmenszusammenschlüsse verboten; insgesamt sind die Erfahrungen aus der Anwendung des § 24 GWB aber noch gering.

Es wird vielfach bestritten, daß die Kontrolle von Unternehmenszusammenschlüssen die gewünschte konzentrationshemmende Wirkung hat. Denn das Bundeskartellamt wäre kapazitätsmäßig überfordert, wenn es sämtliche wesentlichen Unternehmenszusammenschlüsse eingehend überprüfen müßte; und darüberhinaus bleiben den Unternehmen andere, legale Möglichkeiten des externen Unternehmenswachstums, z. B. die internationale Unternehmenskonzentration.[2]
Die Konzentration des Angebots, die durch **internes** Unternehmenswachstum entsteht, kann durch das GWB nicht verhindert werden. Denn das GWB enthält kein Verbot des Versuchs zur Monopolisierung des Marktes, so daß ein Unternehmen versuchen kann, durch Einsatz absatzpolitischer Instrumente seinen Marktanteil zu Lasten der Konkurrenten zu erhöhen.
Eine weitere Grenze der Wirksamkeit der rechtlich möglichen konzentrationspolitischen Maßnahmen liegt darin, daß **bestehende** Unternehmenskonzentrationen nicht angetastet werden können; eine Unternehmensentflechtung ist in der BRD nicht zulässig. Deshalb ist es schwer, auf den Gütermärkten, auf denen das Angebot bereits konzentriert ist, eine Verstärkung des Wettbewerbs zu erreichen. Eine Möglichkeit zur Intensivierung des Wettbewerbs wird in der Förderung der Zusammenarbeit der kleinen und mittleren Unternehmen gesehen; die Kooperation soll die Wirtschaftskraft der kleinen und mittleren Unternehmen fördern, so daß sie mit den großen Unternehmen in Wettbewerb treten können.

6.3.2.2 Verbot wettbewerbsbeschränkender Verhaltensweisen

Da auf vielen Märkten eine Marktform, in der infolge einer großen Anbieterzahl ein Wettbewerb gesichert erscheint, nicht mehr herstellbar ist, muß sich die

---

2 Vgl. z. B. **Müller, R.**, Wirksamkeit der Konzentrationspolitik: Vergleich USA–BRD.»Gegenwartskunde. Gesellschaft, Staat, Erziehung.« 1976, Heft 2, S. 34 ff.

staatliche Wettbewerbspolitik darauf beschränken, wettbewerbsbeschränkende Verhaltensweisen von Unternehmen zu kontrollieren. Das GWB läßt folgende Kontrollmöglichkeiten zu:
1) **Kartellverbot.** Das GWB enthält ein grundsätzliches Kartellverbot (vgl. § 1 GWB). Hierunter fallen auch die Preisabsprachen und Absprachen über Marktaufteilungen, zu denen die Unternehmer auf konzentrierten Märkten tendieren. Von dem grundsätzlichen Kartellverbot gibt es eine Reihe von Ausnahmen, und zwar insbesondere für Konditionen-, Rabatt-, Strukturkrisen- und Rationalisierungskartelle. Das Kartellverbot ist im übrigen schwer durchsetzbar, weil es der Wettbewerbsbehörde i. d. R. nicht möglich ist, das Bestehen von Absprachen zu beweisen.
2) **Verbot des Parallelverhaltens.** Das Kartellverbot des § 1 GWB erfaßt nur vertragliche Absprachen. Seit der Novelle des GWB von 1973 ist auch »ein aufeinander abgestimmtes Verhalten von Unternehmen« verboten (vgl. § 25 Abs. 1 GWB). Das bedeutet, daß zwar spontanes Parallelverhalten zulässig ist; geplante oder erzwungene gleiche Handlungsweisen der Unternehmer sind aber verboten. Unter dieses Verbot fällt auch die Preisführerschaft, wenn sie mit Hilfe der Ausübung oder Androhung wirtschaftlichen Drucks durch den »Preisführer« durchgesetzt wird.
3) **Verbot vertikaler Preisbindungen.** Der Wettbewerb kann auch dadurch beschränkt werden, daß die Hersteller die Einzelhändler verpflichten, vom Verbraucher bestimmte Preise zu verlangen. Derartige Abmachungen, die vertikale Preisbindungen oder Preisbindungen der zweiten Hand genannt werden, sind (mit Ausnahme für Verlagserzeugnisse) verboten (§ 15 GWB).
4) **Mißbrauchskontrolle.** Das Kartellamt kann (gem. § 22 GWB) gegen die mißbräuchliche Ausnutzung der marktbeherrschenden Stellung eines Unternehmens einschreiten und das mißbräuchliche Verhalten verbieten und Verträge für unwirksam erklären. Ein Unternehmen gilt als marktbeherrschend, wenn es keinem wesentlichen Wettbewerb ausgesetzt ist oder im Verhältnis zu den Konkurrenten eine überragende Marktstellung besitzt; die Marktbeherrschung wird vermutet, wenn ein Unternehmen einen Marktanteil von einem Drittel oder mehr aufweist.
Das Kartellamt hat in den letzten Jahren in mehreren Fällen überprüft, ob Unternehmen mit marktbeherrschender Marktposition überhöhte Preise setzten. Eine derartige behördliche Preiskontrolle ist stark umstritten. Einerseits wird darauf hingewiesen, daß Preiskontrolle ein erster Schritt zur Veränderung unseres Wirtschafts- und Gesellschaftssystems sein könne; andererseits wird bezweifelt, daß die Behörden anhand der unternehmerischen Unterlagen über Kostenrechnungen, Gewinnspannen usw. beurteilen können, ob ein Preis überhöht ist oder nicht.[3] Insbesondere auf Grund des letzten Einwandes ist der Erfolg der im Rahmen von Mißbrauchskontrollen durchgeführten Preisüberprüfungen skeptisch zu beurteilen.

6.3.3 Wirkung der Wettbewerbspolitik auf die Inflationsrate

Mit Hilfe der beschriebenen wettbewerbspolitischen Eingriffe sollen wettbewerbsmindernde Unternehmenskonzentrationen und andere wettbewerbsbeschränkende Verhaltensweisen von Unternehmen verhindert werden. Die Wirk-

---

3 Vgl. **Hoppmann, E.,** Preiskontrolle – Mittel der Systemveränderung. »Wirtschaftsdienst«. 1974, S. 389 ff.

samkeit dieser Maßnahmen wird aus den genannten Gründen stark angezweifelt. Durch Verbesserung und Erweiterung der wettbewerbspolitischen Eingriffsmöglichkeiten könnte jedoch vielleicht eine wirksame Wettbewerbspolitik erreicht werden.
Es ist nun zu untersuchen, welche Wirkung eine Wettbewerbspolitik, der es gelingt, Wettbewerbsbeschränkungen zu verhindern, auf die Höhe der Inflationsrate ausübt.
Eine wirksame Wettbewerbspolitik würde zunächst zur Folge haben, daß der Preis von den Unternehmern als absatzpolitisches Instrument eingesetzt würde; die Preiskonkurrenz würde zu einem tendenziell niedrigeren Preisniveau führen. Darüberhinaus bringt der Wettbewerb eine preiselastische Nachfrage mit sich; in einer Konkurrenzwirtschaft sind die einzelnen Unternehmen nämlich nicht in der Lage, durch hohe Werbeaufwendungen einen starken Einfluß auf die Nachfrage auszuüben, und der Konkurrenzkampf zwischen den Anbietern führt außerdem zum Angebot einer Reihe von Substitutionsgütern.
Ist die Nachfrage wesentlich preiselastisch, werden die Unternehmer zu Preissenkungen veranlaßt, wenn die Kosten oder die Nachfrage sinken. Und zwar leiten Kostensenkungen Preissenkungen ein, weil dadurch – wie in der Preistheorie gezeigt wird [4] – die Gewinne steigen. Nachfragesenkungen haben Preissenkungen zur Folge, weil die Unternehmer durch Preissenkungen den Nachfrage- und Gewinnrückgang abschwächen können.[5]
Dadurch, daß **Kostensenkungen** zu Preissenkungen führen, kann die Inflationsrate etwas gesenkt werden. Denn steigen beispielsweise die Löhne um die gesamtwirtschaftliche Produktivitätserhöhung, so steigen Kosten und Preise in Branchen mit unterdurchschnittlicher Produktivitätserhöhung; in Branchen mit überdurchschnittlicher Produktivitätserhöhung dagegen sinken die Kosten und deshalb auch die Preise. Wäre das Angebot hingegen konzentriert und stünden die Unternehmer einer weitgehend preisunelastischen Nachfrage gegenüber, würden Lohnsteigerungen in Branchen mit unterdurchschnittlicher Produktivitätssteigerung Preiserhöhungen nach sich ziehen; in den Branchen mit überdurchschnittlicher Produktivitätssteigerung würden aber keine Preissenkungen auftreten, weil dadurch keine wesentliche Nachfrage- und Gewinnsteigerung erreicht würde.
Auch die Tatsache, daß **Nachfragesenkungen** in einer Wettbewerbswirtschaft zu Preissenkungen führen, hat insgesamt einen inflationsmindernden Effekt. Denn es gibt immer (auch in der Hochkonjunktur) Branchen, in denen die Nachfrage auf Grund eines Strukturwandels sinkt; dort würden Preissenkungen eintreten. Durch die preisdrückende Wirkung von Nachfragesenkungen auf Märkten mit funktionierendem Wettbewerb kann zudem die Anti-Inflationspolitik der Bundesbank und des Staates, bei der ja nachfragedämpfende Maßnahmen ergriffen werden, wirksamer als auf konzentrierten Märkten sein. Die Wettbewerbspolitik übt dabei also keinen unmittelbaren Einfluß auf die Höhe der Inflationsrate aus, sondern sie bewirkt, daß die Effizienz der auf Preisniveaustabilität abzielenden Maßnahmen steigt.

---

4 Vgl. z. B. **Schneider, E.,** Einführung in die Wirtschaftstheorie. II. Teil, 13. Aufl., Tübingen 1972, S. 116 ff.
5 Ebenda.

6.4. Konjunkturpolitische Regelmechanismen

Die in den Punkten 5.3 und 5.5 erörterte staatliche Konjunkturpolitik wird auch als **diskretionäre Konjunkturpolitik** bezeichnet. Sie ist dadurch gekennzeichnet, daß in jedem Zeitpunkt eine Beurteilung der tatsächlichen und der angestrebten konjunkturellen Lage erfolgt und darauf eine Entscheidung über Art, Umfang und Zeitpunkt von konjunkturpolitischen Maßnahmen getroffen wird.
Die Leistungsfähigkeit der diskretionären Konjunkturpolitik wird – wie beschrieben – u. a. mit folgenden Begründungen angezweifelt:
- Die konjunkturelle Entwicklung und die Wirkungsweise der konjunkturpolitischen Instrumente können weder nach Zeitpunkt, noch nach Ausmaß hinlänglich prognostiziert werden.
- Entscheidungsverzögerungen und Wirkungsverzögerungen bergen die Gefahr in sich, daß konjunkturpolitische Maßnahmen nicht stabilisierend, sondern destabilisierend wirken.
- Vor allem in der Hochkonjunktur können aus politischen Gründen oder auf Grund wirtschaftlicher Gegebenheiten (Inflexibilität des Staatshaushalts) die notwendigen Maßnahmen nicht realisiert werden.
- Es bestehen Koordinationsprobleme zwischen den Gebietskörperschaften.

Diese Zweifel werden durch die Erfahrung gestützt: die staatliche Konjunkturpolitik der letzten 25 Jahre war offensichtlich wenig erfolgreich; es wurde keine erkennbare Abschwächung der Konjunkturschwankungen erwirkt, und damit wurden auch die wirtschaftspolitischen Ziele nicht in erwünschtem Maße erreicht.
Um die Wirksamkeit der Konjunkturpolitik zu erhöhen, wird – vor allem wieder in den letzten Jahren – die Frage diskutiert, ob und gegebenfalls auf welche Weise die diskretionäre Konjunkturpolitik durch **Regelmechanismen** (= automatische Konjunkturregler) ersetzt werden sollte. Man spricht dann von Regelmechanismen, wenn gemessene Abweichungen von einem erstrebten Zustand (dem »Sollwert«) automatisch eine bestimmte Maßnahme auslösen, die auf die Herstellung des Sollzustandes hinwirkt.
In der konjunkturpolitischen Diskussion werden vor allem zwei Regelmechanismen unterschieden:
- die »eingebaute Flexibilität« (»built-in flexibility«) und
- die »Formelflexibilität« (»formula flexibility«).

6.4.1 Das Konzept der »eingebauten Flexibilität«

Nach dem Konzept der »eingebauten Flexibilität« (»built-in flexibility«) sollen das **Steuersystem** und bestimmte **Staatsausgaben** so gestaltet werden, daß sich im Konjunkturaufschwung automatisch Haushaltsüberschüsse und im Konjunkturabschwung automatisch Haushaltsdefizite bilden. Wirken Haushaltsüberschüsse konjunkturdämpfend und Haushaltsdefizite konjunkturbelebend, – und das wird in diesem Konzept unterstellt (vgl. Punkt 5.3.1) – werden die Konjunkturschwankungen »wie von selbst« abgeschwächt.
Im folgenden wird dargestellt, wie das Steuersystem und bestimmte staatliche Ausgabentätigkeiten nach diesem Konzept gestaltet sein müssen und welche Möglichkeiten und Grenzen der Konjunktursteuerung dann gegeben sind.

6.4.1.1 Flexibilität der Steuern

Das grundlegende Konzept der eingebauten Flexibilität des Steuersystems wurde von R. A. Musgrave und M. H. Miller entwickelt.[1] Sie gehen von der realistischen Annahme aus, daß das Steueraufkommen gleichgerichtet mit der gesamtwirtschaftlichen Sozialproduktsentwicklung schwankt. Zudem wird vorausgesetzt, daß die Staatsausgaben konstant bleiben. Weiterhin wird angenommen, daß Angebot und Nachfrage bei Vollauslastung der Produktionskapazitäten ausgeglichen sind; man sagt, »es besteht Gleichgewicht bei Vollbeschäftigung«.
Ergibt sich nun aufgrund irgendwelcher (hier uninteressanter) volkswirtschaftlicher Ereignisse eine Änderung der Investitionsgüternachfrage oder der Konsum- oder Exportnachfrage, so fallen Nachfrage und reales Angebot auseinander. Bei einer Erhöhung der Nachfrage entsteht eine Hochkonjunktur; Preissteigerungen sind die Folge; das Sozialprodukt steigt nur monetär. Eine Senkung der Nachfrage führt zum Konjunkturabschwung, der ein real sinkendes Sozialprodukt aufweist. Eine Nachfrageänderung setzt – wie bekannt[2] – einen Multiplikatorprozeß in Gang, der dadurch gespeist wird, daß die Änderungen der verfügbaren Einkommen der privaten Haushalte[3] Änderungen der Konsumgüternachfrage herbeiführen. Da angenommen wurde, daß das Steueraufkommen gleichgerichtet mit dem Sozialprodukt schwankt, ist die Veränderung des verfügbaren Einkommens geringer als im Fall konstanten Steueraufkommens. Deshalb ist auch die multiplikative Wirkung der anfänglichen Nachfrageerhöhung geringer als im Fall konstanten, d. h. nicht mit dem Sozialprodukt schwankenden Einkommens.
Mit anderen Worten:
Eine Änderung der Nachfrage verursacht unter der Voraussetzung konstanter Staatsausgaben bei einem mit dem Sozialprodukt gleichgerichtet schwankenden Steueraufkommen eine geringere Änderung des Sozialprodukts als bei konstantem Steueraufkommen.

Die konjunkturellen Schwankungen des Sozialprodukts werden also bei einem vom Sozialprodukt abhängigen Steueraufkommen abgeschwächt, wenn die Staatsausgaben konstant bleiben. Denn in der Hochkonjunktur bilden sich konjunkturdämpfende Haushaltsüberschüsse und im Konjunkturabschwung konjunkturbelebende Haushaltsdefizite. Dadurch wird eine automatische Stabilisierungswirkung erreicht.
Das Ausmaß der konjunkturstabilisierenden Wirkung hängt davon ab, wie stark das Steueraufkommen mit dem Sozialprodukt schwankt, d. h. wie reagibel das Steueraufkommen bezüglich des Sozialprodukts ist.
Die Reagibilität des Aufkommens aus einer **bestimmten** Steuer hängt davon ab,
– wie stark sich die Bemessungsgrundlage der Steuer bei Änderung des Sozialprodukts ändert. Beispielsweise ist die Höhe der Bemessungsgrundlage der

---

1 Vgl. die Darstellung in: **Musgrave, R. A.,** Finanztheorie. (übersetzt von Lore Kullmer). Tübingen 1969, S. 470 ff.
2 Vgl. Abschn. 3.3.
3 Das Verfügbare Einkommen ergibt sich, indem man vom Bruttosozialprodukt die Abschreibungen, Steuern, Vermögens- und Unternehmereinkommen des Staates, Sozialversicherungsbeiträge und unverteilte Gewinne abzieht und die Subventionen und Transferzahlungen addiert.

Lohnsteuer – die Bruttolohnsumme – sehr stark von der Höhe des Sozialprodukts abhängig. Relativ unabhängig von Schwankungen des Sozialprodukts ist die Bemessungsgrundlage z. B. bei der Vermögensteuer oder der Gewerbekapitalsteuer.
- Wie hoch der Steuersatz ist, d. h. welcher Teil der Bemessungsgrundlage als Steuer abzuführen ist.
- Ob eine Änderung des Steuersatzes eintritt, wenn sich die Höhe der Bemessungsgrundlage ändert und wie stark diese Steuersatzveränderung ggf. ist. Bei der Lohn- und Einkommensteuer beispielsweise variiert der Steuersatz bekanntlich mit der Höhe der Bemessungsgrundlage.

Die Reagibilität des **gesamten** Steueraufkommens ist um so höher, je größer der Anteil reagibler Steuern am Gesamtsteueraufkommen ist.
Die Reagibilität des Steueraufkommens kann mit Hilfe der sog. Aufkommenselastizität gemessen werden. Sie gibt an, um wieviel Prozent sich das Steueraufkommen ändert, wenn sich das Sozialprodukt um einen bestimmten Prozentsatz ändert. Das gesamte Steueraufkommen in der Bundesrepublik Deutschland weist eine Aufkommenselastizität von 1,02 auf.[4] Das heißt, eine Änderung des Sozialprodukts um einen bestimmten Prozentsatz bewirkt eine Änderung des gesamten Steueraufkommens um etwa den gleichen Prozentsatz. Zu den Steuern mit der höchsten Aufkommenselastizität gehören die Lohn- und Einkommensteuer; diese Steuern sind sehr reagibel, weil deren Bemessungsgrundlagen unmittelbar mit dem Sozialprodukt schwanken und weil sie einen hohen Steuersatz aufweisen, der sich zudem auf Grund des progressiven Steuertarifs bei Änderung der Bemessungsgrundlage ändert. Auch die Gewerbesteuer, Grunderwerbsteuer, Mineralölsteuer, Kapitalverkehrsteuern und Umsatzsteuer weisen hohe Aufkommenselastizitäten auf.

6.4.1.2 Flexibilität der Ausgaben

Auch bei einzelnen Staatsausgaben existiert eine eingebaute Flexibilität. Und zwar lassen sich bei den Ausgaben der Arbeitslosenversicherung und bei den Sozialhilfeausgaben automatische Stabilisierungseffekte nachweisen.
Im Konjunkturabschwung steigen diese Ausgaben an, weil die Zahl der Arbeitslosen und der Sozialhilfe-Empfänger steigt. Gleichzeitig sinken die Beitragseinnahmen der Arbeitslosenversicherung, so daß ein Defizit-Haushalt entsteht. In der Hochkonjunktur geht die Zahl der Arbeitslosen zurück, die Zahlungen der Arbeitslosenversicherung und der Sozialhilfe sinken, die Einnahmen der Arbeitslosenversicherung steigen; es entsteht ein Überschuß-Budget. Hat ein Defizithaushalt einen konjunkturbelebenden und ein Überschußhaushalt einen konjunkturdämpfenden Effekt, wirken die genannten Ausgaben den Konjunkturschwankungen automatisch entgegen.

Ausgehend von der Erkenntnis, daß vor allem durch die Flexibilität der Steuereinnahmen, aber auch durch die Flexibilität einzelner Staatsausgaben eine automatische Stabilisierungswirkung entstehen kann, liegt nun der Vorschlag nahe, das Steuersystem und (soweit möglich) das System der Ausgaben so festzule-

---

4 **Körner, G.**, Die Aufkommenselastizität des deutschen Steuersystems. Ifo-Studien zur Finanzpolitik, Nr. 16. München 1974, Tabelle 2.

gen, daß Steuereinnahmen und Staatsausgaben im Zustand der Vollbeschäftigung ausgeglichen sind und daß Tendenzen eines Konjunkturabschwungs und einer Hochkonjunktur sofort automatisch gebremst werden.
Dieses auf den ersten Blick bestechende Konzept birgt jedoch einige gravierende Kritikpunkte und Probleme in sich, die kurz dargelegt werden sollen.

6.4.1.3 Kritik und Probleme

1) Zunächst ist noch einmal darauf hinzuweisen, daß durch die eingebaute Flexibilität allenfalls eine Dämpfung, aber keine Beseitigung der Konjunkturschwankungen erzielt werden kann. Stark ausgeprägte konjunkturelle Tendenzen müßten deshalb im Interesse einer möglichst weitgehenden Erreichung der wirtschaftspolitischen Ziele doch noch durch diskretionäre staatliche Maßnahmen bekämpft werden.

2) Ein weiterer Kritikpunkt liegt in der Voraussetzung der Konstanz der Staatsausgaben. Insbesondere in der Hochkonjunktur, in der die Steuereinnahmen stark steigen, erhöht der Staat die Ausgaben erfahrungsgemäß kräftig. Es läßt sich jedoch zeigen, daß das Steuersystem auch dann eine automatische Stabilisierungswirkung ausüben kann, wenn die Staatsausgaben proportional zum Sozialprodukt steigen. Allerdings ist die Wirksamkeit der eingebauten Flexibilität in diesem Fall erheblich geringer als bei konstanten Staatsausgaben.[5]

3) Ein wichtiger Einwand gegen das Konzept der eingebauten Flexibilität beruht auf der Einsicht, daß ein Überschußhaushalt nicht immer konjunkturdämpfend, und ein Defizithaushalt nicht immer konjunkturbelebend wirkt. Bei der Frage nach der konjunkturellen Wirkung eines nicht ausgeglichenen Haushalts kommt es entscheidend darauf an, was mit den überschüssigen Einnahmen geschieht bzw. wie das Defizit finanziert wird.
Werden die Einnahmenüberschüsse in der Hochkonjunktur auf dem Kapitalmarkt angelegt, so verbessern sie die Finanzierungsbedingungen und fördern private Nachfrage (und zwar vor allem die Investitionsgüternachfrage), die sonst wegen mangelnder Finanzierungsmöglichkeiten unterblieben wäre; eine Konjunkturdämpfung würde dann nicht erreicht. Ein Überschußhaushalt wirkt nur konjunkturdämpfend, wenn die überschüssigen Einnahmen bei der Notenbank stillgelegt werden.
Ein Defizithaushalt hat nur unter der Bedingung einen sicheren konjunkturbelebenden Effekt, daß durch die Finanzierung der fehlenden Einnahmen keine private Nachfrage zurückgedrängt wird. Eine derartige Defizitfinanzierung ist durch Aufnahme von Krediten bei der Notenbank gesichert. Jedoch kann das Defizit im Konjunkturabschwung häufig auch auf dem Kapitalmarkt finanziert werden, ohne die Entwicklung der privaten Nachfrage zu begrenzen; denn im Abschwung der Konjunktur besteht auf dem Kapitalmarkt meist ein Angebotsüberhang.
Die aufgezeigten monetären Zusammenhänge, die für die Flexibilität der Einnahmen und der Ausgaben in gleicher Weise zutreffen, muß der Staat beachten, wenn eine automatische Konjunkturstabilisierung erreicht werden soll.

---

5 **Albers, W.**, Automatische Stabilisierungswirkung, in: H. C. Recktenwald (Hrsg.), Finanzpolitik. Köln, Berlin 1969, S. 284.

4) Die Funktionsweise des Systems der eingebauten Flexibilität ist dann nicht gesichert, wenn eine zeitliche Verzögerung (»time-lag«) zwischen Steuerentstehung und Steuerzahlung vorliegt. Fallen Besteuerungsmenge und Steuerzahlung zu unterschiedlichen konjunkturellen Situationen an, wird keine automatische Stabilisierung, sondern eine Destabilisierung der Konjunktur herbeigeführt. Das sei an einem Beispiel erläutert: In der Hochkonjunktur steigen Einkommen und Unternehmensgewinne stark an, d. h. die Besteuerungsmenge der veranlagten Einkommensteuer und der Körperschaftsteuer wächst; die volle Steuerschuld ist aber wegen des langwierigen Besteuerungsverfahrens erst etwa 1½ bis 2 Jahren später fällig. Nach Ablauf dieser Zeit befindet sich die Konjunktur u. U. schon im Abschwung. Die dann fällig werdenden Steuerzahlungen verstärken den Konjunkturabschwung. Der time-lag zwischen Steuerentstehung und Steuerzahlung ist bei der veranlagten Einkommensteuer, der Körperschaft-, Gewerbe- und Vermögensteuer groß. Die Lohnsteuer sowie die Mehrwert- und Verbrauchsteuern weisen geringe time-lags auf. Da die mit großen time-lags behafteten Steuern einen wesentlichen Anteil am gesamten Steueraufkommen haben, ist die automatische Konjunkturstabilisierung des heutigen Steuersystems stark in Frage gestellt.

5) Ein weiteres Problem des Konzepts der eingebauten Flexibilität wird deutlich, wenn angenommen wird, daß zwischen Steuerentstehung und Steuerzahlung keine zeitliche Verzögerung liegt. Dann werden durch die eingebaute Flexibilität Konjunkturaufschwünge und -abschwünge gedämpft. Betrachtet man Abbildung 16, so erkennt man leicht, daß diese Wirkung nicht immer erstrebenswert ist. Die gerade Linie gibt die langfristig angestrebte Wachstumsrate des Sozialprodukts und die geschlängelte Linie die Konjunkturbewegung an. Die automatische Stabilisierung ist erwünscht, wenn ein Aufschwung oder Abschwung von der angestrebten Wachstumsrate wegführt. Dagegen ist die automatische Stabilisierung unerwünscht, wenn der Aufschwung oder Abschwung zur angestrebten Wachstumsrate hinführt.

Abbildung 16: Angestrebte Wachstumsrate und Konjunkturschwankungen.

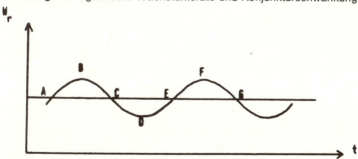

W_r = Wachstumsrate des realen Sozialprodukts
t = Zeit

Die eingebaute Flexibilität hat also im Bereich AB und CD den erwünschten Bremseffekt. Im Bereich BC und DE dagegen ist eine Dämpfung der Konjunkturentwicklung unerwünscht, weil sie die Bewegung zum Gleichgewicht hemmt.

Aus den Punkten (4) und (5) ergibt sich, daß weder in einem Steuersystem mit time-lag, noch in einem ohne time-lag in allen Konjunkturphasen erstrebenswerte automatische Stabilisierungswirkungen erreicht werden können. Die Lösung, die aus diesem Dilemma herausführt, sieht theoretisch leicht aus: man müßte die Steuern zeitlich so lenken, daß sie in den Konjunkturphasen BC und DE mit einem time-lag, in den Phasen AB und CD ohne time-lag anfallen. Dadurch würden die in den Punkten (4) und (5) beschriebenen negativen Wirkungen der eingebauten Flexibilität vermieden, und zudem würde der automatische Stabilisierungseffekt durch das Zusammenfallen der Wirkungen der in zwei Phasen entstandenen Änderungen der Steuerschuld auf das Steueraufkommen einer (nämlich der kritischen Phasen AB und CD) Phase verstärkt werden.[6] In der Realität ist ein derartiges Steuersystem jedoch schwer realisierbar; denn es müßten häufige Änderungen von Gesetzen und Verordnungen erlassen werden, durch die nicht nur die Finanzverwaltung, sondern auch die Besteuerten stark belastet würden. Darüberhinaus würden durch eine derartige Konstruktion des Steuersystems Vorteile, die man sich durch eine automatische Stabilisierung erhofft hat, wieder aufgehoben: Diagnosen und Prognosen wären erforderlich und Entscheidungsverzögerungen wären nur schwer vermeidbar.

6.4.2 Das Konzept der Formelflexibilität

Ein zweiter wichtiger Diskussionsbeitrag zur Erhöhung der Wirksamkeit staatlicher Konjunkturpolitik ist die Einführung einer »**Formelflexibilität**« (formula flexibility). Nach diesem Vorschlag soll der Einsatz konjunkturpolitischer Instrumente für bestimmte konjunkturelle Situationen mit Hilfe gesetzlich festgelegter Formeln bestimmt werden.

Das Parlament soll im voraus beschließen, welche Maßnahmen ergriffen werden sollen, wenn eine bestimmte Konjunkturentwicklung eintritt. Die ausführenden Organe sind dadurch in der Lage, die festgesetzten Maßnahmen sofort zu treffen, wenn die durch Formeln beschriebene Konjunkturlage eintritt.

Auf diese Weise wird ein Zwang zum Handeln eingeführt und es wird die Möglichkeit umgangen, daß Regierungen aus wahltaktischen Gründen oder auf Grund des Drucks einzelner Interessengruppen ein notwendiges konjunkturpolitisches Eingreifen unterlassen oder verzögern.

Die Entscheidungsverzögerung (vgl. Punkt 5.5.2.2) wird also vermieden. Zudem wird jeweils die Aufstellung einer Prognose überflüssig. Die Erkennungsverzögerung entfällt dadurch aber nur, wenn die Formeln, die die Kriterien für ein konjunkturpolitisches Eingreifen festlegen, die Notwendigkeit konjunkturpolitischer Steuerung früh genug anzeigen. Einfache Formeln wie: »Die Einkommensteuersätze sollen um x Prozent gesenkt und die öffentlichen Ausgaben sollen um y Prozent steigen, wenn das Volkseinkommen um z Prozent fällt«[7] sind zu grob, weil sie unerwünschte Konjunkturtendenzen erheblich zu spät anzeigen.

Hiermit ist bereits eine wichtige Grenze der Effektivität der Formelflexibilität angesprochen. Die Formelflexibilität kann nur zu einer wirksamen Konjunkturpolitik führen, wenn die Kriterien für die automatische Auslösung konjunkturpolitischer Maßnahmen aussagekräftige Konjunkturindikatoren sind.

---

6 Ebenda, S. 297.
7 Vgl. **Musgrave, R. A.**, a.a.O., S. 478 f.

Die Wirkungsverzögerung – die quantitativ wichtigste zeitliche Verzögerung des konjunkturpolitischen Instrumentariums – wird durch die Formelflexibilität nicht berührt. Somit ergibt sich, daß der Vorteil der Formelflexibilität gegenüber der diskretionären Konjunkturpolitik einzig darin liegt, daß ein Zwang zum konjunkturpolitischen Handeln eingeführt und die Entscheidungsverzögerung vermieden wird.

Diesem Vorteil stehen gewichtige Probleme und Nachteile gegenüber.[8] Es ist heutzutage nicht möglich, ein System von Konjunkturindikatoren zu erstellen, das in eine Formel eingebaut werden kann und bestimmte Konjunkturtendenzen vorhersagt. Es ist ebenfalls noch unmöglich, ein Maßnahmesystem zu entwickeln, das in allen konjunkturellen Lagen Anwendung finden kann. Die Ursachenkonstellation der verschiedenen unerwünschten Konjunkturentwicklungen sind selten gleichartig; eine wirksame Konjunktursteuerung erfordert deshalb einen flexibel zu handhabenden Maßnahmenkatalog; im voraus festgesetzte Instrumente werden den verschiedenen konjunkturellen Situationen häufig nicht gerecht.

Neben diesen technischen Problemen der Entwicklung einer geeigneten Formelflexibilität ergeben sich Bedenken politischer Art. Durch Einführung einer Formelflexibilität werden Entscheidungen über die Rangfolge der konjunkturpolitischen Ziele und über die Art der Maßnahmen getroffen. Da diese Entscheidungen die staatlichen Handlungsweisen zumindest für einen mittelfristigen Zeitraum vorbestimmen, wird die politische Entscheidungsfreiheit von Parlament und Regierung eingeschränkt. Die Festlegung eines Maßnahmenkatalogs ist auch deshalb problematisch, weil fast alle konjunkturpolitischen Maßnahmen die einzelnen Bevölkerungsgruppen in unterschiedlichem Ausmaß betreffen und dadurch einen Einfluß auf die Einkommens- und Vermögensverteilung haben. Auf die Dauer kann es aber nicht hingenommen werden, daß bestimmte Bevölkerungsgruppen gegenüber anderen stets benachteiligt werden; derartige negativen Nebenwirkungen müßten deshalb durch diskretionäre Maßnahmen neutralisiert werden.

Zusammenfassend ist festzuhalten: die Formelflexibilität bedeutet zwar den Vorteil des Zwangs zum konjunkturpolitischen Handeln und eine Vermeidung der Entscheidungsverzögerung; jedoch bringt sie so gewichtige Probleme und Nachteile mit sich, daß ihre Einführung nicht empfehlenswert erscheint.

6.5 Einkommenspolitik

6.5.1 Begriff

Im Punkt 4.2.4 wurde bereits dargelegt, daß eine der wichtigsten Ursachen für den geringen Erfolg der bisherigen Konjunkturpolitik im Kampf der verschiedenen Gruppen um einen möglichst hohen Anteil am Sozialprodukt liegt. Vor allem der Verteilungskampf der Unternehmer und Arbeitnehmer ist ein wesentlicher Grund für die Instabilität der wirtschaftlichen Entwicklung. Das sei kurz erläutert, indem das Verhalten der Tarifpartner (Unternehmerverbände, Gewerkschaften) in den verschiedenen Konjunkturphasen kurz beschrieben wird.

---

8 Vgl. hierzu: Wissenschaftlicher Beirat beim Bundesminister für Wirtschaft. Gutachten vom 11. Dez. 1971. Regelmechanismen und regelgebundenes Verhalten in der Wirtschaftspolitik. Insbes. Teil VI.

In der Depression und zu Beginn eines Konjunkturaufschwungs sind die Lohnforderungen der Gewerkschaften und die tatsächlich realisierten Lohnsteigerungen meist niedrig, weil die Gewerkschaften die Arbeitslosigkeit nicht noch erhöhen, sondern den Konjunkturaufschwung fördern wollen. Von den Lohnsteigerungen gehen somit keine wesentlichen Preissteigerungstendenzen aus. Erst wenn sich der Konjunkturaufschwung gefestigt hat, steigen die Löhne stärker, weil die gewerkschaftlichen Forderungen höhergeschraubt werden und der Arbeitsmarkt nicht mehr durch einen Angebotsüberschuß gekennzeichnet ist. Das trifft vor allem in der Hochkonjunktur zu; Lohnsteigerungen sind wegen hoher Tariflohnsteigerungen und Knappheit auf dem Arbeitsmarkt recht hoch. Dadurch wird die Nachfrage auf den Konsumgütermärkten weiter angeregt. Die Unternehmer nehmen die Nachfragesteigerungen und die Lohnkostensteigerungen zum Anlaß, die Preise drastisch – und zwar um mehr als um die Kostensteigerungen – zu erhöhen (kombinierte Nachfrage- und Kosteninflation). Infolgedessen steigen die Gewinne stärker als das Volkseinkommen. In der Hochkonjunktur sinkt somit häufig der Anteil der Arbeitnehmer am Volkseinkommen.[1] Wird nun der obere Wendepunkt erreicht und der erste Schritt in den Konjunkturabschwung getan (vgl. Punkt 3.4.2), fordern die Gewerkschaften meist trotzdem noch hohe Lohnsteigerungen, weil sie die Lohnquote wieder erhöhen wollen. Da somit die Gewinne sinken, schränken die Unternehmer die Investitionen ein, so daß sich der begonnene Konjunkturabschwung verstärkt fortsetzt.

Um die inflationsfördernden und destabilisierenden Wirkungen des Verteilungskampfes zwischen den verschiedenen Gruppen zu verhindern, werden immer wieder staatliche Maßnahmen zur direkten Beeinflussung der Einkommensentwicklung diskutiert;[2] derartige Maßnahmen werden unter den Begriff **Einkommenspolitik** zusammengefaßt. Die oben erörterten Maßnahmen der Geld- und Finanzpolitik gehören nicht zur Einkommenspolitik; denn mit jenen Maßnahmen werden die Einkommen nicht direkt, sondern nur indirekt beeinflußt.

Zuerst wurde unter Einkommenspolitik nur eine stabilitätsgerechte **Lohn**politik verstanden. Da die Inflationsraten und die Konjunkturentwicklung aber nicht nur von der Entwicklung der Lohneinkommen, sondern auch der Nichtlohneinkommen (Gewinne, Vermögens- und Transfereinkommen) bestimmt werden, und da zudem eine direkte staatliche Einflußnahme allein auf die Löhne zu Widerstand bei den Gewerkschaften führen würde, umfaßt die Einkommenspolitik die direkte Einflußnahme des Staates auf **alle** Einkommen mit dem Ziel der Konjunktursteuerung. Allerdings befaßt sich die einkommenspolitische Diskussion vor allem mit Fragen der Lohnpolitik.

6.5.2 Lohnpolitik

6.5.2.1 **Das Konzept der produktivitätsorientierten Lohnpolitik**

Die einkommenspolitisch motivierte Lohnpolitik verfolgt in erster Linie das Ziel, inflationsfördernde Lohnsteigerungen zu vermeiden. Lohnsteigerungen können

---

1 Vgl. **Borchert, M.**, Stagflation und Lohnpolitik. Volkswirtschaftliche Korrespondenz der Adolf-Weber-Stiftung. Nr. 8/1975, Pkt. I. Vgl. auch Punkt 5.5.4.4.

2 Diese etwa Anfang der 60er Jahre begonnene Diskussion wurde vor allem durch eine Studie der OECD, Policies for Price Stability, Paris 1962, gefördert.

eine Kosteninflation und/oder eine Nachfrageinflation verursachen bzw. verstärken; denn eine Erhöhung der gesamtwirtschaftlichen Lohneinkommen bewirkt sowohl Produktionskostensteigerungen, als auch eine Steigerung der Nachfrage auf den Konsumgütermärkten.

Aus dem Bestreben, eine Richtschnur für die Höhe der Lohnsteigerung zu finden, von der keine inflatorischen Wirkungen ausgehen, entstand das sog. **Konzept der produktivitätsorientierten Lohnpolitik.** Nach diesem Konzept sollen die Löhne im Durchschnitt nur um den Prozentsatz steigen, um den das Produktionsergebnis pro Arbeitsstunde, d. h. die Arbeitsproduktivität, in der Volkswirtschaft zunimmt. Die Realisierung einer produktivitätsorientierten Lohnpolitik soll es ermöglichen, Lohnerhöhungen vorzunehmen, von denen keine **kosteninduzierten** oder **nachfrageinduzierten** Preissteigerungen ausgehen. Das sei kurz erläutert.[3]

Ein Anstieg der Löhne im Ausmaß des gesamtwirtschaftlichen Produktivitätsfortschrittes, hat eine **Konstanz der Lohnkosten je Produkteinheit** zur Folge. Zur Verdeutlichung ein Zahlenbeispiel: die Zahl der beschäftigten Arbeitnehmer sei 500. Der durchschnittliche Lohnsatz betrage DM 24,–. Die Lohnsumme hat also die Höhe von 500 · 24 = 12 000,– DM. Die Produktionsmenge belaufe sich auf 10 000 Einheiten; somit betragen die Lohnkosten je Produktionseinheit DM 1,20. Die Produktivität der Arbeit ist 10 000 : 500 = 20. Im folgenden Jahr erhöhe sich die Produktionsmenge bei gleichbleibendem Arbeitseinsatz von 500 Beschäftigten auf Grund des technischen Fortschritts um 10 %, also auf 11 000. Die Arbeitsproduktivität steigt deshalb auf 11 000 : 500 = 22, also auch um 10 %. Wird der Lohnsatz im Ausmaß der Produktivitätssteigerung erhöht, d. h. um 10 % auf DM 26,40, so steigt zwar die Lohnsumme (auf 13 200 DM), die Lohnkosten je Produktionseinheit bleiben aber auf der alten Höhe von DM 1,20. Von den Lohnkosten geht deshalb keine preissteigernde Wirkung aus.

Die Befolgung der produktivitätsorientierten Lohnpolitik soll auch zur Verhinderung einer **nachfrageinduzierten** Inflation beitragen. Steigen die Lohnsätze nämlich nur im Ausmaß der Produktivitätssteigerung, so wachsen die Lohneinkommen (bei gleicher Beschäftigtenzahl) im gleichen Prozentsatz wie das reale Angebot an Gütern und Dienstleistungen, und deshalb steigt – so wird argumentiert – die Konsumgüternachfrage ebenfalls nur um den Prozentsatz des Angebotszuwachses.

So überzeugend das Konzept der produktivitätsorientierten Lohnpolitik auf den ersten Blick erscheint, es weist doch einige wesentliche Unzulänglichkeiten auf. Die Befolgung dieses Konzeptes verhindert nur unter zusätzlichen Voraussetzungen eine kosteninduzierte und nachfrageinduzierte Erhöhung des Preisniveaus:

1) Eine Erhöhung der Lohnsätze um die durchschnittliche Produktivitätssteigerung in der Volkswirtschaft bewirkt, daß in Branchen mit überdurchschnittlicher Produktivitätssteigerung die Kosten sinken und in Branchen mit unterdurchschnittlicher Produktivitätssteigerung (vor allem Dienstleistungssektor) Kostenerhöhungen auftreten.

---

3 Vgl. **Weinert, G.,** Grundprobleme der produktivitätsorientierten Lohnpolitik, in: Bolz, K. (Hrsg.), Ist eine gerechte Einkommensverteilung möglich? München 1972, S. 50 ff.

Die Unternehmer in denjenigen Branchen, in denen der Anstieg der Arbeitsproduktivität überdurchschnittlich hoch ist und in denen wegen des nur durchschnittlichen Lohnanstiegs die Produktionskosten pro Stück sinken, müßten die Preise senken. Denn nur dann werden gesamtwirtschaftlich gesehen die Preissteigerungen ausgeglichen, die in denjenigen Wirtschaftszweigen vorgenommen werden, in denen die Produktivitätssteigerung unterproportional ist.
Diese Voraussetzung ist i. d. R. nicht erfüllt; Preissenkungen sind in der Realität selbst bei beachtlichen Kostensenkungen selten.
2) Es darf über die Lohnsteigerung hinaus keine weiteren Erhöhungen der Arbeitskosten geben; z. B. würden Arbeitszeitverkürzungen oder ein Anstieg der Lohnnebenleistungen (z. B. betriebliche Krankenversicherung, Arbeitgeberanteil zur Sozialversicherung) die Lohnkosten erhöhen. Steigen die Arbeitskosten auf Grund eines Anstiegs der Lohnnebenkosten oder auf Grund von Arbeitszeitverkürzungen, dürften die Lohnsätze nur in entsprechend geringerem Ausmaß steigen.
3) Richten die Tarifpartner (Gewerkschaften, Unternehmerverbände) die vereinbarten Lohnerhöhungen am Produktivitätsfortschritt aus, so dürfen die tatsächlichen Lohnsätze nicht wegen einer Knappheit auf dem Arbeitsmarkt zusätzliche Steigerungstendenzen erhalten. Vor allem in der Hochkonjunktur ist aber häufig zu beobachten, daß die Lohnsätze um mehr als die tariflich vereinbarten Erhöhungen wachsen.
4) Die Kapitalkosten müssen konstant bleiben.
5) Die Konsumnachfrage der Arbeitnehmer darf bei einem Zuwachs der Lohneinkommen nur um den Prozentsatz des Produktionszuwachses steigen; d. h. die Konsumquote der Arbeitnehmer muß konstant bleiben. Diese Voraussetzung ist jedoch nicht erfüllt. Je nachdem, welche Zukunftserwartungen die Arbeitnehmerhaushalte haben, steigt oder fällt deren Konsumquote (s. Punkt 3.2.1.2). Aus diesem Grunde kann ein Anstieg der Löhne im Ausmaß des Produktivitätszuwachses nur sehr begrenzt dazu beitragen, die Entstehung eines Nachfrageüberschusses oder -defizits zu verhindern.
6) Selbst bei Konstanz der Konsumquote der Lohnempfänger sind nachfrageinduzierte Preissteigerungen mit Hilfe der produktivitätsorientierten Lohnpolitik nicht auszuschließen. Denn der Konsum der Arbeitnehmer macht nur einen Teil der gesamtwirtschaftlichen Nachfrage nach Gütern und Dienstleistungen aus. Die übrigen Nachfragekomponenten – der Konsum der Selbständigen, die Investitionen, der staatliche Konsum und der Export – werden nur indirekt durch die Lohnentwicklung und darüber hinaus durch eine Reihe anderer Einflußfaktoren bestimmt. Deshalb kann durch die produktivitätsorientierte Lohnpolitik bestenfalls ein Teil der volkswirtschaftlichen Nachfrage konjunkturgerecht beeinflußt werden.
Der Wissenschaftliche Beirat beim Bundeswirtschaftsministerium folgert daraus: »Vermehren sich eine oder mehrere der im Sozialprodukt neben dem Privatverbrauch enthaltenen Komponenten im Zeitablauf schneller als das Sozialprodukt zu seiner Gesamtheit . . ., so verbleibt für Konsumausweitungen naturgemäß ein geringerer Spielraum. Eine Steigerung der Reallöhne proportional zur Arbeitsproduktivität ist in solchen Situationen mit monetärer Stabilität nur zu vereinbaren, wenn gewährleistet ist, daß ein ganz bestimmter Teil der zusätzlich verdienten Einkommen der Ersparnisbildung zufließt.«
»Umgekehrt gibt es Perioden, in denen die nicht zum Konsum bestimmten Bestandteile des Sozialprodukts vergleichsweise langsam expandieren. In

solchen Zeiten verlangsamten Wachstums kann es sich empfehlen, ... die Löhne schneller steigen zu lassen als die Produktivität...«[4]

Dem Gedanken, den Lohnzuwachs antizyklisch zu den Schwankungen der übrigen Nachfragekomponenten auszurichten, kann nicht zugestimmt werden; denn das würde bedeuten, den Arbeitnehmern eine Lückenbüßerfunktion aufzubürden. Somit ergibt sich, daß die produktivitätsorientierte Lohnpolitik allenfalls unter der Bedingung der Konstanz der nicht beeinflußten Nachfragekomponenten zu einer Vermeidung nachfrageinduzierter Preissteigerungen führt.

Die genannten Voraussetzungen 1–6 sind nicht immer voll erfüllt. Deshalb treten selbst bei durchschnittlichen Lohnsteigerungen im Ausmaß der gesamtwirtschaftlichen Produktivitätserhöhung Preissteigerungen auf. Um für die Arbeitnehmer einen Inflationsausgleich sicherzustellen, wurde die Lohnleitlinie ergänzt: die Preissteigerungen sollen bei der Bemessung der akzeptablen Lohnentwicklung zusätzlich zur Produktivitätssteigerung berücksichtigt werden; d. h. die **Reallöhne** sollen nicht stärker steigen als die Produktivität.

Obgleich auch bei Befolgung des Konzepts der produktivitätsorientierten Lohnpolitik Preissteigerungen nicht auszuschließen sind, scheint es eine brauchbare Richtschnur für Lohnerhöhungen zu sein, die zumindest tendenziell mit dem Ziel der Preisniveaustabilität vereinbar sind. Allerdings treten bei seiner Anwendung mehrere gravierende **Probleme** auf:

– Der Wissenschaftliche Beirat beim Bundesministerium für Wirtschaft kritisierte bereits im Jahre 1960: »Bindung der Reallöhne an die Arbeitsproduktivität bedeutet Stabilisierung derjenigen »Lohnquote« (Anteil der Einkommen aller unselbständig Beschäftigten am Volkseinkommen), die zu einem bestimmten Ausgangszeitpunkt gerade bestanden hat. Das bedeutet, daß eben diese Lohnquote zur Norm erhoben wird, was vollkommen willkürlich wäre.«[5]

Dies ist leicht zu erklären. Die Lohnquote $\frac{L}{Y}$ kann in folgende definitorische Formel übertragen werden:

$$\frac{L}{Y} = \frac{N \cdot l}{Y_r \cdot p}$$

Die Lohnquote ist der Anteil der Einkommen der Arbeitnehmer (L) am Volkseinkommen (Y). Das Einkommen der Arbeitnehmer ist das Produkt aus durchschnittlichem Lohneinkommen pro Jahr (l) und der Zahl der beschäftigten Arbeitnehmer (N); das Volkseinkommen ist das Produkt aus realem Volkseinkommen (Y_r) und Preisniveau (p).

Schreibt man obige Definitionsgleichung in der Form

$$\frac{L}{Y} = \frac{\frac{l}{p}}{\frac{Y_r}{N}}$$

so wird deutlich, daß die Lohnquote konstant bleibt, wenn die Reallöhne (d. h. der Wert im Zähler) im gleichen Prozentsatz steigen wie die Arbeitsproduktivität (d. h. der Wert im Nenner) steigt.

---

4 Wissenschaftlicher Beirat beim Bundeswirtschaftsministerium, Gegenwärtige Möglichkeiten und Grenzen einer konjunkturbewußten Lohnpolitik in der Bundesrepublik. Gutachten vom 21. Februar 1960, Textziffer I, 4 u. 6.
5 Derselbe, Textziffer I, 9.

Die produktivitätsorientierte Lohnpolitik hat also eine **Stabilisierung der Lohnquote** zur Folge. Es besteht somit ein Konflikt mit dem Ziel einer gleichmäßigeren Einkommensverteilung. Würden nur die nominalen Lohnsätze (l) um die Produktivitätssteigerung wachsen, würde die Lohnquote sogar sinken.
- Ein weiteres Problem einer produktivitätsorientierten Lohnpolitik besteht in der Notwendigkeit einer möglichst exakten **Prognose der Produktivitäts- und Preisentwicklung.** Werden zu Beginn eines Jahres Lohnerhöhungen vereinbart, die auf Grund einer falschen Prognose geringer als die Produktivitäts- und Preissteigerungen des laufenden Jahres sind, sinkt die Lohnquote, die Gewinnquote (der Anteil der Gewinne zuzüglich der Vermögenseinkommen am Volkseinkommen) steigt. Im umgekehrten Fall einer im Vergleich zur Produktivitäts- und Preissteigerung zu großen Lohnsteigerung steigen die Produktionskosten pro Stück; die Lohnquote steigt, während die Gewinnquote sinkt. Die Schwankungen der Lohn- und Gewinnquoten würden das Entstehen von Konjunkturschwankungen begünstigen. Denn Schwankungen der Lohnquote führen zu einer ungleichmäßigen Entwicklung der Konsumgüternachfrage, und Veränderungen der Gewinnquote bewirken Investitionsschwankungen.

Konjunkturverstärkende Schwankungen der Lohn- und Gewinnquote werden auch ausgelöst, wenn die Lohnerhöhungen nicht an den Produktivitäts- und Preissteigerungen des künftigen Jahres, sondern des vergangenen Jahres ausgerichtet werden. Denn das würde u. U. bedeuten, daß die Reallohnsteigerung in einem Jahr zu niedrig, in einem anderen Jahr zu hoch sein würde.

Somit wird deutlich, daß das Konzept der produktivitätsorientierten Lohnpolitik nur bei einer Ausrichtung der Lohnsteigerungen an den korrekt vorhergesagten Produktivitäts- und Preissteigerungen erfolgreich sein kann. Es ist aber bekannt, daß eine einigermaßen korrekte Prognose für den Zeitraum eines Jahres noch nicht möglich ist. Es liegt deshalb nahe, eine Verkürzung der Geltungsdauer von Tarifverträgen auf ein halbes oder sogar auf ein viertel Jahr zu vereinbaren. Für kurze Zeiträume sind exakte Vorhersagen eher möglich; im übrigen könnten dann Lohnsteigerungen, die nicht dem Konzept der produktivitätsorientierten Lohnpolitik entsprechen, schnell korrigiert werden. Gegen diesen Vorschlag spricht, daß häufige Änderungen der Lohnsätze mit einem hohen Verwaltungsaufwand verbunden sind.
- Die Verpflichtung zu einer produktivitätsorientierten Lohnpolitik ist **verfassungsrechtlich** problematisch. Artikel 9 Abs. 3 des Grundgesetzes sichert die Tarifautonomie; demnach ist die Vereinbarung der Tariflöhne Angelegenheit der Gewerkschaften und Unternehmerverbände. Die Tarifpartner können deshalb nicht zu einer produktivitätsorientierten Lohnpolitik gezwungen werden. Wenn eine Änderung des Artikel 9 Abs. 3 Grundgesetz ausgeschlossen bleibt, besteht für die Regierung lediglich der Versuch, die Gewerkschaften durch Überzeugung, Überredung und öffentlichen Druck zur gewünschten Lohnpolitik zu veranlassen, etwa innerhalb der Konzertierten Aktion (§ 3 StWG).

Zusammenfassend ist festzustellen, daß die produktivitätsorientierte Lohnpolitik zwar eine Erreichung des Ziels der Preisniveaustabilität nicht sichert, jedoch zumindest tendenziell der Preisniveaustabilität dient. Eine weitgehende preisstabilisierende Wirkung kann mit Hilfe der produktivitätsorientierten Lohnpolitik nicht erwartet werden, weil dies nur unter Voraussetzungen möglich wäre, die in der Realität i. d. R. nicht erfüllt sind. Zudem ist zu beachten, daß die Realisierung einer produktivitätsorientierten Lohnpolitik mit verteilungspolitischen, prognostischen und verfassungsrechtlichen Problemen verbunden ist.

6.5.2.2 Das Konzept der kostenniveauneutralen Lohnpolitik

Der Sachverständigenrat zur Begutachtung der gesamtwirtschaftlichen Entwicklung hat in seinem ersten Jahresgutachten (1964, Ziffer 248 ff) eine Modifikation des Konzepts der produktivitätsorientierten Lohnpolitik vorgestellt, nämlich das Konzept der **kostenniveauneutralen Lohnpolitik.** In diesem Konzept wird eine Lohnpolitik propagiert, von der keine kostensteigernden Wirkungen ausgehen. Kostenniveauneutrale Lohnerhöhungen werden als notwendige (allerdings nicht hinreichende) Voraussetzung für möglichst konstante Preise angesehen. Mit dem Konzept der kostenniveauneutralen Lohnpolitik wird nur versucht, die von der **Kostenseite** herrührenden Inflationstendenzen zu verhindern; beim Konzept der produktivitätsorientierten Lohnpolitik hingegen erhofft man sich (wie beschrieben, s. Punkt 6.5.2) **auch** eine konjunkturstabilisierende Wirkung auf die **Konsumnachfrage.**

Beim Konzept der kostenniveauneutralen Lohnpolitik bildet der Produktivitätszuwachs die Grundlage für die empfehlenswerten Lohnsteigerungen. Im Unterschied zum Konzept der produktivitätsorientierten Lohnpolitik wird aber ein Abweichen der Lohnerhöhungen vom gesamtwirtschaftlichen Produktivitätszuwachs empfohlen, wenn sich andere Kostenfaktoren ändern. Verringern (erhöhen) sich beispielsweise die Preise für importierte Vorprodukte (z. B. Rohstoffe) oder die Kapitalkosten (Abschreibungen, Zinsen), so erweitert (vermindert) sich der Spielraum für kostenniveauneutrale Lohnsteigerungen. »Die stabilitätskonformen Lohnsatzsteigerungen sind also »residual bestimmt.«[6]

Die Voraussetzungen, unter denen die kostenniveauneutrale Lohnpolitik tatsächlich zur Konstanz des Preisniveaus führt, sind im wesentlichen dieselben wie beim oben erörterten Konzept der produktivitätsorientierten Lohnpolitik: Die Preise müssen in Branchen mit überdurchschnittlichen Kostensenkungen, aber nur durchschnittlichen Lohnerhöhungen sinken; in die tariflich vereinbarten Lohnsätze müssen auch die Lohnnebenkosten einbezogen werden; die tatsächliche Lohnentwicklung entspricht der tariflich vereinbarten Lohnentwicklung; die Nachfrage wächst nur im Ausmaß der Angebotssteigerung.

Die mit der Durchführung der kostenniveauneutralen Lohnpolitik verbundenen Probleme sind zum Teil auch dieselben wie bei der produktivitätsorientierten Lohnpolitik: es treten statistische sowie prognostische Schwierigkeiten auf; und es ist verfassungsrechtlich z. Z. nicht möglich, die Tarifpartner zur Befolgung dieser Lohnleitlinie zu zwingen. Hinsichtlich der Wirkung auf die Einkommensverteilung zwischen Arbeitnehmern und Selbständigen ist bei der kostenniveauneutralen Lohnpolitik allerdings keine generelle Aussage möglich. Je nachdem, ob die Nicht-Lohnkosten stärker, ebenso stark oder schwächer als die gesamtwirtschaftliche Produktivität steigen, wird die Lohnquote sinken, gleich bleiben oder zunehmen.

Zusammenfassend gilt dasselbe wie das zur Produktivitätsregel Gesagte, daß die kostenniveauneutrale Lohnpolitik zwar keine Preisniveaustabilität sicherstellen kann, aber doch tendenziell dem Ziel der Preisniveaustabilität dient.

6.5.3 Nichtlohneinkommens-Politik

Es wurde oben (Punkt 6.5.1) bereits erläutert, daß die Einkommenspolitik nicht nur als Lohnpolitik zu verstehen ist, sondern auch eine direkte staatliche Einfluß-

---

6 **Weinert, G.,** a.a.O., S. 70.

nahme auf die übrigen Einkommen, also die Gewinne, Vermögenseinkommen und Transfereinkommen, einschließen muß. Die Ausdehnung der Einkommenspolitik auf alle Einkommensarten wird einerseits wegen der Forderung nach einer sozialen Symmetrie dieser Politik, andererseits wegen der möglicherweise inflationären Wirkung der Entwicklung der Nichtlohneinkommen notwendig.[7]
Eine staatliche Kontrolle der **Gewinne** – die Einkommen der Unternehmer und der freiberuflich Tätigen – scheint auf den ersten Blick mit Hilfe der Besteuerung möglich zu sein. In der Praxis erweist sich eine Steuerung der Gewinne aber kaum als durchsetzbar. Die Unternehmer können Teile der Gewinne nämlich verschleiern und dadurch dem steuerlichen Zugriff entziehen. Zudem können Gewinnsteuern von Unternehmen, die eine gewisse Marktmacht besitzen, auf die Preise überwälzt werden, so daß letztlich die Konsumenten belastet werden. Deshalb werden gelegentlich Preiskontrollen, im Extrem sogar Preisstopps gefordert (s. hierzu Punkt 6.8).
Zu den **Vermögenseinkommen** zählen Einkommen aus Dividenden, Zinsen, Mieten und Pachten. Eine staatliche Kontrolle der Dividenden-Einkommen scheint zunächst durch zeitweise Beschränkung oder Verbot von Dividendenzahlungen erreicht werden zu können. Dadurch kann zwar aus den Dividendeneinkommen resultierende Konsumgüternachfrage gesteuert und ein Einfluß auf die Konjunktur ausgeübt werden. Allerdings ist diese Maßnahme nicht verteilungsneutral. Denn: »Wenn ein Teil der Gewinne nicht als Dividende ausgeschüttet wird, erhöht sein Verbleiben im Unternehmen dessen Wirtschaftskraft, ... so daß später um so höhere Dividenden gezahlt werden können ...«[8] Zur Beeinflussung der Dividenden-Einkommen sind aus diesem Grunde steuerliche Maßnahmen geeigneter. Der Versuch einer einkommenspolitischen Beeinflussung der Zinseinkommen erweist sich als unwirksam. Würden Zinseinkommen zur Dämpfung der Hochkonjunktur besteuert, wären die Kreditgeber ohne weiteres in der Lage, die Steuern auf die Kreditnehmer zu überwälzen.
Eine Kontrolle der Mieteinkommen könnte durch ihre Besteuerung erfolgen. Eine Überwälzung dieser Steuern auf die Mieten erscheint heutzutage auf Grund der Sättigung des Wohnungsbedarfs und eines Angebotsüberschusses generell nicht möglich zu sein.
Für die Einkommen aus staatlichen **Transferzahlungen** besteht keine Kontrollproblematik. Denn der Staat bestimmt die Höhe der Transferzahlungen entweder selbst oder sie ist auf Grund gesetzlicher Bestimmungen vorgegeben.

6.5.4 Konzertierte Aktion

Die verfassungsrechtliche Problematik einer staatlichen Lohnpolitik und die geringe Realisierbarkeit einer Nichtlohneinkommenspolitik sowie das Bestreben, eine Einflußmöglichkeit auf die Entscheidungen der autonomen Gruppen zu erhalten, hat zur sog. Konzertierten Aktion geführt. Darunter ist gem. § 3 StWG »ein gleichzeitiges aufeinander abgestimmtes Verhalten ... der Gebietskörperschaften, Gewerkschaften und Unternehmerverbände zur Erreichung der Ziele des § 1« zu verstehen. Inzwischen wurde eine regelmäßig zusammentreffende Gesprächsrunde aus Regierung, Gewerkschaften, Unternehmerverbänden und anderen Verbänden unter Teilnahme der Bundesbank und des Sachverständi-

---

7 Vgl. hierzu und zu den folgenden Ausführungen: **Pfromm, H.-D.**, Einkommenspolitik und Verteilungskonflikt. Köln 1975. S. 64.
8 Derselbe, S. 74.

genrats gebildet, so daß man unter der Konzertrierten Aktion meist diese Gesprächsrunde und nicht das in § 3 StWG beschriebene Verhalten versteht.
Die Konzertierte Aktion versucht zunächst, zu einer übereinstimmenden Beurteilung der gesamtwirtschaftlichen Entwicklung zu gelangen. Auf dieser Grundlage soll eine Einigung über das konjunkturpolitisch und verteilungspolitisch richtige Verhalten der verschiedenen Gruppen erzielt werden. Als das wichtigste Ergebnis der Diskussion in der Konzertierten Aktion wird eine Einigung über die zielgerechte Lohnerhöhung angesehen. Gegenstand der Diskussion ist aber u. a. auch das staatliche Ausgaben- und Einnahmengebaren und das unternehmerische Investitions- und Preisverhalten. Die von der Konzertierten Aktion ausgesprochenen Empfehlungen sind für alle Beteiligten unverbindlich. Jedoch besteht die Hoffnung, daß die beteiligten Gruppen von der Notwendigkeit einer bestimmten Handlungsweise überzeugt werden können und daß sie durch öffentlichen Druck in gewünschter Weise beeinflußt werden.
Die bisherigen Erfahrungen mit der Konzertierten Aktion sind allerdings enttäuschend. Es zeigte sich, daß das Ziel einer gleichmäßigeren Einkommensverteilung zu Gunsten der konjunkturpolitischen Ziele vernachlässigt wurde. Aus diesem Grund hatten die Gewerkschaften ihre Mitwirkung an der Konzertierten Aktion zeitweise (im Jahr 1969) aufgegeben. Darüberhinaus erwies sich die Konzertierte Aktion regelmäßig als eine Diskussionsrunde, in der die verschiedenen Gruppen sich entweder den »Schwarzen Peter« zuschieben oder – um Konfrontationen zu vermeiden – nur vage und oberflächliche Versprechungen abgeben. So wurde beispielsweise das Ergebnis einer Sitzung der Konzertierten Aktion vom Bundeswirtschaftsminister ironisch zusammengefaßt: »Alle haben einen optimalen Beitrag zur Stabilisierung geleistet – wir müssen nur noch darüber beschließen, warum gleichwohl der Erfolg ausgeblieben ist.« Der Sprecher des Ministeriums kennzeichnete die Gesprächsrunde mit den Worten: »Man geht höflich miteinander um und verkennt den Ernst der Lage nicht. Alle sind bereit, ihren Stabilisierungsbeitrag zu leisten.«[9]
Es wäre aber sicherlich falsch, die Institution der Konzertierten Aktion völlig abzulehnen. Denn es erscheint sinnvoll, »über Information und Dialog den Kontakt zwischen Staat und autonomen Gruppen in der Stabilisierungspolitik herzustellen. Im Rahmen dieser Kommunikation kommen die Beteiligten nicht umhin, ihre eigenen konjunkturpolitischen Urteile und verteilungspolitischen Absichten zu begründen, was es ihnen schwerer macht, ökonomisch unhaltbare Forderungen zu erheben. Es entsteht so bei allen auch eine bessere Einsicht in die gesamtwirtschaftlichen Zusammenhänge; den Gruppen wird es leichter zu erkennen, was auf die Dauer im eigenen Interesse liegt, stellen sie Reaktionen der Gegenseite und konjunkturpolitisches Gegenhalten des Staates in Rechnung. Das ist nicht gering zu schätzen.«[10]

6.5.5 Zusammenfassung und Schlußbetrachtung

Die Einkommenspolitik erfordert ein weitgehendes staatliches Eingreifen in den Wirtschaftsprozeß. Die Einführung von Lohnleitlinien bedeutet – je nach Grad ihrer Verbindlichkeit – eine Einengung oder sogar eine Aufhebung der Tarifauto-

---

9 Vgl. Süddeutsche Zeitung vom 3./4. Februar 1973, S. 30.
10 SVR Jahresgutachten 1972, Tz. 473.

nomie. Im Rahmen der Nichtlohneinkommenspolitik wird vor allem die unternehmerische Dispositionsfreiheit eingeschränkt.
Andererseits können die angestrebten Ziele – nämlich allgemein die Abschwächung der Konjunkturschwankungen und vor allem die Preisniveaustabilität – mit einkommenspolitischen Maßnahmen allenfalls tendenziell erreicht werden. Somit entsteht die Frage, ob die starken staatlichen einkommenspolitisch motivierten Eingriffe in den Wirtschaftsablauf in einem akzeptablen Verhältnis zum Erfolg stehen.
Die wichtigste Ursache für die geringe Wirksamkeit der Einkommenspolitik liegt im Konflikt zwischen Gemein- und Einzelinteressen.[11] Es ist das Bestreben der einzelnen Gruppen, einen höheren Anteil am Sozialprodukt zu erhalten oder den erreichten Anteil wenigstens zu sichern. Dieser Kampf führt zu hohen Lohnforderungen und hohen Preissteigerungsraten.
Es liegt nun der Vorschlag nahe, zu Zwangsmaßnahmen wie Aufhebung der Tarifautonomie und Preiskontrolle zu greifen. Die Erfahrungen, die mit temporären Zwangsmaßnahmen in verschiedenen Ländern gesammelt wurden, sprechen aber gegen derartige massive Eingriffe (vgl. auch Punkt 6.8.4).
Der Verteilungskonflikt zwischen Gewerkschaften und Unternehmern könnte u. U. durch eine Vermögensbildungspolitik entschärft werden. Dadurch könnten die Gewerkschaften zu einer konjunkturgerechten Lohnpolitik veranlaßt werden. Allerdings hat sich die bisherige Vermögensbildungspolitik als wenig erfolgreich erwiesen, und es ist nicht zu vermuten, daß man in Zukunft größere Erfolge in der Vermögenspolitik erzielen kann.[12]

6.6. Beschäftigungspolitische Maßnahmen

Wie unter Punkt 2.2 gezeigt wurde, setzt sich die statistisch ermittelte Arbeitslosenquote aus verschiedenen Komponenten zusammen. Neben konjunktureller Arbeitslosigkeit kann vor allem strukturelle, saisonale und friktionelle Arbeitslosigkeit auftreten.
Da die Bundesregierung nach § 1 StWG einen hohen Beschäftigungsstand anzustreben hat, ist sie verpflichtet, jede Art von Arbeitslosigkeit zu bekämpfen. Dazu sind auch wirtschaftspolitische Maßnahmen erforderlich, die nicht in den Bereich der Konjunkturpolitik fallen; denn strukturelle, saisonale und friktionelle Arbeitslosigkeit können nicht mit monetären und fiskalischen Maßnahmen der Globalsteuerung beseitigt werden.
Definiert man Beschäftigungspolitik als »wirtschaftspolitische Maßnahmen, die der Staat trifft, um den Beschäftigungsgrad des Produktionsfaktors Arbeit ... möglichst nah am Niveau der Vollbeschäftigung zu stabilisieren«[1], so beinhaltet die Beschäftigungspolitik zum Teil auch konjunkturpolitische Maßnahmen, wenn diese – wie wohl meistens bei einer Ankurbelung der Konjunktur – sich positiv auf den Beschäftigungsgrad auswirken. Beschäftigungspolitik und Konjunkturpolitik sind somit teilweise deckungsgleich.

---

11 **Pfromm, H.-D.**, a.a.O., S. 98.
12 Zur Problematik der Vermögensbildungspolitik siehe z. B.: **Bolz, K.**, (Hrsg), Ist eine gerechte Einkommensverteilung möglich? Grundfragen der Einkommens- und Vermögenspolitik. München 1972.

1 **Neuhauser, G.**, a.a.O., S. 93.

Im folgenden seien einige Maßnahmen zur Minderung der Arbeitslosigkeit kurz skizziert, die nicht über eine Ankurbelung der gesamtwirtschaftlichen Nachfrage auf die Beschäftigung wirken.
Als Beispiel können hier die beschäftigungspolitischen Maßnahmen der Bundesregierung innerhalb des Konjunkturprogramms vom Dezember 1974 aufgeführt werden. Danach wurden zur Verbesserung der Arbeitsmarktsituation Beschäftigungshilfen im Gesamtumfang von 600 Mio. DM als Lohnkostenzuschüsse und Mobilitätszulagen bereitgestellt.[2] Lohnkostenzuschüsse konnte unter gewissen Voraussetzungen jeder Arbeitgeber erhalten, der Arbeitslose aus bestimmten Arbeitsamtsbezirken mit hoher Arbeitslosigkeit einstellte. Mobilitätszulagen in Form von Fahrtkostenbeihilfen, Trennungsbeihilfe, Übernahme der Umzugskosten etc. erhielten die Arbeitnehmer, um ihre regionale Mobilität zu erhöhen.[3]
Weitere Maßnahmen zur Beseitigung allgemeiner Arbeitslosigkeit sind z. B.:[4]
- Fortbildung und Umschulung nach dem Arbeitsförderungsgesetz,
- Verlängerung der Schulzeiten,
- Vorzeitige Beendigung des Erwerbslebens,
- Verminderung der Zahl ausländischer Arbeitnehmer,
- Verringerung der durchschnittlichen Arbeitszeit.
Jedoch zielen diese Maßnahmen nicht darauf ab, die Arbeitslosigkeit durch die Schaffung neuer Arbeitsplätze zu verringern, sondern es wird einfach versucht, den Status der Arbeitslosen so zu verändern, daß sie nicht mehr als Arbeitssuchende anzusehen sind.
Neben der konjunkturellen Arbeitslosigkeit kann in wachsenden Volkswirtschaften die **strukturelle** Arbeitslosigkeit von großer Bedeutung sein. Da sie die verschiedensten Ursachen haben kann[5] (technischer Fortschritt, geändertes Nachfrageverhalten, wirtschaftspolitische Entscheidungen), gibt es keine bestimmten Mittelkombinationen, die generell diese Art von Arbeitslosigkeit beseitigen kann. Möglichkeiten zur Beseitigung der strukturellen Unterbeschäftigung sind Umschulung der betroffenen Arbeitskräfte, Verbesserung der räumlichen und beruflichen Mobilität und eine Bildungspolitik, die versucht, absehbare Strukturveränderungen beim heutigen Bildungsangebot schon zu berücksichtigen, um die Ausbildung der Bevölkerung mit der künftigen Wirtschaftsstruktur in Einklang zu bringen. Darüber hinaus kann durch die verschiedensten steuerpolitischen Maßnahmen und durch Subventionen den Unternehmern die Möglichkeit gegeben werden, trotz der Strukturänderungen auf dem Markt weiter zu verbleiben und dadurch Arbeitsplätze zu sichern.
Maßnahmen zur Beseitigung der **saisonalen** Arbeitslosigkeit werden immer weniger wichtig, da in den Sektoren Bauwirtschaft, Fremdenverkehr und Landwirtschaft, die vornehmlich von saisonalen Schwankungen betroffen sind, durch entsprechende Anpassung an die Gegebenheiten das Problem der Arbeitslo-

---

2 Vgl. Der Bundesminister für Arbeit und Sozialordnung, Richtlinien zur Gewährung von besonderen arbeitsmarktpolitischen Beschäftigungshilfen, Bundesanzeiger Nr. 236 vom 19. 12. 1974, S. 4.
3 Vgl. Der Bundesminister für Arbeit und Sozialordnung (Hrsg.), Übersicht über die soziale Sicherung, Bonn 1974, S. 217 f.
4 Vgl. **Reyher, L.**, Beschäftigungspolitische Alternativen zu hoher Arbeitslosigkeit, in: WSI Mitteilungen, 28. Jg. (1975), Heft 2, S. 63 ff.
5 Vgl. **Hamm, W.**, Strukturelle Arbeitslosigkeit, Ursachen und Bekämpfungsmöglichkeiten, in: FAZ vom 19. 7. 1975; **Neuhauser, G.**, a.a.O., S. 110 ff.

sigkeit weitgehend gelöst wurde. Zum weiteren Abbau der saisonalen Arbeitslosigkeit können auf seiten der Arbeitnehmer evtl. eine breitere Ausbildung und staatliche Unterstützungen für die Unternehmen (z. B. Förderung des Winterbaus) dienen.
Die **friktionelle** Arbeitslosigkeit kann durch eine Erhöhung der Mobilität der Arbeitnehmer sowie eine Verbesserung der Transparenz des Arbeitsmarkts gemildert werden.

6.7 Indexklauseln zur Inflationsbekämpfung

6.7.1 Begriff und Ziel der Indexklauseln

»Unter Indexklauseln ... sind Bestimmungen (Klauseln) zu verstehen, nach denen die Höhe geldwerter Leistungen von den jeweiligen Veränderungen einer statistischen Meßzahl (Index) abhängig gemacht werden.«[1] Diese Meßzahl ist meistens der Preisindex der Lebenshaltung; es können aber auch andere Preisindices sein. Durch **Indexklauseln** (Wertsicherungs-, Preisgleitklauseln) sollen die Folgen der Inflation bei denjenigen Gruppen ausgeglichen werden, die im Vergleich zu anderen Gruppen von der Inflation besonders betroffen werden. Nach übereinstimmender Auffassung sind die Hauptleidtragenden der Inflation vor allem die Rentner und Pensionäre sowie die Besitzer von Geldvermögen, das auf Sparbüchern, in festverzinslichen Anleihen oder in Versicherungsverträgen angelegt ist.
Die Benachteiligung dieser Gruppen beruht auf dem juristisch und wirtschaftswissenschaftlich vertretenen **Nominalwertprinzip**, das von der Voraussetzung ausgeht, daß eine Mark von heute denselben realen Wert auch in der Zukunft hat. Durch die Inflation sinkt jedoch der reale Wert einer Währung. Indexklauseln versuchen diese Auswirkung zu kompensieren: Beträgt die Inflationsrate z. B. 6 %, so soll auch der Wert eines Spargutthabens um mindestens diese 6 % steigen. Dabei erhöht sich zwar der nominale Wert des Spargutthabens, der reale Wert bleibt aber gleich. Gleiches gilt auch für den **Indexlohn** (Koppelung der Lohnentwicklung an bestimmte Preisindices) oder auch für die Bindung der Mieten bei langfristigen Mietverträgen an einen Preisindex.
In der Bundesrepublik sind Indexklauseln gemäß § 3 Abs. 1 Währungsgesetz in Verbindung mit § 49 Außenwirtschaftsgesetz grundsätzlich verboten, es sei denn, die Bundesbank genehmigt sie ausdrücklich. Diese Genehmigung wird jedoch sehr restriktiv gehandhabt. Von rund 49 000 Anträgen auf eine Genehmigung von Wertsicherungsklauseln im Jahre 1973 wurden nur 2 241 Anträge genehmigt und bei rund 10 000 Anträgen war eine Genehmigung nicht erforderlich. Drei Viertel aller Anträge wurde also abgelehnt. Im Jahre 1960 wurden knapp 10 500 Anträge auf Genehmigung gestellt, von denen 1 523 genehmigt wurden.[2]
Aus dem starken Anstieg der Anträge läßt sich erkennen, daß immer mehr Gläubiger versuchen, die negativen Auswirkungen der Inflation durch Indexklauseln zu kompensieren. Jedoch gelingt dies nur wenigen Gläubigern, da die Deutsche Bundesbank Ausnahmegenehmigungen in der Regel nur dann erteilt, wenn Miet-

---

1 **Schachtschabel, H. G.**, a.a.O., S. 170 (Im Original zum Teil hervorgehoben).
2 Vgl. FAZ vom 21. 5. 1974.

und Pachtverträge und wiederkehrende Zahlungen über einen Zeitraum von länger als 10 Jahren laufen. Somit gelingt also nur verschwindend wenigen Wirtschaftssubjekten, sich gegen die für sie negativen Wirkungen der Inflation abzusichern. Dadurch entstehen Umverteilungswirkungen sowohl bei der Einkommens- als auch bei der Vermögensverteilung.

Um diese sozial ungerechten Umverteilungswirkungen zu verhindern, wird besonders in jüngster Zeit oft die Forderung nach einer Aufhebung des Verbots von Indexklauseln erhoben;[3] denn es besteht allgemeine Übereinstimmung, daß richtig angewandte Indexklauseln die unsozialen Verteilungswirkungen größtenteils verhindern können. Dagegen existieren konträre Ansichten darüber, ob Indexklauseln auch ein geeignetes Instrument zur Inflationsbekämpfung sind oder ob sie nicht vielmehr die Inflation anheizen. Argumente für beide Ansichten werden im folgenden angeführt.

6.7.2 Argumente für und wider Indexklauseln

1) Gegen eine allgemeine Einführung von Indexklauseln wird zumeist angeführt, daß durch eine solche Maßnahme die inflationären Tendenzen weiter angeheizt werden. So kann etwa eine Bindung der Löhne an einen Preisindex folgenden Prozeß bewirken: Preissteigerungen bewirken automatisch Lohnsteigerungen, die zum einen Kostensteigerungen (cost-push) und zum anderen Nachfragesteigerungen (demand-pull) hervorrufen und somit zu einer Verstärkung der Inflation führen können. »Durch das gegenseitige Aufschaukeln von Löhnen und Preisen wird die Indexbindung zu einem automatischen Schwungrad der Inflation; sie verstetigt/beschleunigt die Geldentwertung gegebenenfalls selbst dann noch, wenn die Wirtschaftspolitik bereits massiv gegensteuert.«[4] Diese Inflationsverstärkung ist besonders dann zu beobachten, wenn die Preissteigerungen im Inland außenwirtschaftliche Ursachen (Exportüberschüsse, steigende Rohstoffpreise, höhere Inflationsraten im Ausland) haben.

Der oft geäußerten Ansicht, Indexlöhne wirkten preisstabilisierend, da sie sich am Produktivitätsfortschritt[5] und der Inflationsrate orientieren, kann nur dann zugestimmt werden, wenn mit der Lohnpolitik keine verteilungspolitischen Ziele verfolgt werden. Durch eine solche Lohnindexierung würde nämlich die Verteilung des Volkseinkommens festgeschrieben und die Tarifautonomie ausgehöhlt, da die Lohnsteigerungsraten nur noch durch statistische Indices bestimmt wären.

Allerdings ist zu vermuten, daß die Gewerkschaften auch bei einer Bindung der Löhne an die Preisentwicklung versuchen werden, über die Lohnpolitik eine Änderung der Einkommensverteilung zugunsten der Arbeitnehmer zu erreichen. Diese Vermutung wird durch die Bemerkung des Vorsitzenden des Deutschen Gewerkschaftsbundes untermauert, der Indexlöhne ein »Diktat, dem sich die Lohnabhängigen niemals beugen werden« nennt.[6]

---

3 Vgl. **Giersch, H.**, Indexklauseln und Inflationsbekämpfung, Kieler Diskussionsbeiträge, Heft 32, Kiel 1973; **Vaubel, R., Ahnefeld, A.**, Indexklauseln auf dem Index, in: FAZ vom 7. 1. 1975.
4 **Feldsieper, M., Müller, G. J.**, Inflation und Indexklauseln. Eine Einführung, in: Das Wirtschaftsstudium, Heft 1 (1975), S. 13.
5 Vgl. zur produktivitätsorientierten Lohnpolitik Punkt 6.5.2.1.
6 Vgl. Indexklauseln, Kommt das private Geld? in: Wirtschaftswoche Nr. 21 vom 17. 5. 1974, S. 74.

2) Eine Verschärfung der inflationären Tendenzen durch Indexlöhne ist auch dann wahrscheinlich, wenn der Staat in irgendeiner Weise Steuern erhöht. So schlägt sich zum Beispiel eine Erhöhung der Mehrwertsteuer sofort im Preisindex für die Lebenshaltung nieder, was wiederum sofortige Lohnerhöhungen nach sich zieht. Auch beim Einsatz steuerpolitischer Instrumente zur Konjunkturdämpfung kann es über die Indexautomatik zu neuen Nachfrageerhöhungen kommen, die preissteigernd wirken. Die Wirkung der staatlichen Konjunkturpolitik würde durch die Indexklauseln also untergraben.[7]

3) Infolge der inflationsverschärfenden Auswirkungen von Indexklauseln besteht nun die Gefahr, daß der Staat versuchen wird, die Preisindices, an deren Entwicklung andere Größen gekoppelt sind, mit der Absicht zu beeinflussen, sie möglichst niedrig zu halten. Das führt zu Subventionen der Produktion von Gütern, die in die relevanten Preisindices eingehen, und letztlich zu Preiskontrollen und Preisstopps.[8] Lohnindexklauseln bergen somit die Gefahr weiterer dirigistischer Maßnahmen in sich.

4) Neben den Lohnindexklauseln wird oft für Indexklauseln im Kapitalverkehr plädiert, die nominelle Vermögenswerte vor der Inflation schützen sollen. Diese Indexbindung führt schließlich zur Existenz zweier Währungen, nämlich dem von der Notenbank ausgegebenen gesetzlichen Zahlungsmittel sowie der Indexwährung;[9] denn werden auf einem Teilkreditmarkt Indexklauseln eingeführt, so werden sich diese immer stärker auf andere Märkte ausbreiten. Werden zum Beispiel langfristige Spareinlagen an die Entwicklung eines Preisindex gebunden, so müssen die Kreditinstitute wegen der gestiegenen Kosten zumindest einen Teil ihrer Kreditvergaben mit Indexklauseln versehen. Andere monetäre Institutionen sind dann aus Konkurrenzgründen gezwungen, ebenso zu verfahren.[10] Ein Übergreifen der Indexklauseln auch auf die Löhne wird sehr wahrscheinlich sein, da die Einkommensbezieher, deren etwaige Schulden an die Inflation angepaßt werden, auch eine Anpassung ihrer Einkommen an die Inflation fordern werden. Langfristig werden sich Indexklauseln also auf alle Bereiche ausbreiten. Dann ist die Behauptung zumindest fraglich, daß Indexklauseln im Kapitalbereich die Geldentwertung nicht verschärfen.[11]

5) Ebenso umstritten ist die Ansicht, Indexklauseln im Kapitalbereich könnten den Inflationsprozeß mildern. Begründet wird diese Meinung erstens damit, daß durch die Indexierung von Sparguthaben infolge des gesicherten Realwertes das Sparvolumen steigt und somit inflationär wirkende Nachfrage absorbiert wird, die sich vorher in einer Flucht in die Sachwerte geäußert hat. Zweitens wird unterstellt, daß das Investitionsvolumen zurückgeht, wenn die Spekulation auf Inflationsgewinne durch Kreditfinanzierung von Investitionen wegen der Schuldzins-Indexierung entfällt. Ein preisdämpfender Effekt könnte auch davon ausgehen, daß nunmehr Investitionen mit höherem Kapazitätseffekt bevorzugt wer-

---

7 Vgl. **Kunze, O.-E.**, a.a.O.
8 Vgl. zu dieser Problematik Punkt 6.8.
9. Vgl. **Issing, O.**, Indexklauseln und Inflation, Tübingen 1973.
10 Vgl. **Oberhauser, A.**, Indexklauseln als Sicherung gegen Inflationsverluste, in: Enteignung durch Inflation? a.a.O., S. 145.
11 Vgl. **Feldsieper, M., Müller, G. J.**, a.a.O., S. 17

den[12] und dadurch das Güterangebot sich erhöht und zu einem weiteren Abbau eines möglichen inflationären Nachfrageüberhangs führen kann.

6) Als Argument gegen Indexklauseln wird oft angeführt, daß sie den Wirtschaftspolitikern das Interesse an der Inflationsbekämpfung nimmt, da ja die inflationsbedingten Umverteilungswirkungen gemildert werden und somit nicht mehr der Zwang besteht, energisch gegen die Inflation vorzugehen.

7) Ein weiterer Nachteil der Indexierung liegt in den steigenden verwaltungstechnischen Aufwendungen sachlicher und personeller Art in den Bereichen der Kontenführung, der Lohnzahlung, der Bilanzaufstellung, der Steuertarife usw.[13]

8) Erfahrungen im Ausland haben die geringe Wirksamkeit von Indexklauseln zur Bekämpfung der Inflation gezeigt. Wahrscheinlich heizen solche Klauseln die Inflation sogar noch weiter an.[14] Jedoch ist diesen Erfahrungen entgegenzuhalten, daß bei den entsprechenden Analysen die unterschiedlichen gesellschaftlichen und ökonomischen Rahmenbedingungen nicht angemessen berücksichtigt wurden.

9) Versucht man die Wirkungen von Indexklauseln zusammenfassend zu beurteilen, ergibt sich folgendes Ergebnis:
Indexklauseln verhindern zu einem großen Maße inflationsbedingte negative Umverteilungswirkungen bei Einkommen und Vermögen.
Über die Wirkung der Indexklauseln auf die Inflation lassen sich keine allgemeingültigen Aussagen machen. Es lassen sich Argumente für die Inflationsdämpfung, als auch für die Inflationsverstärkung anführen. Jedoch besteht dahingehend Übereinstimmung, daß Indexklauseln kein Ersatz für eine konsequente Stabilisierungspolitik sind, sondern nur eine ergänzende Maßnahme darstellt, »die die Wirksamkeit der Stabilisierungspolitik unter bestimmten Voraussetzungen zu verbessern vermag.«[15]
Wenn auch in der BRD in jüngster Zeit von wissenschaftlicher Seite immer wieder die allgemeine Zulassung und Einführung von Indexklauseln gefordert wird, lehnen Politiker, Gewerkschaften, Industrie und Banken Indexklauseln überwiegend ab.[16]

---

12 Vgl. **Timm, H.**, Geldwertsicherungsklauseln in der schleichenden Inflation, in: Wirtschaftsdienst, 52. Jg. (1972), Heft 12, S. 641.
13 Vgl. Bundesminister für Wirtschaft (Hrsg.). Indexierung wirtschaftlich relevanter Größen, Gutachtliche Äußerung des wissenschaftlichen Beirats beim Bundesministerium für Wirtschaft, Göttingen 1975, S. 9.
14 Vgl. z. B. **Kuntze, O.-E.**, a.a.O.; **Julitz, L.**, Indexklauseln als Treibriemen der Inflation, in: FAZ vom 14. 5. 1974; **Julitz, L.**, Was bewirken Indexklauseln, in: FAZ vom 14. 6. 1974.
15 Bundesminister für Wirtschaft (Hrsg.), Indexierung wirtschaftlich relevanter Größen, a.a.O., S. 10.
16 Vgl. Indexklauseln. Kommt das private Geld, a.a.O.

6.8 Lohn- und Preisstopp als Mittel der Inflationsbekämpfung

Können hohe und steigende Inflationsraten durch wirtschaftspolitische Maßnahmen nicht oder nur ungenügend bekämpft werden, werden immer wieder Stimmen laut, die die Einführung eines Lohn- und Preisstopps fordern. Befürworter solcher staatlichen Eingriffe in die Preisbildung – nicht aber in die Lohnbildung – sind vor allem die Gewerkschaften und andere Interessenverbände, wie z. B. der Mieterbund oder der Verbraucherbund. Dabei wird zumeist auch auf die Versuche anderer Staaten verwiesen, die durch Eingriffe in die Preis- und Lohnbildung eine Stabilisierung des Preisniveaus anstreben.

Daß die Maßnahmen Lohn- und Preisstopp auch die Politiker in der BRD ernsthaft beschäftigen, zeigt etwa die Äußerung des früheren Bundeskanzlers Brandt: »Wenn die Preisentwicklung und die Unruhe der Bevölkerung darüber weitergehen, wird man sich überlegen müssen, ob man nicht aus pädagogischen Gründen einen Preis- und Lohnstopp einführt, obwohl man ja weiß, daß das nichts nutzt.«[1] Dagegen hat Bundeskanzler Schmidt in seiner Regierungserklärung vom 17. Mai 1974 den Preis- und Lohnstopp als Mittel der Stabilitätspolitik eindeutig abgelehnt.

6.8.1 Ziel und Darstellung eines Lohn- und Preisstopps

Mit dem Instrument des Lohn- und Preisstopps werden alle oder einige wichtige Preise und Löhne auf dem Stand eines bestimmten Stichtages eingefroren. Hauptziel ist dabei die Verringerung der Inflationsrate. Oft wird jedoch auch ein Preisstopp für lebenswichtige Güter und Dienstleistungen gefordert, um diese auch den Empfängern niedriger Einkommen zugänglich zu machen. Unterstellt man, daß sich der Preis in etwa durch Angebot und Nachfrage bildet,[2] so läßt sich ein Preisstopp folgendermaßen darstellen (vgl. Abbildung 17).

Abbildung 17: Darstellung eines Preisstopps.

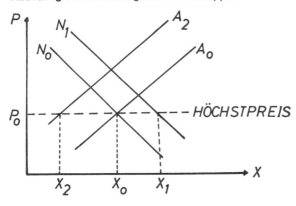

---

1 Vgl. Wirtschaftswoche, 8. Juni 1973.
2 Prinzipiell gleiche Ergebnisse ergeben sich auch für die Fälle, in denen die Preisbildung nicht durch Angebot und Nachfrage allein stattfindet.

Es sei angenommen, daß der sich zu einem bestimmten Zeitpunkt auf dem Markt ergebende Preis P_0 eingefroren wird, d. h. als Höchstpreis bestimmt wird. Steigt nun die Nachfrage weiter an, verschiebt sich also die Nachfragekurve von N_0 nach N_1, entsteht bei gleichbleibendem Angebot A_0 beim Höchstpreis P_0 ein Nachfrageüberhang, da bei P_0 die Menge x_1 nachgefragt, aber nur die Menge x_0 angeboten wird. Ebenfalls ergibt sich ein Nachfrageüberhang, wenn das Angebot etwa infolge Kostensteigerungen durch höhere Rohstoffpreise oder Löhne von A_0 auf A_2 sinkt. In diesem Falle steht der Angebotsmenge x_2 die Nachfrage x_0 gegenüber. Treten sowohl Nachfrage − als auch Kostensteigerungen auf, entsteht ein noch größerer Nachfrageüberhang, da nun beim Höchstpreis P_0 die Menge x_1 nachgefragt wird, das Angebot aber nur x_2 beträgt. Bei allen drei Möglichkeiten liegt somit der Gleichgewichtspreis, bei dem sich Angebot und Nachfrage entsprechen würden, über dem staatlich festgesetzten Höchstpreis.

6.8.2 Zur Vereinbarkeit von Lohn- und Preisstopp mit der Sozialen Marktwirtschaft

Auch in der marktwirtschaftlichen Ordnung der BRD gibt es viele Bereiche, in denen der Staat in die Preisbildung eingreift bzw. diese überwacht. Genannt seien hier nur der staatliche Einfluß auf die Verkehrstarife, die Preise für Elektrizität, Gas und Wasser, die Agrarpreise, die Preise für Architektenleistungen sowie für öffentliche Aufträge.

Außerdem sind der Bundeswirtschaftsminister und in geringem Umfang auch die Landesregierungen nach § 2 Preisgesetz[4] ermächtigt, jederzeit Preisvorschriften, vor allem Höchstpreise, durch Rechtsverordnungen einzuführen,[5] denn nach § 2 Preisgesetz, können Anordnungen und Verfügungen erlassen werden, »durch die Preise, Mieten, Pachten, Gebühren und sonstige Entgelte für Güter und Leistungen jeder Art, ausgenommen Löhne, festgesetzt oder genehmigt werden, oder durch die der Preisstand aufrecht erhalten werden soll.« Sinn dieser Eingriffsmöglichkeiten in die Preisbildung ist, Gefahren abzuwehren, die dem gesamten wirtschaftlichen, sozialen und politischen Leben durch eine ungestüme Preisentwicklung drohen können. Im Fall einer ernsthaften Störung des Preisniveaus kann die Bundesregierung also auf Grund des Preisgesetzes Maßnahmen zur Eindämmung des Preisanstiegs treffen.[6]

Solche staatlichen Eingriffe in die Preisbildung, um z. B. das Ziel der Preisniveaustabilität anzustreben, stehen aber im Gegensatz zu der Forderung des § 1 StWG, daß nämlich die wirtschaftspolitischen Maßnahmen sich im »Rahmen der marktwirtschaftlichen Ordnung« zu halten haben. Da das Stabilitätsgesetz aber

---

3 Vgl. zu diesem Abschnitt **Kern, M., Hockel, D., Sonderkötter, F.**, Die ökonomische und juristische Problematik direkter Eingriffe in die Lohn- und Preisbildung, in: Das Wirtschaftsstudium, Heft 4 (1974), S. 163 ff und die dort angegebene Literatur.
4 Vgl. Preisgesetz vom 10. 4. 1948/29. 3. 1951 (BGBl. I, S. 223), vgl. auch Anhang in diesem Buch S. 200. Zu einer eingehenden Diskussion dieses Gesetzes vgl. **v. Zezschwitz, F.**, Rechtsprobleme eines administrativen Preis- und Lohnstopps, in: Der Betrieb, Heft 29 (1973), S. 1435 ff.
5 Vgl. **Rinck, G.**, Wirtschaftsrecht, Köln, Berlin, Bonn, München, 1974, S. 89.
6 Vgl. **Kern, M., Hockel, D., Sonderkötter, F.**, a.a.O., S. 165.

nur den Rang eines einfachen Gesetzes hat, ist es ohne weiteres möglich, Eingriffe in die Preisbildung durch andere Gesetze zuzulassen.
Sind Maßnahmen nach § 2 Preisgesetz mit der »marktwirtschaftlichen Ordnung« nicht ohne weiteres vereinbar, so verstoßen sie doch nicht gegen das Grundgesetz, da nach allgemeiner Auffassung die marktwirtschaftliche Ordnung keinen Verfassungsvorrang hat.[7] Das Preisgesetz stände nur dann dem Grundgesetz entgegen, wenn durch Maßnahmen aufgrund des Preisgesetzes versucht würde, eine »aktive, die Preis- und Wirtschaftsordnung umgestaltende Wirtschaftspolitik zu betreiben.«[8]
Somit kann festgehalten werden: Ein Preisstopp als schärfste Form von Preiskontrollen steht zwar dem marktwirtschaftlichen Prinzip entgegen, widerspricht aber nicht dem Grundgesetz.
Problematischer ist hingegen ein staatlicher Eingriff in die Lohnbildung, da nach Art. 9 Abs. 3 GG die Tarifautonomie gewährleistet ist. Nach der Rechtsprechung des Bundesverfassungsgerichts wird durch Art. 9 Abs. 3 GG den Koalitionen »die Aufgabe zugewiesen und in einem Kernbereich gewährleistet, die Arbeits- und Wirtschaftsbedingungen in eigener Verantwortung und im wesentlichen ohne staatliche Einflußnahme zu gestalten.«[9]
Ob nun Eingriffe in die Tarifautonomie verfassungsmäßig oder gegen die Verfassung sind, ist durch das Bundesverfassungsgericht bisher nicht geklärt worden. Es wird jedoch z. B. die Ansicht vertreten, daß die Tarifautonomie an das Gemeinwohl gebunden ist, und dann Eingriffe in die Tarifautonomie möglich sind, wenn dies im öffentlichen Interesse ist.[10] Wenn man sich dieser Auffassung anschließt, kann man zu folgendem Ergebnis kommen:
»Lohnkontrollen dürfen nur eingeführt werden, wenn sie wenigstens generell geeignet sind, die Inflation zu bekämpfen. Sie dürfen in die Tarifautonomie nur in soweit eingreifen, wie es aus überragenden Gründen des Gemeinwohls unbedingt erforderlich ist. Falls man einen Lohnstopp als verfassungsmäßig ansieht, kommt er nur als letztes Mittel zur Inflationsbekämpfung in Frage. Er muß – auch zeitlich – auf Ausnahmesituationen beschränkt bleiben.«[11]

6.8.3 Gesellschaftliche und ökonomische Probleme eines Lohn- und Preisstopps[12]

Bei den Verbrauchern würde ein Preisstopp sicherlich auf allgemeine Zustimmung stoßen, einem Lohnstopp jedoch stände man mit heftiger Ablehnung ent-

---

7 Vgl. Bundesverfassungsgericht Bd. 4, S. 7 (18).
8 Bundesverfassungsgericht Bd. 3, S. 311 (310).
9 Bundesverfassungsgericht Bd. 28, S. 295 (304).
10 Vgl. **Koppensteiner, H. G.**, Konzertierte Aktion zwischen Geldwertstabilität und Tarifautonomie, in: Konzertierte Aktion, hrsg. v. Hoppmann, Frankfurt 1971, S. 251.
11 **Kern, M., Hockel, D., Sonderkötter, F.**, a.a.O., S. 168 (im Original teilweise hervorgehoben).
12 Zu den verschiedenen Problemen der Preis- und Lohnkontrollen vgl. Zeitgespräch »Preisstopp«, in: Wirtschaftsdienst Heft 1 (1971), S. 9 ff; **Hamm, W.**, Preisstopp – ein Mittel ohne Wirkung, in: FAZ vom 8. 9. 1973; **Kuntze, O. E.**, Preiskontrollen, Lohnkontrollen und Lohn-Preis-Indexbindungen in den europäischen Ländern, Berlin 1973; **Dürr, E.**, Prozeßpolitik, in: Kompendium der Volkswirtschaftslehre, Bd. II, . . .

gegen. Auf Dauer ist aber ein Preisstopp ohne einen Lohnstopp nicht möglich. Bei einem alleinigen Einfrieren der Preise besteht nämlich die Gefahr, daß die Unternehmen bei durch Lohnerhöhung steigenden Kosten in eine immer enger werdende Preis-Kosten-Klemme und zumindest einige Unternehmen in die Verlustzone geraten. Die Folgen wären Einschränkung der Produktion, sinkendes Wachstum und Unterbeschäftigung.

Für einen konsequenten Preisstopp wäre also auch ein Einfrieren der Löhne und Gehälter erforderlich. Lohnsteigerungen wären nur dann möglich, wenn ihnen andererseits Kostenentlastungen gegenüberständen, etwa durch Produktivitätsverbesserungen. Ein solches Vorgehen würde aber auf entschiedenen Widerstand weiter Bevölkerungskreise und der Gewerkschaften stoßen und somit politisch kaum durchsetzbar sein.

Voraussetzung für einen wirksamen Stopp von Preisen und Löhnen ist eine überraschende **Verkündung**. Nur dann kann vermieden werden, daß nicht Vorbereitungen und öffentliche Diskussionen Unternehmer und Gewerkschaften dazu veranlassen, vor Eintreten des Stopps schnell noch Preise und Löhne zu erhöhen.

Ein wirksamer Preisstopp, der hier im folgenden wegen der geringen Durchsetzungsmöglichkeiten eines Lohnstopps in der BRD allein analysiert werden soll, kann nur auf der **Konstanz aller Preise** beruhen. Es müßten also auch die Preise für **Importgüter** eingefroren werden. Dies ist aber, abgesehen von binnenwirtschaftlichen Maßnahmen der Preisregulierung, kaum durchführbar. Solche binnenwirtschaftlichen Preiseingriffe bei den Importgütern könnten aber die Gefahr in sich bergen, daß dadurch das Angebot an Importgütern zurückgeht und sich eine vorhandene Angebotslücke vergrößert. Können also die Unternehmen, die auf die verteuerten Importgüter angewiesen sind, die Kostenerhöhungen zumindest zu einem Teil nicht in den Preisen weitergeben, so geraten sie immer mehr in die schon erwähnte Preis-Kosten-Klemme. Aus diesen Gründen bezogen auch diejenigen Länder, die bisher schon einen Preisstopp eingeführt haben, generell die Preise für Importgüter nicht in den Stopp mit ein. Das Prinzip eines allgemeinen Preisstopps wird dadurch also durchbrochen.

Eine weitere Aushöhlung dieses Prinzips müßte vom Staat zugelassen werden, um bei anderen nicht vermeidlichen Kostensteigerungen die Produktionsfähigkeit von Unternehmen sicherzustellen. Solche Kostenerhöhungen könnten etwa durch die Veralterung der Produktionskapazitäten und daraus resultierenden höheren Reparaturkosten entstehen.

Eine Erlaubnis zur Preiserhöhung infolge von nachgewiesenen Kostenerhöhungen würde schließlich die Gefahr in sich bergen, daß Unternehmen Kosten »produzieren«, um die Berechtigung für Preisanhebungen zu liefern. Oft wird aus der Einsicht heraus, daß nicht alle Preise gestoppt werden können, die Forderung erhoben, nicht alle Preise, sondern nur bestimmte »politisch-strategische« Preise, etwa Mietpreise oder Preise für Grundnahrungsmittel, zu stoppen. Ein solches Vorgehen birgt aber drei gefährliche Konsequenzen in sich. Zum einen werden, etwa bei einem Mietpreisstopp, die privaten Bauherren ihre finanziellen Mittel nicht mehr im Wohnungsbau investieren, sondern in anderen Wirtschaftsbereichen, wo sie höhere Renditen erwarten. Weiterhin würden etwa fällige Reparaturen unterlassen. Zum anderen wird durch einen Stillstand bei gewissen Preisen Kaufkraft freigesetzt, die sich anderen Gütern zuwenden und dort zu Preissteigerungen führen wird. Letztlich ist es sogar möglich, daß die Produzenten die Güter, bei denen die Preise eingefroren sind, zurückhalten weil

sie auf künftige Preiserhöhungsmöglichkeiten hoffen. In diesem Falle würde sich das Mißverhältnis von Angebot und Nachfrage durch die Verknappung des Angebots weiter verschärfen.
Gerade dieses Auseinanderfallen von Angebot und Nachfrage bei dem staatlich festgesetzten Preis ist das eigentliche Übel des Preisstopps. Wären die Preise frei beweglich, würden sich Angebot und Nachfrage über steigende Preise wieder ausgleichen. Der Preisstopp verdeckt diese Preissteigerungen nur (**zurückgestaute Inflation**), ändert aber nichts an dem Mißverhältnis von Angebot und Nachfrage, das durch den Preisstopp noch verschärft wird, da zu dem herrschenden Preis die Nachfrage weiter angeheizt und die Produktion wegen der fehlenden Anreize reduziert wird.
Durch einen Preisstopp wird somit der Preismechanismus zerstört, der in einer martkwirtschaftlichen Ordnung eigentlich die Aufgabe hat, die Produktionsfaktoren in die produktivsten Bereiche der Volkswirtschaft zu lenken und die Produktion nach den Bedürfnissen der Konsumenten zu steuern.
Der durch einen Preisstopp verschärfte Nachfrageüberhang wird weiter verstärkt. Es kommt zu steigenden Lieferfristen und einer weiteren Verknappung des Angebots. Da nicht die gesamte Nachfrage gedeckt wird, bilden sich schwarze Märkte, auf denen die Güter zu höheren, als den staatlich festgesetzten Preisen gehandelt werden. Hierbei pflegen die Verkäufer auch noch Risikoprämien auf den Preis aufzuschlagen, da sie dann, wenn sie von staatlichen Preiskontrolleuren ertappt werden, Strafen bezahlen müssen.
In der Folge werden immer mehr Güter von den offiziellen Märkten abgezogen und auf den inoffiziellen Märkten zu höheren Preisen verkauft.
Am Ende dieser Entwicklung wird die Einsicht des Staates stehen, daß die Verteilung der vorhandenen Güter als ungerecht zu bezeichnen ist. Der Staat wird eine **Rationierung** einführen.
Aber auch auf der Produzentenseite verhindert der Lohn- und Preisstopp die Anpassung an eine sich wandelnde Wirtschaftsstruktur. Da sich der Anbieter nicht mehr um seinen Absatz kümmern muß, erlahmt der Wettbewerb und der Zwang zur Leistungssteigerung. Erwirtschaftet ein Unternehmen dennoch Rationalisierungsvorteile, die zu Kostensenkungen führen, werden diese nicht in Preissenkungen weitergegeben, aus Furcht, die Preise später nicht wieder erhöhen zu können, wenn steigende Kosten dazu zwingen.
Der Lohn- und Preisdirigismus arbeitet also, »je länger, desto mehr gegen die Kräfte des Marktes. Die Verzerrungen in der Preis- und Lohnstruktur werden von Monat zu Monat größer; sie verlangen deshalb vermehrte Anstrengungen der Kontrolle. Die Verzerrung der Marktpreise und Marktlöhne beeinträchtigt zunehmend die Leistungsfähigkeit der Volkswirtschaft, lähmt die Initiative des einzelnen Unternehmers und lenkt seine Anstrengungen in die falsche Richtung.«[13]
Wird ein Preisstopp über einen längeren Zeitraum erlassen, werden weitere staatliche Eingriffe folgen müssen, da die Unternehmen versuchen, sich dem Preisstopp in irgendwelcher Weise zu entziehen. Unternehmen, deren Güter mit einem Preisstopp belegt sind, werden versuchen, Kostendeckung und Gewinn auf andere Weise als über steigende Preise zu sichern. Möglichkeiten liegen hier etwa bei verstärkten Exportanstrengungen, da die Exportpreise ja flexibel sind, Verschlechterung der Warenqualitäten, Einschränkung von Serviceleistungen, Produktionseinschränkungen bei den reglementierten Gütern und Ausweichen

---

13 SVR Jahresgutachten 1972, Ziffer 485.

auf Güter, deren Preis noch frei ist, etc. Diese Maßnahmen müßten ein weiteres Eingreifen des Staates erforderlich machen. Dem Preisstopp folgten eine Vielzahl von »preisstoppinduzierten« Staatseingriffen wie Ausfuhrkontingentierungen, Erlaß von Qualitätsnormen, Auflagen zur Weiterführung der Produktion, Anordnungen zur Herstellung bestimmter Erzeugnisse, Investitionsvorschriften, Hortungsverbot usw. Die Wirtschaft würde also immer mehr vom Staat und nicht mehr vom Preis gelenkt. Es gibt sogar eine Hypothese, die behauptet, daß einzelne Eingriffe des Staates in die freie Preisbildung kumulativ zu weiteren staatlichen Eingriffen führen, bis die ganze Wirtschaft in eine Zentralverwaltungswirtschaft transformiert ist. Wenn diese Hypothese auch vielleicht nicht ganz der Realität entspricht, so macht sie jedoch deutlich, daß der Interventionismus des Staates mit seinen systeminkonformen Eingriffen das System der Selbststeuerung der Marktwirtschaft in seinen Grundfesten erschüttert.

Verbunden mit einem längerfristigen Lohn- und Preisstopp und den daraus resultierenden weiteren staatlichen Eingriffen ist ein starkes Anwachsen des Behördenapparates. Seine Aufgaben wären neben der Überprüfung der Preise und der Löhne auch Genehmigungen von unvermeidbaren Preiserhöhungen, Investitionskontrollen, Überprüfungen von Kalkulationen, Qualitätsprüfungen, Devisenkontrollen etc. Die Folge wäre, daß letztlich die ganze Wirtschaft allmählich mit einem Netz staatlicher Anordnungen und Kontrollen überzogen wäre, was zu einer bemerkenswerten Einschränkung der Freiheit des einzelnen und zu einem starken Anwachsen der Macht des Staates führen würde. Diese Folgen treten in dieser Schärfe jedoch nur auf, wenn der Lohn- und Preisstopp über längere Zeit hinweg gilt.

Ein weiteres großes Problem taucht dann auf, wenn die Eingriffe in die Lohn- und Preisbildung, die ja nicht auf Dauer gelten sollen, aufgehoben werden. Die Abschaffung der Maßnahmen bewirkt, daß die bisher zurückgedrängte Nachfrage wieder auf den Markt kommt und bei unzureichendem Angebot zu Preissteigerungen führt, die bisher durch den Preisstopp unterdrückt wurden. Die bisher zurückgestaute Inflation tritt nun wieder zutage, und zwar um so mehr, je länger die dirigistischen Maßnahmen Bestand hatten. Einzige Möglichkeit, den Inflationsschub zu verhindern, ist eine Abschöpfung der aufgestauten Nachfrage, im Extremfall durch einen Geldschnitt, also eine zwangsweise Verminderung der vorhandenen Geldmenge.

6.8.4 Erfahrungen und Lehren aus Lohn- und Preiskontrollen

Obwohl es unterschiedliche Wertungen über die Erfolge staatlicher Eingriffe in die Preis- und Lohnbildung gibt,[14] geht die überwiegende Meinung wohl dahin, die Wirkung dieser Eingriffe hinsichtlich einer Inflationsdämpfung negativ zu beurteilen.[15] Entscheidende Erfolge in der Inflationsbekämpfung blieben denjenigen Ländern versagt, die versuchten, die Preissteigerungsraten durch Kontrollen oder Stopp von Preisen und/oder Löhnen in den Griff zu bekommen. So liegt

---

14 Vgl. z. B. **Nolting-Hauff, R.**, Zu einer mittelfristigen Stabilitätspolitik in der Bundesrepublik, in: Wirtschaftsdienst, Heft 12 (1974), S. 652 ff.
15 Vgl. **Kleps, K.**, a.a.O., **Kaps, C.**, Preiskontrollen bringen keine Stabilität, in: FAZ vom 23. 7. 1973; **Julitz, F.**, Der Lohn- und Preisstopp hat überall versagt, in: FAZ vom 16. 8. 1973; **Kuntze, O.-E.**, Dirigismus hilft nicht weiter, in: Die Zeit Nr. 34, 17. 8. 1973; **Hamm, W.**, Preisstopp. . . . a.a.O.

etwa die BRD mit ihren Inflationsraten im Vergleich zu den anderen Mitgliedsländern der OECD am unteren Ende der Skala, obwohl 21 der 24 Mitgliedsländer irgendwie geartete Preisbeschränkungen eingeführt hatten.
Kontrollen bzw. Stopp von Löhnen und Preisen sind also untaugliche Mittel zur Bekämpfung der Inflation, da diese Maßnahmen lediglich an Symptomen, den Preissteigerungen, kurieren, nicht aber an deren Ursachen, die je nach Inflationstypus sehr unterschiedlich sein können, ansetzen.
Anerkannt werden dirigistische Eingriffe in die Lohn- und Preisbildung eigentlich nur dann, wenn sie sehr kurzfristiger Natur sind und das Ziel haben, den Wirtschaftspolitikern die Möglichkeit zu geben, in dieser Zeit Maßnahmen zur ursachengerechten Inflationsbekämpfung zu ergreifen. Jedoch ist hier zu fragen, ob die Wirtschaftspolitiker diese Atempause wirklich brauchen bzw. auch nutzen, um Maßnahmen der Geld-, Finanz-, Wettbewerbs-, Einkommens- und Währungspolitik zur Inflationseindämmung zu ergreifen, oder ob eine verantwortungsvolle Wirtschaftspolitik sich dieser Instrumente nicht kontinuierlich bedienen sollte, ohne auf eine Phase des Lohn- und Preisstopps angewiesen zu sein. Zudem wächst auch die Gefahr, »daß mit dem Erlaß eines Preis-/Lohnstopps der aktuelle Druck von den Politikern genommen ist, und sie dann erst recht nicht in der Lage sind, das Notwendige zu tun.«[16]
Zusammenfassend läßt sich also feststellen, daß direkte staatliche Eingriffe in die Lohn- und Preisbildung wenig Chancen zu einer dauerhaften Bekämpfung der Inflation haben und in marktwirtschaftlich orientierten Wirtschaftsordnungen deren Prinzipien zerstören und zwar um so stärker, je länger diese Eingriffe bestehen. Inflationsbekämpfung muß mit den geeigneten Instrumenten an den Ursachen anknüpfen und nicht lediglich die Preissteigerungen für einen bestimmten Zeitraum unterdrücken.

6.9 Investitionslenkung als Mittel der Konjunktursteuerung

Die offensichtlichen Schwächen des Konzeptes der konjunkturpolitisch orientierten Globalsteuerung – basierend z. B. auf vermachteten Märkten, politischen Hemmnissen, multinationalen Unternehmen, Verteilungskampf, staatlich administrierten Preisen, private Entscheidungsfreiheit über Investitionen etc. – führten in jüngster Zeit verstärkt zu der Forderung nach einer Investitionslenkung im privatwirtschaftlichen Bereich durch den Staat.[1] Die Investitionslenkung soll unter anderem dazu dienen, die Ziele des Stabilitätsgesetzes besser verfolgen zu können und die Globalsteuerung zu verbessern.[2]

---

16 **Karsten, D.**, Stoppt die Inflationserwartung, in: Die Zeit, Nr. 32 vom 3. 8. 1973.
1 Zur jüngeren Diskussion vgl. u. a. **Krüper, M.** (Hrsg.), Investitionskontrolle gegen die Konzerne, Reinbek, 1974; **Zinn, K. G.**, Investitionskontrollen und -planung, in: Wirtschaftsdienst, Heft 6 (1973), S. 301 ff; **Adebahr, H., S. Augstin**, Eine Fortentwicklung der Marktwirtschaft, in: Wirtschaftsdienst, Heft 10 (1973), S. 504 ff.; **Bodenhöfer, H.-J.**, Strukturpolitik und Investitionslenkung, in: Wirtschaftsdienst, Heft 11 (1974), S. 601 ff; **Finking, G.**, Investitionslenkung: Anpassungsplanung oder Gestaltungsplanung? in: WSI Mitteilungen, Heft 1 (1975) S. 26 ff; **Meißner, W.**, Investitionslenkung, Frankfurt 1974.
2 Vgl. zu einer Übersicht über die Ziele der Investitionslenkung **Finking, G.**, a.a.O., S. 28.

Ausgangspunkt für die Forderung nach Investitionslenkung ist im weitesten Sinne die Unfähigkeit des Markt-Preis-Mechanismus, Ungleichgewichte und Fehlentscheidungen in einer dezentral organisierten Wirtschaftsordnung zu verhindern oder zu beseitigen. Die Ursachen werden auf das Versagen der Preis- und Profitlenkung, auf fehlende institutionalisierte Kooperation privater und öffentlicher Entscheidungsträger sowie auf die Unternehmenskonzentration zurückgeführt.[3]

Da für die Konjunkturentwicklung die privaten Investitionen eine der entscheidenden Determinanten darstellen, glauben die Verfechter einer Investitionslenkung, daß durch den direkten staatlichen Eingriff in die privaten Investitionen die Konjunkturschwankungen zumindest stark gedämpft werden können. Ziel einer solchen Lenkung ist also:
- Die Vermeidung von Kapazitätsengpässen und Überkapazitäten,
- die Abstimmung von gesamtwirtschaftlicher Investition und Ersparnis,
- eine kontinuierliche Entwicklung des Investitionsvolumens ohne Schwankungen.[4]

Voraussetzung für die Vermeidung von investitionsinduzierten bzw. -verstärkten Konjunkturschwankungen ist, daß die gesamtwirtschaftlichen Kapazitäten und deren Veränderungen durch Investitionen an die zukünftig zu erwartende gesamtwirtschaftliche Nachfrage angepaßt werden. Eine direkte staatliche Investitionslenkung erfordert somit eine Prognose bzw. auch Lenkung des privaten Bedarfs; denn nur wenn Vorstellungen über die zukünftige **Bedürfnisstruktur** einer Volkswirtschaft vorliegen, können die notwendigen Kapazitäten geplant werden.

Heftige Kritik erhebt sich gerade hinsichtlich der Möglichkeit, zukünftige Bedürfnisse staatlicherseits zu prognostizieren bzw. gesellschaftliche **Bedarfsrangskalen** aufzustellen, um damit die Nachfrage vorauszuschätzen. Abgesehen von den Schwierigkeiten der Aufstellung einer gesellschaftlichen Bedarfsrangskala, an der sich die Investitionen auszurichten haben, erhebt sich die Frage, ob eine staatliche Institution als zentrales Gremium die Gesamtnachfrage auf den verschiedenen Märkten besser prognostizieren kann als eine Vielzahl von Unternehmen, die ihren Märkten näher sind.

Die Befürworter einer direkten Investitionslenkung gehen bei der Beantwortung dieser Frage oft von der Fiktion aus, daß Planung eine Garantie für richtige Entscheidung ist[5], während die Gegner der Investitionslenkung dem Staat ein höheres Maß an Einsicht in die Zukunft der Märkte absprechen.[6]

Weiterhin ist umstritten, wie etwa gesamtwirtschaftliche Ersparnisse und gesamtwirtschaftliche Investitionen in Übereinstimmung gebracht werden sollen und wie die Investitionslenkung bewirken will, daß die Investitionsentwicklung konjunkturunabhängig wird. Gerade in Rezessionsphasen sind die Unternehmer oft nicht bereit, Investitionen durchzuführen. Um diese konjunkturbedingte Zurückhaltung der privaten Investitionen – die ein schwerwiegendes Hemmnis der

---

3 Vgl. Ebenda, S. 27.
4 Vgl. **Schwebler, R.**, Investitionslenkung und marktwirtschaftliche Ordnung, in: Versicherungswirtschaft, Nr. 11 (1975).
5 Vgl. **Voigtländer, H.**, Investitionslenkung oder Marktsteuerung?, Bonn-Bad Godesberg 1975.
6 So Bundeswirtschaftsminister **H. Friderichs** in einer Rede vor dem Internationalen Textilreiniger-Kongreß 1975, vgl. FAZ vom 27. 9. 1975.

Globalsteuerung darstellt – zu überwinden, wären staatliche **Investitionsgebote** erforderlich.[7]
Ohne auf eine Wertung der Investitionslenkung im Zusammenhang mit der Wirtschaftsordnung der Sozialen Marktwirtschaft einzugehen, gibt es noch sehr viele offene Fragen hinsichtlich der staatlichen Lenkung privater Investitionen als Mittel zur Konjunktursteuerung. Sie liegen vor allem in der Prognose oder in der Festlegung der zukünftigen gesamtwirtschaftlichen Nachfrage und der hierauf abgestimmten Lenkung der Investitionen.
Im Zusammenhang mit der staatlichen Investitionslenkung wird oft ein anderes Instrument zur Verstetigung der Konjunkturentwicklung vorgeschlagen, der **Investitionsfonds**, der aber nur wenig mit einer direkten staatlichen Investitionslenkung zu tun hat.[8]
Das Modell des Investitionsfonds beruht auf folgenden Gedanken: Die Unternehmen dürfen einen gewissen Anteil ihrer Gewinne steuerfrei einem Investitionsfonds zuführen. Über diese Investitionsrücklagen können die Unternehmen nach bestimmten Zeiträumen zu bestimmten Prozentsätzen verfügen oder aber die Regierung oder die Arbeitsmarktdirektion kann diese Mittel für eine gewisse Periode freigeben, um den Unternehmen Anreize zu konjunkturpolitisch erwünschten Investitionen zu geben. Da die Freigabe der Mittel auch selektiv erfolgen kann, ist eine Förderung der Investitionen für bestimmte Wirtschaftssektoren, Branchen oder auch Regionen möglich, so daß die Investitionsfonds konjunktur-, beschäftigungs- und regionalpolitisch eingesetzt werden können.
Diesen Vorteilen stehen in der BRD aber einige Einwände entgegen, die sich insbesonders gegen die ordnungspolitischen Auswirkungen auf die marktwirtschaftliche Ordnung richten.[9]
Beurteilt man die wirtschaftspolitische Landschaft in der BRD, so wird man zu dem Ergebnis kommen, daß solche Instrumente wie die Investitionslenkung und der Investitionsfonds zur Beeinflussung der konjunkturellen Entwicklung in näherer Zukunft allein aus ordnungspolitischen Erwägungen heraus wenig Chancen zur Realisierung haben.

---

7 Vgl. **Adebahr, H., Augstin, S.**, a.a.O., S. 507.
8 Vgl. zu einer kurzen Darstellung des vor allem in Schweden gehandhabten Investitionsfonds **Strömberg, D.**, Investitionsrücklagen nach schwedischem Muster, Die schwedischen Erfahrungen, in: Wirtschaftsdienst, Heft 12 (1975), S. 602 ff; **Meißner, W.**, a.a.O.
9 Vgl. **Fischer, L.**, Investitionsrücklagen nach schwedischem Muster, Für die Bundesrepublik wenig geeignet, in: Wirtschaftsdienst, Heft 12 (1975), S. 609 ff.

Gesetzesauszüge

Verzeichnis der Gesetzesauszüge

1) Außenwirtschaftsgesetz
2) Bundesbankgesetz
3) Haushaltsgrundsätzegesetz
4) Gesetz über die Gemeinschaftsaufgabe »Verbesserung der regionalen Wirtschaftsstruktur«
5) Investitionszulagengesetz
6) Preisgesetz
7) Gesetz über die Bildung eines Sachverständigenrates
8) Währungsgesetz
9) Stabilitätsgesetz

Außenwirtschaftsgesetz

Vom 28. April 1961 (BGBl. I S. 481, ber. S. 495 und S. 1555; BGBl. III 7400-1), zuletzt geändert durch das Zuständigkeitsanpassungs-Gesetz vom 18. März 1975 (BGBl. I S. 705).

§ 6a Abwehr schädigender Geld- und Kapitalzuflüsse aus fremden Wirtschaftsgebieten

(1) Wird die Wirksamkeit der Währungs- und Konjunkturpolitik durch Geld- und Kapitalzuflüsse aus fremden Wirtschaftsgebieten derart beeinträchtigt, daß das gesamtwirtschaftliche Gleichgewicht gefährdet ist, so kann durch Rechtsverordnung vorgeschrieben werden, daß Gebietsansässige einen bestimmten Vom-Hundert-Satz der Verbindlichkeiten aus den von ihnen unmittelbar oder mittelbar bei Gebietsfremden aufgenommenen Darlehen oder sonstigen Krediten während eines bestimmten Zeitraums zinslos auf einem Konto bei der Deutschen Bundesbank in Deutscher Mark zu halten haben (Depotpflicht). Als Kredite im Sinne des Satzes 1 gelten alle Rechtsgeschäfte und Handlungen, die wirtschaftlich eine Kreditaufnahme darstellen. Geht ein Gebietsansässiger gegenüber einem Gebietsfremden eine Verbindlichkeit durch Ausstellung, Annahme oder Indossierung eines Wechsels ein, so gilt eine im Zusammenhang hiermit von dem Gebietsfremden erbrachte Geldleistung für die Dauer der Laufzeit des Wechsels als Kredit. Zweigniederlassungen und Betriebsstätten gebietsfremder Unternehmen im Wirtschaftsgebiet werden im Verhältnis zum Unternehmen und zu anderen Zweigniederlassungen und Betriebsstätten des Unternehmens im Rahmen der Depotpflicht als rechtlich selbständig behandelt.
(2) Absatz 1 Satz 1 gilt nicht für Verbindlichkeiten, für die Mindestreserven bei der Deutschen Bundesbank unterhalten werden müssen.

(3) Durch Rechtsverordnung wird bestimmt, welche Arten von Verbindlichkeiten, die in unmittelbarem Zusammenhang mit der handelsüblichen Abwicklung von Waren- und Dienstleistungsgeschäften zwischen Gebietsansässigen und Gebietsfremden stehen, von der Depotpflicht ausgenommen werden. Weitere Verbindlichkeiten können durch Rechtsverordnung von der Depotpflicht ausgenommen werden, soweit hierdurch eine Gefährdung der nach Absatz 1 Satz 1 zu wahrenden Belange nicht zu erwarten ist.
(4) Die Höhe des in Absatz 1 Satz 1 genannten Vom-Hundert-Satzes (Depotsatz) wird jeweils durch Rechtsverordnung festgelegt. Der Depotsatz darf hundert nicht überschreiten.
(5) Der Depotpflichtige kann die zur Erfüllung seiner Depotpflicht bei der Deutschen Bundesbank eingezahlten Beträge nicht zurückverlangen und den Rückzahlungsanspruch nicht übertragen, solange seine Depotpflicht besteht.

§ 23 Kapital- und Geldanlagen Gebietsfremder

(1) Rechtsgeschäfte zwischen Gebietsansässigen und Gebietsfremden können beschränkt werden, wenn sie
1. den entgeltlichen Erwerb von Grundstücken im Wirtschaftsgebiet und von Rechten an solchen Grundstücken durch Gebietsfremde,
2. den entgeltlichen Erwerb von Schiffen, die im Schiffsregister eines Gerichts im Wirtschaftsgebiet eingetragen sind, und von Rechten an solchen Schiffen durch Gebietsfremde,
3. den entgeltlichen Erwerb von Unternehmen mit Sitz im Wirtschaftsgebiet und Beteiligungen an solchen Unternehmen durch Gebietsfremde,
4. den entgeltlichen Erwerb inländischer Wertpapiere durch Gebietsfremde,
5. den entgeltlichen Erwerb von Wechseln, die ein Gebietsansässiger ausgestellt oder angenommen hat, durch Gebietsfremde,
6. die unmittelbare oder mittelbare Aufnahme von Darlehen und sonstigen Krediten durch Gebietsansässige sowie den entgeltlichen Erwerb von Forderungen gegenüber Gebietsansässigen durch Gebietsfremde oder
7. die Führung und Verzinsung von Konten Gebietsfremder bei Geldinstituten im Wirtschaftsgebiet
zum Gegenstand haben. Als Kredite im Sinne des Satzes 1 Nr. 6 gelten alle Rechtsgeschäfte und Handlungen, die wirtschaftlich eine Kreditaufnahme darstellen.
(2) Ferner können beschränkt werden
1. die Gründung von Unternehmen mit Sitz im Wirtschaftsgebiet durch Gebietsfremde oder unter Beteiligung von Gebietsfremden an der Gründung oder
2. die Ausstattung von Unternehmen, Zweigniederlassungen und Betriebsstätten im Wirtschaftsgebiet mit Vermögenswerten (Betriebsmittel und Anlagewerte) durch Gebietsfremde.

(3) Beschränkungen nach Absatz 1 und 2 sind zulässig, um einer Beeinträchtigung der Kaufkraft der Deutschen Mark entgegenzuwirken oder das Gleichgewicht der Zahlungsbilanz sicherzustellen.

Gesetz
über die Deutsche Bundesbank
Vom 26. Juli 1957 (BGBl. I S. 745)

§ 3 Aufgabe

Die Deutsche Bundesbank regelt mit Hilfe der währungspolitischen Befugnisse, die ihr nach diesem Gesetz zustehen, den Geldumlauf und die Kreditversorgung der Wirtschaft mit dem Ziel, die Währung zu sichern, und sorgt für die bankmäßige Abwicklung des Zahlungsverkehrs im Inland und mit dem Ausland.

§ 12 Verhältnis der Bank zur Bundesregierung

Die Deutsche Bundesbank ist verpflichtet, unter Wahrung ihrer Aufgabe die allgemeine Wirtschaftspolitik der Bundesregierung zu unterstützen. Sie ist bei der Ausübung der Befugnisse, die ihr nach diesem Gesetz zustehen, von Weisungen der Bundesregierung unabhängig.

§ 13 Zusammenarbeit

(1) Die Deutsche Bundesbank hat die Bundesregierung in Angelegenheiten von wesentlicher währungspolitischer Bedeutung zu beraten und ihr auf Verlangen Auskunft zu geben.
(2) Die Mitglieder der Bundesregierung haben das Recht, an den Beratungen des Zentralbankrats teilzunehmen. Sie haben kein Stimmrecht, können aber Anträge stellen. Auf ihr Verlangen ist die Beschlußfassung bis zu zwei Wochen auszusetzen.
(3) Die Bundesregierung soll den Präsidenten der Deutschen Bundesbank zu ihren Beratungen über Angelegenheiten von währungspolitischer Bedeutung zuziehen.

Gesetz
über die Grundsätze des Haushaltsrechts des Bundes und der Länder
(Haushaltsgrundsätzegesetz – HGrG)
Vom 19. August 1969 (BGBl. I S. 1273)

§ 50 Verfahren bei der Finanzplanung

(1) Bund und Länder legen ihrer Haushaltswirtschaft je für sich eine fünfjährige Finanzplanung zugrunde (§ 9 Abs. 1 und § 14 des Gesetzes zur Förderung der Stabilität und des Wachstums der Wirtschaft vom 8. Juni 1967 – Bundesgesetzbl. I S. 582 –).
(2) Das erste Planungsjahr der Finanzplanung ist das laufende Haushaltsjahr.
(3) Der Finanzplan (§ 9 Abs. 2 Satz 2 des Gesetzes zur Förderung der Stabilität und des Wachstums der Wirtschaft) ist den gesetzgebenden Körperschaften spätestens im Zusammenhang mit dem Entwurf des Haushaltsgesetzes für das

nächste Haushaltsjahr vorzulegen. Die gesetzgebenden Körperschaften können die Vorlage von Alternativrechnungen verlangen.
(4) Im Finanzplan sind die vorgesehenen Investitionsschwerpunkte zu erläutern und zu begründen.
(5) Den gesetzgebenden Körperschaften sind die auf der Grundlage der Finanzplanung überarbeiteten mehrjährigen Investitionsprogramme (§ 10 des Gesetzes zur Förderung der Stabilität und des Wachstums der Wirtschaft) vorzulegen.
(6) Die Planung nach § 11 Satz 1 des Gesetzes zur Förderung der Stabilität und des Wachstums der Wirtschaft ist für Investitionsvorhaben des dritten Planungsjahres in ausreichendem Umfang so vorzubereiten, daß mit ihrer Durchführung kurzfristig begonnen werden kann.
(7) Die Regierung soll rechtzeitig geeignete Maßnahmen treffen, die nach der Finanzplanung erforderlich sind, um eine geordnete Haushaltsentwicklung unter Berücksichtigung des voraussichtlichen gesamtwirtschaftlichen Leistungsvermögens in den einzelnen Planungsjahren zu sichern.

§ 51 Finanzplanungsrat

(1) Bei der Bundesregierung wird ein Finanzplanungsrat gebildet. Dem Finanzplanungsrat gehören an:
1. die Bundesminister der Finanzen und für Wirtschaft,
2. die für die Finanzen zuständigen Minister der Länder,
3. vier Vertreter der Gemeinden und Gemeindeverbände, die vom Bundesrat auf Vorschlag der kommunalen Spitzenverbände bestimmt werden.
Die Deutsche Bundesbank kann an den Beratungen des Finanzplanungsrates teilnehmen.
(2) Der Finanzplanungsrat gibt Empfehlungen für eine Koordinierung der Finanzplanungen des Bundes, der Länder und der Gemeinden und Gemeindeverbände. Dabei sollen eine einheitliche Systematik der Finanzplanungen aufgestellt sowie einheitliche volks- und finanzwirtschaftliche Annahmen für die Finanzplanungen und Schwerpunkte für eine den gesamtwirtschaftlichen Erfordernissen entsprechende Erfüllung der öffentlichen Aufgaben ermittelt werden. Die vom Konjunkturrat für die öffentliche Hand zur Erreichung der Ziele des Gesetzes zur Förderung der Stabilität und des Wachstums der Wirtschaft für erforderlich gehaltenen Maßnahmen sollen berücksichtigt werden.
(3) Die voraussichtlichen Einnahmen und Ausgaben der in § 52 genannten Einrichtungen sollen in die Beratungen und Empfehlungen einbezogen werden, soweit sie nicht schon in den Finanzplanungen des Bundes, der Länder und der Gemeinden und Gemeindeverbände enthalten sind.
(4) Den Vorsitz im Finanzplanungsrat führt der Bundesminister der Finanzen.
(5) Der Finanzplanungsrat gibt sich eine Geschäftsordnung.

§ 52 Auskunftspflicht

(1) Bund und Länder erteilen durch ihre für die Finanzen zuständigen Minister dem Finanzplanungsrat die Auskünfte, die dieser zur Wahrnehmung seiner Aufgaben benötigt. Die Auskunftserteilung umfaßt auch die Vorlage der in den jeweiligen Zuständigkeitsbereichen aufgestellten Finanzplanungen.
(2) Die Länder erteilen auch die Auskünfte für ihre Gemeinden und sonstigen kommunalen Körperschaften. Das gleiche gilt für Sondervermögen und Betriebe der Länder, der Gemeinden und der Gemeindeverbände sowie für die landesun-

mittelbaren juristischen Personen des öffentlichen Rechts, deren Einbeziehung in die Finanzplanung und die Beratungen des Finanzplanungsrates erforderlich ist. Die Länder regeln das Verfahren.

(3) Sondervermögen und Betriebe des Bundes sowie die bundesunmittelbaren juristischen Personen des öffentlichen Rechts erteilen die erforderlichen Auskünfte dem Bundesminister der Finanzen, der sie dem Finanzplanungsrat zuleitet.

(4) Die Träger der gesetzlichen Krankenversicherung, der gesetzlichen Unfallversicherung und der gesetzlichen Rentenversicherungen einschließlich der Altershilfe für Landwirte, ihre Verbände sowie die sonstigen Vereinigungen auf dem Gebiet der Sozialversicherung und die Bundesanstalt für Arbeit erteilen dem Bundesminister der Finanzen die für den Finanzplanungsrat erforderlichen Auskünfte über den Bundesminister für Arbeit und Sozialordnung; landesunmittelbare Körperschaften leiten die Auskünfte über die für die Sozialversicherung zuständige oberste Verwaltungsbehörde des Landes zu.

Gesetz
über die Gemeinschaftsaufgabe
»Verbesserung der regionalen Wirtschaftsstruktur«
Vom 6. Oktober 1969 (BGBl. I S. 1861; BGBl. III 707-7)

§ 1 Gemeinschaftsaufgabe

(1) Zur Verbesserung der regionalen Wirtschaftsstruktur werden folgende Maßnahmen als Gemeinschaftsaufgabe im Sinne des Artikels 91 a Abs. 1 des Grundgesetzes wahrgenommen:
1. Die Förderung der gewerblichen Wirtschaft bei Errichtung, Ausbau, Umstellung oder grundlegender Rationalisierung von Gewerbebetrieben,
2. Förderung des Ausbaus der Infrastruktur, soweit es für die Entwicklung der gewerblichen Wirtschaft erforderlich ist, durch
   a) Erschließung von Industriegelände im Zusammenhang mit Maßnahmen nach Nummer 1,
   b) Ausbau von Verkehrsverbindungen, Energie- und Wasserversorgungsanlagen, Abwasser- und Abfallbeseitigungsanlagen sowie öffentliche Fremdenverkehrseinrichtungen,
   c) Errichtung oder Ausbau von Ausbildungs-, Fortbildungs- und Umschulungsstätten, soweit ein unmittelbarer Zusammenhang mit dem Bedarf der regionalen Wirtschaft an geschulten Arbeitskräften besteht.

(2) Die in Absatz 1 genannten Förderungsmaßnahmen werden im Zonenrandgebiet und in Gebieten durchgeführt,
1. deren Wirtschaftskraft erheblich unter dem Bundesdurchschnitt liegt oder erheblich darunter abzusinken droht oder
2. in denen Wirtschaftszweige vorherrschen, die vom Strukturwandel in einer Weise betroffen oder bedroht sind, daß negative Rückwirkungen auf das Gebiet in erheblichem Umfang eingetreten oder absehbar sind.

(3) Einzelne Infrastrukturmaßnahmen werden auch außerhalb der vorstehend genannten Gebiete gefördert, wenn sie in einem unmittelbaren Zusammenhang mit geförderten Projekten innerhalb benachbarter Fördergebiete stehen.

§ 2 Allgemeine Grundsätze

(1) Die Förderung der in § 1 Abs. 1 genannten Maßnahmen muß mit den Grundsätzen der allgemeinen Wirtschaftspolitik und mit den Zielen und Erfordernissen der Raumordnung und Landesplanung übereinstimmen. Sie hat auf gesamtdeutsche Belange und auf die Erfordernisse der Europäischen Gemeinschaft Rücksicht zu nehmen. Die Förderung soll sich auf räumliche und sachliche Schwerpunkte konzentrieren. Sie ist mit anderen öffentlichen Entwicklungsvorhaben abzustimmen.
(2) Gewerbebetriebe werden nach § 1 Abs. 1 Nr. 1 nur durch Start- und Anpassungshilfen und nur dann gefördert, wenn zu erwarten ist, daß sie sich im Wettbewerb behaupten können. Träger der in § 1 Abs. 1 Nr. 2 aufgeführten Maßnahmen zum Ausbau der Infrastruktur sind vorzugsweise Gemeinden und Gemeindeverbände; nicht gefördert werden Maßnahmen des Bundes und der Länder sowie natürlicher und juristischer Personen, die auf Gewinnerzielung ausgerichtet sind.
(3) Absatz 2 Satz 2 zweiter Halbsatz gilt nicht für Gemeindeaufgaben, die in den Ländern Berlin und Hamburg wahrgenommen werden.
(4) Finanzhilfen werden nur bei einer angemessenen Beteiligung des Empfängers gewährt.
(4 a) Bei der Förderung der in § 1 Abs. 1 genannten Maßnahmen ist das Zonenrandgebiet bevorzugt zu berücksichtigen. Die politisch bedingte Sondersituation des Zonenrandgebietes kann Abweichungen von den vorstehenden Grundsätzen und Ergänzungen der in § 1 Abs. 1 genannten Maßnahmen notwendig machen.

§ 3 Förderungsarten

Die finanzielle Förderung kann in der Gewährung von Investitionszuschüssen, Darlehen, Zinszuschüssen und Bürgschaften bestehen.

Investitionszulagengesetz (InvZulG 1975)
in der Fassung vom 24. Februar 1975 (BGBl. I S. 529; BGBl. III 707-6)

§ 4b Investitionszulage zur Konjunkturbelebung

(1) Steuerpflichtigen im Sinne des Einkommensteuergesetzes und Steuerpflichtigen im Sinne des Körperschaftsteuergesetzes, soweit sie nicht unter § 4 Abs. 1 Ziff. 1 bis 10 des Körperschaftsteuergesetzes fallen, wird für begünstigte Investitionen, die sie in einem Betrieb (einer Betriebstätte) im Inland vornehmen, auf Antrag eine Investitionszulage gewährt. Wird die Investition von einer Gesellschaft im Sinne des § 15 Abs. 1 Ziff. 2 des Einkommensteuergesetzes vorgenommen, gilt Satz 1 mit der Maßgabe, daß der Gesellschaft eine Investitionszulage gewährt wird.
(2) Begünstigte Investitionen im Sinne des Absatzes 1 sind
1. die Anschaffung oder Herstellung von neuen abnutzbaren beweglichen Wirtschaftsgütern des Anlagevermögens, die nicht zu den geringwertigen Wirtschaftsgütern im Sinne des § 6 Abs. 2 des Einkommensteuergesetzes gehören, und

2. die Herstellung von abnutzbaren unbeweglichen Wirtschaftsgütern des Anlagevermögens,

wenn die Wirtschaftsgüter nachweislich nach dem 30. November 1974 und vor dem 1. Juli 1975 vom Steuerpflichtigen bestellt worden sind oder wenn der Steuerpflichtige in diesem Zeitraum mit der Herstellung begonnen hat. Weitere Voraussetzung ist, daß die Wirtschaftsgüter vor dem 1. Juli 1976 geliefert oder fertiggestellt werden. An die Stelle des 1. Juli 1976 tritt bei Gebäuden und Gebäudeteilen der 1. Juli 1977. Bei Wirtschaftsgütern, die im Zusammenhang mit Investitionsvorhaben angeschafft oder hergestellt werden, die durch eine Bescheinigung des Bundesministers für Wirtschaft als Großprojekte im Bereich der Energieerzeugung und -verteilung mit besonderer energiepolitischer Bedeutung anerkannt worden sind, tritt an die Stelle des 1. Juli 1976 der 1. Juli 1978; Großprojekte in diesem Sinne sind insbesondere Heizkraftwerke, Kernkraftwerke, Steinkohlenkraftwerke, Müllkraftwerke, Müllheizwerke, Fernwärmenetze, Aufschluß von Steinkohlen- und Braunkohlenfeldern, Großschachtanlagen, Anlagen für den Kernbrennstoffkreislauf, Raffinerien einschließlich Konversions- und Entschwefelungsanlagen, ober- und unterirdische Speicheranlagen für Erdöl und Erdgas sowie Rohrleitungen. Als Beginn der Herstellung gilt bei Gebäuden und Gebäudeteilen der Zeitpunkt, in dem der Antrag auf Baugenehmigung gestellt wird. Ist der Antrag auf Baugenehmigung vor dem 1. Dezember 1974 gestellt worden, gilt als Beginn der Herstellung der Beginn der Bauarbeiten. Die Sätze 1 bis 6 gelten für nachträgliche Herstellungsarbeiten an abnutzbaren beweglichen Wirtschaftsgütern des Anlagevermögens, die nicht zu den geringwertigen Wirtschaftsgütern im Sinne des § 6 Abs. 2 des Einkommensteuergesetzes gehören, und an abnutzbaren unbeweglichen Wirtschaftsgütern des Anlagevermögens sinngemäß.

(3) Die Investitionszulage beträgt 7,5 vom Hundert der Summe der Anschaffungs- oder Herstellungskosten der im Wirtschaftsjahr angeschafften oder hergestellten Wirtschaftsgüter und der Herstellungskosten der im Wirtschaftsjahr beendeten nachträglichen Herstellungsarbeiten, die begünstigte Investitionen sind. Sie kann bereits für die im Wirtschaftsjahr aufgewendeten Anzahlungen auf Anschaffungskosten und für Teilherstellungskosten gewährt werden. § 1 Abs. 5 Satz 2 dieses Gesetzes und § 7 a Abs. 2 Satz 3 und 5 des Einkommensteuergesetzes 1975 gelten entsprechend.

(4) Für Wirtschaftsgüter, bei denen die Voraussetzungen des Absatzes 2 Satz 1 vorliegen, die aber keine Wirtschaftsgüter im Sinne des Absatzes 2 Satz 3 und 4 sind und die nach dem 30. Juni 1976 und vor dem 1. Juli 1977 geliefert oder fertiggestellt werden, wird auf Antrag eine Investitionszulage in Höhe von 7,5 vom Hundert der Summe der vor dem 1. Juli 1976 aufgewendeten Anzahlungen auf Anschaffungskosten und Teilherstellungskosten gewährt. Für Gebäude und Gebäudeteile, bei denen die Voraussetzungen des Absatzes 2 Satz 1 vorliegen und die nach dem 30. Juni 1977 und vor dem 1. Juli 1978 fertiggestellt werden, wird auf Antrag eine Investitionszulage in Höhe von 7,5 vom Hundert der Summe der vor dem 1. Juli 1977 aufgewendeten Teilherstellungskosten gewährt. Für Wirtschaftsgüter im Sinne des Absatzes 2 Satz 4, bei denen die Voraussetzungen des Absatzes 2 Satz 1 vorliegen und die nach dem 30. Juni 1978 geliefert oder fertiggestellt werden, wird auf Antrag eine Investitionszulage in Höhe von 7,5 vom Hundert der Summe der vor dem 1. Juli 1978 aufgewendeten Anzahlungen auf Anschaffungskosten und Teilherstellungskosten gewährt. Die Sätze 1 bis 3 gelten für nachträgliche Herstellungsarbeiten an abnutzbaren beweglichen Wirtschaftsgütern des Anlagevermögens, die nicht zu den geringwertigen Wirt-

schaftsgütern im Sinne des § 6 Abs. 2 des Einkommensteuergesetzes gehören, und an abnutzbaren unbeweglichen Wirtschaftsgütern des Anlagevermögens sinngemäß.
(5) § 1 Abs. 3 Satz 2 und 3 gilt entsprechend.

Übergangsgesetz
über die Preisbildung und Preisüberwachung
(Preisgesetz)
Vom 10. April 1948 (Gesetz- u. Verordnungsbl. des Wirtschaftsrates des Vereinigten Wirtschaftsgebietes S. 27; BGBl. III 720-1)

§ 1 [Grundsätze der Preispolitik]

Der Wirtschaftsrat ist zuständig für die allgemeinen Grundsätze der Preispolitik für das Vereinigte Wirtschaftsgebiet. Eine Veränderung der Preise von Waren und Leistungen, die eine grundlegende Bedeutung für den gesamten Preisstand, insbesondere die Lebenshaltung, hat, bedarf der Zustimmung des Wirtschaftsrates. Dieser Zustimmung bedarf es nicht, wenn die Veränderung der Preise nur zu dem Zweck erfolgt, um auf dem Markt bestehende offensichtliche Mißstände zu beseitigen, ohne daß dadurch der gesamte Preisstand, insbesondere die Lebenshaltung ungünstig beeinflußt wird.

§ 2 [Preisfestsetzung, Preisaufrechterhaltung]

(1) Die für die Preisbildung zuständigen Stellen (Absatz 2) können Anordnungen und Verfügungen erlassen, durch die Preise, Mieten, Pachten, Gebühren und sonstige Entgelte für Güter und Leistungen jeder Art, ausgenommen Löhne, festgesetzt oder genehmigt werden, oder durch die der Preisstand aufrechterhalten werden soll.
(2) Zuständig sind
a) der Direktor der Verwaltung für Wirtschaft des Vereinigten Wirtschaftsgebietes (Direktor für Wirtschaft), wenn Bestimmungen für mehr als ein Land erforderlich sind oder wenn die Preisbildung den Verkehr mit Gütern und Leistung in mehr als einem Land beeinflußt oder beeinflussen kann;
b) die obersten Landesbehörden, soweit nicht der Direktor für Wirtschaft zuständig ist.

Gesetz
über die Bildung eines Sachverständigenrates zur Begutachtung
der gesamtwirtschaftlichen Entwicklung
Vom 14. August 1963 (BGBl. I S. 685), zuletzt geändert durch das Gesetz zur Förderung der Stabilität und des Wachstums der Wirtschaft vom 8. Juni 1967 (BGBl. I S. 582)

§ 1 [Aufgaben und Zusammensetzung des Rates]

(1) Zur periodischen Begutachtung der gesamtwirtschaftlichen Entwicklung in der Bundesrepublik Deutschland und zur Erleichterung der Urteilsbildung bei al-

len wirtschaftspolitisch verantwortlichen Instanzen sowie in der Öffentlichkeit wird ein Rat von unabhängigen Sachverständigen gebildet.

(2) Der Sachverständigenrat besteht aus fünf Mitgliedern, die über besondere wirtschaftswissenschaftliche Kenntnisse und volkswirtschaftliche Erfahrungen verfügen müssen.

(3) Die Mitglieder des Sachverständigenrates dürfen weder der Regierung oder einer gesetzgebenden Körperschaft des Bundes oder eines Landes noch dem öffentlichen Dienst des Bundes, eines Landes oder einer sonstigen juristischen Person des öffentlichen Rechts, es sei denn als Hochschullehrer oder als Mitarbeiter eines wirtschafts- oder sozialwissenschaftlichen Institutes, angehören. Sie dürfen ferner nicht Repräsentant eines Wirtschaftsverbandes oder einer Organisation der Arbeitgeber oder Arbeitnehmer sein oder zu diesen in einem ständigen Dienst- oder Geschäftsbesorgungsverhältnis stehen. Sie dürfen auch nicht während des letzten Jahres vor der Berufung zum Mitglied des Sachverständigenrates eine derartige Stellung innegehabt haben.

§ 2 [Fixierung und Abgrenzung der Aufgabenstellung]

Der Sachverständigenrat soll in seinen Gutachten die jeweilige gesamtwirtschaftliche Lage und deren absehbare Entwicklung darstellen. Dabei soll er untersuchen, wie im Rahmen der marktwirtschaftlichen Ordnung gleichzeitig Stabilität des Preisniveaus, hoher Beschäftigungsstand und außenwirtschaftliches Gleichgewicht bei stetigem und angemessenem Wachstum gewährleistet werden können. In die Untersuchung sollen auch die Bildung und die Verteilung von Einkommen und Vermögen einbezogen werden. Insbesondere soll der Sachverständigenrat die Ursachen von aktuellen und möglichen Spannungen zwischen der gesamtwirtschaftlichen Nachfrage und dem gesamtwirtschaftlichen Angebot aufzeigen, welche die in Satz 2 genannten Ziele gefährden. Bei der Untersuchung sollen jeweils verschiedene Annahmen zugrunde gelegt und deren unterschiedliche Wirkungen dargestellt und beurteilt werden. Der Sachverständigenrat soll Fehlentwicklungen und Möglichkeiten zu deren Vermeidung oder deren Beseitigung aufzeigen, jedoch keine Empfehlungen für bestimmte wirtschafts- und sozialpolitische Maßnahmen aussprechen.

§ 7 [Berufungsverfahren]

(1) Die Mitglieder des Sachverständigenrates werden auf Vorschlag der Bundesregierung durch den Bundespräsidenten berufen. Zum 1. März eines jeden Jahres – erstmals nach Ablauf des dritten Jahres nach Erstattung des ersten Gutachtens gemäß § 6 Abs. 1 Satz 1 – scheidet ein Mitglied aus. Die Reihenfolge des Ausscheidens wird in der ersten Sitzung des Sachverständigenrates durch das Los bestimmt.

(2) Der Bundespräsident beruft auf Vorschlag der Bundesregierung jeweils ein neues Mitglied für die Dauer von fünf Jahren. Wiederberufungen sind zulässig.

Erstes Gesetz zur Neuordnung des Geldwesens (Währungsgesetz)
Vom 20. Juni 1948 (WiGBl. Beilage Nr. 5 S. 1; BGBl. III 7600-1-a)

§ 3 [Währungsklausel]

Geldschulden dürfen nur mit Genehmigung der für die Erteilung von Devisengenehmigungen zuständigen Stelle in einer anderen Währung als in Deutscher Mark eingegangen werden. Das gleiche gilt für Geldschulden, deren Betrag in Deutscher Mark durch den Kurs einer solchen anderen Währung oder durch den Preis oder eine Menge von Feingold oder von anderen Gütern und Leistungen bestimmt werden soll.

Gesetz zur Förderung der Stabilität und des Wachstums der Wirtschaft
Vom 8. Juni 1967 (BGBl. I S. 582; BGBl. III 707-3)

§ 1 [Beachtung der Erfordernisse des gesamtwirtschaftlichen Gleichgewichts]

Bund und Länder haben bei ihren wirtschafts- und finanzpolitischen Maßnahmen die Erfordernisse des gesamtwirtschaftlichen Gleichgewichts zu beachten. Die Maßnahmen sind so zu treffen, daß sie im Rahmen der marktwirtschaftlichen Ordnung gleichzeitig zur Stabilität des Preisniveaus, zu einem hohen Beschäftigungsstand und außenwirtschaftlichem Gleichgewicht bei stetigem und angemessenem Wirtschaftswachstum beitragen.

§ 2 [Jahreswirtschaftsbericht]

(1) Die Bundesregierung legt im Januar eines jeden Jahres dem Bundestag und dem Bundesrat einen Jahreswirtschaftsbericht vor. Der Jahreswirtschaftsbericht enthält:
1. die Stellungnahme zu dem Jahresgutachten des Sachverständigenrates auf Grund des § 6 Abs. 1 Satz 3 des Gesetzes über die Bildung eines Sachverständigenrates zur Begutachtung der gesamtwirtschaftlichen Entwicklung vom 14. August 1963 (Bundesgesetzbl. I S. 685) in der Fassung des Gesetzes vom 8. November 1966 (Bundesgesetzbl. I S. 633);
2. eine Darlegung der für das laufende Jahr von der Bundesregierung angestrebten wirtschafts- und finanzpolitischen Ziele (Jahresprojektion); die Jahresprojektion bedient sich der Mittel und der Form der volkswirtschaftlichen Gesamtrechnung, gegebenenfalls mit Alternativrechnungen;
3. eine Darlegung der für das laufende Jahr geplanten Wirtschafts- und Finanzpolitik.

(2) Maßnahmen nach § 6 Abs. 2 und 3 und nach den §§ 15 und 19 dieses Gesetzes sowie nach § 51 Abs. 3 des Einkommensteuergesetzes und nach § 19 c des Körperschaftsteuergesetzes dürfen nur getroffen werden, wenn die Bundesregierung gleichzeitig gegenüber dem Bundestag und dem Bundesrat begründet, daß diese Maßnahmen erforderlich sind, um eine Gefährdung der Ziele des § 1 zu verhindern.

§ 3 [Konzertierte Aktion]

(1) Im Falle der Gefährdung eines der Ziele des § 1 stellt die Bundesregierung Orientierungsdaten für ein gleichzeitiges aufeinander abgestimmtes Verhalten (konzertierte Aktion) der Gebietskörperschaften, Gewerkschaften und Unternehmensverbände zur Erreichung der Ziele des § 1 zur Verfügung. Diese Orientierungsdaten enthalten insbesondere eine Darstellung der gesamtwirtschaftlichen Zusammenhänge im Hinblick auf die gegebene Situation.

(2) Der Bundesminister für Wirtschaft hat die Orientierungsdaten auf Verlangen eines der Beteiligten zu erläutern.

§ 4 [Internationale Koordination]

Bei außenwirtschaftlichen Störungen des gesamtwirtschaftlichen Gleichgewichts, deren Abwehr durch binnenwirtschaftliche Maßnahmen nicht oder nur unter Beeinträchtigung der in § 1 genannten Ziele möglich ist, hat die Bundesregierung alle Möglichkeiten der internationalen Koordination zu nutzen. Soweit dies nicht ausreicht, setzt sie die ihr zur Wahrung des außenwirtschaftlichen Gleichgewichts zur Verfügung stehenden wirtschaftspolitischen Mittel ein.

§ 5 [Ausgabenbemessung – Konjunkturausgleichsrücklage]

(1) Im Bundeshaushaltsplan sind Umfang und Zusammensetzung der Ausgaben und der Ermächtigungen zum Eingehen von Verpflichtungen zu Lasten künftiger Rechnungsjahre so zu bemessen, wie es zur Erreichung der Ziele des § 1 erforderlich ist.

(2) Bei einer die volkswirtschaftliche Leistungsfähigkeit übersteigenden Nachfrageausweitung sollen Mittel zur zusätzlichen Tilgung von Schulden bei der Deutschen Bundesbank oder zur Zuführung an eine Konjunkturausgleichsrücklage veranschlagt werden.

(3) Bei einer die Ziele des § 1 gefährdenden Abschwächung der allgemeinen Wirtschaftstätigkeit sollen zusätzlich erforderliche Deckungsmittel zunächst der Konjunkturausgleichsrücklage entnommen werden.

§ 6 [Ausgabeneinschränkung – Zusätzliche Ausgaben – Zusätzliche Kreditaufnahme]

(1) Bei der Ausführung des Bundeshaushaltsplans kann im Falle einer die volkswirtschaftliche Leistungsfähigkeit übersteigenden Nachfrageausweitung die Bundesregierung den Bundesminister der Finanzen ermächtigen, zur Erreichung der Ziele des § 1 die Verfügung über bestimmte Ausgabemittel, den Beginn von Baumaßnahmen und das Eingehen von Verpflichtungen zu Lasten künftiger Rechnungsjahre von dessen Einwilligung abhängig zu machen. Die Bundesminister der Finanzen und für Wirtschaft schlagen die erforderlichen Maßnahmen vor. Der Bundesminister der Finanzen hat die dadurch nach Ablauf des Rechnungsjahres freigewordenen Mittel zur zusätzlichen Tilgung von Schulden bei der Deutschen Bundesbank zu verwenden oder der Konjunkturausgleichsrücklage zuzuführen.

(2) Die Bundesregierung kann bestimmen, daß bei einer die Ziele des § 1 gefährdenden Abschwächung der allgemeinen Wirtschaftstätigkeit zusätzliche Ausgaben geleistet werden; Absatz 1 Satz 2 ist anzuwenden. Die zusätzlichen

Mittel dürfen nur für im Finanzplan (§ 9 in Verbindung mit § 10) vorgesehene Zwecke oder als Finanzhilfe für besonders bedeutsame Investitionen der Länder und Gemeinden (Gemeindeverbände) zur Abwehr einer Störung des gesamtwirtschaftlichen Gleichgewichts (Artikel 104 a Abs. 4 Satz 1 GG) verwendet werden. Zu ihrer Deckung sollen die notwendigen Mittel zunächst der Konjunkturausgleichsrücklage entnommen werden.
(3) Der Bundesminister der Finanzen wird ermächtigt, zu dem in Absatz 2 bezeichneten Zweck Kredite über die im Haushaltsgesetz erteilten Kreditermächtigungen hinaus bis zur Höhe von fünf Milliarden Deutsche Mark, gegebenenfalls mit Hilfe von Geldmarktpapieren, aufzunehmen. Soweit solche Kredite auf eine nachträglich in einem Haushaltsgesetz ausgesprochene Kreditermächtigung angerechnet werden, kann das Recht zur Kreditaufnahme erneut in Anspruch genommen werden.

§ 7 [Verwendung der Mittel der Konjunkturausgleichsrücklage]

(1) Die Konjunkturausgleichsrücklage ist bei der Deutschen Bundesbank anzusammeln. Mittel der Konjunkturausgleichsrücklage dürfen nur zur Deckung zusätzlicher Ausgaben gemäß § 5 Abs. 3 und § 6 Abs. 2 verwendet werden.
(2) Ob und in welchem Ausmaß über Mittel der Konjunkturausgleichsrücklage bei der Ausführung des Bundeshaushaltsplans verfügt werden soll, entscheidet die Bundesregierung; § 6 Abs. 1 Satz 2 ist anzuwenden.

§ 8 [Einstellung von Leertitel im Bundeshaushaltsplan]

(1) In den Bundeshaushaltsplan ist ein Leertitel für Ausgaben nach § 6 Abs. 2 Satz 1 und 2 einzustellen. Ausgaben aus diesem Titel dürfen nur mit Zustimmung des Bundestages und nur insoweit geleistet werden, als Einnahmen aus der Konjunkturausgleichsrücklage oder aus Krediten nach § 6 Abs. 3 vorhanden sind. Die Vorlage ist gleichzeitig dem Bundestag und dem Bundesrat zuzuleiten. Der Bundesrat kann binnen zwei Wochen dem Bundestag gegenüber Stellung nehmen. Die Zustimmung des Bundestages gilt als erteilt, wenn er nicht binnen vier Wochen nach Eingang der Vorlage der Bundesregierung die Zustimmung verweigert hat.
(2) In den Bundeshaushaltsplan ist ferner ein Leertitel für Einnahmen aus der Konjunkturausgleichsrücklage und aus Krediten nach § 6 Abs. 3 einzustellen.

§ 9 [Finanzplan]

(1) Der Haushaltswirtschaft des Bundes ist eine fünfjährige Finanzplanung zugrunde zu legen. In ihr sind Umfang und Zusammensetzung der voraussichtlichen Ausgaben und die Deckungsmöglichkeiten in ihren Wechselbeziehungen zu der mutmaßlichen Entwicklung des gesamtwirtschaftlichen Leistungsvermögens darzustellen, gegebenenfalls durch Alternativrechnungen.
(2) Der Finanzplan ist vom Bundesminister der Finanzen aufzustellen und zu begründen. Er wird von der Bundesregierung beschlossen und Bundestag und Bundesrat vorgelegt.
(3) Der Finanzplan ist jährlich der Entwicklung anzupassen und fortzuführen.

§ 10 [Investitionsprogramme]

(1) Als Unterlagen für die Finanzplanung stellen die Bundesminister für ihren Geschäftsbereich mehrjährige Investitionsprogramme auf und übersenden sie mit den sonstigen Bedarfsschätzungen dem Bundesminister der Finanzen zu dem von ihm zu bestimmenden Zeitpunkt. Die Geschäftsbereiche, für die Investitionsprogramme aufzustellen sind, bestimmt die Bundesregierung.

(2) Die Investitionsprogramme haben nach Dringlichkeit und Jahresabschnitten gegliedert die in den nächsten Jahren durchzuführenden Investitionsvorhaben zu erfassen. Jeder Jahresabschnitt soll die fortzuführenden und neuen Investitionsvorhaben mit den auf das betreffende Jahr entfallenden Teilbeträgen wiedergegeben. Finanzierungshilfen des Bundes für Investitionen Dritter sind bei Anwendung gleicher Gliederungsgrundsätze unter Kenntlichmachung der Finanzierungsart in einem besonderen Teil zu erfassen.

(3) Die Investitionsprogramme sind jährlich der Entwicklung anzupassen und fortzuführen.

§ 11 [Beschleunigung der Planung von Investitionsvorhaben]

Bei einer die Ziele des § 1 gefährdenden Abschwächung der allgemeinen Wirtschaftstätigkeit ist die Planung geeigneter Investitionsvorhaben so zu beschleunigen, daß mit ihrer Durchführung kurzfristig begonnen werden kann. Die zuständigen Bundesminister haben alle weiteren Maßnahmen zu treffen, die zu einer beschleunigten Vergabe von Investitionsaufträgen erforderlich sind.

§ 12 [Gewährung von Finanzhilfen]

(1) Bundesmittel, die für bestimmte Zwecke an Stellen außerhalb der Bundesverwaltung gegeben werden, insbesondere Finanzhilfen, sollen so gewährt werden, daß es den Zielen des § 1 nicht widerspricht.

(2) Über die in Absatz 1 bezeichneten Finanzhilfen legt die Bundesregierung dem Bundestag und dem Bundesrat zusammen mit dem Entwurf des Bundeshaushaltsplans alle zwei Jahre eine zahlenmäßige Übersicht vor, die insbesondere gegliedert ist in Finanzhilfen, die
1. der Erhaltung von Betrieben oder Wirtschaftszweigen,
2. der Anpassung von Betrieben oder Wirtschaftszweigen an neue Bedingungen und
3. der Förderung des Produktivitätsfortschritts und des Wachstums von Betrieben oder Wirtschaftszweigen, insbesondere durch Entwicklung neuer Produktionsmethoden und -richtungen.
dienen.

(3) In entsprechender Gliederung des Absatzes 2 wird eine Übersicht der Steuervergünstigungen zusammen mit den geschätzten Mindereinnahmen beigefügt.

(4) Zu den in Absatz 2 und 3 genannten Übersichten gibt die Bundesregierung an, auf welchen Rechtsgründen oder sonstigen Verpflichtungen die jeweiligen Finanzhilfen und Steuervergünstigungen beruhen und wann nach der gegebenen Rechtslage mit einer Beendigung der Finanzhilfen und Steuervergünstigungen zu rechnen ist. Sie macht zugleich Vorschläge hinsichtlich der gesetzlichen oder sonstigen Voraussetzungen für eine frühere Beendigung oder einen stufenweisen Abbau der Verpflichtungen. Hierzu wird ein Zeitplan entsprechend der in Absatz 2 beschriebenen Gliederung aufgestellt.

§ 13 [ERP-Vermögen, Bundesbahn, Bundespost, bundesunmittelbare Körperschaften]

(1) Die Vorschriften der §§ 1, 5, 6 Abs. 1 und 2 gelten für das ERP-Sondervermögen entsprechend.
(2) Für die Deutsche Bundesbahn erläßt der Bundesminister für Verkehr, für die Deutsche Bundespost der Bundesminister für das Post- und Fernmeldewesen, jeweils im Einvernehmen mit dem Bundesminister der Finanzen, die nach § 1 erforderlichen Anordnungen.
(3) Die bundesunmittelbaren Körperschaften, Anstalten und Stiftungen des öffentlichen Rechts sollen im Rahmen der ihnen obliegenden Aufgaben die Ziele des § 1 berücksichtigen.

§ 14 [Haushaltswirtschaft der Länder]

Die §§ 5, 6 Abs. 1 und 2, §§ 7, 9 bis 11 sowie § 12 Abs. 1 gelten sinngemäß für die Haushaltswirtschaft der Länder. Die Regelung der Zuständigkeiten bleibt den Ländern überlassen.

§ 15 [Zuführung von Mitteln zur Konjunkturausgleichsrücklage]

(1) Zur Abwehr einer Störung des gesamtwirtschaftlichen Gleichgewichts kann die Bundesregierung durch Rechtsverordnung mit Zustimmung des Bundesrates anordnen, daß der Bund und die Länder ihren Konjunkturausgleichsrücklagen Mittel zuzuführen haben.
(2) In der Rechtsverordnung ist der Gesamtbetrag zu bestimmen, der von Bund und Ländern aufzubringen ist. Er soll unbeschadet der nach Absatz 4 den Konjunkturausgleichsrücklagen zuzuführenden Beträge in einem Haushaltsjahr drei vom Hundert der von Bund und Ländern im vorangegangenen Haushaltsjahr erzielten Steuereinnahmen nicht überschreiten.
(3) Soweit Bund und Länder keine andere Aufbringung vereinbaren, haben sie den Gesamtbetrag im Verhältnis der von ihnen im vorangegangenen Haushaltsjahr erzielten Steuereinnahmen unter Berücksichtigung der Ausgleichszuweisungen und Ausgleichsbeiträge nach dem Länderfinanzausgleich aufzubringen. Bei der Berechnung der Steuereinnahmen der Länder bleiben die Gemeindesteuern der Länder Berlin, Bremen, Hamburg und die nach § 6 Abs. 2 des Lastenausgleichsgesetzes zu leistenden Zuschüsse außer Betracht. Haben der Bund oder einzelne Länder ihrer Konjunkturausgleichsrücklage im gleichen Haushaltsjahr bereits Mittel zugeführt, so werden diese auf ihre Verpflichtung angerechnet.
(4) Werden die Einkommensteuer auf Grund der Ermächtigung in § 51 Abs. 3 Ziff. 2 des Einkommensteuergesetzes und die Körperschaftsteuer auf Grund des § 19 c des Körperschaftsteuergesetzes erhöht, so haben der Bund und die Länder zusätzlich laufend ihren Konjunkturausgleichsrücklagen aus dem Aufkommen an Einkommensteuer und Körperschaftsteuer während des Zeitraums, für den die Erhöhung gilt, jeweils Beträge in dem Verhältnis zuzuführen, in dem der Hundertsatz, um den die Einkommensteuer und die Körperschaftsteuer erhöht worden sind, zu der aus 100 und diesem Hundertsatz gebildeten Summe steht.
(5) Die den Konjunkturausgleichsrücklagen auf Grund einer Rechtsverordnung nach Absatz 1 oder gemäß Absatz 4 zugeführten Beträge dürfen nur insoweit entnommen werden, als sie durch Rechtsverordnung der Bundesregierung mit Zustimmung des Bundesrates freigegeben sind. Die Freigabe ist nur zur Vermei-

dung einer die Ziele des § 1 gefährdenden Abschwächung der allgemeinen Wirtschaftstätigkeit zulässig. Die Sätze 1 und 2 sind auf die in Absatz 3 Satz 3 bezeichneten Mittel anzuwenden.

§ 16 [Haushaltswirtschaft der Gemeinden und Gemeindeverbände]

(1) Gemeinden und Gemeindeverbände haben bei ihrer Haushaltswirtschaft den Zielen des § 1 Rechnung zu tragen.
(2) Die Länder haben durch geeignete Maßnahmen darauf hinzuwirken, daß die Haushaltswirtschaft der Gemeinden und Gemeindeverbände den konjunkturpolitischen Erfordernissen entspricht.

§ 17 [Gegenseitige Auskunftserteilung]

Bund und Länder erteilen sich gegenseitig die Auskünfte, die zur Durchführung einer konjunkturgerechten Haushaltswirtschaft und zur Aufstellung ihrer Finanzpläne notwendig sind.

§ 18 [Konjunkturrat]

(1) Bei der Bundesregierung wird ein Konjunkturrat für die öffentliche Hand gebildet. Dem Rat gehören an:
1. die Bundesminister für Wirtschaft und der Finanzen,
2. je ein Vertreter eines jeden Landes,
3. vier Vertreter der Gemeinden und der Gemeindeverbände, die vom Bundesrat auf Vorschlag der kommunalen Spitzenverbände bestimmt werden.
Den Vorsitz im Konjunkturrat führt der Bundesminister für Wirtschaft.
(2) Der Konjunkturrat berät nach einer vom Bundesminister für Wirtschaft zu erlassenden Geschäftsordnung in regelmäßigen Abständen:
1. alle zur Erreichung der Ziele dieses Gesetzes erforderlichen konjunkturpolitischen Maßnahmen;
2. die Möglichkeiten der Deckung des Kreditbedarfs der öffentlichen Haushalte.
Der Konjunkturrat ist insbesondere vor allen Maßnahmen nach den §§ 15, 19 und 20 zu hören.
(3) Der Konjunkturrat bildet einen besonderen Ausschuß für Kreditfragen der öffentlichen Hand, der unter Vorsitz des Bundesministers der Finanzen nach einer von diesem zu erlassenden Geschäftsordnung berät.
(4) Die Bundesbank hat das Recht, an den Beratungen des Konjunkturrates teilzunehmen.

§ 19 [Beschränkung der Kreditaufnahme durch Rechtsverordnung]

Zur Abwehr einer Störung des gesamtwirtschaftlichen Gleichgewichts kann die Bundesregierung durch Rechtsverordnung mit Zustimmung des Bundesrates anordnen, daß die Beschaffung von Geldmitteln im Wege des Kredits im Rahmen der in den Haushaltsgesetzen oder Haushaltssatzungen ausgewiesenen Kreditermächtigungen durch den Bund, die Länder, die Gemeinden und Gemeindeverbände sowie die öffentlichen Sondervermögen und Zweckverbände beschränkt wird. Satz 1 gilt nicht für Kredite, die von Gemeinden, Gemeindeverbänden oder Zweckverbänden zur Finanzierung von Investitionsvorhaben ihrer wirtschaftlichen Unternehmen ohne eigene Rechtspersönlichkeit aufgenommen werden.

§ 20 [Inhalt der Rechtsverordnungen – Befristung und Aufhebung]

(1) In Rechtsverordnungen nach § 19 kann vorgesehen werden, daß
1. für einen zu bestimmenden Zeitraum die Kreditaufnahme durch die in § 19 bezeichneten Stellen auf einen Höchstbetrag begrenzt wird;
2. im Rahmen der nach Nummer 1 festgesetzten Höchstbeträge Kredite bestimmter Art oder Höhe, insbesondere Anleihen oder Schuldscheindarlehen, nur nach Maßgabe eines Zeitplans und nur unter Einhaltung von Kreditbedingungen (§ 22 Abs. 1 und 2) aufgenommen werden dürfen.

(2) Der Höchstbetrag nach Absatz 1 Nr. 1 muß für die einzelne Stelle für ein Haushaltsjahr mindestens 80 vom Hundert der Summe betragen, die sie im Durchschnitt der letzten fünf statistisch erfaßten Haushaltsjahre vor Erlaß der Rechtsverordnung als Kredit aufgenommen hat; Kassen- und Betriebsmittelkredite, Kredite, die die Deutsche Bundesbank oder eine in § 19 bezeichnete Stelle gewährt hat, sowie Kredite für die in § 19 Satz 2 bezeichneten Zwecke bleiben hierbei unberücksichtigt. Zum Ausgleich von Schwankungen im Kreditbedarf der Gemeinden, Gemeindeverbände und Zweckverbände kann für diese der Höchstbetrag auf 70 vom Hundert gekürzt werden. Die hierdurch freiwerdenden Beträge sind von den Ländern solchen Gemeinden, Gemeindeverbänden und Zweckverbänden zuzuweisen, die besonders dringende Investitionsaufgaben zu erfüllen haben.

(3) In Rechtsverordnungen nach § 19 ist zu bestimmen, inwieweit Kreditaufnahmen Dritter, die wirtschaftlich der Kreditaufnahme einer der in § 19 bezeichneten Stellen gleichkommen, auf den Höchstbetrag nach Absatz 1 Nr. 1 anzurechnen sind. Insbesondere sind Kreditaufnahmen Dritter zu berücksichtigen, soweit diese Aufgaben der Finanzierung für eine der in § 19 bezeichneten Stellen wahrnehmen oder soweit eine solche Stelle die Kreditaufnahme durch Zinsverbilligungsmittel oder Zuwendungen gleicher Wirkung fördert.

(4) Rechtsverordnungen nach § 19 sind auf längstens ein Jahr zu befristen.

(5) Rechtsverordnungen nach § 19 sind unverzüglich nach ihrer Verkündung dem Bundestag mitzuteilen. Sie sind unverzüglich aufzuheben, wenn es der Bundestag binnen sechs Wochen nach ihrer Verkündigung verlangt.

§ 21 [Nichtaufnahme des Kredits]

Nimmt eine der in § 19 bezeichneten Stellen einen im Rahmen des Höchstbetrages nach § 20 Abs. 1 Nr. 1 auf sie entfallenden Kredit nicht auf, so kann mit deren Zustimmung eine andere der in § 19 bezeichneten Stellen insoweit den Kredit in Anspruch nehmen. Davon abweichend können die Länder bestimmen, daß von den Höchstbeträgen der Gemeinden, Gemeindeverbände und Zweckverbände diejenigen Teilbeträge, welche die Kreditermächtigung in der Haushaltssatzung übersteigen, anderen Gemeinden, Gemeindeverbänden oder Zweckverbänden mit einem zusätzlichen Kreditbedarf zugewiesen werden.

§ 22 [Zeitplan für die Kreditaufnahme]

(1) Der besondere Ausschuß des Konjunkturrates (§ 18 Abs. 3) stellt unter Berücksichtigung der Lage am Kapitalmarkt einen Zeitplan für jeweils längstens drei Monate auf. In dem Plan sind für die in der Rechtsverordnung nach § 20 Abs. 1 Nr. 2 bestimmten Kredite die Reihenfolge der Kreditaufnahme und die Höhe des Betrages festzulegen; die Kreditbedingungen können festgelegt werden.

(2) Durch den Bundesminister der Finanzen kann der nach Absatz 1 aufgestellte Zeitplan für verbindlich erklärt oder, wenn im besonderen Ausschuß des Konjunkturrates keine Übereinstimmung erzielt worden ist, mit Zustimmung des Bundesrates ein Zeitplan festgestellt werden.
(3) Bei einer drohenden Verschlechterung der Lage am Kapitalmarkt kann der Bundesminister der Finanzen im Benehmen mit der Deutschen Bundesbank den Vollzug des Zeitplans vorläufig aussetzen. Er tritt in diesem Fall innerhalb von zwei Wochen mit dem besonderen Ausschuß des Konjunkturrates in erneute Beratungen ein.
(4) Die in § 19 bezeichneten Stellen sind verpflichtet, auch bei solchen Krediten, die nicht Gegenstand der Rechtsverordnung nach § 20 Abs. 1 Nr. 2 sind, in der Zeitfolge der Kreditaufnahme und der Gestaltung der Kreditbedingungen der Lage am Kapitalmarkt Rechnung zu tragen.

§ 23 [Sicherstellungsmaßnahmen der Länder]

Die einzelnen Länder haben durch geeignete Maßnahmen sicherzustellen, daß die Beschaffung von Geldmitteln im Wege des Kredits durch das Land, seine Gemeinden, Gemeindeverbände und Zweckverbände sich im Rahmen der auf Grund dieses Gesetzes angeordneten Beschränkungen hält.

§ 24 [Beachtung des Grundsatzes der Gleichrangigkeit der Aufgaben]

(1) Bei Maßnahmen nach den §§ 20 bis 23 ist der Grundsatz der Gleichrangigkeit der Aufgaben von Bund, Ländern und Gemeinden zu beachten.
(2) Die besonderen Verhältnisse der Länder Berlin, Bremen und Hamburg, die gleichzeitig Landesaufgaben und Kommunalaufgaben zu erfüllen haben, sind zu berücksichtigen.

§ 25 [Auskunftspflicht der zuständigen obersten Landesbehörde]

Die zuständige oberste Landesbehörde erteilt dem Bundesminister der Finanzen auf Anforderung Auskunft über den Kreditbedarf des Landes, der Gemeinden, Gemeindeverbände und Zweckverbände, über Art und Höhe der von diesen aufgenommenen Kredite sowie über Kreditaufnahmen Dritter, die wirtschaftlich einer eigenen Kreditaufnahme gleichkommen. Die öffentlichen Sondervermögen erteilen die Auskunft nach Satz 1 unmittelbar.

§ 26 [Änderung des Einkommensteuergesetzes]

Das Einkommensteuergesetz in der Fassung vom 10. Dezember 1965 (Bundesgesetzbl. I S. 1901) wird wie folgt geändert:
1. Dem § 35 Abs. 2 werden die folgenden Sätze angefügt:
»Eine Anpassung kann auch noch in dem auf diesen Veranlagungszeitraum folgenden Kalenderjahr vorgenommen werden. In diesem Fall ist bei einer Erhöhung der Vorauszahlungen der nachgeforderte Betrag innerhalb eines Monats nach Bekanntgabe des Vorauszahlungsbescheids zu entrichten.«
2. In § 47 Abs. 2 werden die Worte »im Veranlagungszeitraum fällig gewordenen« durch die Worte »im Veranlagungszeitraum und nach § 35 Abs. 2 Sätze 3 und 4 nach Ablauf des Veranlagungszeitraums fällig gewordenen« ersetzt.
3. § 51 wird wie folgt geändert:

a) Absatz 1 Ziff. 2 Buchstabe s erhält folgende Fassung:
s) nach denen bei Anschaffung oder Herstellung von abnutzbaren beweglichen und bei Herstellung von abnutzbaren unbeweglichen Wirtschaftsgütern des Anlagevermögens auf Antrag ein Abzug von der Einkommensteuer für den Veranlagungszeitraum der Anschaffung oder Herstellung bis zur Höhe von 7,5 vom Hundert der Anschaffungs- oder Herstellungskosten dieser Wirtschaftsgüter vorgenommen werden kann, wenn eine Störung des gesamtwirtschaftlichen Gleichgewichts eingetreten ist oder sich abzeichnet, die eine nachhaltige Verringerung der Umsätze oder der Beschäftigung zur Folge hatte oder erwarten läßt, insbesondere bei einem erheblichen Rückgang der Nachfrage nach Investitionsgütern oder Bauleistungen. Bei der Bemessung des von der Einkommensteuer abzugsfähigen Betrags dürfen nur berücksichtigt werden
aa) die Anschaffungs- oder Herstellungskosten von beweglichen Wirtschaftsgütern, die innerhalb eines jeweils festzusetzenden Zeitraums, der ein Jahr nicht übersteigen darf (Begünstigungszeitraum), angeschafft oder hergestellt werden,
bb) die Anschaffungs- oder Herstellungskosten von beweglichen Wirtschaftsgütern, die innerhalb des Begünstigungszeitraums bestellt und angezahlt werden oder mit deren Herstellung innerhalb des Begünstigungszeitraums begonnen wird, wenn sie innerhalb eines Jahres, bei Schiffen innerhalb zweier Jahre nach Ablauf des Begünstigungszeitraums geliefert oder fertiggestellt werden. Soweit bewegliche Wirtschaftsgüter im Sinne des Satzes 1 mit Ausnahme von Schiffen nach Ablauf eines Jahres, aber vor Ablauf zweier Jahre nach dem Ende des Begünstigungszeitraums geliefert oder fertiggestellt werden, dürfen bei Bemessung des Abzugs von der Einkommensteuer die bis zum Ablauf eines Jahres nach dem Ende des Begünstigungszeitraums aufgewendeten Anzahlungen und Teilherstellungskosten berücksichtigt werden,
cc) die Herstellungskosten von Gebäuden, bei denen innerhalb des Begünstigungszeitraums der Antrag auf Baugenehmigung gestellt wird, wenn sie bis zum Ablauf von zwei Jahren nach dem Ende des Begünstigungszeitraums fertiggestellt werden;
dabei scheiden geringwertige Wirtschaftsgüte im Sinne des § 6 Abs. 2 und Wirtschaftsgüter, die in gebrauchtem Zustand erworben werden, aus. Von der Begünstigung können außerdem Wirtschaftsgüter ausgeschlossen werden, für die Sonderabschreibungen, erhöhte Absetzungen oder die Investitionszulage nach § 19 des Berlinhilfegesetzes in Anspruch genommen werden. In den Fällen der Doppelbuchstaben bb und cc können bei Bemessung des von der Einkommensteuer abzugsfähigen Betrags bereits die im Begünstigungszeitraum, im Fall des Doppelbuchstabens bb Satz 2 auch die bis zum Ablauf eines Jahres nach dem Ende des Begünstigungszeitraums aufgewendeten Anzahlungen und Teilherstellungskosten berücksichtigt werden; der Abzug von der Einkommensteuer kann insoweit schon für den Veranlagungszeitraum vorgenommen werden, in dem die Anzahlungen oder Teilherstellungskosten aufgewendet worden sind. Übersteigt der von der Einkommensteuer abzugsfähige Betrag die für den Veranlagungszeitraum der Anschaffung oder Herstellung geschuldete Einkommensteuer, so kann der übersteigende Betrag von der Einkommensteuer für den darauffolgenden Veranlagungszeitraum abgezogen werden. Entsprechendes gilt, wenn in den Fällen der Doppelbuchstaben bb und cc der Abzug von der Einkommensteuer bereits für Anzahlungen oder Teilherstellungskosten geltend gemacht wird. Der Abzug von

der Einkommensteuer darf jedoch die für den Veranlagungszeitraum der Anschaffung oder Herstellung und den folgenden Veranlagungszeitraum insgesamt zu entrichtende Einkommensteuer nicht übersteigen. In den Fällen des Doppelbuchstabens bb Satz 2 gilt dies mit der Maßgabe, daß an die Stelle des Veranlagungszeitraums der Anschaffung oder Herstellung der Veranlagungszeitraum tritt, in dem zuletzt Anzahlungen oder Teilherstellungskosten aufgewendet worden sind. Werden begünstigte Wirtschaftsgüter von Gesellschaften im Sinne des § 15 Ziff. 2 und 3 angeschafft oder hergestellt, so ist der abzugsfähige Betrag nach dem Verhältnis der Gewinnanteile einschließlich der Vergütungen aufzuteilen. Die Anschaffungs- oder Herstellungskosten der Wirtschaftsgüter, die bei Bemessung des von den Einkommensteuer abzugsfähigen Betrags berücksichtigt worden sind, werden durch den Abzug von der Einkommensteuer nicht gemindert. Rechtsverordnungen auf Grund dieser Ermächtigung bedürfen der Zustimmung des Bundestages. Die Zustimmung gilt als erteilt, wenn der Bundestag nicht binnen vier Wochen nach Eingang der Vorlage der Bundesregierung die Zustimmung verweigert hat;«.

b) Nach Absatz 1 werden die folgenden Absätze 2 und 3 eingefügt:

»(2) Die Bundesregierung wird ermächtigt, durch Rechtsverordnung Vorschriften zu erlassen, nach denen die Inanspruchnahme von Sonderabschreibungen und erhöhten Absetzungen sowie die Bemessung der Absetzung für Abnutzung in fallenden Jahresbeträgen ganz oder teilweise ausgeschlossen werden können, wenn eine Störung des gesamtwirtschaftlichen Gleichgewichts eingetreten ist oder sich abzeichnet, die erhebliche Preissteigerungen mit sich gebracht hat oder erwarten läßt, insbesondere wenn die Inlandsnachfrage nach Investitionsgütern oder Bauleistungen das Angebot wesentlich übersteigt. Die Inanspruchnahme von Sonderabschreibungen und erhöhten Absetzungen sowie die Bemessung der Absetzung für Abnutzung in fallenden Jahresbeträgen darf nur ausgeschlossen werden

1. für bewegliche Wirtschaftsgüter, die innerhalb eines jeweils festzusetzenden Zeitraums, der frühestens mit dem Tage beginnt, an dem die Bundesregierung ihren Beschluß über die Verordnung bekanntgibt, und der ein Jahr nicht übersteigen darf, angeschafft oder hergestellt werden. Für bewegliche Wirtschaftsgüter, die vor Beginn dieses Zeitraums bestellt und angezahlt worden sind oder mit deren Herstellung vor Beginn dieses Zeitraums angefangen worden ist, darf jedoch die Inanspruchnahme von Sonderabschreibungen und erhöhten Absetzungen sowie die Bemessung der Absetzung für Abnutzung in fallenden Jahresbeträgen nicht ausgeschlossen werden;

2. für bewegliche Wirtschaftsgüter und für Gebäude, die in dem in Ziffer 1 bezeichneten Zeitraum bestellt werden oder mit deren Herstellung in diesem Zeitraum begonnen wird. Als Beginn der Herstellung gilt bei Gebäuden der Zeitpunkt, in dem der Antrag auf Baugenehmigung gestellt wird.

Rechtsverordnungen auf Grund dieser Ermächtigung bedürfen der Zustimmung des Bundestages und des Bundesrates. Die Zustimmung gilt als erteilt, wenn der Bundesrat nicht binnen drei Wochen, der Bundestag nicht binnen vier Wochen nach Eingang der Vorlage der Bundesregierung die Zustimmung verweigert hat.

(3) Die Bundesregierung wird ermächtigt, durch Rechtsverordnung mit Zustimmung des Bundesrates Vorschriften zu erlassen, nach denen die Einkommensteuer einschließlich des Steuerabzugs vom Arbeitslohn, des Steuerabzugs vom Kapitalertrag und des Steuerabzugs bei beschränkt Steuerpflichtigen

1. um höchstens 10 vom Hundert herabgesetzt werden kann. Der Zeitraum, für den die Herabsetzung gilt, darf ein Jahr nicht übersteigen; er soll sich mit dem Kalenderjahr decken. Voraussetzung ist, daß eine Störung des gesamtwirtschaftlichen Gleichgewichts eingetreten ist oder sich abzeichnet, die eine nachhaltige Verringerung der Umsätze oder der Beschäftigung zur Folge hatte oder erwarten läßt, insbesondere bei einem erheblichen Rückgang der Nachfrage nach Investitionsgütern und Bauleistungen oder Verbrauchsgütern;
2. um höchstens 10 vom Hundert erhöht werden kann. Der Zeitraum, für den die Erhöhung gilt, darf ein Jahr nicht übersteigen; er soll sich mit dem Kalenderjahr decken. Voraussetzung ist, daß eine Störung des gesamtwirtschaftlichen Gleichgewichts eingetreten ist oder sich abzeichnet, die erhebliche Preissteigerungen mit sich gebracht hat oder erwarten läßt, insbesondere, wenn die Nachfrage nach Investitionsgütern und Bauleistungen oder Verbrauchsgütern das Angebot wesentlich übersteigt.
Rechtsverordnungen auf Grund dieser Ermächtigung bedürfen der Zustimmung des Bundestages.«
c) Der bisherige Absatz 2 wird Absatz 4.

§ 27 [Änderung des Körperschaftsteuergesetzes]

Das Körperschaftsteuergesetz in der Fassung vom 24. Mai 1965 (Bundesgesetzbl. I S. 449), geändert durch das Gesetz über die Ermittlung des Gewinns aus Land- und Forstwirtschaft nach Durchschnittsätzen vom 15. September 1965 (Bundesgesetzbl. I S. 1350, 1354), wird wie folgt geändert:
1. Hinter § 19 b wird der folgende § 19 c eingefügt:
§ 19 c Herabsetzung oder Erhöhung der Körperschaftsteuer
Wird die Einkommensteuer auf Grund der Ermächtigung des § 51 Abs. 3 des Einkommensteuergesetzes herabgesetzt oder erhöht, so ermäßigt oder erhöht sich die Körperschaftsteuer entsprechend.«
2. In § 23 a Abs. 1 Ziff. 2 werden die folgenden Buchstaben i und k angefügt:
»i) über die Herabsetzung oder Erhöhung der Körperschaftsteuer nach § 19 c,
k) nach denen bei Anschaffung oder Herstellung von abnutzbaren beweglichen und bei Herstellung von abnutzbaren unbeweglichen Wirtschaftsgütern des Anlagevermögens auf Antrag ein Abzug von der Körperschaftsteuer für den Veranlagungszeitraum der Anschaffung oder Herstellung bis zur Höhe von 7,5 vom Hundert der Anschaffungs- oder Herstellungskosten dieser Wirtschaftsgüter vorgenommen werden kann. Die Vorschriften des § 51 Abs. 1 Ziff. 2 Buchstabe s des Einkommensteuergesetzes gelten entsprechend.«

§ 28 [Änderung des Gewerbesteuergesetzes]

Das Gewerbesteuergesetz in der Fassung vom 25. Mai 1965 (Bundesgesetzbl. I S. 458) wird wie folgt geändert:
1. § 19 wird wie folgt geändert:
a) In Absatz 3 werden die Sätze 2 und 3 durch die folgenden Sätze 2 bis 4 ersetzt:
»Die Anpassung kann auch noch in dem auf diesen Erhebungszeitraum folgenden Erhebungszeitraum vorgenommen werden; in diesem Fall ist bei einer Erhöhung der Vorauszahlungen der nachgeforderte Betrag innerhalb eines Monats nach Bekanntgabe des Vorauszahlungsbescheids zu entrichten. Hat das Finanzamt wegen einer voraussichtlichen Änderung des Gewinns aus Gewerbebetrieb

die Vorauszahlungen auf die Einkommensteuer oder Körperschaftsteuer der Steuer angepaßt, die für den laufenden oder vorangegangenen Veranlagungszeitraum voraussichtlich zu erwarten ist, so hat es gleichzeitig für Zwecke der Gewerbesteuer-Vorauszahlungen den einheitlichen Steuermeßbetrag festzusetzen, der sich voraussichtlich für den laufenden oder vorangegangenen Erhebungszeitraum ergeben wird. An diese Festsetzung ist die Gemeinde bei der Anpassung der Vorauszahlungen nach den Sätzen 1 und 2 gebunden.«
b) In Absatz 5 Satz 2 wird die Zahl »3« durch die Zahl »5« ersetzt.
2. In § 20 Abs. 2 werden die Worte »im Erhebungszeitraum fällig gewordenen« durch die Worte »im Erhebungszeitraum und nach § 19 Abs. 3 Satz 2 nach Ablauf des Erhebungszeitraums fällig gewordenen« ersetzt.

§ 29 [Änderung des Gesetzes über die Deutsche Bundesbank]

Das Gesetz über die Deutsche Bundesbank vom 26. Juli 1957 (Bundesgesetzbl. I S. 745), zuletzt geändert durch Artikel 2 des Zweiten Gesetzes über Kreditermächtigungen aus Anlaß der Erhöhung der Beteiligungen der Bundesrepublik Deutschland an dem Internationalen Währungsfonds und an der Internationalen Bank für Wiederaufbau und Entwicklung vom 12. Mai 1966 (Bundesgesetzbl. II S. 245), wird wie folgt geändert:
1. § 42 Abs. 1 erhält folgende Fassung:
»(1) Der Bund als Schuldner der der Deutschen Bundesbank nach den Vorschriften zur Neuordnung des Geldwesens zustehenden Ausgleichsforderung hat der Bank auf Verlangen Schatzwechsel oder unverzinsliche Schatzanweisungen in einer Stückelung und Ausstattung nach deren Wahl (Mobilisierungspapiere) bis zum Nennbetrag der Ausgleichsforderung auszuhändigen.«
2. Nach § 42 wird folgender § 42 a eingefügt:
»§ 42 a Ausgabe von Liquiditätspapieren
(1) Sind die Mobilisierungspapiere durch die Deutsche Bundesbank bis zum Nennbetrag der Ausgleichsforderung in Umlauf gebracht worden, so hat der Bund der Bank auf Verlangen Schatzwechsel oder unverzinsliche Schatzanweisungen in einer Stückelung und Ausstattung nach deren Wahl (Liquiditätspapiere) bis zum Höchstbetrag von acht Milliarden Deutsche Mark auszuhändigen.
(2) Der Nennbetrag der begebenen Liquiditätspapiere ist von der Deutschen Bundesbank auf einem besonderen Konto zu verbuchen. Der Betrag auf dem Sonderkonto darf nur zur Einlösung fälliger oder von der Bundesbank vor Verfall zurückgekaufter Liquiditätspapiere verwendet werden.
(3) § 42 Abs. 2 Sätze 1 und 2 sowie Abs. 3 gelten sinngemäß.«

§ 30 [Änderung der Reichsversicherungsordnung]

(1) In die Reichsversicherungsordnung wird nach § 27 f folgender § 27 g eingefügt:

»§ 27 g
(1) Die Bundesregierung wird ermächtigt, nach Anhörung der Träger der Rentenversicherung der Arbeiter, durch Rechtsverordnung, die nicht der Zustimmung des Bundesrates bedarf, für die Dauer eines Jahres zu bestimmen, daß die Träger der Rentenversicherung der Arbeiter Mittel im Sinne des § 25 Abs. 1 bis höchstens 60 vom Hundert der durchschnittlichen Monatsausgabe im jeweils vorvergangenen Kalenderjahr in Mobilisierungs- und Liquiditätspapieren (§§ 42,

42a des Gesetzes über die Deutsche Bundesbank) anzulegen haben, wenn die Deutsche Bundesbank dies zur Wahrung der Währungsstabilität vorschlägt. Die Geltungsdauer der Rechtsverordnung kann um ein Jahr verlängert werden. Rechtsverordnungen auf Grund dieses Absatzes sind unverzüglich nach ihrer Verkündung dem Bundestag mitzuteilen. Sie sind unverzüglich aufzuheben, wenn es der Bundestag binnen sechs Wochen nach ihrer Verkündung verlangt.
(2) Durch die Maßnahmen nach Absatz 1 darf die Zahlungsfähigkeit der Versicherungsträger nicht beeinträchtigt werden. Die Deutsche Bundesbank ist verpflichtet, Mobilisierungs- und Liquiditätspapiere vor Fälligkeit zurückzunehmen, soweit die darin angelegten Mittel zur Sicherstellung der Zahlungsfähigkeit benötigt werden.«
(2) Das Gesetz über Arbeitsvermittlung und Arbeitslosenversicherung (AVAVG) in der Fassung vom 3. April 1957 (Bundesgesetzbl. I S. 321), zuletzt geändert durch das Siebente Änderungsgesetz zum AVAVG vom 10. März 1967 (Bundesgesetzbl. I S. 266), wird wie folgt ergänzt:
a) In § 166 wird folgender Absatz 3 angefügt:
»(3) Die Bundesregierung wird ermächtigt, nach Anhörung der Bundesanstalt für Arbeitsvermittlung und Arbeitslosenversicherung, durch Rechtsverordnung für die Dauer eines Jahres zu bestimmen, daß die Bundesanstalt ihre Rücklagen bis zu einem Drittel in Mobilisierungs- und Liquiditätspapieren (§§ 42, 42a des Gesetzes über die Deutsche Bundesbank) anzulegen hat, wenn die Deutsche Bundesbank dies zur Wahrung der Währungsstabilität vorschlägt. Die Geltungsdauer der Rechtsverordnung kann um ein Jahr verlängert werden. Rechtsverordnungen auf Grund von Satz 1 und 2 sind unverzüglich nach ihrer Verkündung dem Bundestag mitzuteilen. Sie sind unverzüglich aufzuheben, wenn es der Bundestag binnen sechs Wochen nach ihrer Verkündung verlangt. Durch die Maßnahmen nach Satz 1 und 2 darf die Zahlungsfähigkeit der Bundesanstalt nicht beeinträchtigt werden. Die Deutsche Bundesbank ist verpflichtet, Mobilisierungs- und Liquiditätspapiere vor Fälligkeit zurückzunehmen, soweit die darin angelegten Mittel zur Sicherstellung der Zahlungsfähigkeit benötigt werden.«
b) In § 209 Abs. 1 wird hinter der Zahl »164« eingefügt: »§ 166 Abs. 3«.

§ 31 [Zusatzgutachten des Sachverständigenrats]

Das Gesetz über die Bildung eines Sachverständigenrates zur Begutachtung der gesamtwirtschaftlichen Entwicklung vom 14. August 1963 (Bundesgesetzbl. I S. 685), geändert durch das Gesetz zur Änderung des Gesetzes über die Bildung eines Sachverständigenrates zur Begutachtung der gesamtwirtschaftlichen Entwicklung vom 8. November 1966 (Bundesgesetzbl. I S. 633), wird wie folgt geändert:
§ 6 Abs. 2 erhält folgende Fassung:
»(2) Der Sachverständigenrat hat ein zusätzliches Gutachten zu erstatten, wenn auf einzelnen Gebieten Entwicklungen erkennbar werden, welche die in § 2 Satz 2 genannten Ziele gefährden. Die Bundesregierung kann den Sachverständigenrat mit der Erstattung weiterer Gutachten beauftragen. Der Sachverständigenrat leitet Gutachten nach Satz 1 und 2 der Bundesregierung zu und veröffentlicht sie; hinsichtlich des Zeitpunktes der Veröffentlichung führt er das Einvernehmen mit dem Bundesminister für Wirtschaft herbei.«

§ 32 [Berlinklausel]

Dieses Gesetz gilt nach § 12 Abs. 1 und § 13 Abs. 1 des Dritten Überleitungsgesetzes vom 4. Januar 1952 (Bundesgesetzbl. I S. 1) auch im Land Berlin. Rechtsverordnungen, die auf Grund dieses Gesetzes erlassen werden, gelten im Land Berlin nach § 11 des Dritten Überleitungsgesetzes.

§ 33 [Inkrafttreten]

(1) Dieses Gesetz tritt vorbehaltlich des Absatzes 2 am Tage nach seiner Verkündung in Kraft.

(2) Die Vorschriften des § 26 Nr. 3 Buchstabe a und des § 27 Nr. 2 hinsichtlich des § 23a Abs. 1 Ziff. 2 Buchstabe k des Körperschaftsteuergesetzes treten am 1. Januar 1969 in Kraft.

Sachregister

Abgabesatz 83
Abschreibung 34, 37 f., 44, 45
 – degressive Abschreibung 113, 119
 – Sonderabschreibung 113
Abschreibungssätze 112
Absprachen 158
Abwertung 43, 116, 121
Aktiv-Mindestreserve 94 f.
Akzelerator 39 ff., 54, 56
Allokationsfunktion der Preise 144
Angebot
 – an Gütern und Dienstleistungen 14, 31, 49
Angebotskurve 61, 64
Arbeitslosenquote 20 ff., 32, 70 f., 140, 178
Arbeitslosenversicherung 165
Arbeitslosigkeit 20 ff., 54, 64, 70 f., 98, 122, 138 ff., 170, 178
Arbeitsproduktivität 171
Arbeitszeitverkürzung 172
Aufgabenerfüllung 104
Aufkommenselastizität von Steuern 165
Aufwertung 43, 63, 90, 116, 121, 147, 152
Ausfuhrkontingentierungen 189
Ausgleichsforderungen 82
Ausland 42, 69, 73
Auslandsnachfrage 57, 118, 121
Außenbeitrag 23 f., 31, 63, 73, 116, 149, 154
Außenhandel 42
außenwirtschaftliche Absicherung 152
außenwirtschaftliches Gleichgewicht 16, 23 f., 73, 146 ff.
Außenwirtschaftsgesetz 88 ff., 115, 153, 180, 193 f.
automatische Stabilisierung 165

Banknoten 74
Bardepotgesetz 89, 121, 153
Bargeld 74
Bedarfsrangskala 191
Bedürfnisstruktur 191
Bemessungsgrundlage 164 f.
Beschäftigung 16, 20 ff.
Beschäftigungshilfen 180

Beschäftigungspolitik 13, 21, 152, 178 f.
Bildungspolitik 179
Binnenkonjunktur 149
binnenwirtschaftliche Stabilität 146 ff., 149 ff.
Blockfloaten 116, 153
Boom
 siehe Hochkonjunktur
Bruttosozialprodukt
 s. Sozialprodukt
Buchgeld 75
built-in flexibility 163 ff.
Bundesbank 38, 73 ff., 87 ff., 108, 135, 147, 152, 176, 180
Bundesbankgesetz 14, 74 f., 115, 195
Bundeskartellamt 160
Bundesregierung 14, 71, 75, 89 f., 95, 115, 152

deficit spending 99
Deport 85
Depression 32, 73, 99
Devisen 63, 116, 147
Devisenmarkt 154
Devisenüberschüsse 68
Devisenzuflüsse 118, 122, 152
Diagnose 125, 168
Dimensionierung
 konjunkturpolitischer Maßnahmen 133 ff.
Diskontpolitik 78, 80 ff.
Diskontsatz 120 f., 123
Downs 106

Einkommen (verfügbares) 34 f., 45 f., 50 ff., 54, 101, 118
Einkommenseffekt 68, 149
Einkommenspolitik 98, 138, 169 ff.
Einkommensverteilung 16, 25, 27 ff., 65, 73, 144, 149, 177, 181
Einkommensumverteilung 138
Einlagenpolitik 78, 86
Entscheidungsverzögerungen 92 f., 131, 163, 168
Erkennungsverzögerung 92, 131, 168
Ersatzaufwertung 116
Europäische Gemeinschaft 112, 116

216

Export 24, 31, 42 ff., 68 f., 91, 115 f., 147
Exportsteuer 116
Exportüberschuß 68

Faktorlücke 59
Finanzintermediäre 90
Finanzplanung 136
- fünfjährige Finanzplanung 102
Finanzplanungsrat 103, 135 f.
Finanzpolitik 97, 118 f.
- antizyklische Finanzpolitik 98 ff., 122 f.
Finanzzuweisungen 107
Fiskalinflation 62
Fiskalpolitik 97
Floaten 116
Formelflexibilität 168 ff.
formula flexibility s. Formelflexibilität
Friedman 96

Gastarbeiter 21, 71
Gebietskörperschaften 41, 103, 176
Geld 74
Geldillusion 35
Geldmarkt 82
Geldpolitik 63, 77 ff., 118 ff.
- potentialorientierte Geldpolitik 96 f.
- Probleme der Geldpolitik 91 ff.
- Wirksamkeit der Geldpolitik 86 ff.
Geldmenge 62 f., 68, 77, 86 ff., 96, 147, 153, 189
Geldschnitt 189
Geldumlauf 74
Geldvermögen 180
Geldwesen 74
Gemeindefinanzen 108 f.
Gemeinden 101, 103, 107 ff., 115
Gemeindeordnung 103
Gemeinschaftsaufgaben 119, 157, 197 f.
Genehmigungspflicht für Geldanlagen Gebietsfremder 87, 89 f., 121
Gesamtindikator 128 f.
Geschäftsbanken 74 f.
Gesetz gegen Wettbewerbsbeschränkungen 160
Gewerkschaften 14, 65, 69, 71, 74, 137 f., 143, 170, 176, 181
Gewinn 34, 37, 39, 45, 54 f., 68, 113, 141, 144, 150, 170, 176
Gewinnaufschlag 66 f., 158
Gewinnbeteiligung 114
Gewinnchancen 112

Gewinninflation 58, 65, 68, 70
Gewinnquote 28 f., 174
Gewinnzielkalkulation 66
Giralgeld s. Buchgeld
Gleichgewichtspreis 185
Globalpolitik 73, 123 f., 156, 178, 190
Grenzerlös 66
Grenzkosten 66
Grundgesetz 186
Güterlücke 58

Haavelmo-Theorem 52, 62, 99
Haushaltsausgleich 97
Haushaltsdefizit 69, 99, 163
Haushaltsgesetz 102
Haushaltsgrundsätzegesetz 135, 195 ff.
Haushaltspolitik 97, 99
- antizyklische Haushaltspolitik 99, 101 ff.
Haushaltsüberschuß 99, 163
Hochkonjunktur 32, 39, 55, 122 f.
Höchstpreis 185

Importe 24, 31, 42 ff., 68 f., 91
importierte Inflation 62, 63, 65, 68 f., 152 ff.
Indexklauseln 98, 180 ff.
Indexlohn 180 ff.
Industrieproduktion 43 f.
Inflation 16, 58 ff., 72, 89, 143, 151 ff., 180 f.
- galoppierende 59
- offene 59
- relative 65
- schleichende 59
- trabende 59
- zurückgestaute 59, 188
Inflationsgefälle 147
Inflationsraten 32, 55 f., 68 f., 70 f., 72, 147, 184
Inflationsursachen 58 ff.
Infrastruktur 25
internationaler Preiszusammenhang 68, 155
Interventionismus 189
Interventionspflicht 153
Investitionen 31, 37 ff.
- Anlageinvestitionen 37
- Ersatzinvestitionen 37, 39
- Erweiterungsinvestitionen 38 f.
- induzierte Investitionen 39, 56
- Nettoinvestitionen 39
- Neuinvestitionen 39, 56
- Rationalisierungsinvestitionen 38
- staatliche Investitionen 41
- Vorratsinvestitionen 37

Investitionsfonds 192
Investitionsgebote 192
Investitionslenkung 39, 98, 114, 152, 190 ff.
Investitionsneigung 55, 64, 113, 115, 118, 122, 134
Investitionspolitik 157
Investitionssteuer 113, 117
Investitionsvorschriften 189
Investitionszulage 113, 119, 122
Investitionszulagengesetz 198 f.
Investitionszuweisungen 108

Jahresprojektionen 129 f.
Jahreswirtschaftsbericht 16

Kapitalbilanz 68
Kapitalmarkt 82 f.
Kapitalstock 37
Kartellverbot 161
Kassenhaltung 63
Kassenkredite 75, 82
Keynes 98
Kollektivbedürfnisse 42
Konjunktur 54 ff., 86 f., 165, 170
– Konjunkturdiagnose 125 ff.
– Konjunkturprognose 125 ff.
Konjunkturausgleichsrücklage 101, 118 f.
Konjunkturindikatoren 125 f., 168
Konjunkturmodelle 53
konjunkturneutraler Haushalt 100
Konjunkturphasen 32, 64, 169
Konjunkturpolitik 13 f., 30, 72 ff., 118 ff.
– Träger der Konjunkturpolitik 14, 73
– Ziele der Konjunkturpolitik 15 f., 72
konjunkturpolitische Manövriermasse 104
Konjunkturprogramme 118 f., 133
Konjunkturrat 103, 135 f.
Konjunkturschwankungen 30 ff., 36, 39, 42, 53 ff., 86, 96 f., 126
Konjunkturtest 127
Konjunkturzuschlag 102, 111, 118
Konjunkturzyklus 32 f., 54, 72, 98, 117 f., 123
Konsum 31, 34 ff., 109 ff.
– staatlicher Konsum 41
Konsumneigung 45, 110
Konsumverhalten 35 f., 109 ff.
Konsumquote 46, 48, 53, 172
Konzentration 137, 158, 191
Konzentrationspolitik 159 f.
Konzerne 66
– multinationale Konzerne 137
Konzertierte Aktion 143, 174, 176 f.

Koordination 15, 103, 135 f.
– internationale Koordination 126, 155
Kostenersparnisse 54
Kostenindikator 128
Kosteninflation 64 f., 68, 70, 170
Kostensteuern 65
Kostenüberwälzung 114
Kouponsteuer 152
Kredite 55 ff., 63
Kreditkontrolle 81
Kreditplafondierung 95
Kreditpolitik
– potentialorientiert 63
Kreditschöpfung(sfähigkeit) 55, 76 f., 86, 147
Kreditversorgung 74
Kurs 84
– Kassakurs 85
– Terminkurs 85
Kurssicherungspolitik 85
Kurzarbeit 21 f., 122

Länder 101, 103
Landeszentralbank 74
Leistungsbilanz 68, 154
– -überschüsse 147
– -ungleichgewicht 152
Lieferbedingungen 43 f., 155
Liquidität 68
Liquiditätseffekt 68
Liquiditätsreserve
s. Überschußreserve
Lohn 38, 54, 136 f.
Lohnbildung 186
Lohnkosten 66, 171
Lohnkosteninflation 65, 171
Lohnkostenzuschüsse 119, 179
Lohn-lag 150
Lohnleitlinie 173, 177
Lohnpolitik 65, 170 ff.
– kostenniveauneutrale 175 f.
– produktivitätsorientierte 170 ff.
Lohn-Preis-Spirale 65, 138
Lohnquote 28 ff., 73, 149, 170, 173 f.
Lohnsteigerungen 54 f., 65 f., 68, 72, 118, 138, 141, 150, 170
Lohn- und Preisstopp 13, 98, 184 ff.
Lohnverhandlungen 137
Lombard(politik) 78, 81, 120 f.

Märkte
– monopolistische 65
– oligopolistische 65
– schwarze 188
Marktbeherrschung 161
Marktmacht 65 f., 68, 71, 113, 137, 178

Marktpreismechanismus 61, 191
Maßnahmen
– konjunkturpolitische 118 f.
– geldpolitische 120 f.
– währungspolitische 121
marktwirtschaftliche Ordnung 185
Mengenindikator 123
Mindesteinkommen 111
Mindestreserve 76 f.
– -satz 76, 78, 120 f., 123
– -politik 78 ff.
Mißbrauchskontrolle 161
Mitbestimmung 39, 114
Mobilisierungspapiere 83
Mobilitätszulagen 119, 179
Monetaristen 63, 96 f.
Monopol 158
Münzgesetz 74
Münzen 74, 76
Multiplikator 47 ff., 53
Multiplikatorprozeß 47 ff., 51, 54, 56, 164

Nachfrage 14, 31, 40, 45 ff., 54 ff., 63, 71, 78, 98
Nachfrageänderung 45 ff., 50 ff.
Nachfragesoginflation 61 ff., 147, 153, 170 f.
Nachfragekurve 61, 64
Nachfragemultiplikator 48 ff., 52
Nachfragestruktur 67
Nachfrageüberhang 55
Nachfrageverschiebeinflation 67
Nichtlohneinkommens-Politik 175 f.
Nominalwertprinzip 180

OECD 59, 70, 190
Offenmarktpolitik 78, 82 ff., 95 f., 123
öffentliche Haushalte 41
öffentliche Unternehmen 41
Oligopol 158
Ölkrise 122, 131

Parallelpolitik 42, 98
Personalausgaben 41, 106
Phillips-Kurve 140 ff., 143
politische Hemmisse 106 f.
potentialorientierte Konjunkturpolitik 100
Präferenzen 66
Preis 43, 54, 57, 136
Preisabsprachen 161
Preisbildung 185
Preisbindung 161
Preisfestsetzung
– privat administriert 66

Preisführerschaft 158, 161
Preisgesetz 185, 200
Preisgleitklauseln 180
Preisindex 17 ff., 58, 126, 180, 182
Preisindikator 128
Preiskontrollen 124, 161, 176, 178, 182
Preismechanismus 188
Preis-Lohn-Spirale 65, 138
Preisniveau(stabilität) 16, 17 ff., 35, 58, 61 f., 68, 72, 75, 112, 139 f., 162, 185
Preispolitik 137
Preisstarrheit 68
Preissteigerungen 49, 55, 61 ff., 72, 122, 143, 147
Preisvorschriften 185
Produktionskapazität 39, 45, 49, 54, 88, 164
Produktionspotential 32, 99 f.
Produktivität 65, 144, 171, 174
Prognose 125, 168, 174

Qualitätsnormen 189
Quantitätsgleichung 62
Quantitätstheorie 62

Rationierung 188
Realeinkommenslücke 59, 69
Rediskontkontingent 80 f., 120 f.
Refinanzierungspolitik 80 ff.
Regelmechanismus 163
regionalisierte Konjunkturpolitik 157
Regionalpolitik 156
Rentner 180
Report 85
Rezession 32, 71, 122 f., 125, 136
Rücknahmesatz 83

Sachverständigenrat 15 f., 27, 100, 128, 176, 200 f.
Saldenkonzept 100
Schatzanweisungen 82
Schlüsselzuweisungen 108
Schatzwechsel 82
Schubladenprogramme 102
Schuldendeckelverordnung 102, 119
Schuldentilgung 99, 101
Schuldverschreibungen 82
Sichteinlagen 76
Soziale Marktwirtschaft 139, 185, 192
Sozialhilfe 165
Sozialleistungen 124
Sozialprodukt 17, 23, 25 f., 32, 42, 45 f., 52, 61, 64, 73, 118, 122, 138, 141, 145, 149, 164

219

Sparförderung 120
Sparneigung 63
Sparquote 35 f., 48, 56, 111, 134
Spekulation 149
Staat 41, 69, 73, 97, 177
Staatsausgaben/-einnahmen 34,
  41 ff., 45, 52, 56, 98 ff., 104, 163
Staatsquote 69, 100, 104
Stabilisierungspolitik 13
Stabilitätsabgabe 111
Stabilitätsanleihe 102, 112
Stabilitätsgesetz 14, 16, 23, 101, 115,
  124, 149, 185, 202 ff.
Stabilitätsprogramm 118 f.
Stabilitätszuschlag 102, 119
Stagflation 70 f., 128, 137
Stagnation 70
Statistiken 126
Statistisches Bundesamt 126
Steueraufkommen 164
Steuereinnahmen 42, 47, 52, 55, 102
Steuermultiplikator 50 ff.
Steuern 42, 45, 50, 62, 138, 182
– Einkommensteuer 102, 112, 115,
  120, 167
– Gewerbeertragsteuer 108, 115
– Investitionssteuer 102, 113, 117
– Körperschaftsteuer 102, 113, 115,
  167
– Lohnsteuer 112, 120, 165, 167
– Mehrwertsteuer 111, 167, 182
– Vermögensteuer 165, 167
Steuerreform 120, 122, 134
Steuersatz 165
Steuersystem 163, 168
Steuervariation 111, 132
Stimmenmaximierungshypothese
  107
Streik 131, 155
Strukturpolitik 156
Stückkosten 66, 150
Stückkostenkalkulation 158
Substitutionsgüter 67, 159
Subventionen 34, 45
Swappolitik 78, 85 f.
– -satz 85

Tarifautonomie 15, 104, 137 f., 143,
  174, 177, 186
Tariflaufzeit 144, 150
Tarifvertrag 54, 174
technischer Fortschritt 38, 106, 146
Tendenzbefragungen 127
Transferausgabenmultiplikator 50 ff.
Transferzahlungen 34, 45, 50
Transfereinkommen 176

Überschußreserve 76 f., 96
Umlaufgeschwindigkeit des Geldes
  62
Umverteilung 151, 183
Unterbeschäftigung
  s. Arbeitslosigkeit
Unternehmenskonzentration
  s. Konzentration
Unternehmenswachstum
– externes 159
– internes 160
Unternehmer 55 f., 69, 138
Unternehmereinkommen 45
Unternehmerverbände 14, 74, 176

Verlustrücktrag 114
Vermachtung der Gütermärkte 136 f.
Vermögensbildungspolitik 178
Vermögenseinkommen 45, 151, 176
Vermögensverteilung 16, 25, 27 ff.,
  151, 181
Verschuldung 107
Verstaatlichung 39
Verteilungskampf 59, 69, 71, 124,
  138, 169
Verteilungskampf-Inflation 69 f.
Verteilungsziel 27 ff., 149 ff.
Verzinsungsverbot 152
Vollbeschäftigung 20 ff., 55, 61, 64,
  73, 139 ff., 144
Vollbeschäftigungsgarantie 71, 138,
  144
Vollbeschäftigungspolitik 138
Vollkostenkalkulation 66

Wachstum 16, 25 ff., 73, 106, 143 f.
– gleichgewichtiges 63
Wachstumspolitik 14
Wachstumsrate 25 f., 70, 96
Währung 42, 74
Währungsgesetz 180, 202
Währungspolitik 98, 155
Währungssystem 116, 147
Währungsunruhen 118, 121
Währungswesen 115
Wechsel 80 f.
Wechselkurse 43, 85, 88, 115, 133,
  153 f.,
  flexible – 90, 96, 154
  feste – 116, 147, 154
Werbung 67, 159
Wertsicherungsklauseln 180
Wettbewerb 158, 188
Wettbewerbsbeschränkungen 159 ff.
Wettbewerbsfähigkeit 147, 149
Wettbewerbspolitik 98, 137, 143,
  161 f.

Wirkungsverzögerungen 131, 163
Wirtschafts- und Währungsunion 156

Zahlungsbilanz 68 f.
Zahlungsgewohnheiten 77
Zahlungsverkehr 74
Zeitverzögerungen 131 ff.
Zentralbank
  siehe Bundesbank
Zentralbankgeld 75

Zentralverwaltungswirtschaften 59
Zielbeziehungen 139
Zielkonflikt 27, 104, 106, 139 ff.
Zins 38, 55, 57, 77, 86, 89, 133, 147
Zinseinkommen 176
Zinsgefälle 63, 147, 152
Zinsniveau 78, 89
Zinssteigerungen 65
Zukunftserwartungen 40, 54, 88, 114 f., 122

Reinhard Wolff
Betriebs- wirtschaftslehre

Eine Einführung unter besonderer Berücksichtigung öffentlicher Betriebe.
236 Seiten. Kart. DM 32.-
ISBN 3-17-002849-9

Der zunehmenden Bedeutung betriebswirtschaftlicher Tatbestände in der öffentlichen Verwaltung muß besonders in verantwortlicher Stellung immer mehr Rechnung getragen werden. Dieses Werk vermittelt in Form einer Einführung die notwendigen betriebswirtschaftlichen Grundkenntnisse.
Es unterscheidet sich von thematisch ähnlichen Einführungen in dem Betrachtungsobjekt. Die meisten grundlegenden betriebswirtschaftlichen Publikationen behandeln fast ausschließlich die privatwirtschaftlichen Betriebe. In diesem Buch werden besonders die öffentlichen Verwaltungsbetriebe einbezogen. Während in den Eingangskapiteln des Buches Grundbegriffe erläutert und Faktoren dargestellt werden, die den Aufbau eines Betriebes beschreiben, befassen sich die folgenden Kapitel mit den betrieblichen Funktionen der Bereitstellung (Beschaffung) der Produktionsfaktoren, der Leistungserstellung (Produktion) und der Leistungsabgabe (Absatz). Die beiden Schlußkapitel sind dem Rechnungswesen und der Erörterung von Finanzierungsfragen gewidmet. Jedes Kapitel schließt mit Kontrollfragen und Übungsaufgaben ab, die zur Überprüfung der angeeigneten Kenntnisse führen sollen.

Verlag W. Kohlhammer
Urbanstraße 12-16 Postfach 747 7000 Stuttgart 1

Studienliteratur
Fachliteratur

Eine Auswahl

Verwaltung

Rolf Stober
Wirtschaftsverwaltungsrecht
168 Seiten. Kart. DM 25.–
ISBN 3-17-002875-8

Das Studienbuch vermittelt einen ersten, anschaulichen Einblick in die verwirrende Materie des Wirtschaftsverwaltungsrechts einschließlich des Wirtschaftsverfassungsrechts.
Im Allgemeinen Teil werden behandelt: die Zusammenhänge zwischen Wirtschaft, Verwaltung und Verfassung, der Grundrechtsschutz der wirtschaftlichen Betätigung, die Aufgaben, die Formen und das Handeln der Wirtschaftsverwaltung, die Wirtschaftsaufsicht, das einschlägige Straf- und Ordnungswidrigkeitenrecht sowie die Organisation der Wirtschaftsverwaltung.
Im Besonderen Teil werden das Gewerberecht, das Gaststättenrecht und das Handwerksrecht ausführlich dargestellt. Zahlreiche Beispiele und Dokumente sollen das Verständnis für diesen Zweig des Besonderen Verwaltungsrechts fördern und den Zugang zum Wirtschaftsverwaltungsrecht erleichtern.

Hartmut Kübler
Organisation und Führung in Behörden
2. Auflage. 237 Seiten. Kart. DM 29.80
ISBN 3-17-002854-5

Grundkenntnisse in Organisations- und Führungsfragen sind für eine moderne öffentliche Verwaltung unerläßlich. Das angezeigte Werk stieß daher auf reges Interesse und erscheint bereits nach 1½ Jahren in zweiter Auflage. Der Verfasser hat die in bundesdeutschen Verwaltungen erarbeiteten praktischen und theoretischen Ergebnisse nach dem neuesten Stand zu einer systematischen Organisations- und Führungslehre für Behörden verdichtet. Dabei konnte er auf eigene Erfahrungen in mehreren Behörden, zuletzt als Organisationsreferent, zurückgreifen.

Gernot Joerger
Öffentlichkeitsarbeit
116 Seiten. Kart. DM 19,80
ISBN 3-17-001508-7

Dieses Buch geht alle an, die sich für Öffentlichkeitsarbeit interessieren, seien sie in der Wirtschaft, der öffentlichen Verwaltung, bei Kirchen, Verbänden, Vereinen, Parteien, Gewerkschaften oder in anderen Organisationen tätig.

Verlag W. Kohlhammer
Urbanstraße 12-16 Postfach 747 7000 Stuttgart 1